新媒体干预农村留守儿童学习社会化研究

赵可云◎著

中国社会科学出版社

图书在版编目（CIP）数据

新媒体干预农村留守儿童学习社会化研究/赵可云著.—北京：中国社会科学出版社，2020.12

ISBN 978-7-5203-7610-5

Ⅰ.①新… Ⅱ.①赵… Ⅲ.①农村—儿童教育—研究—中国 Ⅳ.①G61

中国版本图书馆 CIP 数据核字（2020）第 255021 号

出 版 人	赵剑英
责任编辑	陈雅慧
责任校对	王佳玉
责任印制	戴　宽

出　　版	中国社会科学出版社
社　　址	北京鼓楼西大街甲 158 号
邮　　编	100720
网　　址	http://www.csspw.cn
发 行 部	010-84083685
门 市 部	010-84029450
经　　销	新华书店及其他书店
印　　刷	北京明恒达印务有限公司
装　　订	廊坊市广阳区广增装订厂
版　　次	2020 年 12 月第 1 版
印　　次	2020 年 12 月第 1 次印刷
开　　本	710×1000　1/16
印　　张	22.75
插　　页	2
字　　数	373 千字
定　　价	118.00 元

凡购买中国社会科学出版社图书，如有质量问题请与本社营销中心联系调换
电话：010-84083683
版权所有　侵权必究

目 录

总论 ……………………………………………………………… (1)
 一 研究缘起 ……………………………………………………… (1)
 二 研究思路与方法 ……………………………………………… (17)
 本章小结 ………………………………………………………… (21)

第一章 农村留守儿童学习社会化概述 ……………………… (25)
 第一节 农村留守儿童界定 …………………………………… (25)
 第二节 社会化的概念厘定及内容分析 ……………………… (28)
 第三节 学习社会化的内涵及理论阐释 ……………………… (34)
 第四节 农村留守儿童学习社会化的多视角审视 …………… (40)
 本章小结 ………………………………………………………… (46)

第二章 农村留守儿童学习社会化影响因素关联模型构建 …… (48)
 第一节 影响因素的提出 ……………………………………… (49)
 第二节 关系假设的建立与描述 ……………………………… (84)
 第三节 影响因素关联模型的构建与阐释 …………………… (97)
 本章小结 ………………………………………………………… (98)

第三章 农村留守儿童学习社会化影响因素问卷的设计与
    调查实施 …………………………………………………… (106)
 第一节 调查问卷设计及问卷内容 …………………………… (106)
 第二节 农村留守儿童家庭环境调查问卷的设计 …………… (108)
 第三节 农村留守儿童校园环境调查问卷的设计 …………… (112)

第四节　农村留守儿童社会环境调查问卷的设计 …………（115）
　　第五节　农村留守儿童大众媒介环境调查问卷的设计 ………（118）
　　第六节　农村留守儿童学习社会化中介变量调查问卷的
　　　　　　设计 ……………………………………………………（120）
　　第七节　农村留守儿童学习社会化程度调查问卷的设计 ………（124）
　　第八节　农村留守儿童学习社会化影响因素整体量表
　　　　　　修正及确定 ……………………………………………（126）
　　第九节　农村留守儿童学习社会化影响因素调查的实施 ………（130）
　　本章小结 ……………………………………………………………（139）

第四章　农村留守儿童学习社会化影响因素及干预路径 …………（142）
　　第一节　家庭维度下影响因素的验证与分析 ……………………（143）
　　第二节　学校维度下影响因素的验证与分析 ……………………（156）
　　第三节　大众媒介维度下影响因素的验证与分析 ………………（166）
　　第四节　社会环境维度下影响因素的验证与分析 ………………（173）
　　第五节　模型构建基础上的发展路径分析 ………………………（179）
　　本章小结 ……………………………………………………………（182）

第五章　新媒体教育应用及干预留守儿童学习社会化分析 ………（184）
　　第一节　新媒体概述 ………………………………………………（184）
　　第二节　新媒体教育应用 …………………………………………（193）
　　第三节　新媒体干预农村留守儿童学习社会化可行性
　　　　　　分析 ……………………………………………………（201）
　　本章小结 ……………………………………………………………（209）

第六章　新媒体干预农村留守儿童学习社会化的具体策略 ………（213）
　　第一节　新媒体干预农村留守儿童学习社会化的总体机制 ……（213）
　　第二节　家庭维度下新媒体干预策略 ……………………………（215）
　　第三节　学校维度下新媒体干预策略 ……………………………（223）
　　第四节　社会维度下新媒体干预策略 ……………………………（233）
　　本章小结 ……………………………………………………………（238）

第七章 新媒体干预农村留守儿童学习社会化的实践与循环 …… (240)
 第一节 科学保障:构建基于 B-PDS 农村留守儿童干预机制 …………………………………………………… (240)
 第二节 县校统筹:教研员、校长主体引领新媒体干预农村留守儿童学习社会化 ……………………………………… (251)
 第三节 家校联动:家长、教师实践主体的实践干预措施 …… (261)
 第四节 新媒体干预农村留守儿童学习社会化的实践与循环 …………………………………………………………… (276)
 第五节 新媒体促进农村留守儿童学习能力发展实践及循环 …………………………………………………………… (286)
 本章小结 ……………………………………………………………… (297)

第八章 研究总结与展望 ………………………………………………… (300)
 第一节 研究结论 ……………………………………………… (300)
 第二节 研究价值 ……………………………………………… (303)
 第三节 研究不足与展望 ……………………………………… (311)

附录 1 ………………………………………………………………………… (315)

附录 2 ………………………………………………………………………… (318)

总　　论

一　研究缘起

  2010年秋季学期，笔者正在读博士三年级，因参与导师课题研究需要，来到西部某国家级贫困县，第一次接触到了数量众多的农村留守儿童，其生活与学习的不良状态，深深触动了笔者的心灵，更引发了笔者对农村留守儿童未来发展的现实关注。在现有整体环境之下，学习仍是改变农村留守儿童人生发展走向的重要路径，学习更是其社会化发展的重要组成部分，笔者由此产生了以此为切入点展开研究与实践的想法。从2010年至今，因社会发展与技术日益的更新作用，农村留守儿童的生存现状与媒体环境发生了巨大的改变，也更加强化了笔者从媒体技术发展视角关注这一专题的持续研究热情。

（一）发人深省的农村留守儿童事件与国家社会的关注

  近几年来，由于留守儿童前期数量性积累致使的留守儿童诸多问题渐渐凸显。2015年6月9日，贵州省毕节市一家兄妹4人集体服毒自尽的事件引起了国家及社会对这一特殊群体的深度关注，李克强总理为此做出重要批示：要求有关部门对各地加强督促，把工作做实、做细，强调临时救助制度不能流于形式，对不作为、假落实的情况要严厉整改问责，悲剧不能一再发生。在应该无忧无虑地接受教育的年纪，大量的留守儿童无法通过家庭及社会获得正确的教育引导，儿童没有掌握控制不良情绪以及正确处理矛盾的方法，致使恶性后果产生。2015年湖南省衡阳县界牌镇12岁少女毒杀唯一童年玩伴，正是因为众多在成人眼中无所谓的小事得不到及时的疏导而使她走上极端;2016年,安徽省望江县9岁留守儿童因母亲无法回家陪伴他而选择自缢,用付出生命如此沉重的代价让更多人警醒。留守儿童需要的不仅仅是物质的满足,更需要心灵的呵护、亲人的陪伴等精神方面的关心,情感世界的匮乏导致的后果发人深省;2017年,云南省镇雄县15岁少年因长期缺乏与家人的适当沟通,产生了服药自杀的极端行为,由此引发强烈的社会舆论,公众在深表遗憾的同时更加认识到注重情感关怀的重要性,从而把更多的目光投向留守儿童这一特殊群体。

农村留守儿童问题频发,自杀、辍学、犯罪等问题较为突出。2010年中国科学院心理研究所的调查表明,留守儿童不仅在抑郁焦虑水平上高于非留守儿童,而且有留守经历的人在日常生活中积极应对方式与其儿时的心理健康指标有显著的负相关。同时,在《议程设置下的留守儿童媒介形象再现》一文中,陈童提出留守儿童由于缺乏来自父母的有效社会支持来源,容易产生无助感和失落感,自尊水平相对较低[1]。审计署2013年公布的《1185个县农村中小学布局调整情况专项审计调查结果》显示,在重点核实调查涉及的1185所农村中小学中,由于就学距离远和家庭教育支出负担重的原因,辍学人数剧增[2]。最高人民法院研究室统计,至2013年,我国各级人民法院判决生效的未成年人犯罪平均每年上升13%左右,农村留守儿童犯罪率占其70%。中国青少年研究中心2015年发布的《全国农村留守儿童群体研究报告》中指出,留守儿童受到意外伤害的概率相对更高,心理问题相对更多。陈刚采用工具变量方法研究显示,人口流动使迁出地的青少年犯罪率增高,人口迁出率每增加1%,迁出地青少年犯罪数将增加8.6个百分点左右,青少年犯罪率将增长7.8个百分点左右[3]。而通过回归分析得到影响青少年犯罪差异的一大因素为人口迁出率。人口迁出率对青少年犯罪数差异的贡献率达13.93%,对青少年犯

---

[1] 陈童:《议程设置下的留守儿童媒介形象再现》,《科技传播》2016年第19期,第74—75、77页。

[2] 中华人民共和国审计署办公厅:《1185个县农村中小学布局调整情况专项审计调查结果》,http://www.gov.cn/zwgk/2013-05/03/content_2395337.htm,2013年5月3日。

[3] 陈刚:《劳动力迁移、亲子分离与青少年犯罪》,《青年研究》2016年第2期,第1—10、94页。

罪率差异的贡献率为9.52%。

1901年，美国社会学家罗斯提出社会控制理论，他认为每一个社会成员都有犯罪的潜在性，如果不进行社会控制，任何人都有可能实施犯罪。《少年犯罪的原因》一书中指出："人之所以不犯罪，是由于外在环境的教养、陶冶和控制的结果。在这种社会化的过程中，人和社会建立起强度大小不同的社会联结，以防止一个人去犯罪。"[1] 由此作者将人为什么不犯罪的原因归结于人和社会之间的联结。在《社会控制理论视野下的青少年犯罪预防研究》中，张青瑞指出，如果社会联结是正常的，那么人就会远离是非；如果社会联结是缺位的，那么人会容易犯罪。留守儿童表现出的这些不良习性能反映出他们的社会化成熟度不够，在他们的成长过程中社会化的重要程度不可忽视。儿童时期的社会化对他们以后能否健康成长、能否与他人正常交往等具有重要影响，甚至影响到社会和国家的发展与稳定。[2]

针对农村留守儿童群体的生存现状、教育现状、成长问题等，国家层面也出台了相关政策促使上述问题解决和引导社会公众关注农村留守儿童。《中国儿童发展纲要（2010—2020年）》中谈到，在目前的社会环境下，儿童的发展和权利仍然存在很多的问题，如城乡儿童的发展仍存在差距，贫困儿童整体发展水平较低，务工人员更换工作场所导致其子女的户籍、生活、教育等问题还未得到好的处理。《纲要》同时提出要健全农村留守儿童服务机制，不仅要加强对留守儿童心理情感疏导，还应该提高其家长的监护意识。[3] 2012年9月，《国务院关于深入推进义务教育均衡发展的意见》中同样指出现有的办学水平和教育质量还存在明显差距，要着力提升农村学校和薄弱学校办学水平，提出要建立健全农村留守义务教育学生关爱服务体系，构建关爱网络，创新关爱模式，统筹协调留守学生教育管理工作。[4]《中国留守儿童心灵状况白皮书（2015年）》中通过大量科学

---

[1] 常爱芳：《当今我国青少年犯罪的家庭因素分析》，《山东青年政治学院学报》2013年第1期，第38—41页。

[2] 周文静：《浅析我国农村留守儿童社会化问题》，《农村经济与科技》2018年第20期，第196—197页。

[3] 刘天、程建坤：《改革开放40年我国义务教育均衡发展的政策变迁、动因和经验》，《基础教育》2018年第6期，第22—31页。

[4] 中华人民共和国国务院办公厅：《国务院关于深入推进义务教育均衡发展的意见》，http://www.gov.cn/xxgk/pub/govpublic/mrlm/201209/t20120907_65532.html，2012年9月5日。

调查研究，深入了解农村留守儿童的生活和心理状况，发现农村留守儿童在成长过程中存在着突出问题，如遭受意外伤害的比例高于非留守儿童；获得的社会支持较弱；情感支持欠缺，经常感到烦躁、孤独、闷闷不乐，无缘无故发脾气的比例高于非留守儿童，同时也提出了众多建设性意见。

《中国农村教育发展报告2017》调查显示，截至2016年，义务教育阶段农村留守儿童数量为1726.29万。① 城乡二元经济社会结构的长期存在决定了农村留守儿童长期存在的客观现实，这一客观现实也催生了"农村留守儿童生存与发展"这一社会历史性议题，并得到国家及社会各界的持续特别性关照。

2016年2月14日国务院发布的《国务院关于加强农村留守儿童关爱保护工作的意见》将农村留守儿童这一特殊群体成长发展的社会责任与保障机制的落实提到了至关重要的地位，指出全社会需要共同关心农村留守儿童，农村留守儿童同样是国家的未来与希望，对农村留守儿童的关爱保护工作，关系到未成年人健康成长，关系到家庭幸福与社会和谐，关系到全面建成小康社会的大局。② 不管是各地区，还是各有关部门都需要加强农村留守儿童关爱保护工作，增强责任感和使命感，在工作中加大力度，采取有效措施，使农村留守儿童得到监护照料和关心爱护。李克强总理在2017年政府工作报告中提道："加强农村留守儿童关爱保护和城乡困境儿童保障。"《国务院办公厅关于加强困难群众基本生活保障有关工作的通知》中进一步提出要加强对重点群体的基本生活保障，统筹推进农村留守儿童和困境儿童保障工作，抓住时机，引导外出务工父母切实履行对农村留守儿童和困境儿童的监护责任和抚养义务。《国务院办公厅关于全面加强乡村小规模学校和乡镇寄宿制学校建设的指导意见》的颁布，明确将"保障农村留守儿童成长发展"作为新时期政府及教育工作的重点，加强对农村留守儿童的关注与社会保障。③ 2018年两会期间数名全国

---

① 邬志辉：《中国农村教育发展报告2017》，《中国教师报》2017年12月27日。
② 中华人民共和国国务院：《国务院关于加强农村留守儿童关爱保护工作的意见》，http://www.gov.cn/zhengce/content/2016-02/14/content_5041066.htm，2016年2月14日。
③ 中华人民共和国国务院办公厅：《国务院办公厅关于全面加强乡村小规模学校和乡镇寄宿制学校建设的指导意见》，http://www.gov.cn/zhengce/content/2018-05/02/content_5287465.htm，2018年5月2日。

人大代表、全国政协委员针对留守儿童现状提出建议。① 党的十九大报告中明确提出要加强社会保障体系建设,统筹城乡社会救助体系,完善最低生活保障制度,健全农村留守儿童和妇女、老年人关爱服务体系。2018年《民政部关于开展全国农村留守儿童关爱保护和困境儿童保障示范活动的通知》强调要充分总结推广未成年人社会保护、适度普惠型的儿童福利制度建设和基层儿童福利服务体系建设试点工作实践经验和有效做法,发挥典型引路、辐射带动作用,推动新形势下农村留守儿童关爱保护和困境儿童保障工作再上新台阶。

《国务院关于印发国家教育事业发展"十三五"规划的通知》中提及为促进教育公平,进一步缩小城乡差距,应更好地保障农村义务教育儿童,特别是保障进城务工人员随迁子女、农村留守儿童、残疾学生。2018年4月中旬,习近平总书记前往重庆贫困地区,他强调再苦不能苦孩子,再穷不能穷教育,要保障义务教育,扶贫必先扶智,贫困地区的孩子接受良好教育是阻断贫困代际传递的重要途径,要加大对贫困地区基础教育的投入力度。② 党和国家对农村留守儿童这一问题的高度重视彰显了农村留守儿童问题解决的迫切性。

综合目前对留守儿童问题的分析,可见留守儿童教育问题一定程度上延滞了实现教育强国的发展历程,国家和社会等各方面力量都在不断推进儿童享受公平和高质量教育的进程。让留守儿童通过学习能形成独立正确的思想观点,完成知识体系的储备,养成必备的学习技能,加强适应社会环境的协作性能力,促进其学习社会化是实现个体发展,促进社会持续性进步的重要环节。

(二) 农村留守儿童学习社会化的重要性

个体只有通过社会化过程,其行为才能构成连贯一致的人格。③ 一般而言,社会化是指个体在多元化的环境中,通过对知识技能、行为规范、

---

① 本刊编辑部、曾君:《提升民生福祉 聚焦全国两会"好声音"——2018年全国两会专题报道》,《社会福利》2018年第4期,第4—9页。
② 新华网:《习近平重庆之行,细节蕴含深情深意》,http://www.xinhuanet.com/2019-04/18/c_1124383023.htm,2019年4月18日。
③ 罗伯特·F. 墨菲:《文化与社会人类学引论》,王卓君等译,商务印书馆1991年版。

价值观念等方面的学习和内化,逐渐适应社会并不断创造新文化的过程,[①] 在这个过程中,个体学习社会文化,增加自己的社会性,逐渐由生物人变为社会人。就人的成长社会化而言,其幼年时期所发生的社会化过程,对儿童价值观念的形成、角色认知的构建、角色行为的外化等具有重要影响,而这些也正是儿童成长发展的关键。[②] 中小学阶段同样也是形成良好行为方式、思维方式、自我意识、探索能力、人际交往和为人处事能力发展的关键时期,既是"黄金期",也是"危险期",因此保证及时并且正确地引导教育,才能使儿童更好地实现社会化的过程。在这个过程中,儿童可以适应其周围的社会环境,掌握运用社会规范并不断内化,处理他们生活、学习、人际交往中所遇问题和应对其周遭发生事件的技能,积极发挥自我价值,做好相应的思想和心理上的准备,最终促进自身和社会的不断向前发展。鉴于此,本书提出了学习社会化概念,用以表征个体在学习过程中,通过与其他人的接触与互动,逐渐在学习层面上表现出适应性的过程。即个体在不断内化学习方式、社会伦理、行为规范的过程中,逐渐形成独具个体特色的学习风格,并发展自身的学习能力,最终表现出社会化学习行为。

学习社会化中的"学习"概念指的是广义上的学习,包括学习心理、学习行为、学习过程等要素,在研究中考察农村留守儿童的学习社会化也要重点考虑与农村留守儿童学习相关的因素。人有很多社会化环境,包括家庭、学校、邻里、同辈群体、公共媒体、工作环境以及宗教等。家庭是儿童社会化的首要环境,家庭对儿童的影响是不可磨灭的;学校是儿童进入社会前最重要的受教育的场所,为儿童提供有目的、有计划、有组织的教育过程;其他的社会化环境对儿童成长的影响也是不能忽视的,它们交互作用,对儿童的性格、品质、价值观等的形成产生重要影响,缺失了任意一部分,都容易让儿童的社会化过程产生一定缺陷,令儿童的全面发展变得困难重重。然而,农村留守儿童贫瘠的文化环境使其学习社会化的场所、形式、因素受到较大的限制。从其实际生活来看,在家庭环境中,农

---

① 王向晨:《农村留守儿童社会化的困境》,《中共中央党校学报》2013年第3期,第97—101页。

② 莫继雄:《关于农村留守儿童的研究》,硕士学位论文,陕西师范大学,2013年。

村留守儿童由于缺少监护人的监管教育，学习成绩往往会低于非留守儿童。和学新等人指出，由于在家里缺乏必要的教育、监管与关心，加之部分留守儿童自身学习的积极性不高、自律意识不强、学习动力不足很容易产生不遵守纪律、厌学、旷课甚至辍学等情况。其次，部分留守儿童也会因为时刻想念父母，影响其在课堂的注意力，听课效率也不佳[①]。在学校环境中，学校仍是农村留守儿童社会化及学习社会化最主要、最关键的场所。魏昶提出良好的学校氛围有助于激发学生的学习动机，提高学习效率，提升学业成绩。[②] 在社会环境中，留守儿童的社会化过程又受多重外部因素的影响。尤其是农村的留守儿童，其社会化过程更表现出一定的差异性。农村留守儿童的社会化需求，对其学习社会化生态的重建提出了迫切要求。包括研究者在内的学术团队对 2004—2015 年间发表于 CSSCI 数据库的留守儿童相关论文进行了系统的整理与分析，运用知识图谱分析法揭示这期间国内留守儿童的研究热点和演进趋势，由知识图谱分析得知，家庭教育出现的频次是 8 次，中心性是 0.02；学校教育出现的频次是 7 次，中心性为 0.02。与学校教育呈现共现关系的关键词有教育措施、家庭教育。[③] 其中学校教育与教育措施的连线最粗，说明这两者之间的关系最为紧密。然而，社会教育与家庭教育、学校教育在统计中没有显示出显著的联系，说明构建家庭、学校及社会三位一体的和谐教育的紧迫性在该研究领域中还未引起重视。如何构建一个系统化、立体化的家庭、学校、社会的教育网络是困扰留守儿童教育发展的"瓶颈"问题。

儿童阶段的社会化状况会直接影响到其后期的行为表现，儿童时期是个体社会化发展的重要时期。学习社会化是个体社会化的重要组成部分，是个体在家庭、学校、社会、大众媒介等多维环境下，通过与群体、社会的接触与互动，将社会规范纳入自身的学习过程中，从而使得自身学习过程和社会化过程相互促进，并逐渐适应社会的过程。学习社会化发展的主

[①] 和学新、李楠：《农村留守儿童教育及其政策分析》，《当代教育与文化》2018 年第 1 期，第 100—110 页。

[②] 魏昶、喻承甫、赵存会等：《学校归属感在学校氛围和留守儿童学业成绩间的中介作用》，《中国学校卫生》2016 年第 7 期，第 1103—1105 页。

[③] 黄雪娇、赵可云：《我国留守儿童研究热点和前沿演进趋势——基于关键词知识图谱的可视化分析》，《基础教育研究》2016 年第 15 期，第 21—25、32 页。

要任务是培养具有社会化学习素养的社会成员，使其能够在社会生活中有效学习，积极发展，将学习文化信息不断融入自身能力结构中，不断充实和完善自我的人格，以实现自身学习认知水平、学习策略、学习动机、学习心理等学习品质的积极发展，适应社会发展需求。由此可见，学习社会化是个体学习过程中的自我延续机制。

（三）农村留守儿童学习社会化的价值

涂尔干首先在教育领域中，推论出"教育的社会性"，认为教育在于使年轻一代系统地社会化。[①] 这里的社会化是指形成"社会我"，包含个体在内的社群的思想、情感和习惯的体系。"社会我"的形成，是儿童通过学习社会化在知识文化水平、个性发展和社会发展等方面来培养的。农村留守儿童在形成社会我的过程中，通过学校、家庭的教育，学习科学文化知识，学习社会规范，培养个性。其社群的思想，在学校这个集体中得到培养，由于家庭环境教育的缺失或不足，对于某些社会感情和习惯的培养方面存在一定的缺陷。教育对于农村留守儿童系统的社会化起到了重要的影响作用。帕森斯的"功能期待一体观"认为，教育对于社会生存和发展的积极功能，在于教育必须履行这项功能。他认为，学校班级的功能主要体现在两个方面，一方面体现它的社会化功能，另一方面在于它的选拔功能。对于社会化功能来说，学校班级能够培养儿童的人格特点和必备的社会生活技能，使得儿童能够胜任其角色。对于儿童的培养具体化就是培养儿童的义务感和儿童能力两个方面。义务感分为两个层面的内容，即履行广泛的社会价值的义务感与在社会结构中承担特定角色的义务感。能力也含有两个层面，即承担个人角色所需技能或能力及同他人交往和相处的能力。[②] 所谓选拔功能意味着，学校班级同时也是人力分配的机构。帕森斯指出学校的功能不能仅限于对于儿童社会化的培养，还应当具有选拔的功能，该功能能够与日益进步的社会和人们的期望达成一致。学校通过进行选拔的功能作用，对社会的角色进行相应的定位，对人员进行选择和分配，保障社会结构的稳定和社会发展进步。

[①] 吴康宁：《教育社会学》，人民教育出版社1998年版。
[②] 吴康宁：《教育社会学》，人民教育出版社1998年版。

家庭教育是除学校以外，影响儿童身心发展最重要的途径。有研究指出，在经济水平较低的家庭环境中，儿童的学习成绩普遍不理想，其辍学率远远高于家庭条件较优的孩子。早期人们对这些现象作解释时，首先认为这些孩子的智力水平较低，其次认为他们缺乏父母的关爱。但后来发现，更多可能的解释是，尽管所有阶层的父母都认识到了教育的重要性，并为他们的孩子选择较好的学校，但是不同的家庭为他们的孩子营造的不同环境，将以不同的方式影响他们孩子的智力发展和学习动机。有的父母忽视孩子的求知，而有的父母重视孩子每天的学习，这就形成了两种不同的学习环境。第一种环境对孩子的学习产生了对抗性，而第二种则营造了促进学习的环境。农村留守儿童现象受家庭环境特殊性的影响，环境为孩子学习所做的准备不足，农村留守儿童的学校表现通常也较差。

家庭环境是形成其留守化和产生诸多问题的源头。由于农村留守儿童的父母长期外出，儿童和父母分离，得不到父母相应的家庭教育，从而造成了心理发展的逐渐异常，致使大多数的留守儿童对自己不自信，觉得自己与他人相比存在较大差距，从而产生强烈的自卑感及不安全感，惧怕参与社会活动，最后导致其孤僻、敏感多疑等不健康的人格。作为未成年人并且正处于学习道德准则和行为规范的关键时期的农村留守儿童，正需要父母的关心和教育，但由于父母长期在外务工，造成这些留守儿童只能由祖父母、亲戚监护，甚至是无人监护，使他们在培养良好的生活习惯和道德品行的关键阶段，偏离了正常的心理发展轨道，产生了行为上的偏差和越轨现象。处于义务教育阶段的留守儿童，应该接受良好的道德教育和科学文化知识教育，但其监护人大多数文化水平较低，无法对留守儿童进行正确的社会化引导和心理疏导。加之农村留守儿童群体大多处于经济发展水平较为薄弱地区，其所能接触到的教育资源、社会资源较为贫瘠和落后，使得留守儿童在学习认知、学习策略、学习动机、学习心理等学习品质等方面与同时期经济发达地区的儿童存在巨大的差异。

现实情况下，在农村留守儿童家庭中，很多监护人缺乏自我照顾能力，连自己都很难照顾好，甚至可能还需要留守儿童照顾他们的生活，监护人很难有效履行对留守儿童的监护责任。譬如，留守儿童放学回家后一般需要进行洗衣做饭、喂养牲畜等家务劳动，完成课外作业的时间被占用。而且他们每天要徒步几公里到学校上课，同样占用了大量的学习时间。周末也没有太多的社会活动能够参与,这些都不利于儿童个性的发展和社会观念的培养。一些留守儿童由于学习成绩不理想,学习动机不足,致使其对自身的学业状况存在冷漠的态度。这种状况在农村留守儿童群体中通常比较普遍。而在同一时期的经济发达地区,与他们同龄的孩子,或坐着校车,或有父母接送,每天都由父母或者辅导教师帮助其完成作业。他们没有繁重家务劳动,无须担心生活问题,过着衣食无忧的生活,在学校可以参加各种活动,周末可以参观博物馆、听音乐会、参加志愿者服务等社会活动,从而使得他们更加开朗、活泼、善于与人沟通,与农村留守儿童形成鲜明的对比。

农村留守儿童学习环境和生活环境,对农村留守儿童学习社会化的形成与提升有重要的影响。农村留守儿童在家庭教育方面存在很大欠缺,父母无法长时间对儿童进行家庭教育,从而使得儿童不能得到这个年龄阶段相应的社会化引导,缺乏对未来的规划,不利于农村留守儿童树立正确的价值观。家庭教育影响儿童社会化,由于教育方面的欠缺,对于儿童的社会群体思想、社会感情、社会习惯等方面的培养,产生不利因素,进而使得儿童社会化进程发生转变。在家庭教育环境中,儿童会进行一部分的社会互动,可以培养儿童的独立人格,使其形成个性,促使儿童从生物人向社会人的转化。家庭教育是除学校以外,影响儿童身心发展最重要的途径。学校对农村留守儿童有计划、有组织地进行系统的教育活动。其组织结构类似于社会群体,在培养农村留守儿童的社会化观念和社群思想等方面,通过与老师群体、学生群体互动,树立自身行为规范,帮助农村留守儿童定位其社会角色。由于留守儿童家庭教育的欠缺,学校对儿童社会化的培养显得尤为重要。农村留守儿童所处的社会环境,可以促使自我的不断完善。在社会环境中,儿童应当树立对社会发展做出贡献的意识,社会中的每个人都具备相应的社会价值,农村留守儿童也不例外。在社会环境下,农村留守儿童与学校以外的社会群体接触相对于城镇儿童更少,除了家庭监护人,能参与的社会活动寥寥无几,因而对于个体学习社会化的自我延续显得微不足道。

可以说,农村留守儿童教育问题,是实现教育强国,让每个孩子都享有公平而有质量的教育不可跨越的障碍。通过引导农村留守儿童学习社会化方式和进行新媒体干预机制的实践循环,能够开拓此类问题新的解决思路。通过课题的具体实施,为解决留守儿童融入社会,使留守儿童在心理上可以得到正确引导，促使其健康成长提供研究与实践借鉴。在学习上，对其学习动机、学习策略等方面进行正确的指导和激发。新媒体的介入，可让留守儿童享受到优质的教育资源，打破空间束缚，真正实现教育公平，让孩子看到外面的世界，激发留守儿童对未来憧憬。在农村留守儿童学习社会化引领下，可使留守儿童树立起正确的社会观念，培养社会生活所具备的素质，进行不断的社会化学习，通过自身的努力，走向外面的世界。

研究确定文化、个性发展、社会结构是农村留守儿童学习社会化的可见因素。从这三个方面来说，农村留守儿童学习社会化具有以下价值。首先，农村留守儿童学习社会化可促进儿童文化水平的提高和文化素养的发展。从文化素养来看，留守儿童通过系统的学习过程，逐步培养起社会化学习的素养，使其能够在成长过程中进行有效的学习，提高知识文化水平，奠定儿童今后在社会生存中必备的生活技能和职业技能。儿童文化水平的提高，在一定程度上决定了儿童在今后的社会中发展的水平，较高的知识文化水平能够使得儿童更加深刻地理解社会规范，使得儿童无论处在什么样的社会环境中，都能积极向上地发展，从而对社会做出相应的贡献。其次，农村留守儿童学习社会化可促进儿童个性发展。在学习过程中通过学生之间良性的竞争，培养儿童积极向上的人格个性，培养儿童的竞争意识，从而适应社会竞争。留守儿童普遍表现出自卑、缺乏自信的特点，在学习社会化的过程中，通过让儿童直面学习成绩中的得与失，使其形成正确的价值导向，形成自信心，从而让其自身对人生有一定的规划，看到自己发展的无限可能，最终使得儿童全面发展，形成自我个性。这种个性是积极向上的个性，而不是消极孤僻的人格。最后，农村留守儿童学习社会化可促进其社会结构角色转变。农村留守儿童通过学习社会化，习得社会角色的知识技能和情感认知，能够与他人形成良好的沟通、交流，积极主动地融入社会，从而参与到正常的社会流动中去，儿童的积极发展促使社会充满生机和活力，对社会的构建有着不可忽视的作用。通过农村留守儿童的学习社会化，在自身发展的同时，为他们提供了更多公平发展的机会，保障留守儿童向"上"流动的发展诉求，也能使得社会发展更加和谐有序。

（四）农村留守儿童学习社会化研究与实践乏力

农村留守儿童可能存在的心理和学习问题值得深思，然而我国关于农村留守儿童学习社会化的研究大部分停留在理论层面的探讨,缺乏可操作性比较强的研究。目前对农村留守儿童学习社会化的研究主要包括以下几个方面:

1. 农村留守儿童学习社会化问题的形成原因及影响因素研究

绝大多数研究将农村留守儿童学习社会化问题作为其社会化研究中的一个子项进行研究,在剖析其存在问题的原因及影响因素上亦是如此。依据原因分类,莫继雄将根本原因归结为我国城乡发展的不均衡以及城乡结构的二元化,直接原因归结为农村留守儿童所在家庭结构的改变、亲子关系的缺失、家庭教育的缺失、学校教育的局限性。邓纯考[1]、范先佐[2]与程丹[3]认为留守儿童的主要社会化主体(家庭、学校、同辈群体)、影响主体(政府、社区、学校、家庭)存在的观念、政策等方面的偏差是农村留守儿童学习社会化存在问题的主要原因。王艳波等人从留守儿童的行为、学习、心理多方面原因深入分析,认为一部分农村留守儿童的独立能力有所提高,但生活散漫,学习两极分化严重,而且分化不均衡,大多数学生学习成绩平平。[4] 而在心理上,姚云[5]、曾小芳[6]等则重点从监护主体相关观念、意识与行为的缺失层面进行了原因剖析。

2. 促进农村留守儿童学习社会化的主要对策研究

林宏建议要依靠政府部门使用行政和法制力量加强对留守儿童的管理,学校和社会的作用也很重要,流动人口子女受教育的管理机制,让留守儿童不再"留守"。[7] 谢海燕等重点从政府、社会工作力量、学校教育、家庭教育的改进等层面提出了解决策略;[8] 王秋香从家庭、学校、同辈群体、大众传媒应有的责任义务角度进行了系统分析,多角度分析问题的主要解决

---

[1] 邓纯考:《农村中小学科技教育途径》,《教育实践与研究》2003年第1期,第9—10页。

[2] 范先佐:《农村"留守儿童"教育面临的问题及对策》,《国家教育行政学院学报》2005年第7期,第78—84页。

[3] 程丹:《农村留守儿童社会化问题研究——以湖北省H县为例》,南昌大学,2013年。

[4] 王艳波、吴新林:《农村"留守孩"现象个案调查报告》,《青年探索》2003年第4期,第7—10页。

[5] 姚云:《农村留守儿童的问题及教育应对》,《教育理论与实践》2005年第7期,第41—43页。

[6] 曾小芳:《农村留守儿童社会化程度的实证研究——以溆浦县龙王江乡为例》,中南大学,2013年。

[7] 林宏:《福建省"留守孩"教育现状的调查》,《福建师范大学学报》(哲学社会科学版)2003年第3期,第132—135页。

[8] 谢海燕、刘玖玲:《农村留守儿童现象分析》,《理论观察》2006年第4期,第7—10页。

途径，对构建促进农村留守儿童正常社会化的良好机制进行探究和构造；①陈旭以留守儿童社会支持的实证研究为基础，提出了针对留守儿童心理及行为的社会支持系统干预模型，以期促进农村留守儿童的学习社会化。② 目前研究尚未形成系统化的促进留守儿童学习社会化的对策机制。

3. 媒体对农村留守儿童学习社会化的影响研究

郑素侠通过对农村留守儿童的深入调查提出构建农村留守儿童媒介素养教育体系的设想。③ 杨靖等从农村留守儿童媒介素养教育的培养层面入手，培养其适应社会发展能力。④ 王玲宁在城乡二元结构以及中国社会变迁的背景下，从认知心理学理论、儿童的电视认知模式出发，研究媒介对农村留守儿童社会化的影响。⑤ 杨斌成从具体的电视媒体内容等层面，剖析了媒介对农村留守儿童社会化的多重影响作用。⑥ 刘艳玲等⑦、杨靖⑧从具体的媒体内容、媒体形式、服务体系等层面探讨了促进农村留守儿童社会化的媒体运行机制。

我国的农村留守儿童学习社会化研究主要是将其作为"留守儿童社会化"的一个子项进行研究，所提出对策多从农村社会本身和家长出发，以宏观政策与建议为主，而由于农村留守儿童特殊的环境限制，其中的媒体解决策略多偏重于以电视为代表的媒体影响研究。

（五）媒体技术的变革与农村留守儿童学习社会化

传统媒体信息以音频、信息、图形图像为主，传统媒体技术通过使用

---

① 王秋香：《农村"留守儿童"社会化的困境与对策》，西南交通大学出版社 2008 年版。
② 陈旭：《留守儿童的社会性发展问题与社会支持系统》，人民出版社 2013 年版。
③ 郑素侠：《农村留守儿童的媒介素养教育：参与式行动的视角》，《现代传播（中国传媒大学学报）》2013 年第 4 期，第 125—130 页。
④ 杨靖、黄京华：《农村留守儿童媒介素养教育四级阶梯的构建与实践路径思考》，《电化教育研究》2011 年第 6 期，第 30—33、43 页。
⑤ 王玲宁：《谁来伴我成长——媒介对农村留守儿童的社会化影响》，上海学林出版社 2012 年版。
⑥ 杨斌成：《电视媒介对农村留守儿童社会化的作用及难点》，《传媒观察》2012 年第 3 期，第 26—27 页。
⑦ 刘艳玲、陈琳：《留守儿童"农校对接"动漫教育服务体系构建》，《电化教育研究》2012 年第 7 期，第 32—37、53 页。
⑧ 杨靖：《媒介暴力对农村留守儿童的影响》，《当代传播》2012 年第 4 期，第 59—61、64 页。

印刷技术、电声技术完成对文字信息、音视频的获取、传输、储存等。据唐华丽研究表明，每天观看电视两个小时以上的农村留守儿童有31.4%，把观看电视作为课余时间休闲活动的留守儿童占30.6%，电视媒体在农村留守儿童的生活中扮演重要的角色。① 从杨靖的调研来看，"非常喜欢"和"喜欢"看电视的农村留守儿童达83.8%，观看电视成为留守儿童最钟爱的一项活动。电视为农村儿童消减信息鸿沟、接收信息资讯、塑造现代人格带来了便利和契机。② 随着传播媒介的发展，人们的传播方式不断改变，人们获取信息、传播信息、反馈信息的方式随技术的发展而变化。计算机网络技术以及通信技术的发展，促进传统的广播、电视、报刊媒体技术逐渐向网络化、智能化方向发展。数字媒体技术出现，数字音频技术、数字视频技术、虚拟现实技术等成为当下媒体技术研究的热点。在计算机信息处理技术基础之上出现的媒体形态日益多样，以互联网新媒体、手机新媒体、电视新媒体为主要表现形式的新媒体蓬勃发展。其中，互联网技术对人与社会的发展产生了深刻影响。

互联网是媒体技术发展的新的里程碑，为大众媒介的发展带来全新的技术。它已经融入人们生活的方方面面，改变了信息的获取与传播方式，凸显了信息在人们生产生活中的重要意义，带给人们更加便利的生活方式与优质的生活体验。互联网使得人与人之间的交流更加方便有效，打破时间与空间的局限，推进社会形态的发展与演变。同时，互联网提供优质的学习资源与新型的学习方式，为农村留守儿童开辟新的学习与生活空间，丰富儿童的生活，对农村留守儿童的学习成长发展具有重要作用。儿童在视听说一体化的教学指导下，全面提升自身的认知能力与理解能力，实现更好地发展。

媒体环境对农村留守儿童的生存环境产生着潜移默化的影响。由于农村留守儿童特殊社会和生活环境等的交互影响，在缺乏监护人关怀的情况下，留守儿童与媒体的接触更加密切，在课余时间会将更多的精力投入媒

---

① 唐华丽：《从社会学习理论看电视媒体对农村留守儿童成长的影响》，《法制与社会》2013年第2期，第224—225页。

② 杨靖：《电视：西北地区农村留守儿童重度依赖的"精神抚育者"》，《兰州学刊》2014年第10期，第127—133页。

体上，通过媒体弥补情感上的缺失。媒体是其慰藉心灵的重要伙伴，是其接触外界的重要途径，对其学习成长发展产生重要影响，也为农村留守儿童个体发展、生活改变、学业进步带来了机遇。媒体技术正在改变着农村留守儿童的文化环境，为农村留守儿童的学习社会化带来巨大的变革。农村留守儿童对大众媒介的接触行为与媒介素养影响着他们的学习态度、学习动机、学习能力以及学习风格，进而影响其学习社会化。互联网建立起农村留守儿童与外界社会交往的桥梁，学校不再是农村留守儿童进行学习的唯一场所，封闭、单一的学习环境变得开阔、多元，在很大程度上，媒体扮演着农村留守儿童精神抚育者的角色。

班杜拉认为行为习得有两种不同的过程：一种是通过直接经验获得行为反应模式的过程，班杜拉把这种行为习得过程称为"通过反应的结果所进行的学习"，即我们所说的直接经验的学习；另一种是通过观察示范者的行为而习得行为的过程，班杜拉将它称为"通过示范所进行的学习"，即我们所说的间接经验的学习。根据班杜拉的社会学习理论，学习本质上说是受到增强与惩罚的影响，而改变了行为的发生概率。农村留守儿童接触大众媒介的过程属于观察学习，也就是模仿学习。在这个过程中积极健康的大众媒介将加强农村留守儿童对榜样的学习行为，削弱对不良行为的学习，更好地引导留守儿童。[①]

农村留守儿童通过新媒体技术可以获取更加丰富优质的学习资源，充足的资源能够在一定程度上弥补农村地区信息相对匮乏的缺陷，极大程度地实现教育公平。同时，新媒体提供的交互功能帮助农村留守儿童接触社会、认识社会，提高留守儿童的人际交往能力，满足留守儿童被倾听与被理解的心理诉求。留守儿童与外界的交流能够降低留守儿童心理问题的发生率，形成正确的学习与社会观念，使留守儿童更好地接受社会、适应社会，建立良好的社会化行为，满足留守儿童个性化的社会化需求。

由媒介系统依赖理论可以得知，一个人越依赖于通过使用媒介来满足需求，媒介在这个人生活中所扮演的角色就越重要，而媒介对这个人的影响力也就越大。媒介是现代社会结构的一个重要部分，农村留守儿童的个

---

① 时全丽：《班杜拉社会学习理论对高校廉洁教育的启示》，《学理论》2014年第23期，第223—224页。

人目标、环境以及对媒介内容的期待和获得这种内容的便利程度会使他们对媒介产生更多的期待。①

"议程设置"理论强调媒体虽然不能左右受众的思维，也不能改变受众的思维方式，但是可以通过提供信息去左右受众的关注点、讨论点以及接收点。一方面，农村留守儿童可以通过媒体的引导树立远大理想，远离使他们产生消极情绪的信息；另一方面媒体对留守儿童生存状况以及儿童的形象报道，可以让公众更全面地构建农村留守儿童的形象。李晓敏等在《留守儿童成年以后情绪、行为、人际关系研究》中提出不仅要看到留守儿童坚强乐观、纯真可爱的一面，更要看到他们的无助自卑、尖锐偏激的一面。②

需要重视社会传媒对农村留守儿童社会化的作用，传媒既有积极的一面，同时也有消极的一面。网络信息良莠不齐，留守儿童在接触大众媒介时尚未形成完整的知识结构，对媒介信息缺乏深层次的理解和辨别时，可能由于得不到监护人及时有效的引导和监督，缺乏对媒体内容的选择辨别能力，很容易受不良媒介信息的影响，产生盲从心理。原有的价值观受到冲击，外面精彩的世界让他们产生向往和期待的心理，但现有的生活状态和政策等让他们暂时无力去改变现状，从而产生了巨大的心理落差。虽然透过媒介获取到大量信息，但是更多的是"碎片式"的信息，影响儿童思维和创造力的发展。

黄会林等人通过调查发现，有82.88%的未成年人在收看电视时有相关的伴随行为，从而得出结论，电视媒体在未成年人的生活中的地位是极其重要的，电视在潜移默化中成为他们的"生活范式"，也就是说大众模仿电视内容生活存在一定可能性，未成年人成为这一事实的"率先模仿者"。③ 未成年人正处于生理和心理的发育阶段，还未形成成熟和稳定的生理和心理机制，其行为特征也处于不稳定的阶段。在观看过程中伴随的

---

① 魏正聪：《自媒体时代媒介与受众的价值关系转型》，《合肥工业大学学报》（社会科学版）2014年第1期，第95—98页。
② 李晓敏、袁婧、高文斌等：《留守儿童成年以后情绪、行为、人际关系研究》，《中国健康心理学杂志》2010年第1期，第92—94页。
③ 黄会林、阮青、李璠玎：《2009年度未成年人电视媒体收视行为调研报告》（上），《现代传播（中国传媒大学学报）》2010年第1期，第21—27页。

诸多行为，妨碍了儿童对事物的专注度和注意力，不利于其健康的心理及行为发育。因此需要重视留守儿童媒介素养教育，创建和谐良好的媒体氛围，正确引导留守儿童合理利用大众媒介，发展健康的心理和行为。

媒体素养是指人们认识和使用媒体以及媒体信息的一种能力，这种能力可以帮助获取、阅读、理解、分析、综合、评价不同类型的媒体信息。在信息社会的背景下，儿童的媒介接触能力与信息使用能力正逐渐成为个体社会化过程中的必备素质，需要进行正确的引导和培养。[①] 留守儿童受媒介影响的概率要略大于非留守儿童，在农村留守儿童与媒体接触的过程中要促进他们媒体素养的提升，从媒体世界中提取有利于他们成长发展的信息。媒介素养教育研究主体从单一的学龄群体研究逐步转向对普通受众媒介素养探讨，研究呈现多元化态势，但对农村留守儿童媒介素养研究多是泛泛而谈，缺乏目的性与影响性。实践领域，留守儿童处在"三观"形成的关键期，其认知水平与媒介思辨能力尚未成形，学校、家庭媒介素养教育的缺失，使其难以抵制大众传媒消极因素的影响，严重制约留守儿童学习社会化发展。[②]

基于此，本书的重点在于寻找农村留守儿童学习社会化的影响因素，以新媒体为切入点对留守儿童进行系统性干预，旨在让留守儿童拥有社会生活所需要的生活学习素质和技能，适应社会环境。

二 研究思路与方法

（一）研究思路

本书研究思路可分解为：文献调研，特点剖析；量化分析，构建方程；（新）媒体干预，机制构建；迭代循环，机制修正；系统总结，机制形成。实践机制上，在前期归因分析寻找新媒体干预农村留守儿童学习社会化切入点基础上，于研究过程中引入"设计研究"的研究范式，进行

[①] 李颖异、王倩：《关系视阈下流动儿童媒介素养构建》，《当代青年研究》2017年第6期，第110—115页。

[②] 赵可云、崔晓鸾、杨鑫等：《大众媒介对农村留守儿童学习社会化影响的实证研究》，《现代远距离教育》2018年第3期，第66—74页。

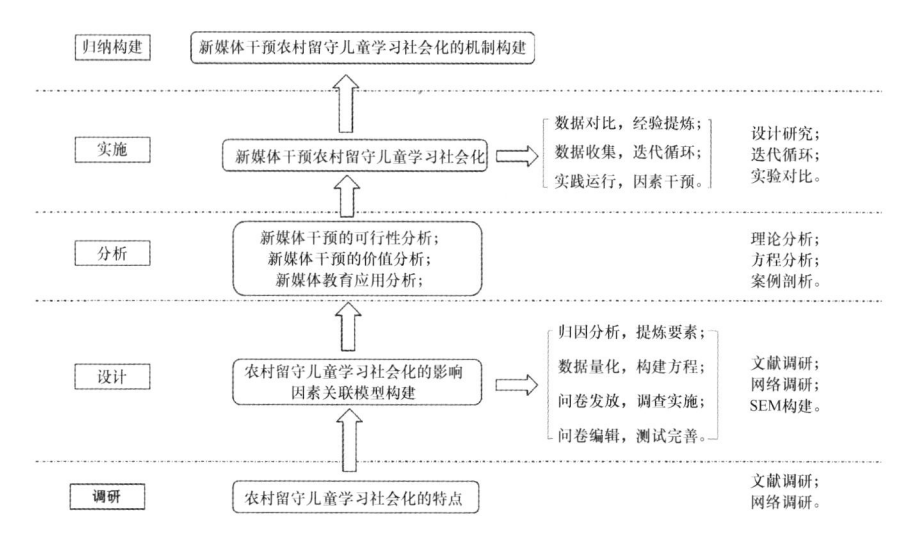

```
归纳构建 ← 新媒体干预农村留守儿童学习社会化的机制构建
             ↑
实施    ← 新媒体干预农村留守儿童学习社会化 → 数据对比，经验提炼；    设计研究；
                                        数据收集，迭代循环；    迭代循环；
                                        实践运行，因素干预。    实验对比。
             ↑
分析    ← 新媒体干预的可行性分析；                            理论分析；
         新媒体干预的价值分析；                            方程分析；
         新媒体教育应用分析；                              案例剖析。
             ↑
设计    ← 农村留守儿童学习社会化的影响 → 归因分析，提炼要素；   文献调研；
         因素关联模型构建              数据量化，构建方程；   网络调研；
                                     问卷发放，调查实施；   SEM构建。
                                     问卷编辑，测试完善。
             ↑
调研    ← 农村留守儿童学习社会化的特点                        文献调研；
                                                          网络调研。
```

图1　研究思路

迭代循环，实施过程性修正干预，保证研究的科学化走向，使研究具有可推广性，使得新媒体干预机制能在更大范围内得以应用。

厘清农村留守儿童学习社会化影响因素是儿童社会化生态重建的前提与基础，这也是最为关键的环节。因此本书基于已有的教育学、心理学、社会学文献，确定影响农村留守儿童学习社会化的关键因素，在大规模数据调研的基础上，借鉴社会科学领域中的结构方程模型分析方法，对农村留守儿童学习社会化影响因素进行系统、深入的量化分析研究。以此为支撑，认识农村留守儿童学习社会化要素内在逻辑及影响关系，尊重并把握儿童社会化发展内在规律，推动农村留守儿童的学习社会化进程，以期给予农村留守儿童以切实的发展关怀。

具体对应如下：

1. 在对现有文献进行梳理分析的基础上，对课题实施所在区域的学校各方面进行调研，重点关注与课题相关度较大的文献，并对有价值的资料进行分类以及整理，以求了解问题具体情况及形成过程，进而分析目前农村留守儿童学习社会化的特点。

2. 农村留守儿童在学习社会化的过程中会受多种因素的影响，在对这些因素进行量化分析的过程中要厘清影响农村留守儿童学习社会化的主要因素及内在关联，进而提出结构方程模型假设，并在数据收集、处理、分析的基础上,最终构建、确定结构方程模型。

3. 依据结构方程模型法为主的量化分析结果,结合定性分析,剖析目前新媒体教育应用的典型案例,结合学校的资源条件,选择合适的实验对象,从保障机制、区域统筹、教师实践等多方面分析媒体技术干预的可行性,提出干预策略,初步构建新媒体干预运行机制。

4. 重点从区域统筹、教研员区域管理、教师具体实践展开,多次循环实施针对农村留守儿童学习社会化发展的新媒体干预,并循环收集数据,通过对实验得出的数据进行多次处理和分析,对新媒体干预的运行机制进行迭代完善,不断增强其科学性。

5. 对新媒体干预农村留守儿童学习社会化的理论与实践进行系统总结,进而构建具有一定有效性、科学性及可推广移植的新媒体干预机制。

(二) 研究方法

研究方法上,通过大规模调查回收数据,通过结构方程模型法,结合定性分析,得出影响农村留守儿童学习社会化的主要因素及其内在关联,增强后期干预的针对性,保证干预的有效性,提高研究的科学性。

1. 问卷调查法:对农村留守儿童进行大规模抽样调查,获得目前农村留守儿童学习社会化的现状,为量化分析各因素提供依据。调查问卷主要由调查对象基本信息、学习社会化影响因素调查两个部分组成。在卷首语中阐明本次调查的目的和内容,由于调查对象是留守儿童,因此需要更加注重儿童的心理,强调调查的匿名和保密原则,文字简明概要,通俗有可读性,贴近留守儿童生活。在问卷设计的流程中,首先将现有文献进行梳理得出初始问卷,其次在征求专家意见的情况下进行小范围访谈和修改,确保问卷的信度与效度。

2. 访谈法:访谈法与问卷调查法都是以获得有价值的研究者的资料为目的,在研究过程中,既可以按照事先设计好的问题进行提问,也可以依据情境与被采访者沟通,引导被采访者对采访主题进行充分自由的表达,在实际采访过程中,灵活运用两种方式。通过与留守儿童本人、家长及儿童教师等的接触,更全面了解留守儿童学习社会化现状,更加客观提炼影响农村留守儿童学习社会化的主要因素。采访结束后,及时对采访资料进行整理,深入分析并撰写访谈报告。

3. 结构方程模型（SEM）：结构方程模型是一种广泛应用于心理学、教育学、社会学等领域中的多元性的验证性的统计方法，用于验证某假设模型的适匹程度。儿童学习社会化受多重外部因素的影响，通过 SEM 这种多元性的验证性的统计方法，探究影响因素内在关联规律、潜变量之间的相似性和因果关系，分析这些关键因素是如何影响农村留守儿童学习社会化的，开拓农村留守儿童学习社会化研究的新视角，为农村留守儿童学习社会化实践提供新的研究基础。

4. 个案研究法：课题在西部地区选择一个县域进行新媒体干预实践个案研究，通过两次迭代循环，进行详细记录与数据比对，提高新媒体干预机制的可操作性，在一定程度上能保证研究的可推广移植性。

（三）研究计划

将研究分为四个阶段，划定每个阶段主题任务。

第一阶段：文献收集、分析、实践调查，构建关联模型。

厘清农村留守儿童学习社会化的内涵、价值，设计并调查农村留守儿童学习社会化特点。依据文献分析与实践调查结果，进行分类提炼，对影响农村留守儿童学习社会化的影响因素进行关联模型构建。

第二阶段：构建结构方程模型，顶层设计，假设性理论构建干预机制。

通过调查分析，利用相关软件，完成对农村留守儿童学习社会化结构方程的构建，依据方程及定性研究，对影响农村留守儿童的各因素及内在关系等进行分析，找出新媒体干预农村留守儿童学习社会化切入点。依据新媒体特征及当地经济、技术发展现状，依据分析结果，完成针对个案的前期新媒体干预机制系统设计。

第三阶段：实践运行，过程记录；迭代循环，完善干预机制。

实践层面，在进行理论研究的基础上，在个案研究区域进行新媒体干预，对研究过程进行详细记录。对干预过程性资源进行分析；修正、完善干预运行机制，提高迭代循环的科学性，迭代循环运行机制，丰富完善新体系，发表阶段性成果。

第四阶段：评价运行机制，形成干预机制，完成结题。

运用多元评价方式对本书的研究过程及结果进行评价，及时汇总成果材料，将研究结果进行归纳总结，主要达到形成新媒体干预农村留守儿童学习社会化的机制的目标。

本章小结

改革开放之后，城市化进程加快，大量农村劳动力外出务工形成了民工潮。受到经济政策等限制，很多民工无法将他们的孩子带入城市。他们的孩子只能留在家乡，没有监护人的陪伴和照料，长期处于无人监管的状态，由此诞生了留守儿童。进入21世纪后，留守儿童在教育、生活、心理等方面仍存在着大量问题，他们在成长过程中面临的困境引起公众的关注，党和政府也一直高度重视农村留守儿童的健康成长。在幼年时期所发生的社会化过程，对儿童形成价值观念、构建角色认知、外化角色行为等具有重要影响，而学习社会化有助于儿童通过与他人的交往，在学习层面上表现出适应性，更好地融入社会，形成独具个体特色的学习风格，发展自身的学习能力，最终表现出积极的社会化学习行为。所以留守儿童学习社会化已经成为一项亟待解决的现实性问题。

为真实地了解农村留守儿童学习社会化现状，探寻其影响因素，在实践领域中探索促进其学习社会化发展的路径，本书以西北地区某贫困县的千余名农村留守儿童为对象，通过对相关文献进行整理和归纳，形成调查问卷，深入实地收集数据。在研究过程中，以问卷调查法、访谈法、结构方程模型和个案研究法为主要方法，采集数据后通过SPSS和AMOS软件进行数据分析及模型验证，得出调查结果并提出针对性发展策略。

在现有环境下，加强对农村留守儿童的关注与社会保障，促进农村留守儿童学习社会化的任务刻不容缓。学习社会化在农村留守儿童社会化成长发展过程中的基础性决定了对其未来发展的重要性，在儿童的社会化过程中，学校、家庭、社会和大众媒介等的功能十分重要，需要切实创造一个有利于其健康成长的氛围，引导他们顺利完成学习社会化，进而促进个体发展与社会和谐稳定。

参考文献

本刊编辑部，曾君：《提升民生福祉　聚焦全国两会"好声音"——

2018年全国两会专题报道》,《社会福利》2018年第4期。

常爱芳:《当今我国青少年犯罪的家庭因素分析》,《山东青年政治学院学报》2013年第1期。

陈刚:《劳动力迁移、亲子分离与青少年犯罪》,《青年研究》2016年第2期。

陈童:《议程设置下的留守儿童媒介形象再现》,《科技传播》2016年第19期。

陈旭:《留守儿童的社会性发展问题与社会支持系统》,人民出版社2013年版。

程丹:《农村留守儿童社会化问题研究——以湖北省H县为例》,南昌大学,2013年。

邓纯考:《农村中小学科技教育途径》,《教育实践与研究》2003年第1期。

范先佐:《农村"留守儿童"教育面临的问题及对策》,《国家教育行政学院学报》2005年第7期。

和学新、李楠:《农村留守儿童教育及其政策分析》,《当代教育与文化》2018年第1期。

黄会林、阮青、李璠玎:《2009年度未成年人电视媒体收视行为调研报告》(上),《现代传播(中国传媒大学学报)》2010年第1期。

黄雪娇、赵可云:《我国留守儿童研究热点和前沿演进趋势——基于关键词知识图谱的可视化分析》,《基础教育研究》2016年第15期。

李晓敏、袁婧、高文斌等:《留守儿童成年以后情绪、行为、人际关系研究》,《中国健康心理学杂志》2010年第1期。

李颖异、王倩:《关系视阈下流动儿童媒介素养构建》,《当代青年研究》2017年第6期。

林宏:《福建省"留守孩"教育现状的调查》,《福建师范大学学报》(哲学社会科学版)2003年第3期。

刘天、程建坤:《改革开放40年我国义务教育均衡发展的政策变迁、动因和经验》,《基础教育》2018年第6期。

刘艳玲、陈琳:《留守儿童"农校对接"动漫教育服务体系构建》,《电化教育研究》2012年第7期。

罗伯特·F. 墨菲：《文化与社会人类学引论》，王卓君等译，商务印书馆1991年版。

莫继雄：《关于农村留守儿童的研究》，硕士学位论文，陕西师范大学，2013年。

时全丽：《班杜拉社会学习理论对高校廉洁教育的启示》，《学理论》2014年第23期。

孙宏艳：《警惕少儿生活方式的隐患》，《中国教育报》2018年1月11日。

唐华丽：《从社会学习理论看电视媒体对农村留守儿童成长的影响》，《法制与社会》2013年第2期。

王玲宁：《谁来伴我成长——媒介对农村留守儿童的社会化影响》，学林出版社2012年版。

王秋香：《农村"留守儿童"社会化的困境与对策》，西南交通大学出版社2008年版。

王向晨：《农村留守儿童社会化的困境》，《中共中央党校学报》2013年第3期。

王艳波、吴新林：《农村"留守孩"现象个案调查报告》，《青年探索》2003年第4期。

魏昶、喻承甫、赵存会等：《学校归属感在学校氛围和留守儿童学业成绩间的中介作用》，《中国学校卫生》2016年第7期。

魏正聪：《自媒体时代媒介与受众的价值关系转型》，《合肥工业大学学报》（社会科学版）2014年第1期。

吴康宁：《教育社会学》，人民教育出版社1998年版。

谢海燕、刘玖玲：《农村留守儿童现象分析》，《理论观察》2006年第4期。

新华网：《习近平重庆之行，细节蕴含深情深意》，http://www.xinhuanet.com/2019-04/18/c_1124383023.htm，2019年4月18日。

杨斌成：《电视媒介对农村留守儿童社会化的作用及难点》，《传媒观察》2012年第3期。

杨靖：《电视：西北地区农村留守儿童重度依赖的"精神抚育者"》，《兰州学刊》2014年第10期。

杨靖：《媒介暴力对农村留守儿童的影响》，《当代传播》2012年第4期。

杨靖、黄京华：《农村留守儿童媒介素养教育四级阶梯的构建与实践路径思考》，《电化教育研究》2011年第6期。

姚云：《农村留守儿童的问题及教育应对》，《教育理论与实践》2005年第7期。

曾小芳：《农村留守儿童社会化程度的实证研究——以溆浦县龙王江乡为例》，硕士学位论文，中南大学，2013年。

赵可云、崔晓鸾、杨鑫等：《大众媒介对农村留守儿童学习社会化影响的实证研究》，《现代远距离教育》2018年第3期。

郑杭生：《社会学概论新修》，人民大学出版社2003年版。

郑素侠：《农村留守儿童的媒介素养教育：参与式行动的视角》，《现代传播（中国传媒大学学报）》2013年第4期。

中华人民共和国国务院：《国务院关于加强农村留守儿童关爱保护工作的意见》，http：//www.gov.cn/zhengce/content/2016-02/14/content_5041066.htm，2016年2月14日。

中华人民共和国国务院办公厅：《国务院办公厅关于全面加强乡村小规模学校和乡镇寄宿制学校建设的指导》，http：//www.gov.cn/zhengce/content/201805/02/content_5287465.htm，2018年5月2日。

中华人民共和国国务院办公厅：《国务院关于深入推进义务教育均衡发展的意见》，http：//www.gov.cn/xxgk/pub/govpublic/mrlm/201209/t20120907_65532.html，2012年9月5日。

中华人民共和国审计署办公厅：《1185个县农村中小学布局情况专项审计调查结果》，http：//www.gov.cn/zwgk/2013-05/03/content_2395337.htm，2013年5月3日。

周文静：《浅析我国农村留守儿童社会化问题》，《农村经济与科技》2018年第20期。

第 一 章

农村留守儿童学习社会化概述

第一节　农村留守儿童界定

一　留守儿童的概念阐释

留守儿童一词最早出现在 20 世纪 90 年代初期,从相关文献来看,一张最早提出留守儿童的概念,认为留守儿童是指父母在国外工作、学习而被留在国内的孩子。[①] 当时所说的留守儿童区别于现在的因父母外出务工而产生的留守儿童。如今的留守儿童概念出现在 20 世纪 90 年代,当时并未引起人们关注。直到 21 世纪,逐渐进入研究者的视野。图 1—1 清晰地呈现了研究者对于留守儿童关注度的趋势。

从文献的数量来看,在 2004 年以前,对于留守儿童的研究文献数量较少,在 20 篇到 30 篇之间。从 2005 年文献资料开始增多,达到了 120 篇,且 2005 年之后的数量开始大幅度增加,2011 年达到 1070 篇,2016 年达到 2155 篇,2016 年至今虽有小幅度波动,但总体研究处于高位比较稳定的阶段。

对于留守儿童的定义,基本要素的确定体现在三个方面。第一,父母外出的数量。对于留守儿童来说,父母双方都外出务工才算留守儿童,还是只有一方外出的也被看作留守儿童。第二,父母外出的时间。父母外出务工的时间长短怎么选择,是一两个月,还是半年、一年或者更长的时间。第三,对于儿童年龄的判断。什么年龄阶段的儿童才能被称为留守儿童。很少有研究对这三个方面进行严格的界定。在已有的研究中,对于这

---

① 一张:《留守儿童》,《瞭望新闻周刊》1994 年第 45 期,第 37 页。

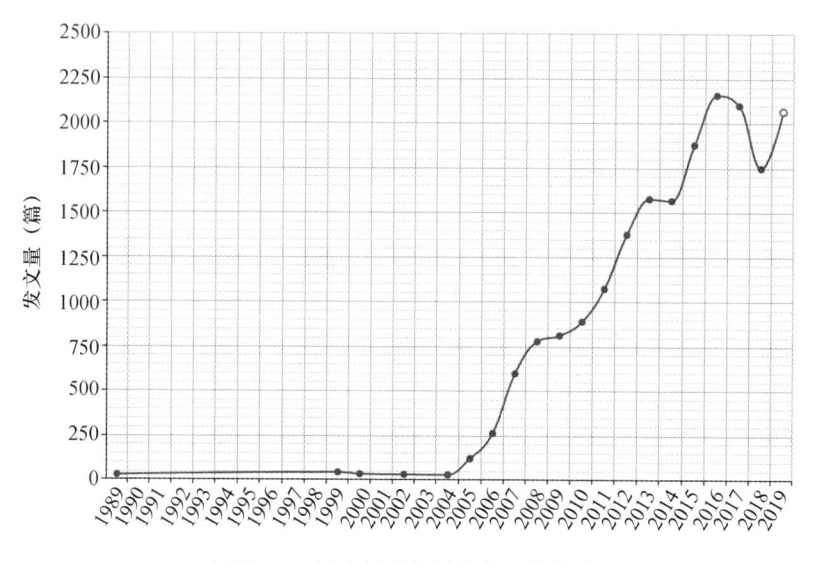

图1—1 留守儿童文献年度发表趋势

三个要素的标准界定也不一样。从父母外出的数量来界定，大部分的研究者将父母一方外出务工的儿童看作是留守儿童，但也有一些研究者将父母双方都外出务工看作留守儿童的基本要素。从父母外出的时间来界定，大多按照半年的标准来界定留守儿童，但也存在部分研究人员将一年或者三个月作为界定的基本要素，当然也有少数的研究者将其限定在四个月。对于儿童年龄的判断，在一些相关研究中没有明确指出，但大部分的文献都将年龄限定在儿童的义务教育年龄阶段，对于上学之前和成年之前的儿童并未进行观察研究。也有一部分文章对于年龄的界定控制在16岁以下。

对于界定留守儿童的三个基本要素，大部分的研究者认为父母任何一方外出务工的儿童即为留守儿童。而对于另外两个要素，并没有形成一致的认识。对于留守儿童的界定方面也有不少研究者提出，可以遵循《联合国儿童公约》的标准，将年龄限定在18周岁以下。在父母外出务工时间方面，根据2000年我国的人口普查及其相关的调查，采用的是将留守儿童的父母外出时间界定在半年，因此，本书中对于时间要素的确定，控制在半年这个时间作为基本要素来参考。本书采用如下的界定标准，即年龄在18周岁以下，父母双方或一方外出务工，并且外出务工的时间在半年以上的儿童称为留守儿童。

二 农村留守儿童的典型表征

农村留守儿童是指在农村地区因父母双方或单方长期外出,如迁入城镇务工就业等,而无法与父母双方一起生活,被迫留在原籍农村,由父母一方、祖辈、他人抚养并监管或者自我照顾的儿童。我国农村留守儿童数量庞大。根据2015年的全国1%人口抽样调查样本,通过研究数据计算得出,0—17周岁的留守儿童占全国儿童的25.39%,而农村留守儿童在全国儿童中所占比例为15%。据此推算,2015年全国留守儿童规模为6876.6万,其中农村留守儿童规模为4051万。在农村留守儿童中,父母均外出的占48.09%,其数量达到2641.3万。[1]

从心理表征上看,农村留守儿童大多会出现孤独、自卑、抗拒与其他人交流等方面的问题。农村留守儿童在成长的过程中,由于缺少了家庭的关怀,农村留守儿童所处的年龄时期正是身心发展的重要时期,对于自己身心变化和社会交往等方面的认识不够全面,会产生一些疑惑或者烦恼。父母由于外出务工,儿童找不到合适的倾诉对象,家人不能起到对他们的引领示范作用。照看留守儿童的监护人大多也顾及不到儿童情绪和心理上的变化,使得留守儿童不能与家人进行正常的交往,往往会使得儿童由于无处倾诉而产生孤僻的性格,对儿童心理健康的发展极为不利。在正常家庭氛围环境下成长的儿童,大多安全感较强,而农村留守儿童安全感相对较弱,在人际交往方面存在欠缺。同时,一些留守儿童对于家庭经济、家人健康、家庭关系等方面比较担忧,使得他们内心产生了一些心理上问题。由于父母不在身边,缺少亲情的关怀,所以一些留守儿童希望父母在身边与其共同生活。同时,农村留守儿童的心理不断成长,家庭的观念会进入儿童的视野,更希望家庭的完整性得到满足,从而在精神方面的满意度不高。

从学习与教育上看,农村留守儿童存在不同程度的学习动机不强、学习态度不端正、学习成绩不理想等学业方面的问题。由于农村留守儿童的父母双方或一方在外打工,爷爷奶奶等监护人的文化水平普遍较低,对于

---

[1] 段成荣、赖妙华、秦敏:《21世纪以来我国农村留守儿童变动趋势研究》,《中国青年研究》2017年第6期,第52—60页。

留守儿童学业上的问题，不能给予恰当的帮助。父母中的一方在家照看孩子的，由于留在家里的家长要完成全部的家务和农业劳动，大部分时间需要照看家庭的方方面面，对于孩子的学业问题关注度不够，从而使得农村留守儿童在学习上得不到家人的帮助。而且，其父母的文化水平同样普遍不高，对于农村留守儿童作业的辅导显然能力不足。同时，部分农村留守儿童的学业完成状况也存在问题。

从个体社会化方面看，父母单方或双方在外打工，使得农村留守儿童在生活上关爱相对缺乏，儿童在经济条件上较为充裕，在生活的物质程度上满意度较高。儿童时期是个体社会化最基本也最重要的时期。家庭、学校和社会是社会化的三个载体，儿童的社会化深受这三个方面影响。农村留守儿童所处的阶段对于社会、社群观念和社会规范等方面有了初步的认识，需要通过正确的引导来使他们形成符合社会规范的价值观念，要依靠学校、家庭、社会的力量来深入影响他们，但由于家庭生活对农村留守儿童社会规范影响力不足，不能完成儿童社会观念的培养任务，更多的还是在学校环境中对儿童进行社会化的教育。

第二节　社会化的概念厘定及内容分析

一　社会化概念厘定

（一）社会化概念阐释

社会化一词在社会学、社会心理学、教育学、政治学等领域都被广泛运用，指的是个体通过社会活动，习得社会文化，增强个体的社会属性，从生物个体转变为社会个体的演变过程，是人们通过学习得以继承各种社会规范、传统文化、意识形态等内容，在生活中学习并扮演各种角色，以适应社会生活的过程。对于社会化的解释与定义，学术界也存在很多争议。著名社会学家郑杭生认为社会化是指个体在与社会的互动过程中，逐渐养成独特的个性和人格，从生物人转变成社会人。[①] 生物个体通过学习到的科学文化和社会规范以及对自我的认知，在社会生活中找到自我的角色定位，适应自身所处社会环境。同时，在适应的过程中，将习得的社会

[①] 郑杭生：《社会学概论新修》（第四版），中国人民大学出版社2013年版。

文化通过各种方式传递给下一代，社会文化由此传承下去，社会能够保持稳定的结构并不断向前演进，个体在这个过程中得到全面发展。

可见，由生物人向社会人转化，需要个体与社会的双向互动，这种双向互动的过程可以通过教育来实现。家庭、学校、社会都是教育的重要实践场。但学校在其中重要的关键性作用，学校作为教育者有计划、有组织地对受教育者进行系统的教育活动的组织机构，对于促进人的全面发展，培养人的个性发展、人格养成有着重要作用。儿童作为受教育者，学习的不仅仅是科学和文化知识，同时也在学习的过程中，完成自我的角色认识，从而适应教学环境，适应在学校这个小的社会团体中与他人进行交往的过程，也就是适应社会化的过程。学校的教育虽然是一种狭义的教育，但教育的本质就是一种社会实践活动，在这种社会活动中完成儿童学习社会化，有助于个体在成长的过程中认识社会，进而适应社会生活，完成自身的社会化过程。

（二）社会化内涵分析

"社会化"一词最早由19世纪法国社会学家加·塔尔德提出。他从个体发展的过程中概括出社会化的概念，塔尔德认为学习活动不仅仅是人独有的活动，自然界中的生物个体都存在学习的本能。塔尔德对社会化的阐述影响了著名社会学家吉登斯，吉登斯是美国社会学学科的奠定者，他运用社会化这一概念解释人的个性与社会发展的关系。个体和社会关系从20世纪30年代起开始受到社会的关注，社会学、教育学对于社会化开始了系统化的研究，社会化也在社会心理学研究中被大量地使用，进入研究者的视野。

社会学家特·希布塔指出社会化通过个体之间的心理和行为之间的联系，得到社会公用的方法和价值观念的做法，是社会群体解决困难，适应彼此之间关系，并从中得到解决生活中各种问题的方法。特·帕森斯把社会化看作个体通过学习和所学知识技能的运用，在社会群体的认同下，从社会生活中总结出的个性特征，并且把这种现象看作不同社会地位成员在社会监督下发展成为社会成员中的个体的过程。另外有一些学者把社会化过程与本质的分解和扩散联系起来。社会是由个人组成的，但并不是由纯粹的生物个体组成的。组成社会并在社会中活动的是认同一定社会文化、遵从一定社会规范的社会人。

生物属性和社会属性是人的基本性质，在个体向社会化演变的过程中，个体逐步隐藏生物属性，社会属性成为人的突出属性，社会化是将一个人由生物个体转化为社会个体的过程。维果斯基指出社会化的概念能够说明社会环境对个体的社会化起着决定性作用，也能说明个体成长的条件并不仅仅受其天生的、自然状况的影响，还受社会影响之下的发展状况的影响。"人发展的社会情况"这个概念被运用到心理学中，维果斯基将其解释为"个体掌握社会经验、性格和行为形式的过程"，维果斯基认为这是个体心理中的生活化的内容。帕利金的社会理论指出，社会化的影响内容不仅仅强调人和动物的区别，还指出社会化是维持人类社会发展的所有的活动，在社会化过程中改变社会和自然界，引起个体各方面的协调发展，整个过程是多元化的。

从上述各个学者的对于社会化的基本观点可以看出，无论是从教育观点出发，还是从个体自身发展出发，人的社会化包含了人与社会的关系、个体与其行为和心理的关系、人与社会发展的关系等诸多方面。人的社会化是从个体文化发展、个性养成、社会结构等角度来完成的。

二 多元视角下的社会化及内容

（一）多元视角下的社会化

通过对已有的文献进行整理分析，发现学术界研究社会化的流派主要从三种角度来探讨，分别是文化角度、个性发展角度和社会结构角度。随着社会化研究的深入，对社会化问题的探讨逐渐囊括了以上三种不同角度的理论研究，构成了研究社会化的不同方面。

从文化角度看社会化，是社会文化不断传递和传承的过程，本质上就是把社会的核心价值内化到每一个个体当中。个体在社会生活中，把社会核心价值标准作为社会生存的基本准则，在这种价值观念的影响下，通过知识获取与认知发展，在社会生活中实现自我价值。从个性发展角度看社会化，它是形成社会成员和个体独特个性的发展的进程，经过社会化，个体才能逐渐形成自我个性特征，这种特征不仅仅是自我个性，同样也是社会化生存环境下的自我标识，在社会生活中是一种独一无二的存在，但又包含在整个社会环境中，是普遍性中的特殊性。从社会结构角度看社会化，是个体经过社会化过程使其趋向符合社会发展，是个体能够担当社会属性的要求的过程。在这个进程中，社会个体逐渐摆脱生物人的属性特质，进一步发展自身的社会属性，在适应社会生活的同时促进社会发展进程。

从不同角度来看社会化，可以看出社会化的本质就是个体融入社会的过程，参与到社会生活当中，在社会化的过程中，社会成员逐步形成具有自身特点的个性和人格。

（二）社会化的内容

每一个个体在社会生活中都具有一定的社会角色，根据自身角色学习相应的知识技能并熟练运用到社会生活中，最终从自然人成长为社会人。个体的社会化主要包括三个方面的内容，从社会结构角度、文化角度、个性发展角度来看，与政治层面的社会化、道德层面的社会化、个人层面的社会化具有一定的对应性。

1. 政治层面的社会化

政治社会化是指社会个体通过接触和学习某种政治文化，培养政治立场和政治参与能力的过程。[1] 社会成员与社会的不断互动形成政治社会化，社会传播政治信息，个体接受政治教育，与政治学习和内化过程共同完成。

政治社会化在我国历史悠久，党和政府对政治社会化极为关注。从社会学角度来看思想政治工作，实质就是政治层面的社会化。新中国成立初期，党和政府为了增强公民的政治社会化，通过采取政治运动和批判等方式完成政治工作。改革开放以来，所采用的手段和制度也更加平和。政治社会化的方式已经由简单的意识形态的灌输转变为培养国民的基本素养，如荣辱观和基本道德的培养。我国的各项改革事业正在稳步推进，当前正处在社会转型的关键时期，社会的不断发展，国家建设的不断完善，社会治理格局正在转变，国家的一些政治事务需要社会成员的广泛参与，国家和社会需要不断地融合进步。当下，国家要充分利用家庭、社会群体、大众媒介和各种社会组织等因素来完善对公民政治社会化的进程。

与此同时社会政治制度对教育具有制约性，教育的性质、宗旨、领导权、受教育权，乃至教育的内容、结构和管理体制都受社会政治制度的影

---

[1] 曹影：《思想政治教育职能论》，吉林大学出版社2007年版。

响,在阶级社会里,"超阶级"或"超政治"的教育是根本不存在的,政治贯穿于教育的始终。由于人的学习社会化是一个逐步丰富自己的认知结构、发展认知能力、逐渐适应社会生活的过程,这个过程受到一定程度的社会政治制度的影响,例如我国社会主义制度下,个人的社会化过程,要培养人的社会主义核心价值观,这种价值观念,是个体在社会环境中需要认同和遵循的价值观念,是一定的社会准则。由此看出,政治的社会化,影响着个人学习社会化。

2. 道德层面的社会化

"所谓道德社会化,是指社会成员通过社会互动学习道德规范,内化道德价值,培养道德情操的过程。"[①] 社会存在决定社会意识,经济基础决定上层建筑,上层建筑又反作用于经济基础,作为马克思主义的基本观点。社会环境中的人口、自然资源等社会存在决定了社会道德这一上层建筑。而道德作为个体在社会生活中共同的价值观念,同法律一样,都是社会群体规范体系中的重要部分,能够起到规范社会秩序的作用,同时也能限制个体的行为。随着社会生产关系的不断变化,人们对于道德价值判断标准也是不断变化的。个体通过周围的社会成员不断学习道德观念标准,并将这些道德观念内化为自身的行为准则。社会的不断进步和发展,人们的交往方式也不断变化,在交往的过程中,虽然方式发生变化,但对于道德观念的学习本质未发生改变。人们在互动过程中学习道德标准,个体通过伦理和价值的内化,从而影响个体的道德内化。

同样,社会化生存需要一定的道德准则。道德是社会规范体系的一部分,人的学习社会化过程,就是对社会规范的学习过程,并将其内化为自身的道德观念,作为社会化生活过程中的道德评判标准。例如,家风就是一种道德准则,儿童耳濡目染父母的行为,在内心形成一定的道德判断标准,这种标准的形成,就是一个学习社会化的过程。这就使得道德社会化在某些方面影响个人学习社会化。

3. 个人层面的社会化

郑杭生指出,社会化是个体和社会互动的过程,在这个过程中逐渐养成个性和人格,由生物人转向社会人。个体通过对文化和角色知识的学

---

① 郑杭生:《社会学概论新修》,中国人民大学出版社2006年版。

习，在社会生活中适应生存环境。在社会化的过程中积累和延续社会文化，发展社会结构，个体的人格和特性得到完善和发展。社会化的过程是一个长期的过程，贯穿人的一生。个体是社会构成的基本单位，在出生的时候只是自然人，具备基本的本能特征，与动物相近。个体只有通过社会化的学习，才能完成社会观念的转变和生活技能的培养，并在社会中生存。

被人们陆续发现的一些所谓的狼孩或者熊孩，他们在自然环境中成长，他们通过学习，得到的是动物的生活本能和一些动物独有生活习性。动物没有语言，也不能直立行走，他们也只会爬行，不会说话。他们从生理和心理上，都已经具备了动物的特征，但不能作为一个完整的人在社会中生存。所以说，从生物人要成为社会人必须经过与社会的互动过程才能完成转变，遵循一定的社会规范，学习相应的社会文化。个人的社会化程度，对社会结构发展与完善具有重要的影响。个体对自身准确的社会角色定位，促进社会良性发展。

社会与个体的双向互动过程中，个性发展和人格的培养促进了人的转化。在这个过程中，学习是参与社会所必备的基础条件，通过学习完成自我的社会角色定位，并逐步适应社会化生活。人的社会化需要通过学习来完成，在学习过程中，个体与群体接触和互动，学习社会规范、学习谋生手段、培养个体的独立人格，从而在政治、道德、个体方面完成社会化转变。学习社会化对于儿童未来的职业发展、成年期的社会适应、角色转变都具有重要的影响。

从政治、道德、个人三个层面来理解社会化，可以得出如下的研究结论：社会化是个体在社会实践活动中，通过自身学习社会文化、社会规范，与社会趋向一致的过程。一方面社会化过程与社会生活相适应，另一方面社会化也是对社会生活的发展。这一个双向发展的过程，不仅仅是单一的社会发展。社会化就是个体通过学习社会文化和社会规范，对社会习惯和道德、法律的认知和内化，形成与社会相适应的价值观，在社会生活中遵从一定的社会规范，成为合格的社会个体。

社会与个体的双向互动过程中，个性发展和人格的培养促进了人的转化。在这个过程中，学习是参与社会所必备的基础条件，个体在多元化的环境中，通过对知识技能、行为规范、价值观念等方面的学习和内化，完成自我的社会角色定位，逐步适应社会并不断创造新的文化。在个体社会化的过程中，个体与群体接触和互动，学习社会规范、学习谋生手段、培养个体的独立人格，从而在政治、道德、个体方面完成社会化转变，政治生活与道德文化服务于个体社会化过程，政治社会化与道德社会化统一于个体社会化过程。

第三节　学习社会化的内涵及理论阐释

一　学习社会化的界定

个体只有通过社会化过程，其行为才能构成连贯一致的人格，对于儿童来说，社会化过程在其启蒙阶段所塑造的角色认知和角色表现、所形成的价值观念对其一生的发展具有更为重要、更为基础的作用。[1] 参照郑杭生对社会化的定义，学习社会化是指个体在社会生产、生活、学习过程中，通过与群体、社会的接触与互动，逐渐形成学习风格，内化学习方式、学习伦理、学习规范，发展学习能力，表现出社会化学习行为，逐渐适应社会环境的过程。懂得如何学习，如何对自我和社会认知，是教育的四大支柱之一，[2] 是人的发展的基础性条件。对相对处于弱势的农村留守儿童来说，其所表现出的学习社会化行为与能力对其未来职业发展、成年期的社会适应、角色转变都具有重要影响。

人只有在社会环境中生存才能更加完满。在印度加尔各答一个叫米德纳波尔的城镇，当地的居民常常遇到一种从未见过的生物出没于周围的树林中。每当夜晚来临，有两个像人一样的生物，但是"它们"用四肢走路，跟随在狼群后出没在树林中，后来大狼被居民打死，在狼窝里发现了两个神秘的生物。"它们"其实就是两个小女孩。年长的七岁左右，小孩子两岁左右。这两个小女孩被送到米德纳波尔的孤儿院去抚养，她们也取了名字，大的叫卡玛拉，小的叫阿玛拉。她们刚到孤儿院时，只能像猫狗

---

[1] 王向晨：《农村留守儿童社会化的困境》，《中共中央党校学报》2013年第3期，第97—101页。

[2] 联合国教科文组织总部：《教育——财富蕴藏其中》，联合国教科文组织总部中文科译，教育科学出版社1996年版。

一样在地上的盆子里吃东西。到了第二年阿玛拉死了,而卡玛拉学会了穿衣,直立行走,会对其他孩子笑,能使用 100 个左右的单词。

上述事例表明,一个人即使有人类的遗传基因,但如果没有经过社会行为和技能的学习,个体就不能和大众的社会价值保持一致,就不能称为一个完整的人。个人只有经过社会化,才能成为一个社会合格的成员。从社会学的角度来说,社会化的过程是个体在与社会双向互动的过程中学习社会角色所需的知识和背景,使得个体的各种行为与社会的规范相吻合,进而成为社会成员中的一个完整的存在。社会化是个人通过学习谋生的基本手段、社会行为规范、社会文化和个性化人格,达到个人与社会态度、价值观念一致的过程。

(一) 学习谋生手段

人类的一切生存手段都需要社会化过程来获得,从最初的吃饭穿衣,到职业技能,都是一个特定社会对新生代进行社会化的主要内容。作为一个社会成员,人不但是一个消费者,也应该是一个生产者。因此,人就必须学会谋生的技能,即通过劳动来创造财富。在传统社会中,家庭是基本的生产单位和生活单位,吃饭穿衣等基本生活技能和谋生手段都是在家庭条件下传授的。在现代工业社会中,生产技术变得越来越复杂,一个人的谋生手段需要通过有组织、有计划的学校教育来获得,从而才能在复杂社会环境中适应各种生存挑战。无论如何,这些谋生手段必须通过学习来获得,这是人社会化的一项重要任务。

(二) 学习社会行为规范

行为规范是为了保证人与人之间互动能够顺利进行而建立起来的,它避免了新一代人在人际交往中大量地犯错,能够按照一定的标准进行社会生活。实际上,大多数的行为规范是人们在长期的生活实践、通过世代积累和选择而形成的,这样对于后来者来说,社会行为规范就是先于他们而存在的,他们必须学习和遵守这些行为规范才能有效地融入社会群体。个体在学习并内化了社会行为规范后,才能保证社会稳定有序地发展,为自己社会性的成长做保障,使得社会在一定的秩序下发展进步。

(三) 学习社会文化

社会文化作为人与人之间交流的重要纽带,是人类社会存在和发展的重要源泉,是个人融入社会的重要枢纽。因此,个体学习社会文化是社化过程中非常重要的任务。不同的个体所处的社会环境不同,其生存的范围不同,文化的特质也不完全相同。比如,一个生活在国际大都市的孩子与一个生活在乡村的孩子,生活在国际大都市的孩子一出生可能听到的就是肖邦的钢琴曲,而生活在乡村的孩子一辈子可能连肖邦是谁都不知道。然而,这种差异却不影响个体学习其所处的生活空间的社会文化。

(四)学习形成个性化人格

社会化的最终结果就是形成每个人独特的"人格"。个体的思想和情感以及对自我的认识程度,使得个体在社会中形成了与其他个体有着本质区别的个性特质。个体的自我意识是对自身的社会角色的判断,这种定位形成了独特的人格。刚出生的婴儿是不能理解自己同其他人的差异的,个体的自我意识是在社会化的过程中逐渐形成的。通过个体的学习社会化,在社会生活中发展自身的人格特征,个体的个性得到认同,从自然人转变为社会人,并且在其中学习自身的角色知识,完成自我的社会化过程。

二 学习社会化的基本特征

(一)发展性

学习社会化是不断发展的过程。个体从出生开始,历经各种社会化过程,逐渐掌握社会成员所要求具备的知识、技能以及行为规范。从个人必须不断使自己适应社会来看,需要不断发展自我,从浅层认知、到深层认知,从较少认知到较多认知,从掌握不熟练到掌握熟练,其自身的社会文化、社会结构等都随着主体学习社会化过程的发展而不断发展。

(二)长期性

学习社会化过程不仅有幼儿时期、青少年时期,还有成年时期,甚至中老年还有许多需要学习与适应的地方:如家庭关系、职业关系等。这是贯穿个体终生的过程,也是学无止境的过程,秉承了"活到老学到老"的理念。

(三)主动建构性

个体在学习社会化的过程中,不是被动接受,而且发挥着其主观能动性,不断地与家庭、学校、社会等外界因素以及自身的学习动机、学习态度、学习风格、学习能力等内在条件交互作用,表现出主动地有所选择、有所取舍。

三 学习社会化的相关理论

（一）"镜中我"理论

库利的"镜中我"理论将他人对自己的评价分为三个阶段。第一个阶段是指个体所想象的在别人面前是什么样的形象，这个阶段是感觉的阶段，个体设想他人对自我的感觉。第二个阶段是指个体想象他人对个体自身形象的评价，这个阶段被称为解释或定义的阶段，个体在这个时期想象他人对自我的判断。第三个阶段是指在前两个阶段的基础上产生的自我感觉，像骄傲、委屈等，这个阶段是对个体自身的反应阶段。家庭被看作一个群体，家庭对于社会化作用也是巨大的，儿童通过观察父母的动作以及父母之间的谈话，了解父母对他们的期待和对自己行为的评价以及意见等，进而通过对这些感觉的认知，试图表现出父母所期待的行为。

在库利看来，初级群体中的个体自我意识能够得到充分的发展。通过学习社会化能够形成自我意识，儿童在与社会互动的过程中，借助想象形成他人对自我形象的认识，进而形成社会其他个体对自我的判断，最终进行自我反应，产生相应的自我感觉。自我感觉推动个体向某个期待的方向发展，这种通过学习而形成的自我形象的认识，使得个体在社会初级群体中得以充分发展。

（二）认知理论

皮亚杰作为儿童如何思考的理论研究先驱者，他的研究试图说明儿童在出生之初便已知道什么，并且用什么样的方式来获得新知识，儿童在不同的年龄阶段需要具有哪些必备的知识技能。皮亚杰在社会化的研究当中，对于儿童不同阶段的思考活动做出了丰富的研究成果。在他看来，在不同的成长阶段，儿童的行为活动都对应着相应的智力操作类型，进而通过这些类型为儿童的知识获取定义了相应的结构。皮亚杰认为，尽管某些儿童能够比其他的儿童更快地度过这些阶段，但是儿童的发展必须经过同样的顺序，他将儿童的智力发展分为感觉运动阶段、前操作阶段、具体操作阶段、形式操作阶段。

社会环境在一定程度上影响儿童不同阶段的认知结构。例如在前操作阶段，从2岁左右延续到7岁。这个时期，儿童学会理解和运用各种符号，学会说话，而且开始有意识地模仿其他个体。前操作阶段的儿童在同一个时刻只把精力集中在情境的一个方面而忽视其他方面。在这个阶段的儿童是高度的自我中心主义者，他们还未能意识到自身的社会角色，看待社会的角度几乎完全是自我的角度，因此就不能理解其他的社会活动，并且不能从其他社会成员的角度看待问题。儿童所处的社会环境会影响其看待社会的方式，如果处在一个不健全的社会结构中，也就是说，缺少相应的家庭结构来引导儿童的个体意识的发展，会使得儿童形成一种不健康的自我中心主义，不利于儿童形成健康的人格。

（三）符号互动论

乔治·赫伯特·米德对符号互动论发展具有很大的贡献。在米德看来，个体的行为活动最初的动机是一种没有目标的特殊力量，个体根据环境的变化采取相应变化而改变自身的行为活动。环境中改变个体行为的客体对人们行为的发展起到刺激作用，在整个过程中，这些客体被看成是与活动行为相互关联的。个体发出者和接受者都具有相同的意义，社会交往过程中人们就可以通过这些肢体动作完成一些社会行为。随着行为的发展，符号也得到发展，并且这些符号也被有意义地运用到社会行为当中。

米德同样认为，个人行为与客观的环境之间的关系可以运用到社会性行为当中。个体的参与使得社会行为发生，在这些社会行为中，个体的人格和有组织的社会行为得到发展。实现社会行为发展是以语言等媒介作为条件的。某些社会行为对应某些符号的意义，比如一些手势等特定的行为动作。这些特定肢体动作在社会行为过程中逐步有了相对应的符号意义。个体发出者和接受者都具有相同的意义，社会交往过程中人们就可以通过这些肢体动作完成一些社会行为。随着行为的发展，符号也得到发展，同时这些符号也被有意义地运用到社会行为当中。

在儿童学习过程中，运用符号互动理论有利于儿童的发展。儿童个体的成长与发展是一个社会化的过程。儿童个体的成长和发展同样是社会化的过程，因此儿童在接受教育的过程中，应该让儿童从教育中不断地自我发展和完善。社会化的另一个关键是要儿童遵循社会的相关规定，儿童的发展必须是以法律法规为基础的，只有这样才能够更好地实现自我发展。在对儿童进行教育的时候，应该让儿童了解社会所要求的相关符号，在此基础上遵循社会规范。社会化的过程是一个群体中每个成员对符号互动共同理解的过程，这个过程中还有一个重要环节就是对其他小组成员的评价。所以评价对于儿童来说起到一定的作用，评价的过程中要综合儿童的各个方面，运用不同方式的评价手段，让儿童通过评价得到自信和满足感，从而也促进儿童不断地向社会化发展。

(四) 人格发展阶段理论

埃里克森认为个体的自我意识是随着个体成长不断持续发展的。依据人格终身发展论的观点，个体在每个年龄阶段所受的教育都有一定的理论基础，不论哪一成长阶段出现教育上的错误，都将影响人的终身发展。在各个阶段，个体都能保持积极的人格特征发展，这个阶段的任务完成后逐渐健全自我的人格特征。如果继续消极地发展，则会影响个体心理发展和情绪发展，造成人格的不健全发展。

根据埃里克森的观点，儿童进入小学阶段进行学习后，正规的学习活动取代学龄前的游戏活动，是儿童活动方式的巨大改变。进入小学的儿童将接受有目的、有组织、有计划的教育，在接受教育的过程中，倘若儿童能够达到学习的要求，完成学习的任务，儿童会有成功的感觉，将为其在今后的社会生活中树立自信心。但是，儿童的努力如果没有得到相应的回报，儿童就会因此而感到自卑，进一步会失去信心。所以说对于儿童的学习社会化，就是在社会教育、学校教育、家庭教育的交互作用下，培养儿童努力的价值观导向，坦然面对学习过程中的得与失，不要将成绩作为评判儿童的唯一的标准，引导儿童努力学习知识和社会规范。这个阶段，父母能够引导儿童树立正确的价值观，让儿童适应学校的学习环境，在小范围的社会环境中发展人格个性。激励儿童培养学习动机，使得儿童能够从学习中找到乐趣，激发学习兴趣，促进儿童人格的养成，使其能够适应社会生活。

(五) "结构—功能"理论

帕森斯提出了结构功能分析模型。社会结构概念发展的作用是解释人类的一切行为活动的系统化理论。帕森斯所认为的社会结构，是一个总体的社会系统，被分成了经济系统、政治系统、社会系统、文化系统四个子系统。经济系统对应的功能是适应社会环境，政治系统的功能是为了达成目标，社会系统的功能是整合，文化系统的功能是维护。他认为这一个整体的系统是均衡地并且能够自我调节和相互支撑的系统，内部的各个部分也对整体发挥相应的作用，与此同时，在社会秩序的不断分化和整合中，维持社会整体的平衡秩序。他认为对于社会结构的研究涉及社会秩序中人的行为活动。社会秩序的研究和行为活动离不开个体的思想的规范性。帕森斯的"结构—功能"理论，是对社会结构的系统化分析，在一定层面上与政治层面的社会化具有相同的价值意蕴，对于个体学习社会化的研究具有重要的参考与借鉴价值。

通过对学习社会化相关理论的梳理发现，"镜中我"理论、认知理论、人格发展阶段理论是从个体自我发展的角度阐释学习社会化的过程，而符号互动论、"结构—功能"理论则是站在社会角度，将个体学习社会化置于社会系统当中，说明个体社会化对整个社会发展的功能与作用，以上学习社会化理论对本书均具有重要的借鉴与参考意义，为研究者进行农村留守儿童学习社会化影响因素结构方程模型的构建和进行新媒体干预学习社会化的实践提供了指导。

第四节　农村留守儿童学习社会化的多视角审视

一　儿童学习社会化

儿童学习社会化是指儿童在个体与社会双向互动的过程中，通过学习获得人类基本的行为方式，诸如语言的学习和情感的认知。认识自身与周围环境的关系，包括社会环境和人际环境。在学习到相应的社会价值观念和社会规范后，儿童的自我意识形成并得到发展，通过了解社会和学习社会角色的知识，在对角色定位的过程中学会社会生存的基本技能。

儿童所处的社会环境和社会文化不同，形成的社会生活所需的个性和人格特征以及他们在社会中所表现出的行为特点也不同。儿童时期是儿童社会化过程中的初始阶段，儿童时期的社会化程度将会影响儿童的成长。中学阶段，尤其是初中时期，是儿童形成个性和人格的重要时期，将会影响儿童的情感和思维方式以及人际交往特点，是一个可塑化程度很高的关键阶段。所以，儿童在初中阶段得到良好的教育是其社会化的重要保障。社会化能够促进儿童与周围的生活环境进行社会化互动，处理好自身的学习和生活，能够正确面对周围环境发生的变化，掌握社会生活的必备技能，充分发挥自我的社会价值，在身心各个方面为今后的社会生存做好准备,并为日后在社会中的发展打下坚实的基础。

(一) 国外儿童学习社会化相关研究

国外对于儿童学习社会化的研究起步较早,从20世纪60年代起,西方各国学者对学习社会化进行了初步探索。班杜拉等人将儿童的行为方式同社会热点联系到一起,通过现实场景的模拟探索儿童的行为特点。从20世纪80年代开始,一些学者开始运用因果模式来研究儿童的社会化行为方式,但未形成完备的理论。

在本书中,主要运用社会化理论作支撑。如库利认为,家庭作为社会群体的一部分,对儿童的影响是巨大的,儿童在一定程度上认同父母的意见,并在此基础上形成自身的认知;皮亚杰的认知理论认为儿童在成长过程中如果父母的教育不到位,在亲情方面的缺失,会影响儿童的个性和性格特点;米德认为正是在家庭中,孩子通过与父母的互动,逐渐产生自我意识;埃里克森认为,人的一生可以分成八个阶段,在任何年龄段的教育失误,都会给一个人的终身发展带来障碍;帕森斯认为儿童进入社会结构当中,可能会使原来的结构发生变化,社会化的作用就是将社会道德规范和社会认同的价值观传递给儿童,从而促进社会稳定发展。

(二) 我国儿童学习社会化的相关研究

周宗奎认为,儿童处在一定的社会文化与社会环境中,儿童在与社会的互动过程中,儿童学习到与社会相适应的行为方式,在这个过程中形成与该社会文化适应的个性特点。儿童社会化发展的具体内容包含多个方面,第一,内化自身的价值标准与社会规范;第二,形成一致的个体目标与社会目标;第三,个体取得目标的知识技能;第四,认同个体的自身身份,认识到自我在某一情景下所处的角色。[1]

家庭教育是以亲子关系为中心的,并且发生在家庭生活中,来培养人参与社会生活的必备技能和知识储备。家庭教育是影响儿童发展的重要因素。其效果的好坏,受到父母的教育动机和教育内容的影响,但最终还是由教育的方式来决定,因此,优质的教育方式有助于儿童的社会化过程。不良的教育方式在一定程度上对儿童的社会化起阻碍作用。[2] 家庭教育的

---

[1] 周宗奎:《儿童社会化》,湖北少年儿童出版社1995年版。
[2] 关颖:《家庭教育方式与儿童社会化》,《天津社会科学》1994年第4期,第107—110页。

方式对于儿童社会化的影响体现在父母对儿童情绪的传导作用，以及儿童性格的养成和对儿童行为起到规范等作用来影响儿童的社会化。

个体的自我能力和其角色定位的一致性是社会化的目标，对于儿童来说，形成自我的完整性就是儿童的社会化目标。在完成社会化以后，个体能够具备处理各种社会关系和社会现象的能力，能够应对社会的变化和社会发展需要，正确处理好各种人际交往关系，发挥自身的价值作用，以社会规范为行为标准，并在此基础上完成自我价值的输出，通过良好的行为推动社会向前发展。[1] 郑杭生认为，儿童时期的社会化是个体在一生中社会化的基础，是发生在生命初期的社会化，其社会化的主要内容体现在，儿童通过学习语言等基本的生存技能，将学习到的文化内化为自身价值标准，对于社会的角色定位有一个自我的认识并且理解社会角色所需内涵所在，社会化贯穿于人的一生[2]。

有学者从非社会性行为角度来研究儿童社会化。她认为非社会性行为是儿童在社会化的成长过程中重要的一部分。典型的非社会性行为主要表现为内向性行为和逃避性行为。虽然它们会随年龄增长而消失，但它们潜藏着问题障碍乃至反社会危机。[3] 因此认为对于儿童早期的行为要及时辨别，发现其社会性行为中的亲社会行为和反社会行为，帮助儿童激发其成长的内在机制，使得儿童能够实现自我发展。同时要发掘儿童本身的潜能，在生活中助长其成功的体验，让儿童发现有意义和有价值的生活，帮助他们完成社会化这一过程。

大众传媒成为影响儿童社会化的重要因素。在传统社会及人们的传统认识中，影响儿童社会化的因素主要是宏观的社会文化环境以及家庭、学校、同辈群体等微观的社会环境。但在现代社会，以电视为代表的大众传播工具已成为一种强大的社会化影响力量，并日益在社会化过程中发挥着重要的作用，甚至超过了传统的家庭、学校等因素。[4] 电视对于儿童社会

---

[1] 张先翱：《大众传媒与儿童发展》，中国少年儿童出版社1994年版。
[2] 郑杭生：《社会学概论新修》（第四版），中国人民大学出版社2013年版。
[3] 侯春在：《非社会性行为：儿童社会化研究的新视角》，《南京师大学报》（社会科学版）2001年第4期，第95—100页。
[4] 化得元、高治合：《电视与儿童的社会化》，《电化教育研究》2002年第12期，第61—66页。

化的影响体现在对社会认知、儿童行为、性别角色、道德发展等方面，在电视等大众媒介的影响之下，儿童社会化的过程会发生一定的变化。

从上述学者的观点可以看出，儿童社会化与其所处的社会环境存在很大关系，并且家庭教育对其社会化影响较大。儿童所处的年龄阶段，特别是儿童早期的社会化完成程度，影响儿童的成长发展。儿童通过对自我的认知和角色的定位，形成完整的社会化目标，并且受到诸如媒介、社会环境等外界因素的影响。

二 农村留守儿童学习社会化的研究现状

（一）农村留守儿童社会化的研究现状

我国农村留守儿童问题是伴随着改革开放，生产力不断发展和城镇化过程而出现的。农村留守儿童问题关系到未来我国的社会发展，关系到公民的素养和劳动力素质的提高，关系到农村和城市的协调发展，也关系到我国社会的可持续发展和现代社会的建设。对于农村留守儿童出现的问题、难题，受到了社会和学者们的关注，其产生的问题也摆在了社会发展面前。从目前对于农村留守儿童的相关研究来看，主要体现在如下几个方面：

第一，对于农村留守儿童社会化的宏观研究。

宏观层面，邓赐平等人认为，要从系统发展角度来看待儿童社会化的研究；唐有财等人在研究留守儿童时引用了动态生命历程视角，对农村留守儿童的家庭关系进行分析，并且强调重视农村留守儿童的"反埃里克森定律"现象，受到了研究者和大众的认可；蔡玉军等人运用非社会性行为的理论基础，对留守儿童进行系统性分析，并借助这一理论对农村留守儿童进行非社会性行为的分析。

第二，对于农村留守儿童的问题研究。

李玉波通过进行实地调查分析发现，农村留守儿童面临的问题主要体现在：人身安全和卫生健康的问题，儿童面临较大的劳动任务，学习成绩不理想，心理发展不健全，在家庭观念的影响等方面也存在问题；肖富群的研究发问题主要体现在于儿童的心理方面，诸如儿童性格孤僻、儿童所处的家庭关系冷淡等方面，通过儿童的抽样调查发现，初中阶段的儿童在这些方面表现更为突出。

第三，对于农村留守儿童社会化内容的研究。

刘成斌在研究留守儿童与流动儿童在社会化差异的研究中，通过对儿童的教育、身心健康、人际关系、文化水平等方面进行比较，来说明其趋同性；陈新花对农村留守儿童社会的差异方面进行研究，通过对留守儿童进行访谈，探究其差异的具体表现；董海宁通过对留守儿童的生活、社交等方面的问题进行研究，对留守儿童与正常家庭的儿童社会化进行比较，探究留守儿童社会化面临的问题。

第四，对于农村留守儿童社会化的过程条件的研究。

童玉英在研究儿童社会化的过程中，提出社会文化环境具有影响儿童社会化的突出作用；王秋香认为社区环境影响农村留守儿童社会化；翟继辉在分析农村留守儿童社会化的影响因素时，将父母、监护人、学校、同辈群体、媒介这几个方面作为影响因素来分析对农村留守儿童社会化的作用。

第五，对于农村留守儿童社会策略的研究。

刘秀欣在研究农村留守儿童的情绪和情感特征时，从个体、家庭、学校、社会等不同角度提出了解决方法；李星贵的研究指出，对于农村留守儿童的培养，要从社会规范、社会角色的定位、价值观以及生活方式等方面进行教育，并对学校教育、家庭教育、社区管理三个方面提出相应的策略。

第六，家庭教育对于农村留守儿童社会化的影响。

莫艳清在家庭对儿童社会化的影响研究中，提出了家庭缺失对于儿童的影响，莫艳清认为家庭的缺失对农村留守儿童社会化产生不利的影响；聂建华等人在农村留守儿童的家庭对其社会化的影响研究中，提出了家庭结构的缺失对农村留守儿童社会化的不利作用，并从学校、家庭等方面提出了解决策略。

（二）农村留守儿童学习社会化的研究现状

留守儿童作为我国社会转型时期的弱势群体，其学习社会化的现状及其强化机制是值得关注的问题。综合目前我国对于农村留守儿童学习社会化的相关研究，绝大多数研究将农村留守儿童学习社会化问题作为其社会化研究中的一个子项进行研究，在剖析其存在问题的原因及影响因素上亦是如此。依据原因分类，符平、王向晨等认为留守儿童的主要社会化主体

（家庭、学校、同辈群体）、影响主体（政府、社区、学校、家庭）存在的观念、政策、策略等方面的偏差是农村留守儿童学习社会化存在问题的主要原因。[1] 王艳波、吴新林等则重点从监护主体相关观念、意识与行为的缺失等层面进行了原因剖析。[2] 基于以上的原因分析，林宏[3]、谢海燕等[4]重点从政府、社会工作力量、学校教育、家庭教育的改进等层面提出了解决策略；王秋香等从家庭、学校、同辈群体、大众传媒应有的责任义务角度进行了系统分析[5]；陈旭提出了针对留守儿童心理及行为的社会支持系统干预模型，以期促进农村留守儿童的学习社会化。

农村留守儿童学习社会化在儿童社会化成长发展过程中的基础性决定了其对儿童未来发展的重要性，目前的研究将其置于"社会化"这一宏观视野下，对其影响因素缺乏系统的微观层面的深入量化分析研究。本书基于已有的教育学、心理学、社会学文献，确定影响农村留守儿童学习社会化的关键因素，在大规模数据调研的基础上，借鉴社会科学领域中的结构方程模型分析方法，对农村留守儿童社会化中的学习社会化进行独立研究，分析这些关键因素是如何影响农村留守儿童学习社会化的，开拓农村留守儿童学习社会化研究的新视角，为农村留守儿童学习社会化实践提供新的研究基础。

就人的成长社会化而言，其幼年时期所发生的社会化过程，对儿童形成价值观念、构建角色认知、外化角色行为等具有重要影响，而这些也正是儿童成长发展的关键。学习社会化概念，用以表征个体在学习过程中，通过与其他人的接触与互动，逐渐在学习层面上表现出适应性的过程。即个体在不断内化学习方式、社会伦理、行为规范的过程中，逐渐形成独具个体特色的学习风格，并发展自身的学习能力，最终表现出积极的社会化学习行为。

---

[1] 符平：《转型期留守儿童问题研究》，上海三联书店2013年版。
[2] 王艳波、吴新林：《农村"留守孩"现象个案调查报告》，《青年探索杂志》2003年第4期，第7—10页。
[3] 林宏：《福建省"留守孩"教育现状的调查》，《福建师范大学学报》2003年第4期，第132—135页。
[4] 谢海燕、刘玖玲：《农村留守儿童现象分析》，《理论观察》2006年第4期，第88—89页。
[5] 王秋香：《农村"留守儿童"社会化的困境与对策》，西南交通大学出版社2008年版。

本章小结

本章从社会化相关理论入手,通过社会化的内涵及其理论沿革,阐述教育的社会化过程,进而从不同的角度看社会化。从文化的角度来看,社会化就是一个文化传递和文化传承的过程;从个体发展的角度来看,它是社会个体形成和发展独特个性的进程;从社会结构的角度来看,社会化又是使人变得更符合社会发展,符合社会性要求的过程。社会化的内容包括政治社会化、道德社会化、个体社会化三个方面。

由此界定了学习社会化的内涵,通过学习社会化,学习谋生手段、社会行为规范、社会文化和个性化人格的形成。童年时期是儿童实现个人社会化的最初阶段,这一阶段社会化进程影响个体的自我完善与发展。儿童学习社会化的相关理论研究成果,为本书提供了相应的理论基础。

学习社会化是个体学习过程中的自我延续机制,以农村留守儿童为对象,探究其学习社会化的价值。农村留守儿童通过学习社会化,使他们能够树立正确的社会观念,引导儿童的价值观取向,从而适应社会化生存,确立自己的社会角色。通过分析六类农村留守儿童研究现状,延伸出农村留守儿童学习社会化的现状及其强化机制,借助本书提出的学习社会化概念,使其在学习层面上适应社会化生存。

参考文献

鲍尔斯、金蒂斯:《美国:经济生活与教育改革》,王佩雄等译,上海教育出版社1990年版。

曹影:《思想政治教育职能论》,吉林大学出版社2007年版。

段成荣、赖妙华、秦敏:《21世纪以来我国农村留守儿童变动趋势研究》,《中国青年研究》2017年第6期。

符平:《转型期留守儿童问题研究》,上海三联书店2013年版。

关颖:《家庭教育方式与儿童社会化》,《天津社会科学》1994年第4期。

侯春在:《非社会性行为:儿童社会化研究的新视角》,《南京师大学报》(社会科学版)2001年第4期。

化得元、高治合:《电视与儿童的社会化》,《电化教育研究》2002 年第 12 期。

联合国教科文组织总部:《教育——财富蕴藏其中》,联合国教科文组织总部中文科译,教育科学出版社 1996 年版。

林宏:《福建省"留守孩"教育现状的调查》,《福建师范大学学报》2003 年第 4 期。

王秋香:《农村"留守儿童"社会化的困境与对策》,西南交通大学出版社 2008 年版。

王向晨:《农村留守儿童社会化的困境》,《中共中央党校学报》2013 年第 3 期。

王艳波、吴新林:《农村"留守孩"现象个案调查报告》,《青年探索杂志》2003 年第 4 期。

吴康宁:《教育社会学》,人民教育出版社 1998 年版。

谢海燕、刘玖玲:《农村留守儿童现象分析》,《理论观察》2006 年第 4 期。

一张:《留守儿童》,《瞭望新闻周刊》1994 年第 45 期。

张先翱:《大众传媒与儿童发展》,中国少年儿童出版社 1994 年版。

郑杭生:《社会学概论新修》(第四版),中国人民大学出版社 2013 年版。

郑杭生:《社会学概论新修》,中国人民大学出版社 2006 年版。

周宗奎:《儿童社会化》,湖北少年儿童出版社 1995 年版。

第二章

农村留守儿童学习社会化影响因素关联模型构建

　　个体只有通过社会化过程，其行为才能构成连贯一致的人格。社会化是指在多元化的环境中，个体对知识技能、行为规范、价值观念的学习和内化，逐渐适应社会并不断创造新文化的过程。就人的成长社会化而言，其幼年时期所发生的社会化过程，对儿童形成价值观念、构建角色认知、外化角色行为等具有重要影响，而这些也正是儿童成长发展的关键。鉴于此，本书提出了学习社会化概念，用以表征个体在学习过程中，通过与其他人的接触与互动，逐渐在学习层面上表现出适应性的过程。即个体在不断内化学习方式、社会伦理、行为规范的过程中，逐渐形成独具个体特色的学习风格，并发展自身的学习能力，最终表现出积极的社会化学习行为。

　　一般而言，学习社会化中的学习概念指的是广义上的学习，泛指生活过程中，能够获取经验的所有行为。然而，农村留守儿童贫瘠的文化环境使其学习社会化的场所、形式、因素等受到较大的限制。从其实际生活环境来看，学校仍是农村留守儿童社会化及学习社会化最主要、最关键的场所。但从儿童的成长发展来看，其社会化过程又受多重外部因素的影响。尤其是农村留守儿童，其社会化过程更表现出一定的差异性。厘清农村留守儿童学习社会化影响因素是儿童社会化生态重建的前提与基础，也是最为关键的环节。因此本书基于已有的教育学、心理学、社会学文献，从家庭环境、学校环境、社会环境、大众媒介四个维度进行农村留守儿童学习社会化影响因素的研究，将学习动机、态度、能力、风格四个因素列为学习社会化的中介影响因素,对这些因素进行深度剖析并对其相关关系进行假设,构建农村留守儿童学习社会化关联模型(模型实证检验详见第三章、第四章),以期为农村留守儿童学习社会化实践提供新的研究基础。

第一节 影响因素的提出

从社会化这一上位于学习社会化的外部相关影响因素出发进行分析,厘清学习社会化的外部影响因素。借鉴国内外相关社会化发展的研究,将学习社会化的外部影响因素确立为:家庭、学校、社会和大众媒介,中介变量因素确立为:学习动机、学习态度、学习能力和学习风格,学习社会化可见组成元素确立为文化、个性发展和社会结构。(如表2—1所示)

表2—1　　　　　农村留守儿童学习社会化影响因素

学习社会化影响因素	家庭维度(家庭背景、教养观、家风)
	学校维度(教学资源、校园人文、教师效能)
	社会维度(政策机制、社会风气)
	大众媒介维度(媒介接触行为、媒介素养)
中介变量因素	学习动机、学习态度、学习能力、学习风格
学习社会化可见组成元素	文化、个性发展、社会结构

一　影响因素划分维度的确立

家庭是儿童社会化的起端,对儿童社会化发展起着基础性作用。儿童生活的家庭环境、教育环境对留守儿童学习社会化具有重要的影响。学校教育是人类传承文明成果的一种方式和途径,它代表社会对人的要求,也是儿童社会化进程中人际沟通能力与合作能力培养的重要场所。从某种意义上讲,学校教育决定着个人社会化的水平和性质。同辈群体是儿童进入学校后,与自己周围的成员组成的社会群体,正如皮亚杰的观点:同伴互动可以帮助儿童在活动中充分认识自己与他人观点的差异。大众媒介是影响当今社会人们生活交流的一个重要因素,深刻影响人们的生活方式,必然也是儿童学习社会化的重要影响因素。

(一) 家庭维度的确立

苏联教育家马卡连柯说，对于人才的造就，家庭是最重要的地方，在家庭前面，人初次向社会生活迈进。

"家庭"这个字眼常和亲情、温馨、和睦等词语联系在一起，家庭环境对儿童时代的身心发展具有不可忽视的特殊作用，尤其对儿童的社会化发展意义深远。家长特别是父母，是孩子不可任意选择的首任教师，也是终身教师。[①] 留守儿童正处于人生观与价值观的形成时期，如果缺乏父母的有效引导，极易引发学习、人格、行为等一系列的问题。对个体早期的社会化来说，家庭环境因素对个人的观念、心理和行为习惯具有强大的渗透力和塑造力。同时，家是爱的港湾，是给予个人情感体验最多的地方，情感的社会化在很大程度上取决于其所处的家庭情感环境。社会的价值观和信念都会由父母通过某种方式灌输给新生的一代，这种传递本身就是人的社会化的一种过程，家庭在人的社会化过程中起到非常重要的作用。国内的卫根泉探讨了家庭因素对未成年人社会化发展的影响。他认为，家庭因素主要表现在家庭教育目标、家庭情绪气氛、父母教养方式以及家庭结构等方面，是儿童社会化发展的重要因素。

从教育的角度来看，家庭是孩子接受教育的第一站。由于父母与子女之间所具有的天然的不能割舍的血缘关系，父母永远是子女的老师，家庭教育是人的一生中享受最长的教育。父母的视野、见识、观念、行为方式、知识技能等往往对孩子价值观念、规范与感知方式产生着潜移默化的影响，基于此家庭对于儿童的教育有着十分重要的影响。从儿童权利的角度，全社会包括父母应从价值观念层面更加重视儿童享受父母亲情的权利。父母有抚育子女的责任与义务，抚育不仅是为子女提供物质上的保障，更要给予子女心灵上的抚慰、精神上的勉励、行为的示范。

美国著名社会学家约翰·J. 麦休尼斯（John. J. Macionis）指出，家庭是社会化机构中最重要的一个，没有什么比一个充满爱的家庭更能培养出一个快乐的、适应能力良好的孩子。调查显示，许多农村留守儿童父母不能及时了解孩子的衣食住行，家庭教育缺乏、关爱失位，这不得不让我

---

① 宋素敏：《农村留守儿童存在的问题及其原因分析——以威县为例》，《山东社会科学》2013年第S2期，第271—273页。

们担忧他们的物质生活和心理世界。人受教育的起点就是家庭，良好的家庭环境能让儿童得到好的成长，反之则不然。留守儿童正处于身心发育的重要阶段，与父母的长期隔离，导致其身心发展不平衡。由于祖辈教育与父母教育相差太大，隔代教育对孩子性格的养成有不利影响。

由此，我们便不难理解很多留守儿童处于"情感饥渴"的状态，这种情感状态会对留守儿童的社会化过程产生不利影响，探究家庭因素对留守儿童的学习、社会化发展产生何种影响至关重要。

（二）学校维度的确立

社会化是个体由生物人转化为社会人的过程，这一过程贯穿个体生命的整个过程。从社会学的角度看，学校同家庭、同辈群体和大众媒介一起构成对个体的社会化影响最深、最重要的群体和机构。"教化之本，出于学校"，学校是儿童继家庭之后迈向的重要社会化机构，学校将儿童的社会世界初步扩大，与家庭一起共同完成儿童教育的社会化。学校教育是人类传承文明成果的一种方式和途径，它代表社会对人的要求，也是儿童社会化进程中人际沟通能力与合作能力培养的重要场所。从某种意义上讲，学校教育决定着个人社会化的水平和性质。因此，学校具有行政上的教育权威，作为农村的文化高地，具有被社会道德信任的力量。由于留守儿童家庭教育功能相对弱化，更多的教育责任转移到学校，故学校教育被寄予了更高的期望。

杜威曾讲过："学校教育的目的是培养出能生活得像一个社会成员，对社会的贡献和所得到的好处能保持平衡。"相较于学校教育，家庭被视为一个更偏重感性的生活世界。家庭教育更偏重个体性、针对性和细致性，而学校作为专门传递知识与科普文化的社会性场所，在教育活动中更偏重整体专业性和系统性，一方面传授各种科学知识和技能，同时也努力培养和树立学生的价值观念，使学生在德、智、体、美等方面全面发展，顺利过渡为一个完整的社会人。[1] 基于留守儿童对学校教育的二元诉求，学校必须扩大自己的教育空间，不仅要在文化知识方面教育学生，完成教育教学目标，还要给这些留守孩子以更多的关爱，以弥补留守儿童在家庭

---

[1] 刘谦、冯跃、生龙曲珍：《家庭教育与学校教育互动的文化机理初探——基于对北京市农民工随迁子女教育活动的田野观察》，《教育研究》2012年第7期，第22—28页。

教育等方面的缺失。学校除了承担学校的教育功能之外，还需要承担部分家庭教育和社会教育的功能。

教学环境同教师、学生、教材构成教学过程必不可少的四要素，教学环境是学校教学活动所必需的各种客观条件和力量的综合，是按照人的身心发展需要而组织起来的育人环境。学校是一个复杂的社会组织系统，学校内部的一切事物包括物质的、精神的、有形的、无形的，都是教学环境的内容。教学环境影响学生的认知与情绪、学习动机与行为、学习效果与效率，影响教师的工作积极性、教学态度和教师的心理健康水平。学校环境是留守儿童的主要学习场所，其大部分时间都是在学校度过，随着年龄的增长，学校和教师在社会化方面的作用逐渐超过了家庭和家长的教育作用，成为其社会化最重要的社会环境因素。做好留守儿童的学校教育可以在很大程度上保障留守儿童的学习社会化。

（三）社会维度的确立

广义的社会环境是对我们所处的社会政治环境、经济环境、法制环境、科技环境、文化环境的综合。狭义的社会环境仅指人类生活的家庭、劳动组织、学习条件和其他集体性社团等直接环境。人类在生存和发展中，以其共同的物质生产为基础，相互作用进而构成各种联系，这一切便是人类生存与发展的社会环境。本书认为社会环境是指与人们生活及学习有关的各种环境（如经济环境、政治环境、文化环境、人文环境等）的总和。这些环境问题对农村留守儿童的学习社会化发展均有重大影响。

社会环境对个体的认知方式、情感方式及行为方式起着潜移默化的熏陶和启迪作用。其实，早在中国古代就有许多文人已经认识到了环境对人的教育的影响力。战国时期著名教育家墨子说："染于苍则苍，染于黄则黄，所入者变，其色不变。"著名思想家荀子也有过相似的观点："蓬生麻中，不扶自直，白沙在涅，与之俱黑。"这都体现了个体在不同社会环境下发展具有可变性和多种可能性。众所周知的"孟母三迁""狼孩"的故事也证明了环境影响是不可估量的。因此，只有着眼于人的社会环境才能真正理解人及其存在。马克思认为，人的本质属性是社会性，揭示人的本质的现实性，就必须从人的实际社会环境出发，也就是从人们现有的社会联系、周围的生活条件来观察人们。

留守儿童是社会中的边缘群体，在家庭教育功能弱化、学校教育功能补位不力的情况下，社会环境自然而然成为农村留守儿童学习社会化发展的大课堂，他们渴望自由、独立，但缺乏辨别是非的能力，容易受社会上各种因素的影响。由此可见，社会因素对留守儿童学习社会化的重要性显得尤为突出。

（四）大众媒介维度的确立

美国社会学家拉扎斯菲尔德认为，大众传播可以使社会事件、人物等正当化，树立威信，得到显著地位。大众传播是处于上层社会和广大成员之间的中介领域，能使某种公德和社会规范得到宣传和明朗化，并取得社会承认。20世纪60年代末期，电视作为大众传播媒介对人们的生活产生重大的冲击和渗透作用，现阶段人们又提出了信息环境问题。可见，从始至终大众媒介作为现代社会生活的组成部分，是影响人们生活方式的重要因素。当然它也是少年儿童学习社会化的一种十分重要的机制。丹尼斯·麦奎尔等在《大众传播模式论》中指出所谓的大众传播媒介指的是，"由专业化群体凭借一些机构和技术所构成的向为数众多、各不相同而又分布广泛的受众传播符号内容的工具"。

英国文化社会学家莫达克（G. Murdock）认为"在任何地方，现代传播媒介，大众社会生产的形象、照片、电影、电话以及后来的收音机和电视，从其起源开始，就成为社会现代性的型构的关键因素"。谢维和指出，现代大众传播媒介的作用在社会化中的意义主要体现在两个方面。[1]一是大众媒介在现在的社会生活再组织中起着基础性作用。二是作为社会生活中的核心要素，大众媒介提供了新的社会接触点，新的社会习惯性行为和仪式，新的认同与记忆的基础以及公域和私域之间的新关系。对于绝大多数人而言，这些大众传播媒介是话语、形象与解释框架的主要资源，而通过把握这些资源，人们才能完整、正确理解社会的变迁和他们自己正处的变迁过程。

大众传媒作为"看不见的课程"，具备多项特色，对于在校的学生来说，它与传统的学校课程有显著区别。首先，大众传媒是非正式的，主要表现在上课地点没有固定场所，而且极少人留意它的存在。在大多数情况

---

[1] 谢维和：《教育活动的社会学分析——一种教育社会学的研究》，教育科学出版社2007年版。

下，例如年轻人在接触流行音乐、电影、新闻报道、广告、电视剧时，就像在研修一个无形课程。其次，大众传媒是无意图的施教及无意识的学习。这主要是由于受众并非刻意学习，往往是在无察觉的情况下被潜移默化地影响。再次，接触相当频繁。年轻人往往会花大量的时间与传媒接触，从而深受影响。复次，体现在课程内容丰富及多元化。除此之外，课程内容往往与日常生活息息相关，衣食住行、吃喝玩乐、城市话题全部包括在内。最后，课程内容属传媒现实（Media Reality），即媒体建构出来的信息有好有坏，有正确的也有歪曲的。大众传媒作为"看不见的课程"非常有吸引力，学生在"愉快地上课"之余，最好能够运用批判思维去接受课程内容。因此教育工作者觉得有需要指导学生去怎样跟传媒打交道。

陈德民等译的《传播理论》一书中指出："社会学习理论认为，人的一切社会行为通过对示范行为的观察、学习而得以形成与提高，均是在社会环境的影响下进行的。"[1] 美国的克特·W. 巴克在《社会心理学》一书中指出：大众传媒对态度的形成及其改变具有重要的作用。在现代社会中，影响人们进行学习社会化的社会环境因素包括很多方面，主要有家庭、学校、社会的影响，还有一个十分重要的就是大众媒介的影响。这几种因素对人的行为的产生和塑造都是非常重要的。当社会发展到了信息社会，进入大众传播时代，大众媒介的影响就日益凸显出来。大众媒介是受众进行社会学习的重要渠道，在受众行为的形成、提高和改变过程中发挥着极为重要的作用。

而对于在校学生中的留守儿童这一特殊群体，随着传播技术的快速发展，信息传播方式的变化对儿童产生的影响是多层面的、深刻的。[2] 对于留守儿童这一特殊群体，他们使用媒介的特点，影响他们的需求和选择媒介的因素，媒介在其学习社会化过程中产生的影响及意义，媒介应用内在规律和外在趋势，学校、家庭以及社会管理者的应对等，都是我们要研究的问题。

---

[1] 斯蒂文·小约翰：《传播理论》，陈德民等译，中国社会科学出版社1999年版。
[2] 王玲宁：《谁来伴我成长——媒介对农村留守儿童的社会化影响》，学林出版社2012年版。

探讨"留守儿童"的媒介使用及其影响，了解我国农村留守儿童的生存环境和学习发展状况，对于目前处于学习社会化过程中的留守儿童本身来说就具有相当重要的意义。一方面信息方式的更新及其快速发展，改变着未成年人的社会化发展和学习模式。尤其对于缺失家庭教育、缺乏父母亲情的"留守儿童"来说，研究这一内容，对于加强他们的思想道德教育具有重要意义；此外，"留守儿童"是我国经济发展社会结构转型过程出现的新群体，他们在生存发展中面临着学习、生活、心理等突出问题。他们的健康成长对社会产生深刻的影响。对外来说，从大众媒介的新视角来关注研究"留守儿童"问题，对构建和谐新农村、构建和谐社会也具有迫切的现实意义。

综上所述，我们将影响农村留守儿童学习社会化的因素划分维度确立为家庭环境、学校环境、社会环境、大众媒介四个维度。

二 家庭维度影响因素的确立

对个体早期的社会化来说，家庭环境因素对个人的观念、心理和行为习惯会产生潜移默化的深刻影响，家庭是最重要的社会化场所。本书将家庭维度确立为家庭背景、教养观、家风三个方面。

（一）家庭背景影响因素的确立

留守儿童的家庭背景普遍相对薄弱，父母受教育程度不高，家庭环境中的基本物质条件不理想，家庭环境中的教育刺激较少，家庭背景这一因素极有可能影响儿童的学习社会化。本书中家庭背景因素将从父母外出时间、父母的职业、收入状况、父母受教育程度、临时监护人的受教育程度几个方面来考虑。

1. 家庭背景

对家庭背景的系统研究是从美国教育社会学家科尔曼（Coleman）开始的，家庭背景影响学业成绩的研究最早可追溯到100多年前英国学者盖尔敦（Galton）关于家长职业和学校教育关系的研究，他在1966年《教育机会均等》研究报告中指出：家庭背景因素是学生学校成绩存在较大差异性的一大原因。李志峰提到，学习是家庭教育、社会教育与同伴互动的共同生产过程，导致学生低学业成就的不仅有个人原因，同时存在家庭的原因。① 刘少文、龚耀先等通过对学校的调查分析之后得出以下结论：家庭环境不良是导致儿童学习困难的原因之一。②

专家学者对家庭背景的研究由来已久，我们从研究结果中可以清晰地看出家庭背景与儿童的学习可能存在着相应的关系，留守儿童是需要社会关爱的对象，他们的家庭背景薄弱，父母受教育程度不高导致其教育能力相对薄弱，家庭环境中的基本物质条件不理想，家庭环境中的教育刺激较少，家庭背景这一因素极有可能影响儿童的学习社会化。

2. 家庭背景下各影响因素的确立

（1）父母外出时间

有研究通过对10个中国中西部地区的农村社区中留守儿童进行社会学研究，发现父母的外出一方面加重了监护人的劳动负担，另一方面给留守儿童的生活和学习都带来了很大影响；③ 陈京军等通过研究得出以下结论：父/母外出打工对家庭功能有一定的弱化作用。④ 吴志超等人认为，"留守儿童"家庭亲子之间的交往长期间断，对留守儿童身心的影响是长期的、不可逆的。⑤ 家庭成员之间的分离，会导致其共处时间和空间的减少，进而妨碍家庭内部成员相互间的情感交流。

父母的外出对留守儿童的影响主要体现在如下两个方面：有些父母在外打工，其眼界与视野扩宽，逐步体会到"知识的重要性"，他们会逐渐提升对子女的要求，更加关注子女的身心健康与学业状况。另一种情况是，有些父母下苦力挣的钱比文化较高的人挣的还多，因而"读书无用论"的思想会在他们心中滋生，从而他们对子女的要求降低，打工赚钱的观念进一步加深，导致其不重视子女的教育问题。

---

① 李志峰：《家庭背景对学业成绩的影响研究——以济南为例》，博士学位论文，山东师范大学，2013年。

② 刘少文、龚耀先：《家庭背景和儿童智力结构与学习成绩关系的研究》，《中国心理卫生杂志》1992年第4期，第157—160页。

③ 叶敬忠、潘璐：《农村小学寄宿制问题及有关政策分析》，《中国教育学刊》2008年第2期，第1—5页。

④ 陈京军、范兴华：《农村留守儿童家庭功能与问题行为：自我控制的中介作用》，《中国临床心理学杂志》2014年第2期，第319—322页。

⑤ 吴志超、谢代兵：《农村"留守儿童"现状及管理教育问题的思考》，《科学咨询》2015年第7期，第36页。

留守儿童父母外出务工,其与子女沟通交流的频率降低、方式单一,子女的家庭教育、家庭影响的功能将大为削弱,导致留守儿童家庭社会化不足。同时,外出务工人员从事的职业性质也会对孩子有一定的引导作用以及正面或负面的影响。父母外出时间越长,对子女的照料越少,心理沟通越少,久而久之造成孩子对监护人的依赖胜于父母,隔阂也就越久,不利于儿童的学习社会化。

(2) 父母职业

父母亲的职业通常会影响一个家庭的收入状况、学习支出状况,职业越接近知识分子,儿童的学习成绩就相对越好,身心更健康。李勇等人通过调查显示:在家长职业不同类别的条件下,其子女的学习成绩存在较为显著的差异。知识分子子女的成绩普遍高于工人子女;工人子女的成绩普遍高于个体户和无业父母的子女。[①] 何世雄等认为,农民工绝大部分把孩子留在自己的出生地,让其继续在当地农村学校上学,致使他们长期处于与父母分离的状态,其学校教育也得不到良好的保障。[②] 由此观之,留守儿童的父母亲职业多为个体商贩、农民、工人等,极有可能影响留守儿童的学习社会化过程。

(3) 收入状况

家庭收入在儿童发展中的作用日益得到关注。家庭社会经济地位与儿童发展之间的关系密切,经调查发现低收入家庭儿童的问题行为多于高收入家庭。当儿童身处矛盾冲突的家庭环境中时,家庭收入对儿童社会能力的影响会增强;如果儿童生活在低矛盾冲突、低控制的良好家庭情感环境中,家庭收入对其社会能力的影响非常微弱。

家庭的收入状况影响着一个家庭对于教育事业的支出程度,从理论上看,家庭条件优越的儿童,在学业、人际交往中的表现要优于收入较低家庭中孩子的表现。留守儿童所处的家庭中,收入情况不是很乐观,但也有不少研究指出越是低收入家庭,他们的孩子就越努力,越上进。

---

① 李勇、王亚锋、张艳红:《家长的职业、文化程度和家庭经济状况对学生学习成绩的影响》,《现代中小学教育》1998年第1期,第56—58页。

② 何世雄:《农村"留守子女"学习状况研究——以甘肃省通渭县为例》,硕士学位论文,西北师范大学,2003年。

(4) 父母受教育程度

林凤在通过对家庭文化背景与学生学业之间的关系探究指出，父母的文化程度与其子女的成绩之间具有一定的正相关性。[1] 卢智泉等在研究父母文化程度与子女学业表现之后，得出：父母的文化程度相对越高，其子女学习成绩的表现也相对优于其他同龄人，母亲对子女学习成绩的影响更为突出。[2] 文化程度较高的家庭，更加注重对孩子的教育，同时，高文化资本家庭同时具有为孩子提供可靠智力支持与家庭教育的能力。而文化程度低的家庭，无法为孩子提供与高文化资本同等的智力支持与家庭教育，孩子的学习成绩必然会受到影响。

现阶段，我国大部分农村学生家长的文化水平相对较低、教育观念落后，这将在很大程度上严重制约着学生的发展。家庭是儿童的第一生活环境，父母是孩子的首任老师，父母的受教育程度会影响到其子女受教育程度的高低。父母的受教育程度高会更加注重对孩子的教育，而且受教育程度高才能更好地为孩子提供可靠的智力支撑。因此，父母的受教育程度会影响到农村留守儿童的学习社会化过程。

(5) 临时监护人受教育程度

调查显示，60%以上的留守儿童临时监护人并不具备辅导孩子课业的能力，临时监护人对孩子的学习缺乏有效监督，除无能力对其学习进行必要的督促和辅导外，同时，其与孩子就读学校的沟通也相对缺乏，易使得孩子学习上产生无助感。监护人对留守儿童的学习介入过少会导致其在学习上出现不同程度的问题，监护人受教育程度会影响到其对孩子作业以及学习的辅导能力与重视程度。马雪琴通过调查发现，留守儿童的学习需要辅导但无人辅导的问题非常突出。李秀英认为，留守儿童群体中学习目的不明确、没有良好的学习习惯、学习能力滞后等问题较突出，逃学和辍学情况严重，很大程度上是由于临时监护人的监管不力造成的。庄美芳认为隔代监护和上代监护都不利于留守儿童的学习成长。在教育的过程中，隔代监护一般较多地采用

---

[1] 林凤：《家庭文化背景对农村小学生学习成绩的影响》，《现代教育科学》2011年第10期，第66—67页。

[2] 卢智泉、张国毅、候长余、杨惠君：《家庭因素对学生学习成绩的影响》，《中国行为医学科学》2000年第1期，第20—21页。

溺爱的管教方式，重物质生活上的满足，轻精神和道德上的引导。

留守儿童父母一方或双方不在家，对孩子的学习监管与监督很大程度地转移到他们的临时监护人的身上。监护人的受教育程度会影响到其对孩子学习的介入程度以及介入的策略与方法，会影响到留守儿童的学业成绩与其学习社会化过程。

（二）教养观影响因素的确立

"对儿童播上思想的种子，就会得到行为的收获；播上行为的种子，就会获得习惯的收获；播上习惯的种子，就会获得人格的收获；播上人格的种子，就会获得命运的收获。"可见儿童早期教育的重要性，家庭环境对儿童的影响胜于学校教育的影响。家长的教育观念、对子女的期望及其教养方式对儿童的成长与未来发展有重要的影响。

1. 教养观

教养观，是指家长对自己与子女之间关系的基本看法，能够直接反映家长生育、教育子女的价值与取向，主要包含教养方式、教育期望、教育态度、教育观念四个方面的内容。

家庭教养方式是教养观念、教养行为、家长情感表现的组合，对儿童的心理发育、行为意识、认知发展有着十分重要影响。黄佳芬等采用对比试验的方法得出如下结论：父母的期望、文化程度、家庭关系、家庭文明建设都会在一定程度上影响学生的学习，家庭教育是整个教育工作体系中不容忽视的重要内容。[①] 阮艳红研究了父母教育观念对小学生同伴交往类型的影响，结果表明父母的教养观念是影响小学生同伴交往类型的重要因素。温暖宽容的家庭教育能够促进儿童兴趣发展，忽视放任的家庭教育有碍于儿童兴趣发展，家庭教育方式对儿童社会化具有情绪传导、性格形成、行为规范作用。留守儿童的父母大多对子女期望较低，要求不够严格，这在一定程度上干扰了学生学习社会化的水平。

2. 教养观下各测量指标的确立

（1）家长的教育观念

教育观念，是教育在人脑中本质属性的反映，对教育起着制约、指导

[①] 黄佳芬、毛斐文：《家庭与学生学习的关系》，《上海师范大学学报》（哲学社会科学版）1984年第2期，第136—141页。

作用。家庭教育观念，指父母或家长对子女发展及如何发展所持有的基本观点，指家长对家庭教育的目的、意义、作用，对孩子学业、就业的期望，以及对孩子的成才观、价值观等方面的基本认识。每个家长的头脑中关于如何教养子女，均存在着不同的、稳定的价值标准，调节、制约着家长的教育态度、教育行为。林菁将家长的教育观念分为四种类型：为家教子型、为国教子型、为子教子型、混合型，并逐个分析了每种教育观念对儿童学习的影响。[1] 相关研究发现，家庭的教育观念对家长的教育行为、教育策略具有一定的导向作用，对孩子的家庭教育具有一定的影响。由于幼儿阶段的儿童认知发展尚未形成，故对幼儿阶段的儿童的影响更为显著。家庭的教育观念会在一定程度上影响留守儿童的学习社会化过程。

（2）家长对子女的期望要求

家长的期望，主要指家长对子女未来发展状况的预期及子女达到期望预期过程中所持有的一些观点。根据期望值的高低，分为盲目的高期望、适合子女实际情况的适中期望以及冷漠的低期望。心理学家罗森塔尔研究表明："教育者的期望对受教育者具有重大影响"。美国学者萨姆·雷丁在《家庭与儿童的学习》中指出，家长为孩子确定实际可行的学习目标时，孩子在校往往就会有一个较好的学习表现。滕兆玮通过分析也认为：家长的期望是儿童成长过程中一种必不可少的精神动力。[2]

教育期望是未成年人行动的动力，期望水平的不同很大程度上影响着未成年人的发展方向和发展水平。家长的期望是一把双刃剑，过度期望会增加儿童的压力，产生消极影响，将严重影响儿童心理的健康发展；但是适度期望可以激发儿童的潜能，使美好的期望成为现实。留守儿童的父母对子女的期望一般来说低于正常家庭的，很有可能导致心理负面问题的产生。

（3）家长教养方式

教养方式，指家长在抚养、教育子女的过程中，表现出的教养态度、

---

[1] 林菁：《家长的教育观念和素质对素质教育的影响》，《闽江职业大学学报》2000年第3期，第18—20页。
[2] 滕兆玮：《家长期望与儿童心理发展浅析》，《社会心理科学》2004年第3期，第87—90页。

情感表现、行为倾向。赵静波等人研究发现,优等生与差等生的父母在教养方式上有明显的差异。陈晓燕通过对 2246 名中学生问卷调查发现:父母管教方式对子女的心理健康具有显著性影响。彭文涛指出,父母教养方式对子女的影响在各个成长阶段均会有所体现,这些影响主要体现在心理健康、社会化发展、人格形成、道德行为等方面。[1] 心理卫生专家研究认为:良好的教养方式能积极影响青少年性格形成与个性发展,能够保持、巩固青少年的良好的心理品质。心理与精神病专家米谢夫提出,"严厉的管束、矛盾的信条,是孩子神经官能症、心理抑郁症滋生的土壤"。

留守儿童处于心理敏感期与模仿期,父母采用的管教方式在很大程度上会对孩子认知能力发展、创造能力培养、人格形成、行为习惯、道德品质等诸方面产生深刻的影响。

(三) 家风影响因素的确立

教育学家苏霍姆林斯基认为:"家庭氛围是进行家庭教育的前提条件。良好的家庭氛围具有教育的功能,是一种极为有效的教育方式。"家庭氛围是家庭成员接受文化知识的重要场所,特别是对于儿童,更易受家庭文化的熏陶。本书将家风分为家庭文化氛围、父母关系、家庭人际关系三项测量指标。

1. 家风

家风,是家庭成员之间互动而形成的一种人际关系,包含整个家庭的道德观念、价值取向、审美情趣等方面,是在家庭团体中占有独特优势的一般态度和感受,属于家庭精神环境层面,有别于家庭物质环境。"家庭氛围"是在影响人们心理健康发展的众多因素中极为重要而又极易被忽视的一个因素。调查显示,在情感关系不和谐的家庭环境中成长的孩子,较易出现自信心不足、遇事退缩、不合群等心理表征,有的还伴随攻击性行为。徐燕有如下阐述:良好的家庭氛围能促使青少年健康心理和健全人格的形成与发展。[2] 青少年时期社会化方面所受的培养和熏陶奠定了整个人生社会性发展的基础。家庭为未成年人社会化和个性发展的环境基础,

---

[1] 彭文涛:《父母教养方式研究概述》,《阴山学刊》2008 年第 1 期,第 69—74 页。
[2] 徐燕:《浅谈家庭教养方式、家庭氛围对青少年成长的影响》,《管理观察》2009 年第 18 期,第 224—226 页。

对人的社会化发展有着极为重要的作用。

总之,家风对未成年人身心发展的影响,如同土壤影响禾苗。留守儿童正处在心理和生理急剧变化期,长期处于与父母分离的状态,缺乏必要的父母关爱与情感教育,物质生活环境不甚理想,导致其道德认知、道德情感、道德意志、道德行为等方面存在不同程度的问题。这些问题已严重影响到留守儿童作为"社会人"的发展性,必须引起高度重视。

2. 家风下各测量指标的确立

(1) 家庭文化氛围

家庭文化氛围,指家庭成员共同形成的文化环境,具有直接对家庭成员的教育和辅导、对智力的间接性影响、对孩子精神启迪与熏陶的文化功能。家庭的藏书情况、成员的学习习惯、兴趣爱好、言谈举止、学习环境等方面均是家庭文化氛围的重要体现。崇尚文化、尊重知识、重视教育是良好家庭文化氛围的典型特征。教育学家苏霍姆林斯基认为:"家庭氛围是进行家庭教育的前提条件。良好的家庭氛围具有教育的功能,是一种极为有效的教育方式。"孩子就如同是一粒种子,家庭就是其成长的土壤环境,家庭氛围是其成长必不可少的空气和水分。李雪芬提出:家长要充分认识到家庭文化氛围对孩子健康成长的重要性、对孩子学业成就及未来发展的重要性,家长要履行好良好家庭文化氛围营造者的责任担当。[①] 丁瑜对 450 名中学生跟踪调查发现,家庭文化氛围对孩子的学习成绩具有显著性影响。吴增强对千名中学生研究发现,家庭文化氛围对孩子的学习成绩有极其显著的影响。教育,是一种影响,一种熏陶。"蓬生麻中,不扶而直"诠释了外在环境对个人成长的重要作用。家庭,孩子的第一所学校;父母,孩子的第一任老师,家庭对孩子的影响是最持久、最深远的。儿童阶段的孩子大部分时间是在家庭中度过的,要发挥家庭文化其对孩子的熏陶、影响的教育作用。

家庭文化,是家庭成员通过相互交流和实践共同积累塑造的文化产品,具有相对较稳定的态势。在家庭和社会实践活动中,良好的家庭文化,对儿童的成长起至关重要的指引、促进作用;反之,则对儿童的成长

[①] 李雪芬:《家庭文化氛围与子女的学业发展》,《教育与教学研究》2009 年第 8 期,第 51—52、56 页。

起到阻碍作用。

(2) 父母关系

融洽的家庭气氛能促进儿童自我意识的发展，父母关系是影响家庭氛围的核心。不和谐的父母关系，易使青少年产生残缺感、不安全感，出现自卑、抑郁等消极心理。父母关系不和谐的家庭中成长的孩子，往往表现出自卑、不合群等适应不良现象。反之，和谐的夫妻关系会促进子女的心理健康、情绪安全感，使其表现出更强的社会适应性。

由于对子女的需求存在认知误区，农民工父母无法正确处理好经济供养与精神抚慰之间的关系。他们大都很少抽出时间、精力与子女进行沟通、交流，也无从准确地了解子女的情感需求和心理状况，他们更倾向于通过金钱弥补自己在其子女情感支持方面的缺憾。但这种做法对于子女的成长发展过程，无疑是非常不利的。

父母关系会对家庭关系产生一定的作用，对儿童的情绪、心理、智力甚至成就均会产生一定的影响。父母关系对儿童的行为品质和学习成绩的影响是不可忽视的问题，留守儿童所处的家庭，通常经济薄弱、文化程度偏低、父母关系僵化，这些都会影响到留守儿童的未来发展与学习社会化过程。

(3) 家庭人际关系

家庭人际关系，指家庭成员之间的互动关系或联系，亲子关系是一种非常重要的家庭人际关系。亲子冲突与青少年心理健康、学校适应显著相关。消极的自我评价、自尊水平较低是在不良的亲子关系中成长起来的孩子的典型特征。积极亲密的亲子关系可以促进其更好地适应社会环境。有研究发现，亲子依恋质量与人际适应、情绪适应和生活满意度之间呈显著正相关。积极的亲子依恋可以有效减少青少年的烦恼，增强其心理适应性。

人际关系是一个家庭是否融洽的重要衡量指标。一般情况下，人际关系比较和谐家庭中的孩子，会有较优的在校表现。家庭成员的有效支持对他们未来发展具有重要的作用。然而，对于留守家庭来说，农民工父母面临着沉重的工作、生活压力，致使他们较少有时间与精力去经营家庭成员间关系、去创造改善家庭环境，家庭育人环境的缺失无法为子女的发展提供支持，甚至可能造成负面影响。

三 学校维度影响因素的确立

"教化之本,出于学校",学校是儿童继家庭之后迈向的重要的社会化机构,学校将儿童的社会世界初步扩大,与家庭共同完成儿童教育的社会化。本书将影响农村留守儿童学习社会化的学校因素确立为:学校资源、校园人文、教师效能三个因素。

(一) 教学资源影响因素的确立

1. 教学资源

教学资源,主要是指学校有形和无形资源的总和,包括软硬件设施、教学基金等。教学资源一定程度上能够有效促进学生对知识的理解,扩大其知识面,拓展学生的学习视野以及资源的呈现方式,进而影响教学效果。然而,留守儿童正处于认知发展的过渡阶段,教学资源对其产生的影响更为明显。教学实践表明,教学资源对学生学习能力、问题意识、怀疑精神的塑造具有重要意义。符合学习者年龄特点、认知发展的良好的教学资源,可较好地激发学生的学习兴趣、动机水平,是培养学生自主学习能力和创新能力极佳的路径。

教学资源的选择应该符合区域和个体发展的客观规律。张学浪提道"学校教育内容的缺陷主要表现为:脱离留守儿童的生活情境、内容单一、缺乏灵活性和弹性,且与非留守儿童未加区分等等"。[①] 受教育者的现有基础水平和生活实际的限制,对成长于不同环境中的学生施以同质的教育,这显然违背了因材施教的原则。通常情况下,学校要充分考虑学生认知发展水平的差异,针对不同受教育者所处环境的特点,有针对性地选择易于学习者接受的教学资源。对于留守儿童占据比重较大的农村学校,应该适时增设针对留守儿童的教育内容,如"亲子分离"后心理疏导、文化知识教育、课外阅读等。基于条件的限制,许多农村学校在教学资源建设方面并未作出任何改变,依旧坚持的是一种泛化的教育形式。

从经济状况角度看,中西部农村学校的教育经费投入尤为不足,农村教育经费的投入仅能保障部分农村学校的运转,由于缺乏现代教育技术装

---

① 张学浪:《基于学校教育的农村留守儿童发展路径探索》,《农村经济》2015年第11期,第119—124页。

备的支持，降低了教育教学的效率。同时，学校无力支持对科研教师的培训，从而限制了教师的专业发展。郑航等人提到，由于农村学校教育资金投入不足、学校基础设施建设相对落后，严重制约了留守儿童教育资源的获取与使用，无法满足留守儿童基本的学习需求及教师课堂教学的需要。[①] 因此，教学资源的充足性、适切性是保障留守儿童最终实现"一种真正的自我教育活动"的理想预期。

2. 教学资源测量指标的确立

我国基础设施建设存在严重的区域不平等性，在西部偏远地区，硬件设施依旧是资源建设的一大难题，更无足够资金支持进行基础设施的持续完善与维护。本书将教学资源确立为软硬件设施、教学基金两项测量指标进行讨论。

（1）软硬件设施

现代化教学资源的主要载体是软件设施和硬件设施。硬件设施，通常是指有形物质层面的设施，是学校教育思想、内容和方法实施的载体，实现教育现代化的基础。《国家中长期教育改革和发展规划纲要（2010—2020年）》提出，完善我国教育体制和政策，加大对教育的投入，提高国家财政性教育经费支出占国内生产总值比例。由于国家和社会对教育的高度重视，我国城乡学校的硬件设施得到了明显改善。但教育基础设施的建设存在明显的区域不平等性，西部偏远农村地区的硬件设施建设依旧是我国教育发展的薄弱点。同时，还存在着同一学校或同一地区不以自身需要为目的盲目购置、重复建设，这严重造成了资源的极大浪费。学校硬件设施的建设固然重要，但是并非硬件设施完备了，就可发挥它应有的教育功效。另外，学校还必须注重软件资源方面的建设。软件资源，主要指师资力量、教学质量、教学管理以及科研水平等精神层面的条件。近年来，我国城里学校、省级规范化学校的软件环境日趋完善，然而偏远农村学校，软件方面仍然面临诸多问题与挑战。胡咏梅的《学校资源配置与学生成绩关系》一书中，构建了学校层级的资源优化配置模型和学校资源配置与学生个体成绩关系模型，研究发现，学校资源配置会影响到学生的个体

[①] 郑航、张学浪：《农村留守儿童道德教育的学校影响因素及对策分析》，《理论与改革》2015年第4期，第183—186页。

成绩。①

目前西部地区的基础设施、各种教学条件相对薄弱,留守儿童在西部学校占据很大的比例,是需要社会特别关注的特殊群体,从资源建设角度需要适当向这一群体倾斜。留守儿童所处学校的基础设施建设的完备性与科学性,将在一定程度上影响其学习社会化的进程。

(2) 教学基金

百年大计,教育为本。教育是立国之本,是民族兴旺的标记,教育关系着一个国家的发展与富强。资金问题是学校发展中最根本的问题,教育基金是必不可少的办学条件,教育基金的合理投入能够有效促进各级各类教育的发展,改善办学条件,调动教师的积极性,提高教学质量,可为教育事业的发展注入新的活力,提供强有力的物质保障。教学基金主要用于职工培训、技术研究、技术交流,有利于提高教师的科学文化水平。足够的教学基金可以帮助学校培养社会需要的各级各类人才,推动社会生产力的发展。

对于西部偏远地区来说,由于资金不足难以保障各类基础设施的建设,难以支撑教师的科研活动,故教学资金一直是阻碍西部地区学校发展的瓶颈。沈赫赫等通过实证研究提出,教育经费、教学设施与学生外部学习动机具有正相关关系。② 针对留守儿童,更是需要专项资金的支持,用以开展各种教育活动和帮扶政策。学校不发展、教师不进步最终的结果就是培养不出高质量的学生。足以见得,教学基金是保障留守儿童教育的根本。

(二) 校园人文影响因素的确立

校园人文是学校所具有的特定精神环境和文化气氛。健康向上的校园文化具有陶冶学生情操、启迪学生心智的功能。本书将校园人文确立为师生关系、生生关系和政策引导三项测量指标,来探讨校园人文因素对农村留守儿童学习社会化的影响。

1. 校园人文

长期饱受"亲子分离"的留守儿童,校园人文环境的情感补偿作用

---

① 胡咏梅:《学校资源配置与学生成绩关系》,教育科学出版社 2010 年版。
② 沈赫赫、张悦嘉:《教育资源对高中学生学习动机影响的实证研究》,《上海管理科学》2014 年第 6 期,第 102—107 页。

更为突出，对其身心发展具有不可替代的重要作用。在留守儿童的校园人际交往中，师生之间、生生之间的关系是最主要的人际关系，是校园文化建设的重要环节和价值体现。张学浪提道，"落后的农村校园文化严重阻碍了学生素质的提升，在农村留守儿童群体的消极影响则更为明显"[1]。宋淑娟等人指出，班级人际环境与儿童的自尊有显著相关关系，师生关系作为调节变量可以缓解"留守"对自尊的负效应。[2] 师生关系，更多的体现是教师在对留守儿童的留守生活处境积极关注的基础上，对他们投注积极的情感关怀，让他们感受到情感的慰藉，以呵护他们的心灵，激发他们的主观能动性，进而使其形成积极健康的心态，自信自强地面对留守生活。

人的社会性表明，人无时无刻与周围环境发生着千丝万缕的联系。在诸多环境影响因素中，以精神元素对人的影响最为突出，这种精神元素就是指被抽象、升华而成的物质、精神、制度方面的一种文化合力。

2. 校园人文测量指标的确立

（1）师生关系

苏联学者沃尔科夫认为，对情感接触的需要是儿童人际关系的基础，这种情感接触在人的生活及社会关系中起着相当重要的作用。西方学者认为，儿童的交往是以情感的共鸣及共享体验为基础的，他们择友是在个性和友谊的基础上进行的。徐杰珍在《师生关系对教学的影响》中提到，和谐的师生关系是从事教育、实施教学的前提条件。[3] "交往教学论"的核心思想就是把教学的过程看作是教师与学生的交往过程，师生关系是影响教学效果的一个关键因素。

"师生关系"是教师与学生在思想、情感和行为等诸方面进行的动态人际交往，是学校生活中最基本的人际关系，是开展学校工作的基础与前提，直接影响着教育教学的效果。良好的师生关系，能够促进学生身心发展，减少问题行为的发生，有利于学生良好思想品德的养成、学业成就的提升。师生关系与儿童的早期学校适应显著相关。儿童积极的适应结果

---

[1] 张学浪：《基于学校教育的农村留守儿童发展路径探索》，《农村经济》2015年第11期，第119—124页。

[2] 宋淑娟、张影：《班级人际环境对留守儿童自尊的影响》，《教育研究与实验》2009年第2期，第75—77、81页。

[3] 徐杰珍：《师生关系对教学的影响》，《文学教育》（下）2009年第12期，第128页。

（如学校喜好、班级参与、学业能力）与亲密的师生关系有关，儿童的消极适应结果与冲突的师生关系有关。

对于留守儿童来说，亲子关系疏离，师生关系成为其个体成长过程中极其重要的人际关系，是留守儿童学习环境、成长氛围的重要构成因素。留守儿童的身心特殊性决定了积极的师生关系的重要性，教师作为留守儿童的第二父母，师生关系影响着留守儿童社会化的进程。

（2）生生关系

默顿认为"社会化指的是人们从他们当前所处的群体或他们试图加入的群体中有选择地获取价值、态度、兴趣、技能和知识，即文化的过程，是社会角色的学习。在儿童成长过程中，作为角色学习主要平台的同辈群体，由年龄、背景、志趣大致相同的同龄人构成"。在学校环境下，留守儿童的同辈群体则主要指同班同学，同班同学是一个同龄群体，因为年龄相近、志趣相投、关系融洽、地位平等，并且经常在一起活动，能满足青少年的学习、游戏、友谊、安全、自尊、认同等多方面的需要，因而这个群体成了学生价值观和行为方式形成的重要影响源。很多教育社会心理学家研究表明，在课堂里经常出现同龄群体之间的对抗和冲突时，全班的学习成绩普遍下滑，而如果在同龄群体中，成员情感是相互支持、相互关心的，成员间便互相具有吸引力，成绩普遍上升。研究发现，不受欢迎或被同伴拒绝的儿童的学习成绩普遍低于受欢迎的儿童，并且其缺勤率和中途辍学率也很高。同伴接纳水平不同的群体在成就动机、自我规范能力、课堂行为、学习声望、教师偏爱等方面均有差异。

同龄群体是留守儿童成长发展的重要环境因素，同龄群体的影响日趋重要，留守儿童在缺少父母关爱和管束的情况下，极易被身边的同辈群体同化。因此，处理好与同龄群体之间的关系，能够促进留守儿童身心健康发展。

（3）政策

政策主要指学校针对留守儿童专门制定的一系列策略与方法。对于留守儿童这一群体来说，相关政策的完善性与执行力度是政策层面的两个主要方面。留守儿童正处于成长发展的关键阶段，与非留守儿童相比需要更多的情感交流。情感交流不仅来自同龄群体，更需要成人群体的指引，成人群体主要指学校管理者、老师及后勤服务人员。学校需经常组织相关人员开展与学生的情感交流，发挥教学、管理、服务的"育人"作用，担负起家长角色指导儿童生活，那么，留守儿童在精神需求满足的情况下，其学习与成长定能步入正轨。刘诗波等指出，针对留守儿童的家庭情况、身心特点，学校积极开展锻造意志、磨炼情感活动，设置临时监护人、举办监护人学习班等措施，能够有效达到补位留守儿童家庭教育缺失的功能。①

因此，相关政策的实施是改善留守儿童情感状态、促进留守儿童学习社会化的保障。

（三）教师效能影响因素的确立

教师效能，主要指教师知识、教师信念和教师自我效能感三个方面。教育家第斯多惠曾说："一个真正的教育者，通过你是什么样的人要比你知道什么，可以获得更大的成效。"教师通过人格特征影响教学效果往往是及时见效的。教师对待学生的态度、情感、作风等均会从不同侧面影响着学生学习的态度与效果。

1. 教师效能

对于长期远离父母的留守儿童来说，由于家庭教育的缺失，学校教师尤其是班主任是留守儿童外部影响因素中至关重要的角色。教师不但是与留守儿童直接接触的"最亲密的人"，而且是学校与留守儿童家庭进行沟通和联系的主要力量。王丹提道，"教师对留守儿童生活上的关心，会转化成其学习的动力，进而促进其学业成就的提升"②。因此，教师自身的素质及态度对留守儿童的影响是尤为重要的。

据调查，当前农村教师的水平高低不同，教师素质参差不齐。课业负担比较繁重、班级人数过多等客观现实，致使教师无法对留守儿童进行特殊、有效的教育和管理。范翠英等学者基于中部某省的调查结果显示：多数教师认为，父母外出后儿童品德会发生改变，教师对留守儿童"标签化"现象存在，教师和学生间的关系只停留在课堂上教与学的过程，很少进行情感的深度交流，对留守儿童的心理疏导和生活指导更是匮乏。③

---

① 刘诗波、郑显亮、胡宏新：《农村寄宿制学校留守儿童家庭教育功能补偿探索——以江西 A 县 B 小学的实践为例》，《中国教育学刊》2014 年第 10 期，第 37—41 页。

② 王丹：《学校对留守儿童学业成就影响的个案研究》，硕士学位论文，东北师范大学，2011 年。

③ 范翠英、周宗奎：《新课程背景下学校德育观念的转变》，《教育科学研究》2004 年第 3 期，第 43—46 页。

教师对待留守儿童的这种消极看法导致留守儿童学业信心下降，直接影响留守儿童学校教育的最终效果。

2. 教师效能测量指标的确立

（1）教师知识

教育者是知识、技能、品德的传授者，是教育过程的组织者和引导者，教育者的知识、技能及品德水平影响着学校教育的实效性。教师知识与教学存在自然的因果关系，研究者认为教师知识既是教师对教学的理性思维，也是教师进行审慎思考的基础。教师的教学行为建立在已有的知识基础之上，教师只有具备丰富的学科知识，才能够形成自己独特的见解以及个人的心理建构。

对于留守儿童的教育，不仅需要教师具备过硬的学科专业知识，由于留守儿童的心理、情感及认知水平的特殊性，还需要教师具备心理学和教育学的相关知识，及时给予他们心理的疏导和情感的关怀。教师素质修养的高低，直接影响着教育教学工作的效果。当前，西部留守学校的教师整体水平相对低下，对于留守儿童的认识不足，这种现状对于留守儿童的成长是极其不利的。

（2）教师信念

教师信念主要指教师对待留守儿童的态度和期望。留守儿童区别于一般儿童，教师需要公平地对待每一个学生，但是又要根据实际情况，对留守儿童给予特殊的照顾。某些留守儿童因被学校和老师忽视放任或歧视而导致内心产生自卑心理，进而形成交往障碍，影响身心发展。

罗森塔尔和雅各布森的经典研究"教师期望效应—皮格马利翁"，是指教师的期望或明或暗地被传递给学生，学生将按照教师所期望的方向来塑造自己的行为。因而，教师对待留守儿童的态度、寄予的期望都会对留守儿童的发展方向产生影响。王彩琴在《"罗森塔尔效应"和语言学习效率的关系研究》中提到罗森塔尔效应影响教师对学生的期望，而学生通过感受教师的热爱和期望变得更加自尊、自信、自强，从而使教师的期望变成学生现实表现[①]。

---

① 王彩琴：《"罗森塔尔效应"和语言学习效率的关系研究》，《教育与职业》2006年第18期，第94—96页。

（3）教师自我效能感

教师自我效能感，指教师对教育价值、对自己做好教育工作与积极影响儿童发展能力的自我信念、判断与感受。洪秀敏等提到，教师自我效能感影响儿童的学习态度、动机和学业成就。[①] 教师自我效能感对儿童的自我期望会产生不同程度的影响。由于年幼儿童缺乏完善的自我评价能力，他们对自己的认识在相当大的程度上依赖于"重要他人"，而教师是他们生活中"重要他人"之一。自我效能感高的教师，坚信通过自己的教育能够积极地影响儿童的发展，通常对儿童抱有较高的期望，此时儿童往往比较自信，并对自己抱有较高的期望。而自我效能感较低的教师，由于对自己的影响力和儿童改变的期望都较低，容易影响儿童形成消极的自我评价和自我认识，使之产生较低的自我期望。

学生的学业成就与教师自我效能感之间具有一定程度的关联性。教师效能通过影响学生的学习态度、学习动机等方面，影响儿童的学业成就。

四 社会维度影响因素的确立

存在决定意识。社会环境对个体的认知方式、情感方式及行为方式起着潜移默化的熏陶和启迪作用。留守儿童是社会中的边缘群体，在家庭教育功能弱化、学校教育功能补位不力的情况下，社会环境成为农村留守儿童学习社会化发展的大课堂，他们容易受社会上各种因素的影响。本书将影响农村留守儿童学习社会化的社会维度确立为政策机制、社会风气两个因素。

（一）政策机制影响因素的确立

1. 政策机制

相关农村留守儿童的政策、福利支持，是影响农村留守儿童学习社会化的重要因素之一，这些相关的政策与福利支持通过影响留守儿童的学习动机进而作用于其学习社会化过程。

教育是留守儿童学习社会化发展的基础条件，若基础条件得不到保障，学习社会化的长期性发展更无从谈起。田贤国提到制度保障的不完整

[①] 洪秀敏、庞丽娟：《教师自我效能感对儿童发展的作用及其机制》，《学前教育研究》2006年第6期，第44—47页。

和物质保障的不充分以及相关政策的不到位,致使农村留守儿童的受教育权遭到侵犯。① 郭煜在《农村留守儿童问题研究》中提出由于城乡二元体制以及"分级管理,以县为主"管理体制的桎梏,留守儿童成为该体制及其相关制度的牺牲品,致使农村留守儿童享受不到公平的教育待遇。② 万国威通过实证研究证实义务教育经费需求与财政供给之间存在较大缺口,导致不少贫困地区难以保障义务教育的质量,更没有专项经费支持③,因而政府只能够针对特困儿童进行适当的补助,导致其他留守儿童学业受到威胁。

由此可见,我国农村义务教育经费的短缺是阻碍广大农民子女接受合格义务教育的重要因素。在诸多政策条件的限制下,致使社会教育福利支持无法向更大范围普及,许多农民工只能让子女留在农村受教育或在民办的农民工子女学校上学甚至辍学。接受良好的教育是保障留守儿童良好成长的基础条件,使留守儿童能够在教育管理下丰富和完善自己,促进留守儿童学习社会化的进程。张炼指出,纵观为留守儿童开展的福利和服务,大多均是暂时性的学习辅导、情感支持④,当这些暂时性的支持与服务消失后,留守儿童感受到更多的是孤独感和伤害感,反而加剧了其自卑和自怜的心理,不利于留守儿童良好社会适应能力的形成。而社会适应力是学习社会化的一种体现,故相关福利和政策对留守儿童的学习社会化有着重要影响。马竞提到我国专门针对农村留守儿童福利的政策相对分散,导致留守儿童的学业遭到威胁。⑤ 翟庆伟通过调查发现,社会对农村留守儿童问题的认识存在以下两方面的误区,其一,认为农村留守儿童的生存权利、生命安全保障是关心的重点,忽视了对农村留守儿童的管教,更不要说他们全面发展的需求;其二,错误地认为农村留守儿童教育问题是父母或者监护人的责任,把有限的社会资源用在农村留守儿童身上是一种

---

① 田贤国:《农村留守儿童受教育权保障机制研究》,硕士学位论文,华中师范大学,2007年。
② 郭煜:《农村留守儿童问题研究》,硕士学位论文,山东大学,2013年。
③ 万国威:《社会福利转型下的福利多元建构:兴文县留守儿童的实证研究》,博士学位论文,南开大学,2013年。
④ 张炼:《西部农村留守儿童社会适应能力研究》,硕士学位论文,南京理工大学,2014年。
⑤ 马竞:《目前农村留守儿童福利问题探究》,硕士学位论文,云南大学,2014年。

浪费。[1]

综上，相关农村留守儿童的政策、福利支持，是农村留守儿童学习社会化影响因素之一。

2. 政策机制测量指标的确立

（1）政府

政府以维护社会的公共利益为目标，是公共意志的体现者、领导者和协调者。合理配置社会资源，确保农村留守儿童机会平等，是政府履行公共权力的应有之义。农村留守儿童的教育具有投资大、收效慢、受益面广等特征，不是某一个人、社会组织能够实现的。农村的留守儿童问题的解决，政府是最有权威、最有能力的支持力量，同时个人力量、社会力量作为有效补充。

在农村学校建设层面，由于农村学校的发展缺乏政策支持和资金支持，所以在学校管理和教育执行上处于进退两难的境地，进而他们也就更加不可能有资金和能力去帮助留守群体。孙月玲提到，社会发展进程中的留守儿童问题得到了国家的高度重视，我国出台了诸多针对性政策以及帮扶措施。[2] 但旧体制的历史惯性、改革的滞后性使得农村留守儿童的各项权益仍没有获得切实保障。这些都佐证了政府针对留守儿童问题的解决仍存在空缺。甚至部分民众由于文化水平低又较少关注国家时事政策，根本不知道有这一类的扶助政策。

由此可见，农村留守儿童的教育失衡，阻碍了农村留守儿童学习社会化过程，要改善这种状况，获得的权益上的保障，需要政府的大力支持。

（2）社会团体及个人

由于农村留守儿童在情感、心理等方面的特殊性，外界的专业性介入与救助就显得尤为重要。这将是非政府组织应当并且能够有所作为的领域，非政府组织可以组织动员各行各业的有经验、有抱负、有志向的人们，对农村留守儿童进行饱含关爱的辅导、教育和服务。针对留守儿童这个特殊群体，组织专业的心理医生、教育工作者、法律工作者，对其进行

---

[1] 翟庆伟：《农村留守儿童教育管理研究》，硕士学位论文，山东师范大学，2014年。
[2] 孙月玲：《中部农村留守儿童教育问题的探索》，硕士学位论文，华中师范大学，2007年。

教育、引导及心理矫正工作;通过成员的志愿服务,建立"代理家长"和"托管中心",对留守儿童进行监管、教育,提供娱乐、学习及生活等方面的指导与服务,这是非政府组织直接救助留守儿童群体的一种方式。另外,还可通过合法、公开的途径,向社会、政府等有关方面表达该群体的意愿和要求,保证政府在政治决策中关注、兼顾该群体,这是非政府组织发挥作用的另一种渠道。房正提出,非政府组织(主要包括各种协会、社团、基金会、慈善信托、非营利公司等)有利于帮助社会弱势群体,实现社会公平正义。[①] 钟欣通过验证得出社会支持与青少年学业成绩呈正相关性。[②] 东波在研究中指出,弱势群体缺乏必要的社会支持(诸如国家、政府机构及各种社会组织的正式社会支持以及来自家庭成员、亲戚、朋友等非正式社会支持)是其出现问题的一个主要方面[③]。

作为弱势群体的农村留守儿童群体,社会支持网络的不完备使其生活得不到可靠保障,是阻碍他们的生存与发展的主要障碍。因此,农村留守儿童社会支持网络构建显得尤为重要。

(二)社会风气影响因素的确立

社会风气指在一定历史时期,受到某种社会心理的驱动与价值取向的引导,大多数社会成员所表现出的一种普遍流行的社会行为,是社会意识的外化或直接体现,其内涵包括社会意识和社会行为两个范畴。社会风气是农村留守儿童学习社会化影响因素之一,并通过学习态度作用于其学习社会化过程。

1. 社会风气

梁漱溟曾讲过:"文化就是人类的生活样式",文化环境通常被称为"次级环境"。自古以来,因文化环境造就了许多名人的成长故事,良好的文化环境对人的成长至关重要,不仅可以改变一个人的兴趣和爱好,更能影响一个人行为和品德的发展。宋洁在研究中提出,在农村地区特别是

---

① 房正:《非政府组织对青年学生思想的影响及对策》,《思想教育研究》2013年第2期,第99—101页。

② 钟欣:《社会支持与青少年学业成绩的关系研究》,硕士学位论文,湖南师范大学,2014年。

③ 东波:《农村"留守儿童"社会支持网络模式探微》,《学术交流》2009年第5期,第133—135页。

贫困农村地区，文化管理相对松懈，各种不良文化滋生，易使留守儿童沾染上不良习惯。①赵富才经过研究发现，由于看护人对留守儿童监护不力，很容易导致留守儿童价值观的偏离，同时在打工浪潮的冲击下，使"读书无用论"的不良风气有所抬头，②这种风气在留守儿童群体中尤为显著，严重影响他们的学习积极性。唐春兰通过实证得出：据调查学校的信息反馈，尽管2006年初国家免除了农村义务教育阶段的学杂费，由于"读书无用论"思想观念在农村地区根深蒂固③，很多家长把读书当作一种约束和负担，对子女到学校接受教育的态度并不积极。此外，农村教育质量不高，在完成义务教育后继续升学的机会成本和投资风险较大。经济问题也是阻碍农村教育的一大障碍，有些家庭无力承担子女的学习费用，是农村学生辍学率居高不下的另一个原因。

目前，我国农村学校的基础设施建设滞后，课外文化活动设施建设状况更是令人担忧。在缺乏良好文化环境的保障下，留守儿童的课外文化生活几乎是空白。此外，农村文化环境的整体建设效果往往落后于基础设施建设，这直接导致留守儿童生活区域存在一些不良文化场所，公然向未成年人开放。青春期的儿童（一般指十二岁到十八岁）正处于建立稳定的角色、克服角色混乱感的时期，该阶段的儿童自身约束和鉴别能力较低，很容易受社会上各种不良文化现象的误导，加上普遍缺乏有效的家庭监管，这些庸俗的文化信息势必会对其健康成长造成冲击。因此，社会风气是农村留守儿童学习社会化影响因素之一，并通过学习态度作用于学习社会化。

2. 社会风气测量指标的确立

（1）地区差异

地区差异主要包括社会经济、文化背景两个方面。乡村经济环境是制约乡村生存和发展的重要因素。夏松通过调研访谈发现，教育经费短缺制约着当地教育的发展水平，致使各地区民众享受教育资源的不公平。④我

---

① 宋洁：《社会管理创新视角下的农村留守儿童教育问题研究》，硕士学位论文，南昌大学，2013年。
② 赵富才：《农村留守儿童问题研究》，博士学位论文，中国海洋大学，2009年。
③ 唐春兰：《农村留守儿童教育问题研究》，硕士学位论文，广西师范大学，2007年。
④ 夏松：《教育经费投入的非均衡研究》，硕士学位论文，南京师范大学，2005年。

国教育政策的"城市中心"取向,造成东西部人均教育经费严重不对等、资源分配不均,使义务教育投资大部分都留在了城市,农村儿童无法享受平等的受教育条件,致使农村地区辍学、失学、退学现象不断出现。丁月牙通过研究分析指出,地方的财政拨款和城市教育附加费的征收是解决义务教育需求的主要投入部分。[1] 地方的社会经济发展状况将对义务教育的投入产生主要影响,然而留守儿童始终处于义务教育阶段的边缘地带,无法享受到公平的教育资源。

传统文化也是一种丰富的教育资源。村落中自发的优良文化传统规范着村民对教育的态度与认知,强化他们对教育的认同与重视,促使他们对儿童教育的监督和引导,很大程度上影响着村民对教育的态度,具有较强的正导向作用。传统文化也将在无形中影响留守儿童的行为表现和性格发展。20世纪上半叶,梁漱溟先生指出:"中国的文化之根在农村"。可是在文明生活迅速发展的今天,农村社区公共设施建设方面比较匮乏,对留守儿童的学习存在较大的影响。

政府对教育的统筹管理力度不够,乡村文化建设乏力,使本地区未形成良好的文化氛围,导致该地区的学生享受不到公平的教育待遇,削弱了留守儿童学习的积极性。张立鹏指出流动子女长期受农村乡土文化的熏陶,加之农村文化与城市文化价值观念相互冲突,对城市文化不可能快速融入并内化,[2] 这一现实对流动子女的社会认知能力、判断能力及情感体验等方面都产生一定的影响。熊薇通过质性研究发现:良好的文化公共服务能够为儿童社会化成长提供有力的环境与条件。[3] 农村文化公共服务和设施严重缺失和不健全,对留守儿童的影响十分深远。

本土独特的精神面貌和乡村文化的解体、精神文明建设的滞后、休闲娱乐设施的缺乏,是农村公共文化服务和设施发展不平衡的表现。校外文化建设的空白,不能有效促进儿童学习文化的塑造,使得儿童在社区的精

---

[1] 丁月牙:《少数民族教育平等问题及政府的教育政策选择》,《民族教育研究》2005年第2期,第17—22页。

[2] 张立鹏:《社会文化差异对城市流动人口子女教育的影响》,《江苏工业学院学报》(社会科学版) 2007年第2期,第18—20页。

[3] 熊薇:《农村留守儿童的需要与社会服务:一个质性研究》,硕士学位论文,华东理工大学,2014年。

神文化荒漠化，阻碍和影响了青少年综合素质的养成和提高。

（2）同辈群体

同辈群体又称同伴群体。著名的科尔曼报告表明，同伴群体对儿童的影响效应远大于学校教师的影响。著名的心理学家皮亚杰（J. Piaget）认为，同伴的交往和互动是影响儿童社会化的一个重要因素。张宁娟调查发现：留守儿童的情绪更多地会受到学习伙伴、父母的影响。[①] 情感和社会支持系统的单一化使留守儿童将更多的情感需求和社会支持投向了朋友。对于中小学生来说，朋友大都是心智尚未成熟的同龄人，在人生经验、社会阅历、自我认识和自我控制等方面大致相同，相互倾诉或者是简单的劝解是其情感交流的主要方式。周爱民调查发现，正处于行为能力逐渐增强的年龄阶段的留守儿童，学业成绩并不理想，自卑心理较严重，同伴间缺乏交流，[②] 而他们期望与社会接触，故他们把校外同龄人作为自己的主要交往对象。陈慎辉通过分析证实留守儿童与同辈群体相处的时间每天为10—14个小时[③]。由于缺少父母的监管，留守儿童极易加入不良群体，导致价值观偏离，逐渐在学习过程中被淘汰。对于留守儿童来说，他们主要的同伴群体是学校同学和社会同龄人。由于留守儿童辨别是非的能力不强，很容易受到社会上"问题少年"的影响，导致留守儿童学习态度不端正，逐渐在学习竞争中被淘汰下来。班杜拉的社会学习理论认为，儿童主要通过观察和模仿他人来习得社会行为，参与社会活动和观察他人之间的相互作用、相互关系，越来越多地掌握在群体中什么情况下做出什么反应的知识。美国心理学家哈塔普指出：接近同伴得到同伴的接受、积极的相互影响，对于少年儿童的发展是非常必要的，模仿同伴榜样贯穿于整个儿童时期。

青春期中后期是儿童知识和智力技能掌握的关键期，留守儿童面对的是父母之抚慰、关注与爱的渴求缺失，当儿童在家庭中无法获得适当需要的满足时，可能会驱使他们去寻求同辈群体的补偿方式，这在某种程度上

---

① 张宁娟：《留守儿童成长的影响因素分析及其启示》，《教育学术月刊》2010年第8期，第17—19页。

② 周爱民：《城市化进程中农村"留守儿童"社会化问题初探》，硕士学位论文，中共中央党校，2006年。

③ 陈慎辉：《湖南省平江县农村留守儿童社会化问题研究》，硕士学位论文，国防科学技术大学，2008年。

加大了不良社会诱因的影响力,对儿童社会化行为和学习习惯的养成造成一定的误导。因此,同辈群体是影响留守儿童学习社会化的重要因素之一。

五 大众媒介维度影响因素的确立

谢维和在《教育活动的社会学分析———一种教育社会学的研究》一书中写到,与学习社会化相关的各种理论的出发点不同,其研究的思路会随之有所不同。[①] 有的从社会的角度出发进行研究,有的从个体的角度出发进行研究,也有的强调社会化的过程,还有的注重社会化的结构,等等。从功能与进化的研究思路来看,实际上是强调留守儿童学习社会化过程的价值。所谓进化,简单来说,指的是把留守儿童的学习社会化作为一个处于特殊环境下由不成熟的儿童向成人发展和过渡的进化过程。它强调的是这种过渡性,注重的是少年儿童在特殊环境下摆脱自身的幼稚,不断地学习和走向成熟。它特别关注这个过程的各个阶段以及各个阶段之间的联系,还有儿童群体在学习社会化过程中的各种条件和环境因素。我们可以这样思考,这种进化的逻辑,强调的是儿童学习社会化的过程而不是儿童学习社会化本身的功能与作用;它注重的是儿童未来的发展,而不是他们的目前状况。根据这个思路进行分析,大众媒介对留守儿童学习社会化的影响无疑就是分析其影响过程。更具体一些就是说从儿童对大众媒介的接触开始,学习接触的过程,即媒介的接触行为,包括种类(载体)、频度(时间及时间段)、偏好(内容种类)等,在周围环境的影响下到媒介素养的形成,包括审视能力、利用能力、需求能力等能力的形成。

(一)大众媒介下媒介接触行为影响因素的确立

人们接触大众媒介的行为发生需要两个条件,包括媒介接触的可能性和媒介印象。媒介印象直接影响人们选择特定的媒介以及内容开始具体的接触行为。

1. 媒介接触行为

拉扎斯菲尔德提出的"选择性接触"假说认为,受众并非不加区别地对待任何传播内容,而是更倾向于"选择"那些与自己的立场、态度

[①] 谢维和:《教育活动的社会学分析———一种教育社会学的研究》,教育科学出版社2000年版。

接近的内容加以接触。魏盼盼提到，不同类型的电视节目内容对留守儿童社会化的影响程度有所不同。① 李远煦在《电视媒介对农村留守儿童社会化的影响研究》中提到，儿童正处于思维发展的重要阶段，认识和思考的意识与能力正在逐步形成，学习的习得主要通过依靠观察和体验获得一些方法，并依此为下一步制定行动的指南。② 这种观察与体验的学习在社会中无所不在，大众媒介是一个很重要的学习工具，比如人们可以通过观看电视上的行为来直接引导其运用于实际生活中。

在媒介接触行为对儿童社会化影响的研究中，以儿童的道德社会化居多。徐兆江等人研究了电视媒体与儿童犯罪之间的关联影响。周燕研究了大众传媒对儿童心理健康的负面影响。刘畅分析了电视传媒与儿童的性教育。张仕琼在研究中提道"留守儿童接触网络类信息传媒出于两大目的：调节情绪和学习"③。还有少数文献探讨了媒介对儿童的消费观、就业观、恋爱观、幸福观等方面的影响。

就留守儿童的生活环境而言，由于在其出现情绪问题时，父母不能及时地发现并予以开导，当他们在物理空间得不到情绪表达的路径，就会选择网络空间宣泄自己的情绪，这种宣泄方式与朋友、同学面对面表达的方式相比会让他们觉得更为安全、可靠。可见，媒介的接触行为能够明显影响儿童的学习社会化。

2. 媒介接触行为测量指标的确立

媒介接触行为主要包括：媒介使用种类、使用频率、使用时长、内容偏好。

随着中小学生接触媒介种类与时间增多，加强媒介素养教育刻不容缓。廖根深提出，我国与发达国家的学生媒介普及、使用的差距在逐步缩小。④ 根据《谁来伴我成长——媒介对农村留守儿童的社会化影响》一书

---

① 魏盼盼：《电视在农村留守儿童社会化过程中的作用研究》，硕士学位论文，郑州大学，2013年。
② 李远煦：《电视媒介对农村留守儿童社会化的影响研究》，硕士学位论文，华中农业大学，2007年。
③ 张仕琼：《信息传媒接触对农村留守儿童情绪调节影响的研究》，硕士学位论文，西南大学，2008年。
④ 廖根深：《当代城市中小学生课外媒介使用的分析——对广州市的调查》，《青年探索》2010年第4期，第65—68页。

中的描述，农村留守儿童媒介的接触时间长短与其生活技能、道德行为规范、交往能力和成人角色都呈显著相关，且接触时间越长，社会化的各方面状况就更加成熟。[①] 而媒介内容偏好的不同，影响的具体表现也会有所不同。例如电视的谈话评论节目、戏剧曲艺节目等节目偏好与生活技能显著相关。越喜欢这两类节目的孩子，其生活自理能力也越强。而电视财经节目偏好、手机活动中喜爱玩游戏的偏好与道德行为规范显著相关，等等。赵宁提道"在农民外出务工大潮的社会变革环境之下，大众传媒成为超越家庭、学校和参照群体等载体来承载留守中学生社会化的最重要因素。"[②] 这种移情现象其实是被客观生活环境胁迫所致，是一种被动的选择。然而，在移情之后，他们的媒介使用范围之广、种类数量之多、频率之快不逊于同文化领域内部的其他非留守中学生。

综上所述，媒介使用种类、使用频率、使用时长、内容偏好会影响到儿童的媒介素养、道德行为以及社会化过程。

(二) 大众媒介下媒介素养影响因素的确立

1. 媒介素养

传媒教育旨在提高大众的"媒介素养"，让他们好好地跟传媒打交道。传媒教育在世界各地遍地开花，其机构、性质、目标及取向都呈现百花齐放的局面。由于传媒的多元化，媒介素养对不同机构及不同地域的人也有着不同的意义与诠释。

最常被提及的定义是 1992 年美国"媒介素养全国领导会议"（National Conference on Media Literacy）的讨论结果，当年阿斯彭研究所（Aspen Institute）召集了美国及加拿大的媒介素养专家一起商讨如何发展媒介素养这个新兴领域，与会代表将媒介素养定义为："一位公民为了特定结果而寻索、分析及制造信息的能力。"英国通信管理局（Ofcom）认为媒介素养是"在不同的处境下寻索、认识及创造传播的能力"。《媒介素养周》（Media Literacy Week）则提出："传媒教育是个人成为一位具备媒介素养的人的过程，而具备媒介素养是指一个人具有批判力的了解传媒信息的意义和传媒制作的性质、技巧及影响。"美国媒介素养教育协会

[①] 王玲宁：《谁来伴我成长——媒介对农村留守儿童的社会化影响》，学林出版社 2012 年版。
[②] 赵宁：《媒介使用对留守中学生社会化的影响》，硕士学位论文，安徽大学，2013 年。

(National Association for Media Literacy Education，NAMLE，2010）则认为媒介素养是一系列的传播能力，在不同的媒介平台去寻索、分析、评核及沟通信息。

国内学者在引介理论、实证研究以及实践行动的研究过程中，也各自阐释了对媒介素养的理解。张志安等研究认为，媒介素养是指对各种媒介信息的解读和批判能力进而利用有效信息促进个人与社会发展的能力。[①] 董建文写到，媒介素养是在现代社会必须学习和具备的能力，主要体现在判断信息、创造和传播信息的能力。[②] 媒介素养教育的目的就是教导学生如何与传媒打交道，怎样认识、分析、运用和监察大众传媒。

留守儿童在大众传播交流过程中并不是被动的，而是积极主动的，大众媒介可有效激发出留守儿童理性的自我，促使其进行本我和超我的调节。戎青提道"留守儿童在电视媒介接触上，并不像某些文献所说的存在负面偏向，而是相对乐观的"[③]。段永利提道"在儿童时期是可塑性最强的时期，大众媒介能够为他们提供现实世界的图景和各种人生理想的模型"[④]。目前，大众媒介覆盖范围广泛，内容丰富多彩，将带来思想价值观念、行为模式方面的变革。

相关研究指出，无论是电视媒介还是网络信息传播媒介对儿童的社会化均具有一定的影响，儿童媒介素养的高低一定程度上影响着儿童社会化的进程。所以媒介素养对儿童学习社会化具有相当重要的作用。

2. 媒介素养测量指标的确立

基于以上梳理与分析，确定大众媒介环境下媒介素养因素为影响留守儿童学习社会化的主要因素之一。其中，媒介素养包括：媒介意识、媒介能力、媒介道德。

媒介意识是指通过对媒介的积极认知来分析判断其本质，利用媒介的传播功能进行有效信息传播的一种主动意识。媒介能力包含媒介信息的获

[①] 张志安、沈国麟：《媒介素养：一个亟待重视的全民教育课题——对中国大陆媒介素养研究的回顾和简评》，《新闻记者》2004年第5期，第11—13页。
[②] 董建文：《论香港中学媒介素养课程的实施策略》，中国人工智能学会计算机辅助教育专业委员会编《计算机与教育——全国计算机辅助教育学会第十二届学术年会论文集》，2005年。
[③] 戎青：《论电视在留守儿童成长中的角色》，硕士学位论文，南京大学，2013年。
[④] 段永利：《农村留守儿童的媒介素养教育研究》，硕士学位论文，西南大学，2012年。

取能力、媒介信息的辨别能力、媒介信息的批判能力和媒介信息的利用能力四个方面。现代传媒的信息洪流中，裹挟着各种不良信息，因此，在使用媒介的过程中，能够具备一种媒介道德意识，了解媒介规范，抵制不良信息，树立安全意识尤为重要。

"如果说媒介是人体的延伸，那么媒介素养就是传统文化素养的延伸。"它包括人们对各种信息的解读能力，批判性地接收和解码影视、网络等媒介信息的能力，以及使用电脑、电视等信息技术传播信息的能力。由于受众的文化、民族、职业等差异，媒介素养的程度大不相同，留守儿童群体的媒介素养相对较低。学者陈力丹认为，媒介素养分两个层次，其一是公众对于媒介的认识，其二是传媒工作者对自己职业的认识。而对于处于儿童时代的学生来说，媒介素养主要体现在两个方面，其一是对媒介的理解认识，其二为遇到困难对大众媒介的需求意识以及认同感。能否具有主动利用媒介的意识从而快速有效地获取自己所需的信息，并能够加以辨别、批判以及有效地利用，是衡量媒介素养的一个重要指标，也是判断媒介能力的主要体现。

媒介道德是媒介素养的重要体现。留守儿童群体缺乏父母及时的监督和指导，更易因感情缺失而导致以媒介为精神慰藉，甚至误入歧途。黄勤提出，受众在接触和使用媒介信息时所表现出来的道德意识和自律能力，是衡量媒介素养的重要指标。[1] 丁伟在《农村留守儿童媒介素养教育研究》中提到：农村留守儿童尚未形成完整的知识结构，对媒介信息理解和辨别能力相对薄弱，很容易受不良媒介信息的影响。[2] 因此，教育者应该尝试引导留守儿童树立良好的媒介道德观念，积极健康地应用媒介，形成正确的媒介道德观念。

综上，媒介意识、媒介能力、媒介道德对农村留守儿童的学习社会化有非常重要的影响作用。

六 学习社会化中介影响因素及学习社会化可见因素的确立

（一）学习社会化中介因素的确立

依据心理学相关研究，将学习动机、学习态度、学习能力与学习风格

---

[1] 黄勤：《壮族高中生媒介素养教育现状调查与分析》，《软件导刊（教育技术）》2012年第3期，第52—56页。

[2] 丁伟：《农村留守儿童媒介素养教育研究》，硕士学位论文，郑州大学，2013年。

四个因素列为学习社会化的中介影响因素。

学习动机是指向一定学业目标的动力倾向,主要包含学习需要和学习期待两个方面的内容,恰当的动机水平能够引发、维持学生的学习行为。在此研究领域,学者主要从强化理论、归因理论、需要层次理论、成就动机理论、自我价值理论、自我效能感理论等不同角度阐释学习动机的内涵与本质。

学习态度是指学习者对学习较为持久的肯定或否定的行为倾向或内部反应的心理状态,主要由认识成分、情感成分、行为意向三种成分来体现。从对待学习的注意状况、情绪状况和意志状态等方面可以判定和说明学习者的学习态度,具体又可细分为对待课程的态度、对待学习材料的态度及对待教师、学校的态度等方面。

学习能力是指"个体所具有的能够引起行为、思维持久变化的内在素质,是在一定的学习实践活动中逐步形成发展的"。学习能力是个体成长发展过程中的基本能力与必备能力。一般以专注力、学习成就感、自信心、思维灵活度、独立性和反思力六个方面作为学习能力的主要评价指标。

学习风格是在研究和解决学习任务的过程中,由学习者特有的认知、情感和生理行为构成,它是反映学习者感知信息、与学习环境相互作用并对之做出反应的相对稳定的学习方式,一方面使学习过程得以顺利进行,另一方面使学习过程和学习结果受个性的影响。

(二) 学习社会化可见因素的确立

马克斯·韦伯认为,社会学的任务是理解人的行为。在他看来,社会学认识的是社会行为,是从根本上说明社会行为的过程和影响。社会行为是指人的公开或内心的活动,是一种主观思想与行为结合起来的个人或众人的社会活动;个人的社会行为是按照行动者的意图与他人的行为发生联系,并且在行动过程中依赖于他人的行为。从社会学的角度来说,社会化就是个人通过社会互动学会各种行为规范,使学习者的行为方式符合社会的规范和道德,从而使一个社会个体成为一个合格的社会人。美国社会学家萨金特认为,扮演一定的社会角色便是社会化的本质。帕森斯也明确指出,角色学习的过程就是社会化的过程。在此过程中,个人通过与群体或他人的互动,逐步了解自己在社会群体中所处的地位,学会所应遵从的社会秩序与道德,顺利完成所应承担的角色任务。因此,社会化是个人不断从社会中学习的过程。

对于在社会过程中社会化的实施者与社会对象的关系，学习论认为人的社会化的过程是社会对象主动学习的过程，如果没有这种主动性，社会化的效果就会大打折扣。在社会化的过程中尽管社会化的外部环境（社会化的实施者）必不可少，但是，必须确立社会化的主体地位。皮亚杰的发展心理学强调人是积极主动的，认为人能判断、规定和创造自己的行为。互动论将人的社会化视为社会化的实施者与社会化对象的相互作用过程。社会化的实施者向社会化对象灌输知识、价值和规范，社会化对象的回应并不一定是完全被动地接受，而是对自己的行为有所选择，一定程度上改变实施者的"灌输"行为，从而以新的方式实施社会化。

依据社会学及教育学中相关研究，将学习社会化可见因素分为文化、个性发展和社会结构。文化主要指儿童在学习社会化发展过程中知识能力的发展，个性发展主要是指儿童作为个体在学习社会化过程中所形成的内在的关于学习的智慧技能与认知策略，社会结构则主要是指儿童在学习社会化过程中所表现出的群体社会建构性与群体合作认知力。

第二节 关系假设的建立与描述

儿童学习社会化发展的过程受多种因素的影响，笔者前期对国内外社会学、心理学、教育学大量的文献进行了梳理，对影响农村留守儿童学习社会化诸因素进行了详细阐述，本节主要对诸影响因素之间形成的假设性关系进行细致剖析。

一 家庭维度影响因素之间的假设关系确立

就家庭维度而言，本书主要探讨了家庭背景、家风和教养观三个方面，详细描述了家庭背景、家风、教养观和影响农村留守儿童学习社会化的中介变量之间的关系假设，包括：家庭背景与家风之间的关系假设、家庭背景与教养观之间的关系假设、家庭背景与学习态度之间的关系假设，家风与学习动机之间的关系假设、家风与学习态度之间的关系假设，教养观与学习动机之间的关系假设、教养观与学习风格之间的关系假设等。

(一) 家庭背景与其他因素之间的关系假设

1. 家庭背景与家风之间的关系假设

德·格拉夫等人认为，来自高社会地位的父母能够给孩子提供较多特权，使其完成较高的教育。家庭背景相对较差或社会地位相对较低的家庭进行文化活动的时间相对较少，家庭环境并不能够为子女提供较多的文化资本。那些家庭背景好或社会地位高的家庭的孩子即使父母不参与文化活动，由于总是处于教育场域之内，他们也能享有较多的特权。在家庭背景和文化活动之间具有一定的关联性关系。对于那些社会经济地位较低的父母，情况看起来有些不同。他们一般持有较低的教育标准、较少的教育知识。因此，这些社会经济地位较低的父母，相对外在于教育场域。家庭背景与家庭文化活动的多少具有很强的关联性，能够整体体现一个家庭的家风。留守儿童所处的家庭背景相对较差或社会地位相对较低，他们的家庭文化氛围、教育观念可能没有那么的完善，不利于儿童的学习社会化。

2. 家庭背景与教养观之间的关系假设

现阶段，我国农村学生家长的文化水平不高、教育观念落后，将严重影响到儿童的家庭教育。戈耶特（Goyette）和谢（Xie）认为家庭经济地位与子女教育期望呈现正向相关性。杨卉认为流动儿童父母的文化能力能够获取和谐的家庭文化氛围。[①] 高文化资本的家庭可为孩子提供可靠的智力支持，能为孩子的学习提供有效的辅导。而低文化程度的家庭，无法给孩子提供有效的智力支持，也不具备辅导孩子学习的能力。农村家长大多数把孩子的教育责任转移到学校身上，从而导致农村家庭教育与学校教育的严重脱节。

3. 家庭背景与学习态度之间的关系假设

家庭背景不同，为其子女争取优质的教育机会（如体制内的重点学校和市场提供的教育服务）也就不同，重点学校集合了优秀的师资和生源，不仅直接影响儿童学业成就的差异，还通过教师和同伴影响其学习态度和行为，从而对儿童的学业成就和下一步教育机会的获得产生影响。郭三玲认为，长期缺乏父母关爱的孩子，其课堂注意力难以集中、听课效率

---

① 杨卉：《流动儿童家庭教育研究》，硕士学位论文，中央民族大学，2007年。

明显低于其他儿童，极易产生强烈的自卑心理而影响学习。① 唐林兰基于系列个案研究，指出由于家庭背景关系，大量留守儿童正面临着一系列以教育问题为核心的生存发展问题。② 徐礼平等人在《留守儿童心理安全感与心理韧性现状及其关系分析》中提出，留守儿童在心理安全感、人际安全感及总体安全感各维度得分显著低于非留守儿童，心理安全感严重缺失，致使其学习态度不端正、逃课次数过多等现象尤为显著。③

（二）家风与其他因素之间的关系假设

1. 家风与学习动机之间的关系假设

家风对认知发展的影响是长期的、渐进的，在循序渐进的过程中促进儿童的学习动机达到其认知能力的进一步发展。动机是心理结构动力系统的重要组成部分，易受到社会性因素的影响。发展心理学领域及社会学领域均非常重视环境因素对动机取向的塑造性。陈奎熹在《现代教育社会学》中指出家庭影响子女教育的中介因素有：家庭气氛、父母之教育态度、父母之教养方式、家庭结构、家庭教育价值取向、家庭语言类型、家庭物质条件。骆风在《20世纪90年代以来我国家庭教育研究进展述评》中认为家庭教育是家庭成员之间的互相关心、爱护、帮助和启迪，能从各个方面促进家庭成员的身心健康和学习发展的积极性。④ 黄河清指出，家庭教育与学校教育是教育系统中两个互相联系又各自独立的重要组成部分，良好的家庭教育是学校教育的良好开端，可有效激发学生学习积极性。⑤ 宗秋荣运用素质教育的观点提出了家庭教育可有效促进孩子的学习动机。⑥ 家庭是儿童发展和成长的微观环境，家庭教育是学校教育的延

---

① 郭三玲：《农村留守儿童教育存在的问题、成因及对策分析》，《湖北教育学院学报》2005年第6期，第86—88页。

② 唐林兰：《论留守儿童教育问题的积极应对与持续缓解》，《内蒙古师范大学学报》（教育科学版）2013年第4期，第26—28页。

③ 徐礼平、田宗远、邝宏达：《留守儿童心理安全感与心理韧性现状及其关系分析》，《中国儿童保健杂志》2013年第9期，第923—925页。

④ 骆风：《20世纪90年代以来我国家庭教育研究进展述评》，《教育理论与实践》2005年第9期，第51—55页。

⑤ 黄河清：《家庭教育与学校教育的比较研究》，《华东师范大学学报》（教育科学版）2002年第2期，第28—34、58页。

⑥ 宗秋荣：《谈家庭教育功能观的转变》，《中国教育学刊》2001年第1期，第30—31页。

伸、发展，也是学校教育的依托点和基础。因此，整个家庭的家风与儿童的学习动机之间具有较强的关联性。

2. 家风与学习态度之间的关系假设

家风是家庭整体价值观念的重要体现，对于家庭成员的态度具有重要的影响。有学者认为留守儿童的临时监护人文化素质普遍偏低，无能力辅导儿童的学习，其家庭也缺少文化氛围，严重影响留守儿童的家庭教育环境。[1]龚君通过调查表明：离异家庭中学生的总体学习态度显著差于非离异家庭中学生[2]，从父母矛盾的不同激化程度来看，父母矛盾越激烈，其子女学习态度越有问题，越趋向于消极。父母之间的关系、父母对子女的关心与否及父母对待子女学习的态度均会影响到其子女的学习态度。

(三) 教养观与其他因素之间的关系假设

1. 教养观与学习动机之间的关系假设

教养观是家庭内部对子女教育所持的整体的价值观念，良好的教养观念对于子女的学习动机具有一定的激发作用。我国学者闫淑华对父母教养方式与高中生学习状况进行研究后发现，父母的温暖理解与高中生的学习动机之间存在正相关。[3]张登印等指出父母教养方式与儿童的学习动机存在一定的关系。[4]沈涛在研究家庭教育对青少年学习动机的影响时，发现父母良好的养育方式可以使子女的学习动机朝着积极、主动、稳定的方向去发展。[5]张敬培发现父母教养方式与个体的学习愿望、主动性、情感、理想等都有显著的相关性，进而影响到个体的学习动机及学习效果。[6]刘丽群指出，在学困生的家庭教育中，相当一部分家长对孩子的教育采用的

---

[1] 张登印、俞国良、林崇德：《学习不良儿童与一般儿童认知发展、学习动机和家庭资源的比较》，《心理发展与教育》1997年第2期，第53—57页。

[2] 龚君：《父母离异对中学生学习态度的影响研究》，硕士学位论文，湖南师范大学，2012年。

[3] 闫淑华：《父母教养方式及其与高中生学习状况相关研究》，《石家庄学院学报》2008年第6期，第94—98页。

[4] 张登印、俞国良、林崇德：《学习不良儿童与一般儿童认知发展、学习动机和家庭资源的比较》，《心理发展与教育》1997年第2期，第53—57页。

[5] 沈涛：《家庭教育对青少年学习动机的影响》，《南通师专学报》（社会科学版）1998年第3期，第85—88页。

[6] 张敬培：《小学生学习动机与家庭教育关系的研究》，《吉林省教育学院学报》2010年第10期，第5—8页。

是"高压"政策[①]，在家庭教育中缺乏良好的民主氛围，严重影响了孩子的学习动机。

综上所述，学者们在研究父母教养方式与学习动机关系时，发现父母教养方式对个体学习动机形成与发展具有重要的影响作用，不同的教养方式对学习动机的影响作用不一致。

2. 教养观与学习风格之间的关系假设

个性类型是指在一类人身上所共有的性格特征的组合，经常以个体某些特定的活动方式或倾向表现出来。学习者的个性类型与其学习风格有着十分密切的关系，父母的教养方式对个体个性的塑造具有重要的影响作用。唐炜玮等人在《父母教养方式与初中生学习风格的关系研究》中指出，父母教养方式可以通过影响学生的认知影响学习风格。[②] 刘利强经过调查发现，由于人的先天遗传因素和后天家庭教养观、学校教育不同，就使人的心理活动过程和行为方式形成了千差万别的个性差异。[③] 大量的研究已表明，父母教养观与学生学习风格之间存在一定的相关性。

二 学校维度影响因素关系假设的确立

就学校维度而言，本书主要探讨了教学资源、校园人文、教师效能及影响农村留守儿童学习社会化的中介因素之间的关系假设，包括教学资源与学习动机之间的关系假设、教学资源与教师效能之间的关系假设，校园人文与学习动机之间的关系假设、校园人文与学习态度之间的关系假设、校园人文与学习风格之间的关系假设、校园人文与教师效能之间的关系假设，教师效能与学习动机之间的关系假设、教师效能与学习态度之间的关系假设、教师效能与学习能力之间的关系假设、教师效能与学习风格之间的关系假设。

---

① 刘丽群：《家庭教育对中职女生困生学习动机影响的研究》，硕士学位论文，华中师范大学，2011年。

② 唐炜玮、颜玉平：《父母教养方式与初中生学习风格的关系研究》，《校园心理》2013年第2期，第90—92页。

③ 刘利强：《高中生化学学习过程中学习风格影响因素研究》，硕士学位论文，上海师范大学，2004年。

(一) 教学资源与其他因素之间的关系假设

1. 教学资源与学习动机之间的关系假设

教学资源,是教师在长期的教育教学实践中所创造的教育知识、教育经验、教育技能,以及教育投入、教育制度、教育理念、文化设施等。教学过程服务是教学资源设计与建设的初衷,其内容的丰富性、质量的有效性和形式的多样性均会影响到学生的学习动机。冯吉芳提到,英语学习资源与英语学习动机具有正相关关系。[①] 胡咏梅研究发现,学校资源的配置与学生学业成绩具有正相关关系[②]。沈赫赫等人提出学校教育资源中经费和学校的软硬件设施与外部学习动机成正相关关系。[③]

2. 教学资源与教师效能之间的关系假设

教学资源是为教学服务的所有资源的总和,教师作为教学过程中的重要一环,势必要受到教学资源的影响。齐备的软硬件设施和丰富的教学资源可以充分发挥教师的主体效能,长期积累的教学经验和教育技能能增强教师对教学的自信心。充足的教学基金能保障教师专业发展的需求,教师自身素质越高,教学效能就会随之提升。良好的教学资源能够很好地促进教师在教学过程中的教学创造性。规范优秀的教学案例为教师提供所需的优秀教学资源,有助于满足教师对案例教学的需求,提高案例教学资源应用的有效性。因此,教学资源在一定程度上能够提高教师效能。

(二) 校园人文与其他因素之间的关系假设

校园人文主要指师生关系、生生关系、学风、校风和政策等,是一种精神形态的学校环境。它影响着个人的成长与发展,历史上孟母择邻而居就是最有力的佐证。学校是学生学习和生活的主要场所,校园人文环境对学生个人的发展起到举足轻重的作用。

1. 校园人文与学习动机之间的关系假设

留守儿童深受校园环境影响,师生关系、生生关系是留守儿童基本的

[①] 冯吉芳:《学习动机、学习资源与英语语用能力关系的实证研究》,《荆楚理工学院学报》2011年第4期,第73—76页。

[②] 胡咏梅:《学校资源配置与学生学业成绩关系研究》,博士学位论文,北京师范大学,2007年。

[③] 沈赫赫、张悦嘉:《教育资源对高中学生学习动机影响的实证研究》,《上海管理科学》2014年第6期,第102—107页。

情感需求。马斯洛层次需要理论认为,低层次的需要得到满足后,高层次的需求才有可能得到进一步的发展。因此,只有满足了留守儿童爱的基本需求之后,才能有效地激发留守儿童学习的动机。吴艳等人提到良好的师生关系是构成个体社会支持系统的重要组成部分,很大程度上反映个体的人际交往的能力,[①] 初中生对学习产生负面态度的一个重要因素是师生关系。优良的学风和校风会给学生营造良好的人际交往环境与学习氛围,个体在和谐的校园文化中会受到潜移默化的影响,学习动机也会在和谐的校园文化中得到进一步的激发,使其达到良好的动机水平。由此可见,校园人文环境是影响留守儿童基本情感需要的一个重要方面,是影响其学习动机的重要因素。

2. 校园人文与学习态度之间的关系假设

学校是儿童社会化的一个重要场所,而作为校园人文中的师生关系是学校环境中影响学生发展的一个重要背景。师生关系作为儿童生活中的一种重要人际关系,不仅影响小学生的学习、情绪、自我概念等方面的发展,而且对小学生的亲子关系、同伴关系都有重要影响。良好的师生关系是促进学生发展和减少学生问题行为的关键因素,它有利于学生思想品德的养成、学业的提高、智能的培养,以及身心的全面发展。学习是受个体内部支配的,当留守儿童的情感状态不佳时,情绪浮动较大、焦躁不安,学习态度自然而然会受到影响。

3. 校园人文与学习风格之间的关系假设

学习风格体现了学习者在学习过程中的一致的、持久的行为倾向。学习风格的形成受到诸多因素的影响,既有来自生理、心理和知识结构的内部因素,又有来自外部环境因素的影响。校园人文是非常重要的影响学习风格的外部环境因素之一。校园人文是留守儿童长期浸润的文化氛围,或多或少会受到这种精神力量的熏陶,逐渐形成适合自身特点的学习风格。因而,校园人文以学习风格为中间变量作用于留守儿童学习社会化。

4. 校园人文与教师效能之间的关系假设

教师作为主观个体,必然要受到周围环境的影响。校园环境是教师长

---

① 吴艳、戴晓阳、温忠麟、李碧:《学校气氛对初中生学习倦怠的影响》,《中国临床心理学杂志》2012年第3期,第404—406页。

期的工作场所，教师同学生一样会受到校园人文环境的感染。教师与同事以及学生之间的关系是否融洽直接影响教师的工作热情，对教师效能的发挥有一定的影响。学校的学风、校风同样会影响到教师工作的积极性，良好的育人氛围会增强教师对教学工作的自信心和责任感。另外，学校管理者对教师的人性关怀和激励机制会缓解教师的职业倦怠感。李少伟等人指出学校环境直接影响师生工作和学习的效率。[1] 优美的学校环境使人心旷神怡，情感得到净化，思想境界得到升华，兴趣爱好得到生发。因此，校园人文会潜移默化地作用于教师的工作热情，进而影响教师效能的发挥。

综上所述，校园人文是一种强大的精神力量，会影响学生的学习动机、学习态度、学习风格以及教师效能。

(三) 教师效能与其他因素之间的关系假设

教师效能主要指教师知识、教师信念和教师自我效能感，其中教师知识主要指学科知识、一般教学法知识和对学习者的了解知识，教师信念是指对教育、学生及学习的看法，教师自我效能感则是教师对于自身能力高低的自我知觉力。

1. 教师效能与学习动机之间的关系假设

教师是留守儿童学习的指导者，教师的知识水平、对待留守儿童的态度以及自我教学能力的判断和自信力都会影响留守儿童学习的热情。[2] 徐鹏等人提到师生关系、教师对待学生的态度、教师的个人魅力及教师的教学行为均会影响学生的学习动机[3]。王彩琴在《罗森塔尔效应和语言学习效率的关系研究》中提到，罗森塔尔效应是指课堂教学中教师对学生能力或行为的信念影响其对学生的期望，而学生通过感受教师的热爱和期望变得更加自尊、自信、自强，从而使教师的期望（转）变成学生的现实表现。[4] 可见，教师的知识水平和教学态度等多方面因素会对留守儿童的

---

[1] 李少伟、吕艳华：《谈和谐校园环境及其隐性教育功能》，《中国成人教育》2010年第14期，第37—38页。

[2] 梁海青：《学校环境下农村留守儿童学习能力发展的影响因素研究》，硕士学位论文，曲阜师范大学，2017年。

[3] 徐鹏、张英俊：《教师素质对学习动机的影响探析》，《西南大学学报》（社会科学版）2011年第1期，第64—65页。

[4] 王彩琴：《"罗森塔尔效应"和语言学习效率的关系研究》，《教育与职业》2006年第18期，第94—96页。

学习动机产生影响。

2. 教师效能与学习态度之间的关系假设

学生的学习态度,首先取决于教师的教学方式与特点及教师对待学生的态度。陈克鑫提到课堂学习效率的影响因素之一就是教师在课堂上对待教学、对待学生的态度。巴特林娜研究认为,学习态度与教师的个性特点和活动方式以及学生的特点有关。如果留守儿童感觉到被教师冷落或误解,会形成自卑心理,失去学习信心,表现在学习上就是态度不端正、积极性不高。

3. 教师效能与学习能力之间的关系假设

教师是教育活动中与学生直接接触的主体,其一言一行必然会对学生的学习产生潜移默化的影响。高芳提到,教师的通用能力、职业能力、知识水平、职业意识都与学习能力之间存在显著的正相关关系。[1] 由于留守儿童的特殊性,更多的留守儿童处于情感饥渴状态,故大多具有明显的"亲师性",极易对老师产生依赖心理及不同程度的仰慕心态,儿童会在学习过程中不自觉地模仿老师,因而,教师的知识水平、教学信念和自我效能感会对学生的学习能力产生直接影响。

4. 教师效能与学习风格之间的关系假设

教学风格是环境因素的重中之重,直接影响着学生学习风格的形成和发展。杨立刚在《教师教学风格与学生学习风格的相关性研究》中提到,学习风格的形成既有来自生理、心理及知识结构等内部因素影响,又受到来自学习环境、教学模式、策略以及教学风格等外环境因素的影响。[2] 留守儿童对教师的崇拜和模仿,使得自身的学习风格与教师的教学风格趋于一致性。教师效能是影响学习社会化的重要因素,并且通过学习动机、学习态度、学习能力和学习风格等中介因素,间接地影响农村留守儿童的学习社会化过程。

三 社会维度影响因素的假设确立

就社会维度而言,本书主要从政策机制、社会风气两个方面,对政策

---

[1] 高芳:《教师素质对职业院校学生学习能力的影响分析》,《教育与职业》2013年第36期,第77—79页。

[2] 杨立刚:《教师教学风格与学生学习风格的相关性研究》,《教学与管理》2011年第21期,第65—66页。

机制与学习动机之间的关系、政策机制与教育资源之间的关系和社会风气与学习动机之间的关系、社会风气与学习态度之间的关系进行了假设。

(一) 政策机制与其他因素之间的关系

政策机制对学校各项工作有一定的导向作用。郑海芳指出，社会支持会给人们提供物质和精神保障，增加人们的喜悦感和归属感，初中生得到的社会支持越多，学习行为就越活跃，学习动力就越突出。① 可见，政策机制的保障与学生学习动机有着密切的关系。原慧敏通过调查表明，农民工为了就业需要，多数新生代农民工倾向于为了拿文凭而学习②，相应地，这也在一定程度上影响了其对子女的教育倾向，使学习目的带有过多的功利性。其子女若学习结果达不到自己的目标，就有可能失去学习的动力，甚至产生辍学务工的念头。政府政策对西部偏远地区有一定倾斜，给予物质与精神上的支持，可以激发学生学习动机。

(二) 社会风气与其他因素之间的关系

1. 社会风气与学习动机之间的关系假设

各种不良社会风气会严重影响留守儿童的价值观，导致部分留守儿童对学习不感兴趣，出现厌学甚至辍学的现象。陈新花调查发现，有强烈的接受高等教育意愿的留守儿童的比例不到60%。③ 整体而言，留守儿童接受高等教育的积极性并不高，这与边境地区经济文化相对封闭落后密不可分。翟庆伟在《农村留守儿童教育管理研究》中，通过问卷调查结果发现，家长在对待子女教育投入、收益问题中，更多的是追求一种短期的经济效益。④ 这将严重影响留守儿童的学习情绪，致使其产生"读书无用论"的错误观念。张会忠指出，学生的成长需要良好的社会环境。⑤ 假如没有与学校教育相匹配的社会舆论环境，那将是不完美的教育，学生的学习动机将很难被激发，严重影响学生的学习成效。刘信在《农村留守儿

---

① 郑海芳：《初中生学习动机的主要外在影响因素分析及培养》，硕士学位论文，湖南科技大学，2010年。
② 原慧敏：《新生代农民工学习动机研究》，硕士学位论文，四川师范大学，2014年。
③ 陈新花：《广西边境地区农村留守儿童社会化的实证研究》，硕士学位论文，广西师范大学，2008年。
④ 翟庆伟：《农村留守儿童教育管理研究》，硕士学位论文，山东师范大学，2014年。
⑤ 张会忠：《地理学困生学习动机影响因素与激发策略研究》，硕士学位论文，东北师范大学，2007年。

童学业问题影响因素研究》中证实,由于留守儿童的思想品德、价值观念正处于形成时期,辨别是非能力较差。①

由此可见,社会风气通过学习兴趣影响留守儿童的学习动机。

2. 社会风气与学习态度之间的关系假设

蒙台梭利把环境比喻为人的头部。因为头部是人体生命的重要部位,能够掌握人的身心发展,环境是能主宰一个人耳聪目明的关键。从宏观上讲,环境基本上决定了一个人的发展前景。从微观上讲,环境会影响到学生课堂学习。陆继霞等研究证实,61.1%的留守儿童在学习中遇到困难时会向同伴群体寻求帮助②,同伴群体对留守儿童形成正确的学习态度有积极的促进作用。张磊在《农村中小学留守儿童教育问题研究》中提到功利主义和拜金主义思想时刻在吸引着留守儿童,③ 学生受到不良社会风气影响,致使学生缺乏远大理想的支撑,越来越多的留守儿童学习动力不足,学习态度不端正。大到整个国家政策和教育水平,小到一个家庭学习环境,对于一个人的学习认识、学习态度具有非常重要的作用。如果学生的成长环境中有漠视教育的因素,就可能会改变学生对待学习的态度。

四 大众媒介诸影响因素的假设确立

就大众媒介维度而言,本书主要从媒介素养、媒介接触行为两个因素出发研究其对农村留守儿童学习社会化的影响,对这两个影响因素与其他影响因素及中介因素之间的关系进行了假设,包括媒介素养与学习能力之间的关系、媒介素养与学习风格之间的关系、媒介素养与接触行为之间的关系,媒介接触行为与学习动机之间的关系、媒介接触行为与学习态度之间的关系、媒介接触行为与学习风格之间的关系、媒介接触行为与校园人文之间的关系。

(一)媒介素养与其他因素之间的关系假设

1. 媒介素养与学习能力之间的关系假设

目前,留守儿童媒介素养教育的缺失将影响到其对媒介的认知与使

---

① 刘信:《农村留守儿童学业问题影响因素研究》,硕士学位论文,广州大学,2011年。
② 陆继霞、叶敬忠:《我国农村地区同辈群体对留守儿童的影响研究》,《农村经济》2009年第12期,第104—107页。
③ 张磊:《农村中小学留守儿童教育问题研究》,硕士学位论文,江苏大学,2008年。

用,将在不同程度上影响到留守儿童学习的总体状况。段永利指出,媒介功能不仅是提供娱乐消遣,对于留守儿童学习能力的提升也具有较强的作用。① 在大众媒介环境下,学习者学习能力的发展是以媒介素养水平的提升为前提的。鲁宾诠释的媒介素养知识观认为,学习者对信息的需求、审视、利用能力可直接影响其学习能力。

2. 媒介素养与学习风格之间的关系假设

本书从信息组织的角度认为,学习风格是农村留守儿童在处理学习任务或问题解决时的感知偏好和加工信息的倾向性。农村留守儿童在接触和处理各种媒介信息的过程中,对信息的审视、批判能力越强,越能够独立地处理学习任务或困难。换句话说,媒介素养越高,农村留守儿童越加趋于场独立的认知方式。王金云通过实证获悉超过半数的小学生存在媒介批判能力较弱的问题,其在学习中的自我认知能力同样偏低。② 由此可见,媒介素养会在一定程度上影响个体的学习风格。

3. 媒介素养与媒介接触行为之间的关系假设

程丹在《农村留守儿童社会化学习问题研究》一书中写到电视等社会传媒对农村留守儿童社会化既有积极的正面影响,也有消极的负面影响。一方面,儿童价值观念的形成在很大程度上受到了大众传媒的影响。积极健康的媒体节目会传导一些积极向上的力量,给予留守儿童精神激励与情感鼓舞,可使他们从中汲取不断上进的力量。这种价值审视可以直接影响学习者媒介内容偏好的选择。另一方面,社会媒体内容、种类、形式日益丰富,鱼龙混杂,儿童的辨别能力较差,儿童对媒体过度依赖问题日益凸显。由此可见,媒介接触行为与媒介素养的形成有一定关系。

(二) 媒介接触行为与其他因素之间的关系假设

1. 媒介接触行为与学习动机之间的关系假设

庞维国译的《认知风格与学习策略》中强调良好的教育会使有个人问题的学生从中受益。从考察学校的教育效果、学校的改进和学习效果之间的关系出发开展的一些新研究,关注最多的是课堂教学。在研究者看来,学校的教育效果,很大程度上直接取决于课堂中发生的学习和教学活

---

① 段永利:《电视民生新闻的发展瓶颈》,《青年记者》2011年第5期,第50—51页。
② 王金云:《鄂东农村小学生媒介素养实证研究》,硕士学位论文,长江大学,2014年。

动。相较于城市，农村教育设施相对落后，师资力量相对薄弱，很大程度上并不能够满足留守儿童教育方面的需求。甘丽娟通过个案研究分析发现，在教学设施相对较差、教学设施相对匮乏的农村学校[①]，留守儿童的课堂教学受到严重影响，许多留守儿童出现厌学逃学的情况，留守儿童对学习的兴趣减弱。

创建更好的学习环境是解决留守儿童教育问题、改善留守儿童学习状况的迫切需要。教育工作者要积极寻求新的教学方法，为留守儿童创建活跃而充满趣味的课堂，是解决留守儿童教育问题的有力举措。可见，在课堂中增加对媒体的接触可以提高学生的学习兴趣，增加其学习动力。无论是在学习或者是生活中，通过各种媒介来丰富学生的认识和视野，在开阔学生的视野之外毋庸置疑也会促进儿童的身心健康。丰富多彩的媒体展现形式会产生一个积极向上的引力来增强学生的学习兴趣和学习动机。

2. 媒介接触行为与学习态度之间的关系假设

学习取向是指由学生个人的目标、意图、动机、期望、态度及对学习价值的认识等方面所构成的整体。[②] 在与不同种类的媒介接触过程中，不同的媒介偏好就会直接影响学生的价值观、学习观。

态度是人们在长期的活动中对一定对象产生的相对平稳，且具有选择性的心理反应倾向，是由认知、情感、行为意向组成的一种内部形态。影响学习态度的因素很多，行为主体的内外各种因素都会对学习态度产生制约。主体的内部因素包括学习者学习的兴趣、意志、动机及学习认知等，而这些也都受媒介接触内容的影响。外部因素则比较广泛，但在当下数字化的学习环境中，对媒介的接触可通过情感的转化对学生学习态度产生影响。留守儿童在媒介接触上由于缺少指导和监管，无论是接触时间还是内容偏好都容易受不良学习习惯和不正社会风气的影响，从而形成不良的学习态度。

3. 媒介接触行为与学习风格之间的关系假设

吉佛认为学习风格是学习依赖于信息加工、认知技能和运用记忆方面

[①] 甘丽娟：《信息化环境下提高广西农村留守儿童学习兴趣个案研究》，硕士学位论文，广西师范大学，2014年。

[②] 陆根书、于德弘：《学习风格与大学生自主学习》，西安交通大学出版社2003年版。

的基本习惯，如果个体不能够有效地加工信息，就会出现无效的学习。良好的媒介接触行为会促使农村留守儿童有效地进行媒介数据材料的加工，使其学习更加系统化、条理化。长期的行为习惯会潜移默化地影响个体养成不同的认知方式。换句话说，不同的媒介接触行为会使农村留守儿童在处理学习任务或问题解决过程中产生不同的方式倾向性。无论是在媒介接触行为中的时间、频度还是内容偏好，无疑都会通过环境或生理机制来影响学习者的学习风格。

第三节 影响因素关联模型的构建与阐释

基于对农村留守儿童学习社会化影响因素的深入分析，在对诸影响因素之间形成假设性关系细致剖析的基础上，形成了如下农村留守儿童学习社会化影响因素关联模型（图2—1所示），模型刻画了各影响因素对农村留守儿童学习社会化的直接或间接的影响，并指出了各因素之间的作用关系。

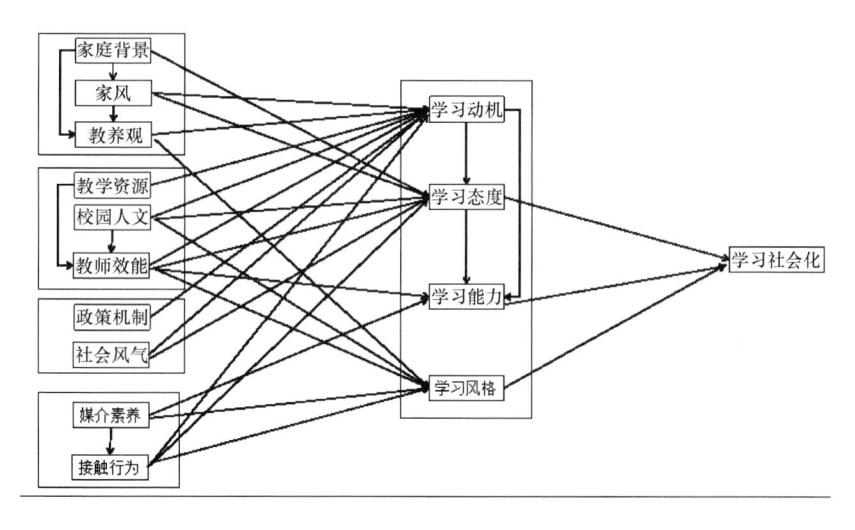

图2—1 农村留守儿童学习社会化影响因素关联模型

基于假设性影响因素的确立，农村留守儿童学习社会化影响因素关联模型共包含了15个变量，其中包括家庭环境维度的3个变量，分别是家庭背景、家风和教养观;学校环境维度的3个变量,分别为教学资源、校园人文和教师效能;社会环境维度的政策机制、社会风气2个变量;大众媒介维度的媒介素养、接触行为2个变量,以及学习动机、学习态度、学习能力、学习风格和学习社会化5个变量。且各因素之间的错综复杂的影响关系则由图中箭头标注,箭头方向指出了因素间的影响与被影响的关系。

在家庭环境维度中,家庭背景通过直接作用于家风、学习动机和学习态度而间接影响留守儿童学习社会化;家风通过直接作用于学习动机、学习态度、教养观而间接影响留守儿童学习社会化;教养观通过直接作用于学习动机、学习态度、学习风格而间接影响留守儿童学习社会化。

在学校环境维度中,校园人文通过直接作用于学习动机、学习态度和学习风格而间接影响留守儿童学习社会化;教学资源通过影响学习动机而间接影响留守儿童学习社会化;教师效能通过直接作用于学习能力和学习动机而间接影响留守儿童社会化。

在社会环境维度中,政策机制通过直接作用于学习动机间接影响留守儿童社会化;社会风气通过直接作用于学习动机和学习态度间接影响留守儿童社会化。

在大众媒介维度中,媒介素养通过直接作用于媒介接触行为、学习能力和学习风格而间接影响留守儿童学习社会化;媒介接触行为通过影响学习动机、学习态度和学习风格而间接影响留守儿童社会化。

在中介变量因素中,学习动机通过直接作用于学习态度和学习能力间接影响留守儿童学习社会化;学习态度既可以直接影响留守儿童学习社会化,也可以以学习能力为中介,进而继续影响留守儿童学习社会化;学习风格和学习能力直接影响留守儿童学习社会化。

该验证性因素模型的建立,为农村留守儿童学习社会化提供了实践基础。

本章小结

农村留守儿童学习社会化在儿童社会化成长发展过程中的基础性决定了其对儿童未来发展的重要性,目前的研究将其置于"社会化"这一宏观视野下，但对其影响因素缺乏系统的微观层面的深入分析研究。基于已有的教育学、心理学、社会学文献，确定影响农村留守儿童学习社会化的关键因素，在大规模数据调研的基础上，对农村留守儿童社会化中的学习社会化进行独立研究，将农村留守儿童学习社会化影响因素的划分维度确立为四个：家庭环境（家庭背景、家风、教养观）、学校环境（教学资源、校园人文、教师效能）、社会环境（政策机制、社会风气）、大众媒介（媒介接触行为、媒介素养），另外依据心理学中相关研究，将学习动机、学习态度、学习能力与学习风格四个因素列为学习社会化的中介影响因素，并对各影响因素之间的关系进行了假设，最后形成了影响因素关联模型，为后期农村留守儿童学习社会化实践提供新的研究基础。

参考文献

陈京军、范兴华：《农村留守儿童家庭功能与问题行为：自我控制的中介作用》，《中国临床心理学杂志》2014年第2期。

陈慎辉：《湖南省平江县农村留守儿童社会化问题研究》，硕士学位论文，国防科学技术大学，2008年。

陈新花：《广西边境地区农村留守儿童社会化的实证研究》，硕士学位论文，广西师范大学，2008年。

丁伟：《农村留守儿童媒介素养教育研究》，郑州大学，2013年。

丁月牙：《少数民族教育平等问题及政府的教育政策选择》，《民族教育研究》2005年第2期。

东波：《农村"留守儿童"社会支持网络模式探微》，《学术交流》2009年第5期。

董建文：《香港地区中学媒介素养课程的实施策略评析》，《中小学电教》2006年第10期。

段永利：《电视民生新闻的发展瓶颈》，《青年记者》2011年第5期。

段永利：《农村留守儿童的媒介素养教育研究》，硕士学位论文，西南大学，2012年。

范翠英、周宗奎：《新课程背景下学校德育观念的转变》，《教育科学研究》2004年第3期。

房正：《非政府组织对青年学生思想的影响及对策》，《思想教育研究》2013 年第 2 期。

冯吉芳:《学习动机、学习资源与英语语用能力关系的实证研究》,《荆楚理工学院学报》2011 年第 4 期。

甘丽娟:《信息化环境下提高广西农村留守儿童学习兴趣个案研究》,硕士学位论文,广西师范大学,2014 年。

高芳:《教师素质对职业院校学生学习能力的影响分析》,《教育与职业》2013 年第 36 期。

龚君:《父母离异对中学生学习态度的影响研究》,硕士学位论文,湖南师范大学,2012 年。

郭三玲:《农村留守儿童教育存在的问题、成因及对策分析》,《湖北教育学院学报》2005 年第 6 期。

郭煜:《农村留守儿童问题研究》,硕士学位论文,山东大学,2013 年。

郝放:《传媒与农村留守儿童的社会化》,《新闻爱好者》2012 年第 24 期。

何世雄:《农村"留守子女"学习状况研究——以甘肃省通渭县为例》,硕士学位论文,西北师范大学,2003 年。

洪秀敏、庞丽娟:《教师自我效能感对儿童发展的作用及其机制》,《学前教育研究》2006 年第 6 期。

胡咏梅:《学校资源配置与学生成绩关系》,教育科学出版社 2010 年版。

黄河清:《家庭教育与学校教育的比较研究》,《华东师范大学学报》(教育科学版)2002 年第 2 期。

黄佳芬、毛斐文:《家庭与学生学习的关系》,《上海师范大学学报》(哲学社会科学版)1984 年第 2 期。

黄勤:《壮族高中生媒介素养教育现状调查与分析》,《软件导刊(教育技术)》2012 年第 3 期。

李少伟、吕艳华:《谈和谐校园环境及其隐性教育功能》,《中国成人教育》2010 年第 14 期。

李雪芬:《家庭文化氛围与子女的学业发展》,《教育与教学研究》2009 年第 8 期。

李勇、王亚锋、张艳红：《家长的职业、文化程度和家庭经济状况对学生学习成绩的影响》，《现代中小学教育》1998年第1期。

李远煦：《电视媒介对农村留守儿童社会化的影响研究》，硕士学位论文，华中农业大学，2007年。

李志峰：《家庭背景对学业成绩的影响研究——以济南市为例》，博士学位论文，山东师范大学，2013年。

梁海青：《学校环境下农村留守儿童学习能力发展的影响因素研究》，硕士学位论文，曲阜师范大学，2017年。

廖根深：《当代城市中小学生课外媒介使用的分析——对广州市的调查》，《青年探索》2010年第4期。

林凤：《家庭文化背景对农村小学生学习成绩的影响》，《现代教育科学》2011年第10期。

林菁：《家长的教育观念和素质对素质教育的影响》，《闽江职业大学学报》2000年第3期。

刘丽群：《家庭教育对中职女学困生学习动机影响的研究》，硕士学位论文，华中师范大学，2011年。

刘利强：《高中生化学学习过程中学习风格影响因素研究》，硕士学位论文，上海师范大学，2004年。

刘谦、冯跃、生龙曲珍：《家庭教育与学校教育互动的文化机理初探——基于对北京市农民工随迁子女教育活动的田野观察》，《教育研究》2012年第7期。

刘少文、龚耀先：《家庭背景和儿童智力结构与学习成绩关系的研究》，《中国心理卫生杂志》1992年第4期。

刘诗波、郑显亮、胡宏新：《农村寄宿制学校留守儿童家庭教育功能补偿探索——以江西A县B小学的实践为例》，《中国教育学刊》2014年第10期。

刘信：《农村留守儿童学业问题影响因素研究》，硕士学位论文，广州大学，2011年。

卢智泉、张国毅、候长余、杨惠君：《家庭因素对学生学习成绩的影响》，《中国行为医学科学》2000年第1期。

陆根书、于德弘：《学习风格与大学生自主学习》，西安交通大学出版社2003年版。

陆继霞、叶敬忠：《我国农村地区同辈群体对留守儿童的影响研究》，《农村经济》2009年第12期。

骆风：《20世纪90年代以来我国家庭教育研究进展述评》，《教育理论与实践》2005年第9期。

马竞：《目前农村留守儿童福利问题探究》，硕士学位论文，云南大学，2014年。

彭文涛：《父母教养方式研究概述》，《阴山学刊》2008年第1期。

戎青：《论电视在留守儿童成长中的角色》，硕士学位论文，南京大学，2013年。

沈赫赫、张悦嘉：《教育资源对高中学生学习动机影响的实证研究》，《上海管理科学》2014年第6期。

沈涛：《家庭教育对青少年学习动机的影响》，《南通师专学报》（社会科学版）1998年第3期。

斯蒂文·小约翰：《传播理论》，陈德民等译，中国社会科学出版社1999年版。

宋洁：《社会管理创新视角下的农村留守儿童教育问题研究》，硕士学位论文，南昌大学，2013年。

宋淑娟、张影：《班级人际环境对留守儿童自尊的影响》，《教育研究与实验》2009年第2期。

宋素敏：《农村留守儿童存在的问题及其原因分析——以威县为例》，《山东社会科学》2013年第S2期。

孙月玲：《中部农村留守儿童教育问题的探索》，硕士学位论文，华中师范大学，2007年。

唐春兰：《农村留守儿童教育问题研究》，硕士学位论文，广西师范大学，2007年。

唐林兰：《论留守儿童教育问题的积极应对与持续缓解》，《内蒙古师范大学学报》（教育科学版）2013年第4期。

唐炜玮、颜玉平：《父母教养方式与初中生学习风格的关系研究》，《校园心理》2013年第2期。

滕兆玮：《家长期望与儿童心理发展浅析》，《社会心理科学》2004年第3期。

田贤国：《农村留守儿童受教育权保障机制研究》，硕士学位论文，华中师范大学，2007年。

万国威：《社会福利转型下的福利多元建构：兴文县留守儿童的实证研究》，博士学位论文，南开大学，2013年。

王彩琴：《"罗森塔尔效应"和语言学习效率的关系研究》，《教育与职业》2006年第18期。

王丹：《学校对留守儿童学业成就影响的个案研究》，硕士学位论文，东北师范大学，2011年。

王金云：《鄂东农村小学生媒介素养实证研究》，硕士学位论文，长江大学，2014年。

王玲宁：《谁来伴我成长——媒介对农村留守儿童的社会化影响》，学林出版社2012年版。

魏盼盼：《电视在农村留守儿童社会化过程中的作用研究》，硕士学位论文，郑州大学，2013年。

吴艳、戴晓阳、温忠麟、李碧：《学校气氛对初中生学习倦怠的影响》，《中国临床心理学杂志》2012年第3期。

吴志超、谢代兵：《农村"留守儿童"现状及管理教育问题的思考》，《科学咨询》2015年第7期。

夏松：《教育经费投入的非均衡研究》，硕士学位论文，南京师范大学，2005年。

谢维和：《教育活动的社会学分析———一种教育社会学的研究》，教育科学出版社2007年版。

熊薇：《农村留守儿童的需要与社会服务：一个质性研究》，硕士学位论文，华东理工大学，2014年。

徐杰珍：《师生关系对教学的影响》，《文学教育》（下）2009年第12期。

徐礼平、田宗远、邝宏达：《留守儿童心理安全感与心理韧性现状及其关系分析》，《中国儿童保健杂志》2013年第9期。

徐鹏、张英俊：《教师素质对学习动机的影响探析》，《西南大学学报》（社会科学版）2011年第1期。

徐燕：《浅谈家庭教养方式、家庭氛围对青少年成长的影响》，《管理观察》2009 年第 18 期。

闫淑华：《父母教养方式及其与高中生学习状况相关研究》，《石家庄学院学报》2008 年第 6 期。

杨卉：《流动儿童家庭教育研究》，硕士学位论文，中央民族大学，2007 年。

杨立刚：《教师教学风格与学生学习风格的相关性研究》，《教学与管理》2011 年第 21 期。

叶敬忠、潘璐：《农村小学寄宿制问题及有关政策分析》，《中国教育学刊》2008 年第 2 期。

原慧敏：《新生代农民工学习动机研究》，硕士学位论文，四川师范大学，2014 年。

翟庆伟：《农村留守儿童教育管理研究》，硕士学位论文，山东师范大学，2014 年。

张登印、俞国良、林崇德：《学习不良儿童与一般儿童认知发展、学习动机和家庭资源的比较》，《心理发展与教育》1997 年第 2 期。

张会忠：《地理学困生学习动机影响因素与激发策略研究》，硕士学位论文，东北师范大学，2007 年。

张敬培：《小学生学习动机与家庭教育关系的研究》，《吉林省教育学院学报》2010 年第 10 期。

张磊：《农村中小学留守儿童教育问题研究》，硕士学位论文，江苏大学，2008 年。

张立鹏：《社会文化差异对城市流动人口子女教育的影响》，《江苏工业学院学报》（社会科学版）2007 年第 2 期。

张炼：《西部农村留守儿童社会适应能力研究》，硕士学位论文，南京理工大学，2014 年。

张宁娟：《留守儿童成长的影响因素分析及其启示》，《教育学术月刊》2010 年第 8 期。

张仕琼：《信息传媒接触对农村留守儿童情绪调节影响的研究》，硕士学位论文，西南大学，2008 年。

张学浪：《基于学校教育的农村留守儿童发展路径探索》，《农村经济》2015 年第 11 期。

张志安、沈国麟:《媒介素养:一个亟待重视的全民教育课题——对中国大陆媒介素养研究的回顾和简评》,《新闻记者》2004 年第 5 期。

赵富才:《农村留守儿童问题研究》,博士学位论文,中国海洋大学,2009 年。

赵宁:《媒介使用对留守中学生社会化的影响》,硕士学位论文,安徽大学,2013 年。

郑海芳:《初中生学习动机的主要外在影响因素分析及培养》,硕士学位论文,湖南科技大学,2010 年。

郑航、张学浪:《农村留守儿童道德教育的学校影响因素及对策分析》,《理论与改革》2015 年第 4 期。

钟欣:《社会支持与青少年学业成绩的关系研究》,硕士学位论文,湖南师范大学,2014 年。

周爱民:《城市化进程中农村"留守儿童"社会化问题初探》,硕士学位论文,中共中央党校,2006 年。

第 三 章

农村留守儿童学习社会化影响因素问卷的设计与调查实施

调查结果是否准确、客观，取决于各变量的维度确立及调查问卷的设计是否科学、合理。因此，在大规模发放调查问卷之前，需要对变量的测量项目设计以及测量指标的来源进行说明。综上所述，本章重点内容包括如下几个方面：首先，详细说明调查问卷的设计过程与主要内容；其次，详细说明各维度调查问卷的设计内容；再次，对农村留守儿童整体量表进行试测并进行修正，针对修正后的调查问卷进行大规模发放；最后，农村留守儿童整体量表进行描述性统计分析、信效度分析、个体特征（性别、年级、年龄区段）的差异性分析。

第一节 调查问卷设计及问卷内容

一 调查问卷设计过程

研究主要采用问卷调查法，通过问卷及问卷分析对影响农村留守儿童学习社会化的各因素进行检验和验证。首先结合农村留守儿童特有属性设计调查问卷的变量及其对应的测量指标，先进行小规模发放，针对反馈结果进行修改和调整，之后再根据修改后的问卷展开大规模调查。

调查问卷设计要注意以下几点：①减少对农村留守儿童的心理影响，研究目的及研究过程都是针对农村留守儿童而言的，而我们研究所面向的学校是农村留守儿童与非农村留守儿童混合的学校，如果调查中只针对农村留守儿童，使得农村留守儿童处于特殊化的情境中，不仅会影响问题作答的可信性，更会对全体儿童心理产生或多或少的影响，因此问卷调查设计中不应突出农村留守儿童，调查实施应面向所调查群体的所有学生，再由教师和研究者进行挑选然后进行数据分析；②问题的可理解性。针对儿童而言的问卷，更应该考虑到儿童的理解能力，相同的主题应该选择符合儿童认知特点的问题形式；③题项间的联系性。问卷应该对一重要主题通过不同角度、正反两面进行表达，以确定儿童态度或较为准确掌握问题结果；④问卷的非诱导性。研究调查的儿童处于小学阶段，更容易受到外在因素的影响，因此研究者和教师在设计、编写及发放问卷的过程中除了站在儿童的角度外，更应该将其他主观性影响降到最低。

调查得到的数据是进行结果判断的主要依据，问卷质量的高低直接关系到研究结论的正确性以及数据信息的有效性和科学性，基于设计出科学有效的调查问卷的考虑，本书参照了马国庆提出的问卷设计流程，具体过程如下：

第一，梳理相关文献的研究成果，设计潜在变量的具体测量指标。这里主要参考国内外已有的成熟量表，结合农村留守儿童的特有属性和所处的环境，确定各个变量的具体测量指标，形成初始的调查问卷。

第二，小范围访谈和专家咨询，修改调查问卷。为进一步提高问卷的科学有效性，首先对相关领域的专家进行意见咨询，根据反馈意见对问卷进行修正；对西部某贫困县的部分农村留守儿童进行小范围访谈，旨在获取意见并对问卷中表达模糊以及无关测量题项等进行更改和删除。其中部分新增测量题项的设计主要依据相关研究以及访谈结果确定。

第三，问卷试测。为验证问卷的信效度，保证大规模问卷发放的质量，本阶段采用初始问卷进行小范围调查，利用 SPSS 软件净化问卷题项。

第四，再次修改问卷。问卷测试好之后，问卷设计人员再一次做针对性的修改评估，应考虑到问卷内容是否合适，问题长短以及题目的准确性等。具体步骤如图 3—1 问卷设计流程所示。

二 调查问卷的主要内容

调查问卷主要分为被试的基本信息、各个变量的测量题项两大部分。第一部分是农村留守儿童的基本信息，包括年龄、年级、性别等信息，该部分信息主要用于基本信息的描述性分析。第二部分是问卷的主体部分，

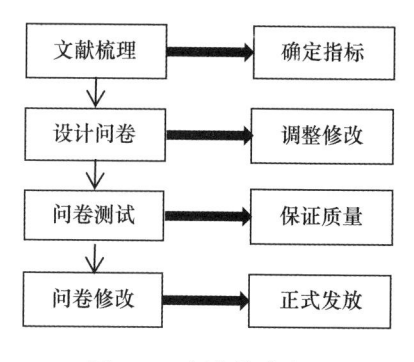

```
文献梳理 → 确定指标
   ↓
设计问卷 → 调整修改
   ↓
问卷测试 → 保证质量
   ↓
问卷修改 → 正式发放
```

图 3—1　问卷设计流程

包括各个变量的测量题项。其中，家庭环境从家庭背景、家风、教养观三方面设计具体的题项。学校环境从校园人文、教学资源、教师效能三方面设计具体的题项。社会环境从政策机制、社会风气两方面设计具体的题项。大众媒介从媒介接触行为、媒介素养两方面设计具体的题项。学习动机从认知的内驱力、自我提高的内驱力、附属的内驱力三方面设计具体的题项。学习能力从基础知识的学习能力以及高阶思维的学习能力两方面设计具体的题项。学习态度从对学习重要性的认识、对学习的兴趣、学习表现的积极性三方面设计具体的题项。学习风格依据国际上比较常用的镶嵌图形测验方法进行测评。

第二节　农村留守儿童家庭环境调查问卷的设计

农村留守儿童家庭环境调查表的测试者是农村留守儿童，在家庭维度下我们确定的影响因素包括家庭背景、教养观、家风三个方面，因此家庭调查也主要从这三个方面展开，以下是对家庭环境维度中各影响因素下具体测量指标的确定。

一　留守儿童家庭背景调查表

单亲家庭或隔代家庭给留守儿童带来最大的影响便是亲情上的缺失，农村留守儿童的父母由于进城务工，打破了原有核心家庭的稳定性，从而导致家庭结构的不完整和儿童家庭教育功能的弱化与失调。[1] 研究表明,农村儿童的家庭环境处于中下水平,大部分父母的受教育程度不高。大部分农村儿童的家庭经济较为困难,由于财力资本的限制,父母很难为子女提供充裕的教育资源,同时在营造良好的家庭氛围、提供合理的教育理念等方面也比较欠缺。

以相关文献的梳理为切入口,研究尝试设计相应的留守儿童家庭背景调查表。留守儿童家庭背景调查表是依据相关文献以及农村留守儿童家庭情况所制定的,目的在于统计留守儿童处于一种什么样的家庭中,而这样的家庭对于留守儿童的学习社会化又有怎样的影响。家庭背景是较为抽象的概念,研究对家庭事件的追溯和家庭人员的生命历程的调查有利于更加全面地了解农村留守儿童,但农村留守儿童监护人的可配合时间和空间较小,研究的可实现度较小,因此家庭背景方面,我们主要考虑测量直接或间接影响农村留守儿童学习的相关物质和心理指标。因而将家庭背景的调查限定在对家庭及家庭成员的客观条件进行了解,这与人口普查表比较相像,比如第六次人口普查表中主要调查家庭成员的身份信息、收入、学历、健康状况等客观信息。燕学敏在对流动儿童的调查中,在家庭背景层面也主要调查了家庭经济状况、父母工作及收入等信息。[2] 具体到农村留守儿童及其学习社会化,则要将家长外出及外出时间、临时监护者等要素包含其中,因而最终确定的家庭背景下的测量要素主要集中在父母外出时间、父母职业、收入状况、父母受教育程度、临时监护人受教育程度五个方面。具体的测量指标则要将以上几个方面转换成农村留守儿童可填写、可选择的选项,因而将"临时监护者"这样需要前期理解的词语改成了"照顾我的人"这样比较生活化的词语,将父母职业及收入中的主要因素——收入提取出来,将职业去除,最终形成了以下五个具体测量指标,如表3—1所示。

---

[1] 吴洋:《我国农村留守儿童社会化过程的缺失及其解决途径》,《社会科学论坛》2014年第7期,第206—210页。

[2] 燕学敏:《流动儿童家庭背景调查及教师的有效指导》,《内蒙古师范大学学报》(教育科学版)2010年第4期,第45—48页。

表 3—1　　　　　　　　　　家庭背景测量指标

潜在变量	编码	测量指标（观察变量）
家庭背景	XA1	我的家庭月收入是
	XA2	照顾我的人学历是
	XA3	我父亲的学历
	XA4	我母亲的学历
	XA5	我的父母连续外出时间大约是

二　教养观调查表

儿童的学业成绩不仅与家庭背景和家庭环境有关，更受到父母教养观的影响，儿童在学校中的学习动机、学习态度都受父母的教养观的影响，父母的一言一行，一举一动，甚至习惯爱好，都会在幼儿的心灵中留下不可磨灭的烙印，在孩子以后的生活中有着很深的影响。从教养观入手，我们便可以很直接地看出，在孩子求知的过程中，家长是一种怎样的态度。从教养观具体到教育实践中，则要考察家庭教养方式。家庭教养方式指的是父母对孩子抚养教育过程中所表现出来的相对稳定的行为方式，是父母各种教养行为的特征概括。[①] 对于家庭教养方式对儿童社会化的影响，于凡将家庭教养方式分为民主型、专制型、溺爱型和放任型，不同的教养方式对儿童道德观念、行为方式的作用不同。比如，民主的教养方式会增强儿童的社会责任感，促进儿童积极思考等。

教养观直接影响农村留守儿童的学习观，在问卷中主要以客观题的形式呈现。黄超等从家庭经济情况出发调查了不同经济水平的家庭家长教养方式的特点及其对儿童非认知能力的影响；许颖等以家长为调查主体，从家长知识获得方式、家长面临教养问题的解决途径、家长对幼儿成长的期望、家长所重视的儿童教养方式以及家庭中不同主体对幼儿的期望等角度分析幼儿家长的教养观念及方式，为本书提供了研究思路，本书将教养观下的测量指标确定为家长教育观念、家长对子女的期望要求、家长教养方

[①] 徐慧、张建新、张梅玲：《家庭教养方式对儿童社会化发展影响的研究综述》，《心理科学》2008 年第 4 期，第 940—942 页。

式。因为研究的调查主体是农村留守儿童,且调查目的与其学习社会化紧密相关,因此从学生的学习出发,将测量指标限定在家长的教养观念和学生学习社会化发展的关系上,其具体体现是:家长期望儿童成为什么样的人(成绩、行为等)、儿童学习受家长影响的程度以及儿童学习成果下家长的态度具体方面,结合农村留守儿童与其家长或监护人的互动情况,确定具体的测量指标,如表3—2所示。

表3—2　　　　　　　　教养观测量指标

潜在变量	编码	测量指标(观察变量)
教养观	XB1	我的父母询问我学习的频率是
	XB2	我的父母希望我将来达到怎样的学历
	XB3	成绩不理想时,我的父母会怎样对我
	XB4	父母不在家,我做作业时,照顾我的人会陪我做作业(看护人教育观念)

三　留守儿童家风调查表

家风是一种无言的教育、无字的典籍、无声的力量,是最基本、最直接、最普遍的教育,它对孩子的影响是全方位的,孩子生活、学习和成长的各个方面都会打上家风的烙印。因此家风全方位地影响着人们,它用最基本、最直接的方式教育着人们。家风是一个家族的核心风貌,是影响儿童整个成长过程的精神内核,良好的家风不仅为儿童提供了丰富的教育资源,还为儿童成长指明方向。家风是由家庭成员的态度、行为以及舆论所营造的,存在于一个家庭的日常生活中,表现在成年人处理日常生活中各种关系的态度和行为上。父母关系、亲属关系是否融洽直接影响着孩子的性格。整个家族的学习氛围影响着孩子看待学习的态度,因此家风在留守儿童学习社会化影响因素中有较多影响。

本书所指的家风主要家庭成员关系及家庭氛围等。张琳等对家风的建设现状展开了调查[1],高境等则重视家风中家庭成员的关系,将调查集中

---

[1] 张琳、陈延斌:《当前我国家风家教现状的实证调查与思考》,《中州学刊》2016年第8期,第98—104页。

在各家庭成员之间的关系是否和谐上。这些研究为调查指标的确定提供了依据,但与本书的研究目的不完全相同,具体到农村留守儿童家庭的家风,调查中确定的测量指标为家庭文化氛围、父母关系、家庭人际关系。本书强调家长与儿童的关系,家长对儿童的重视等,再将学习社会化考虑其中,则要融合家长与儿童关系中学习的层面,因此本书确定的家风具体测量指标是指儿童与父母相互作用的关系、家庭成员对学习的认识及父母关系等,具体测量指标如表3—3所示。

表3—3　　　　　　　　　　家风测量指标

潜在变量	编码	测量指标(观察变量)
家风	XC1	我的父母在生活中几乎没有分歧
	XC2	我的家里人都认为读书非常有用
	XC3	我认为我的父母对我非常关心、爱护

第三节　农村留守儿童校园环境调查问卷的设计

校园环境维度下的调查主体是农村留守儿童及学校教师,确定的影响因素是校园人文、教学资源和教师效能,因此调查也主要从这几个方面展开。以下是对学校环境维度中各影响因素下各测量指标的确定。

一　校园人文调查表

一个良好的校园人文环境能帮助儿童树立正确的人生观和价值观,提高儿童学习和活动的整体素质。随着大众媒介的迅速发展,在校园环境中要防止暴力、色情等不良信息的传播,校园中要营造一个健康的校园人文环境。校园人文环境对儿童的影响主要来源于同伴、学校校风、校园政策等。从校园政策来说,经常组织校园活动宣传人文知识,加强校园安全防范意识,防止校园欺凌。在儿童之间,同伴相处会影响儿童的行为表现,儿童会互相模仿,互相感染,互相鼓励。良好的同伴关系有助于儿童对爱的理解,强化积极向上的意识,能教导儿童学会热情、开朗、坦诚地对待彼此，因此要促进积极良好同伴关系的形成。农村留守儿童所在学校的校园人文调查的目的是了解儿童所处的人文环境及其对农村留守儿童学习社会化的影响，以在学校人文环境层面提出可改进的策略。学者对校园人文的调查多集中在校园规定、学校景观等可见因素的描述及其对学生的影响上，虽然未具体到农村留守儿童这一群体，但也为测量指标设计提供了思路。农村留守儿童教育问题以家庭教育缺失为根源，因此要将家庭和学校之间互动的文化（活动、联系等）体现出来，因而将校园人文层面的测量指标确定在学风校风、家校活动、生生关系三个方面。校园人文变量的具体测量指标如表3—4所示。

表3—4　　　　　　　　校园人文变量的测量指标

潜在变量	编码	测量指标（观察变量）
校园人文	XE1	我就读的学校校风、学风很优良
	XE2	学校经常组织家校活动
	XE3	我与同学之间关系融洽

二　教学资源调查表

教学资源的信息化旨在促进教学方式的更新，实现教育的现代化，教育资源信息化的基础是环境建设。信息技术、多媒体技术和网络技术的发展促使教学方式不断丰富，与传统的教学资源相比，信息化的教学资源可以利用图像、动画和声音等形式更加形象直观地将知识点呈现出来，也更加方便快捷地传播文化知识。信息化的教学资源为儿童提供了更多样化、更加丰富的资源素材，可让师生直接通过超媒体进行人机交互。教学资源信息化对留守儿童来说，更能提供给他们情景式的学习，引导儿童对学习的兴趣，提高他们的主观能动性，引发探究式学习。教师要面向学生传授知识，教学资源的丰富性也影响着教师的地位和作用的转变，在教学内容、教学策略和教学方法等方面，实现了由传统教学中以教师为中心向以学生和课堂为中心的转变。对教学资源调查的目的是了解研究地区教学资源的整体情况及不同学校的教学资源的建设情况，为研究实践做准备。教学资源一般包括硬件资源和软件资源，硬件资源包括硬件设施、图书资料等，软件资源包括软件和教师资源，因此调查主要从这几个方面展开，具体测量指标如表3—5所示。

表3—5　　　　　　　　　教学资源变量的测量指标

潜在变量	编码	测量指标（观察变量）
教学资源	XD1	我任教的学校软硬件设施非常完备
	XD2	我任教的学校教学资金很雄厚
	XD3	学校能很及时地更新图书馆、阅览室的资料
	XD4	学校所有学科都有专任教师

三　教师效能调查表

教师是学校环境下与学生关系最为密切的人员，其对农村留守儿童的影响不仅体现在正式教育教学的情境中，教师本身的个性特征、教育理念、生活习惯等也会对学生产生潜移默化的影响，农村留守儿童在家庭中的教育缺失，使其更容易受到教师的影响，因此教师是研究关注的重点。在研究目的及调查方法的驱动下，我们选择与农村留守儿童教育相关的教师效能作为调查对象，教师效能包含教师知识、教师信念及教师自我效能感。教师知识主要指教师所具备的学科知识及教师教学知识，体现了教师的教学能力；教师信念是指教师对教育价值的定位等，是激励教师本身积极主动发挥自我最大效用的支撑理念，是教师对教学、心理支撑的理想化状态；教师自我效能感是指教师对教师职业的认知及对农村留守儿童的关注力等。以上三个层面为目标测量教师的自我效能感可以实现测量指标（或题项）的可观察化或具体化，因此在教师知识层面，从教师对学科的把握能力、教学设计、课堂把握、评价方式等方面进行测量；在教师信念层面，从教师对教师职业的社会地位、教师职业的价值性等方面进行测量；教师自我效能感层面则要从教师对学生学习的把握情况、教师对教学事件的处理能力等方面测量，具体测量指标如表3—6所示。

表 3—6　　　　　　　　　教师效能变量的测量指标

潜在变量	编码	测量指标（观察变量）
教师效能	XF1	我有足够的本学科知识，对学科内容很熟悉
		我熟悉本学科特殊的思维方式
		我有能力制订学科的课程实施计划
		我总是通过一些挑战性的任务来发散学生的思维
		我会引导学生采用适当的学习策略来进行学习
		我能够根据学生的反馈来调整自己的教学
		我会采用多种评价方式来评价学生的学习
		我熟悉大多数学生的能力和常见错误
		我知道如何运用合适的方法，引导学生思考和学习
		我知道不同的内容和章节要采用不同的教学方法
		我熟悉学生在学习之前已经形成的错误概念
		我能够为所教学科内容选择恰当和有效的教学策略
		我能够引导学生针对学科教学内容进行有意义的讨论
	XF2	我认为教师在社会上的地位很高
		我认为从教是一种乐趣
		我认为从事教师职业能够实现我的人生价值
	XF3	我认为通过学习能够成为一名优秀的学科教师
		面对教学难题时，我通常能找到多个解决方法
		我自信能有效地应对教学中的突发事件

第四节　农村留守儿童社会环境调查问卷的设计

农村留守儿童及当地教育部门根据社会环境中的影响因素分类，我们也将调查集中在社会政策和社会风气两个方面，测量外界（当地政府、社会团体等）对农村留守儿童的支持、周围环境的氛围、价值取向等内容。以下是在社会环境维度下调查问卷测量指标的确定。

一 政策机制调查表

通过文献研究分析发现，社会政策的制定以及有效实施，能够保障农村留守儿童享受平等的受教育机会，保障学习社会化的顺利进行。因农村学校教育存在教育设施匮乏、师资队伍残缺等问题，部分地区政府难以全面顾及农村留守儿童，这在一定程度上制约了留守儿童的学习状态。留守儿童的学习成绩、学习态度与心理健康等方面离不开学校政策的支持与具体实践。对于社会来说，不仅要确保留守儿童的生存权益不受侵害，还要确保留守儿童的发展权和受教育权得到保障。父母作为留守儿童的监护人有义务对儿童的成长负责，但由于留守儿童的父母长期在外工作，不能完全实现对留守儿童监护和照顾，留守儿童身边也存在着一定的风险性，因此政府应完善留守儿童的权益保障机制，贯彻落实好相关法律法规，根据工作条件进行政策调整，并鼓励非政府儿童保护组织的建立，能够有针对性地落实好精准扶贫，保障儿童的生活和学习条件。政策对农村留守儿童学习社会化的影响主要体现在当地政府机构是否会出台针对农村留守儿童的政策及落实情况，是否会有对农村留守儿童生活、学习的物质条件加以补充，在农村留守儿童学校是否有相关教育政策等，因此研究确定的测量指标就从政府机构、社会、学校三个层面出发调查农村留守儿童政策，具体测量指标如表3—7所示。

表3—7　　　　　　　　政策机制的测量指标

潜在变量	编码	测量指标（观察变量）
政策机制	XN1	当地政府机构会出台有关留守儿童的政策并能很好地落实
	XN2	社会团体及个人经常会给予留守儿童福利支持
	XN3	学校出台了有关留守儿童的政策并能很好地落实

二 社会风气调查表

社会风气是指在一个社会中占据着主导地位的价值导向，以及由此形成的社会主流意识的集中体现，是社会文明程度的重要标志之一。[1] 从微

---

[1] 唐昆雄、孙树文：《社会风气与当代大学生价值观的相关性研究》，《高等教育研究》2007年第12期，第94—98页。

观看，它是群体中人际关系的一种氛围，是影响群体意识、群体凝聚力和影响群体价值观的重要因素。社会风气渗透在儿童的思想、心理和情感中并发挥潜移默化的作用。社会学习理论认为环境、行为、认知三者相互作用影响着人类的行为。社会环境中的同伴群体对处于青少年和儿童时期的留守儿童尤为重要。同时，社会风气还有地域性，不同的地域有不同的风气。随着社会经济的高速发展，部分地区可能还无法满足基本的生活水平，物质条件的差异也影响着个体的价值观念和行为取向以及生活模式，学校作为子系统存在于社会大环境系统之下反映着社会风气的变动，也影响着儿童的身心发展。良好的社会风气能营造出一个纯真、勤恳、积极向上的校园环境，不良的社会风气会扭曲儿童的价值观和行为取向，从而向儿童展示的是消极腐化的价值追求。社会风气在一定程度上影响着农村留守儿童学习社会化，首先，本书所调查的农村留守儿童是小学生，学生与社会的接触较少，社会风气对其影响主要体现在周围成人、同伴或社会舆论的作用上；其次，针对农村留守儿童成长的问题，同伴群体或周围同学的辍学是影响农村留守儿童学习社会化选择的重要因素，因此要调查其对周围辍学同伴群体的关注度；再次，农村留守儿童家长陪伴的不足，不仅会对家庭环境中学习因素产生影响，还会作用于儿童的在校文化基础，这些基础来源于儿童参与的文化活动，家庭教育的缺失可能影响学生对社会环境文化、精神文化的体验和了解，进而影响儿童学习社会化文化基础，因此要调查儿童的社会文化活动；最后，同伴群体的学习态度等会直接影响农村留守儿童的学习行为，因此要对其同伴群体的学习状况进行调查。综上所述，本书在社会风气层面确定的测量指标如表3—8所示。

表3—8　　　　　　　　　社会风气的测量指标

潜在变量	编码	测量指标（观察变量）
社会风气	XG1	我周围的同龄人没有辍学的
	XG2	我周围经常有文化活动
	XG3	我周围的同龄人学习都很刻苦

第五节 农村留守儿童大众媒介环境调查问卷的设计

大众媒介维度下的调查对象是农村留守儿童，本书将大众媒介对儿童学习社会化影响归纳为媒介接触行为与媒介素养两个方面。以下是农村留守儿童大众媒介环境调查的具体测量指标。

一 媒介接触行为调查表

大众媒介对儿童的道德、认知、审美有着深远的影响。在道德方面，大众媒介的内容对儿童在不同的身心发展阶段有着不同的影响，儿童与大众媒介的依赖关系也深深影响着儿童的生活和学习，电子媒介伴随着儿童的成长。随着电子媒介的进步，越来越多的信息资源以图片和动画等直观的方式呈现，改变了传统信息的传递与教授方式，使信息变得生动形象，更加声形俱备，满足了儿童对新鲜事物的好奇心理。然而，一部分儿童却依赖这种新型的信息方式，而形成"网瘾"和"媒介瘾"，引起不利于儿童发展的直接因素。对于儿童的认知方面，儿童通过大众媒介获取和掌握外界信息，从而学会适应环境，学会生存，无论是在动作水平上对媒体接触性行为的同化，还是在智慧水平上对媒体素养的思维层面的顺应，学生接触传媒的目的是满足他们的特定需求，这些需求具有一定的社会和个人心理起源；在审美层面，大众媒介通过声、形、色等对儿童的审美产生深远的影响，这个世界是美的，应正确引导儿童释放他们的天性，激发他们对这个美好的世界、对大自然的探索，引导他们对图形、声音的辨别及审美能力，培养他们的情感价值观和整体素质。

媒介接触行为有三个测量指标，分别从媒介种类、媒介使用时长和频率以及媒介偏好内容三个方面进行调查和测量。因媒介种类的繁多，从学生的学习出发，我们这里通过使用频率和使用时长来判断，让儿童选取三种自己最常用的媒介来进行分析调查。农村留守儿童能够理解频率、时长的概念，因此直接使用"频率大小""时间长短"进行表述，他们也能够对自己使用某种媒介的行为做出基本判断，因此在媒介偏好测量指标下让农村留守儿童判断与某种媒介关系。具体的测量指标如表 3—9 所示。

表 3—9　　　　　　　　媒介接触行为变量的测量指标

潜在变量	编码	测量指标（观察变量）
媒介接触行为	XHf	我使用该媒介的频率很高
	XHt	我大约每次使用该媒介的时间很长
	XHh	我使用该媒介的用途与学习的关系非常密切

二　媒介素养调查表

一般认为，媒介素养是指使用和解构媒介信息所需要的知识、技能和技巧。在当今信息时代，大众传播不仅仅向人们提供信息和服务，它还塑造着人们的态度、价值观以及人们对人、事件和情境的看法，大众传播媒介通过视觉性、趣味性、通俗性以及较强的娱乐性，潜移默化地改变着人们的人生观、价值观。所以说人们需要具备基本的媒介素养才能独立地、坦然地面对各种媒介以及媒介所传播的信息，并对这些信息做出正确的判断，进而才能利用媒介为自己的日常生活服务。有鉴于此，媒介素养作为未成年人的基本素质之一，也是影响其社会化的重要因素，关注和提高未成年人的媒介素养，是整个社会的责任。[1] 对于留守儿童来说，缺少了父母的监督，很容易依赖、沉溺于网络，如果不提供一个很好的导向和教育，儿童群体意识薄弱，自我保护意识不强，很容易被不良媒介所污染。根据上述总结，我们在媒介素养调查表中，分别从媒介意识、媒介道德和媒介使用能力进行调查和测量。本书强调引导儿童正确、积极使用媒介，以上三个测量指标是互相关联的，媒介意识中着重调查农村留守儿童是否愿意将媒介作为解决问题的重要工具；在媒介道德中强调降低媒介中不良信息对农村留守儿童学习、生活的影响，这一方面与其信息意识息息相关；在媒介使用能力中则注重农村留守儿童对周围媒介的使用能力，主要是在手机和电脑上获取信息、加工信息的能力，媒介意识和媒介道德是其基础，具体测量指标如表 3—10 所示。

---

[1] 王倩倩：《留守儿童媒介素养现状调查与提升策略分析》，硕士学位论文，山东师范大学，2013 年。

表 3—10　　　　　　　　媒介素养变量的测量指标

潜在变量	编码	测量指标（观察变量）
媒介素养	XI1	我能够利用手机、电脑等新媒体解决学习中遇到的疑惑
	XI2	在使用媒介过程中我能够自觉抵制不良信息
	XI3	我能够熟练操作电脑
	XI4	我能够熟练使用手机

第六节　农村留守儿童学习社会化中介变量调查问卷的设计

农村留守儿童学习社会化中介变量的调查对象是农村留守儿童，本书确定的中介变量包括农村留守儿童的学习动机、学习能力、学习态度和学习风格，以下是中介变量的具体测量指标。

一　学习动机调查表

学习动机能够引发和维持学生的学习行为，家庭、学校、社会、大众媒介及其相关因素会影响儿童的学习动机。学习动机表现为即使在没有监管的情况下，还可以能动地学习，不断将自己的学习兴趣与学习过程相结合，不断提高对学习兴趣的过程。

学校环境下，教师作为教学活动的直接参与者，在学生心中占据重要的地位，教师的态度、情感和行为，在一定程度上能够满足其心理需求，驱使他们自觉主动地投入学习活动。

在家庭环境下，学习动机与家庭背景有直接的关系，家庭背景影响着儿童的态度、习惯、言语等学习习惯的养成。家庭背景对学习动机的影响主要体现在以下三个方面：一是家庭教育观念的偏差会影响儿童的学习动机，部分家长认为只需给儿童提供生活方面的照料即可，而不愿意花更多时间去培养孩子的学习兴趣，从而忽视了教育对儿童的重要性；二是亲情方面的缺失，导致儿童学习动机的下降，一个完整的家庭环境，能为儿童提供和谐有爱的家庭氛围，儿童的精神状态就会丰富饱满，焦虑的情况就会减少，学习动机也会提升。三是农村留守儿童家庭资源的缺乏，农村留守儿童的家庭大多经济水平较低,无法提供良好的学习条件和先进的学习资源,在偏远地区无法享受到先进快捷的电子学习方式。由于经济的落后,留守儿童的图书、玩具数量较少,而且质量较差,学习资源的缺乏就很容易导致学生学习兴趣下降,学习动机不足。

农村留守儿童学习动机的来源具有多样性,一般可以分为认知的内驱力、自我提高的内驱力、附属的内驱力,因此我们将农村留守儿童学习动机中的测量指标也确定为以上三个方面。认知内驱力来源于知识本身,是学生为了获取知识而进行一系列的活动,一般来说,认知的内驱力是能够让学生保持学习行为最有效的驱动力,因此本书欲调查农村留守儿童认知内驱力的程度,将其确定为在不存在其他因素时,儿童是否会主动学习。而附属内驱力是指学生的学习是为了获得其他人的认可,包括从他人那得到物质奖励或精神鼓励等,对于农村留守儿童来说,我们主要调查其学习受父母、教师影响的程度,以在合理的范围内提高附属驱动对农村留守儿童学习社会化的正向作用;自我提高的内驱力是指学生因为想要获取某一方面的成绩而努力学习,这种驱动力影响下的学生会将学习作为一种获得成功的途径,是较为稳定的驱动力。因此要调查儿童对具体的提高内驱力的认识,将其确定为调查学生是为了找个好工作还是其他的原因而努力学习,具体的测量指标如表3—11所示。

表3—11　　　　　　　　学习动机的测量指标

潜在变量	编码	测量指标(观察变量)
学习动机	XJ1	老师或者父母常鼓励我,我会更加努力地学习
	XJ2	如果没人督促我,我也会积极主动地学习
	XJ3	我努力学习主要是为了将来找个好工作
	XJ4	课本中有趣的学习内容能调动我的学习积极性

二　学习能力调查表

从最一般的意义上看,学习能力是保证学生能够顺利地进行学习活动,顺利地完成学习任务的心理特征。学习能力是包括了学习个体的知、情、意等方面的心理因素,学习能力也与先天性智力因素和后天性智力因素有关。学习能力先天性不足的也可以通过儿童的自我完善和自我升华来不断提升学习方面的技巧,但这个过程需要长期培养。学习能力的高低还与教师的培育方式有关,创造性的学习环境可以培养学生的发散性思维,在创造性的环境中学生的身心状态也是放松愉快的,教师与学生的思维是在相对平等的位置,学生可以不受限制地畅所欲言,而在教师和儿童的相处中,良好的师生关系是提升学生学习兴趣的关键,也是培育学生学习能力的重要条件,在教师的指导下,学生能自主地进行查阅、反思一系列的问题,在这个过程中,学生不仅养成了良好的学习习惯,也具备了自主学习的能力。学习能力的高低也影响人的认知结构和社会适应能力,因而,学习能力对学习社会化起到不容忽视的作用。学生学习能力的培养不仅要注重技巧方面的培养,更要关注儿童创新性学习技能的培养,这取决于教师对学生正确的引导,教师要积极培养儿童自主思考的能力和积极参与学习过程的热情。若以老师为基准,老师应遵循民主性原则、主体性原则、个性化原则和鼓励原则为指导的教育思想,为学生营造良好的学习的氛围,引发学生的探究式学习;若以学生为基准,应让学生学会在探索和不断提出问题中培养自主学习的能力和创新意识,在合作中发现潜能,学会自主思考。

学习能力作为学习社会化的核心组成部分,对于农村留守儿童学习化的测量具有至关重要的作用。因此对农村留守儿童学习能力的调查既应该注重学生的基础知识的学习能力,也应该注重促进其高阶思维发展的学习能力。在基础知识能力方面,从农村留守儿童主观视角出发,应该使其判断自己是否能够理解或消化知识;在高阶思维发展方面,主要调查农村留守儿童在现有学习条件下是否与其他儿童具有相同水平的问题解决能力、创新能力和问题迁移能力,调查中也要突出调查其在新媒体环境下是否具有相应的学习能力。将测量指标确定在农村留守儿童能够理解的具体学习情境下,得到如表3—12所示的学习能力具体测量指标。

表3—12　　　　　　　　学习能力变量的测量指标

潜在变量	编码	测量指标(观察变量)
学习能力	XL1	我能够消化当堂课所学的内容
	XL2	学习新知识时,我会将其与原有知识联系起来
	XL3	生活中遇到的实际问题时,我能想到用所学知识去解决

续表

潜在变量	编码	测量指标（观察变量）
学习能力	XL4	遇到新的问题时，我能够自己先思考，实在没有办法时再去请教教师或同学
	XL5	我能够将自己的学习方法与同学传递交流
	XL6	我能够利用手机、电脑等新媒体解决学习中遇到的疑惑

三　学习态度调查表

学习态度是学生在学习活动中表现出来的一种稳定的心理倾向。影响学生学习态度的因素主要包括父母的教育、学校的教育以及个体的心理因素等。缺乏父母的教育引导，学校教育在教学目标、教学内容等方面也没有对农村的实际情况进行充分考虑，都不利于农村留守儿童的学业成绩改进。从父母的角度来看，留守儿童父母不科学的教育方法和教育态度会影响儿童的学习态度，个别父母对儿童的期望值大于现实儿童的发展智力水平与能力，偏于关注成绩而不注重儿童的态度培养就会致使儿童厌学态度的萌生甚至辍学情况的出现；对于学校而言，若缺乏对留守儿童的充分考虑，可能难以涉及每个儿童的问题，教师的教学设计和准备的教学内容则不能够引起儿童足够的学习兴趣。而教学资源相对缺乏、教学设施相对落后、教师队伍残缺等，这都是学校教育中存在的弊端，这些弊端会直接或间接地影响着儿童的学习态度。对于个体而言，学习态度是由三种心理成分构成的：①认知（Cognition）成分，主要是学生对学习本身的评价，这一态度影响学生学习行为的选择；②感情（Affection）成分，是对学习的喜欢或不喜欢，是更为主观的评价，受外界因素的影响较大；③行为（Behavior）倾向，是相对于学习的行为的准备状态而言的，主要体现了学生对学习的重视程度。[①] 国内学者陶德清从以下十方面考虑学生学习态度的测量：①对学习目的及意义的认识；②学习中的情感体验；③求知欲的表现；④学习主动性的表现；⑤学习计划性的表现；⑥对学习成绩的认识；⑦复习考试中的行为表现；⑧学习排除困难的行为表现；⑨学习中抗

---

① 周庆欣、周则桐：《体育专业大学生学习态度现状调查研究》，《天津农学院学》2011年第4期，第53—56页。

拒干扰的行为表现；⑩学习方法的掌握。笔者参考陶德清测量学习态度的方法，结合农村留守儿童学习的困难性、学习资源条件不足等现状，将学习态度测量指标确定为对学习重要性的认识、对学习的兴趣、学习表现的积极性三个方面。在农村留守儿童的视角下，结合农村留守儿童具体的学习环境，设计如表3—13所示的具体测量指标。

表3—13　　　　　　　　学习态度的测量指标

潜在变量	编码	测量指标（观察变量）
学习态度	XK1	我认为现在的学习对将来很重要
	XK2	如果因事缺课，我会非常担心我的功课落下
	XK3	我从不会忽视学习中遇到的困难
	XK4	我认为现阶段的主要任务是完成学业

四　学习风格调查表

学习风格的测量采用了国际上比较常用的镶嵌图形测验方法，并依据得分情况标注了儿童场依存及场独立的强弱程度，具体可见附录。

第七节　农村留守儿童学习社会化程度调查问卷的设计

帕森斯认为，任何大型的社会系统都是一个由相互依赖、相互渗透的亚系统所组成的错综复杂的网络。个体在特定的社会环境中，为适应社会形成不同的人格，并在一定的社会环境中掌握一定的社会行为方式并且形成社会化的规范行为，这是儿童不断认同社会和适应社会的过程。教化儿童社会化进程中，无论在文化层面或道德层面，都促使儿童在社会道德、社会价值和社会规范中形成自己的道德观和价值观以及具有自身行为特征的社会习性。儿童时期是个体身体和心理上飞速发展的阶段，所以个体在这个阶段形成的价值观影响着后期发展的行为特征，个体在适应社会的同时会不断习得一定的社会生活技能和社会规范，且开始扮演好个体自身的社会角色，并确立人生目标和价值观。一般情况下，社会化是指个体通过对知识技能、行为规范、价值观念等方面的学习和内化，在多元化的环境中逐渐适应社会并不断创造新文化的过程。

一般而言,学习社会化中的学习概念指的是广义上的学习,泛指在生活过程中,能够获取经验的所有行为。然而,农村留守儿童的文化土壤贫瘠,其学习社会化的场所、形式、因素则受到较大的限制。从其实际的生活环境来看,学校仍是农村留守儿童社会化及学习社会化最主要、最关键的场所。留守儿童学习社会化程度的潜在变量,可从留守儿童文化层面、个体发展层面和社会结构层面三个层面进行测量,文化主要是指农村留守儿童自觉接受知识、传递知识和进行知识创新的能力,因此分别从知识的接受与认同、知识的传递与延续、发展与创新意识三个方面进行调查;个体与发展是指农村留守儿童学习习惯的养成、对自我发展的判断和期望等,分别从学习习惯、自我认知、理性与期望、学习规范四个方面进行调查;社会结构是指农村留守儿童作为社会学习者的合作能力、人际关系等,分别从合作协调、角色认知、生生关系、创造能力四个方面进行调查。具体到农村留守儿童的学习和生活情境,确定的具体测量指标如表3—14所示。

表3—14　　　　　学习社会化程度变量的测量指标

潜在变量		编码	测量指标(观察变量)
学习社会化程度	文化	YA1	我很乐意接受新知识
		YA2	我认为必须不断地学习,不断地掌握新知识
		YA3	我在学习过程中,常会对学习内容有新的想法
	个性发展	YB1	我已经形成自己独特的学习习惯,可以帮助我的学习
		YB2	我非常了解自己的学习特长并能在课外时间刻苦钻研
		YB3	我有成为某一领域专家的强烈愿望
		YB4	我可以自觉约束自己,全身心地投入到学习中
	社会结构	YC1	我能与同学组成学习团体,并与其他团体成员良好合作
		YC2	我在学习团体中能认识到自己所扮演的角色并完成自己的任务
		YC3	除了在学习中能与同学互助,生活中也能与周围的其他人融洽相处
		YC4	在与其他同学合作找到问题解决的方法之外,我也能思考有没有其他的策略和方法

第八节　农村留守儿童学习社会化影响因素整体量表修正及确定

通过对既有文献的梳理与分析，笔者初步确定了各因素的测量指标，并分别在东西部两所小学选择 100 名农村留守儿童学生进行试测。依据主成分分析数据结果，对问卷内容做了微调整。一是维度划分微调，媒介接触频率与媒介接触时间具有很强的共生关系，且独立于媒介接触偏好，故将媒介接触偏好作为一个独立的影响因素，将媒介接触时间与媒介接触频率统一归为媒介接触行为；二是题项调整，将媒介素养维度中的题项 XI1（我常会想到利用新媒体解决问题）调整到媒介接触偏好维度中，学习能力维度中的题项 XL6（我能够利用手机、电脑等新媒体解决学习中遇到的疑惑）调整到媒介素养维度中；三是题项删减，删除因子载荷量小于 0.5 的题项 XB1、XD2，最终形成了如表 3—15、表 3—16、表 3—17 的测量指标。对调整后的问卷进行了信效度检验，检验结果如表 3—18 所示，问卷的整体 KMO 值为 0.738，各维度的 KMO 值均高于 0.7，Sig 为 0.000，说明问卷效度良好，适合用于后续研究；问卷各维度的信度 Cronbach's alpha 均在 0.65 以上，符合编制调查问卷的基本要求。[①] 最终问卷的总体 Cronbach's alpha 为 0.803，说明问卷信度良好。

表 3—15　　学习社会化各影响因素的测量指标及因子载荷量

潜在变量	编码	测量指标（观察变量）	因子载荷量
家庭背景	XA1	我的家庭月收入是	0.570
	XA2	照顾我的人学历是	0.605
	XA3	我父亲的学历是	0.741
	XA4	我母亲的学历是	0.833
	XA5	我的父母连续外出时间大约是	0.799

---

① DeVellis, R. F., *Scale Development Theory and Applications*, London: SAGE, 1991.

续表

潜在变量	编码	测量指标（观察变量）	因子载荷量
教养观	XB1	我的父母询问我学习的频率是	0.347＜0.5（不纳入分析）
	XB2	我的父母希望我将来达到怎样的学历	0.707
	XB3	成绩不理想时，我的父母会怎样对我	0.671
	XB4	父母不在家，我做作业时，照顾我的人会经常陪我做作业	0.772
家风	XC1	我的父母在生活中几乎没有分歧	0.751
	XC2	我的家里人都认为读书非常有用	0.657
	XC3	我认为我的父母对我非常关心、爱护	0.739
教学资源	XD1	我任教的学校软硬件设施非常完备	0.620
	XD2	我任教的学校教学资金很雄厚	0.439＜0.50（不纳入分析）
	XD3	学校能很及时地更新图书馆、阅览室的资料	0.822
	XD4	学校所有学科都有专任教师	0.747
校园人文	XE1	我就读的学校校风、学风很优良	0.681
	XE2	学校经常组织家校活动	0.742
	XE3	我与同学之间关系融洽	0.755
教师效能	XF1	教师拥有良好的学科教学知识（通过13个具体问题测量、划分）	0.856
	XF2	教师拥有良好的职业信念（通过3个问题测量、划分）	0.643
	XF3	教师拥有良好的专业发展效能感（通过3个问题测量、划分）	0.869
政策、机制	XN1	当地政府机构会出台有关留守儿童的政策并能很好地落实	0.894
	XN2	社会团体及个人经常会给予留守儿童福利支持	0.890
	XN3	学校出台了有关留守儿童的政策并能很好地落实	0.909
社会风气	XG1	我周围的同龄人没有辍学的	0.704
	XG2	我周围经常有文化活动	0.752
	XG3	我周围的同龄人学习都很刻苦	0.774

续表

潜在变量	编码	测量指标（观察变量）	因子载荷量
媒介接触行为	XHf	我使用该媒介的频率很高	XH1 0.638 XH5 0.670 XH9 0.813
	XHt	我大约每次使用该媒介的时间很长	XH2 0.601 XH6 0.646 XH10 0.711
媒介接触偏好	XHh	我使用该媒介的用途与学习的关系非常密切	XH3 0.572 XH7 0.501 XH11 0.503 XI1 0.602
媒介素养	XI1	我能够利用手机、电脑等新媒体解决学习中遇到的疑惑	0.558
	XI2	在使用媒介过程中我能够自觉抵制不良信息	0.552
	XI3	我能够熟练使用电脑	0.647
	XI4	我能够熟练使用手机	0.634

表3—16　学习社会化中介因素的测量指标及因子载荷量

潜在变量	编码	测量指标（观察变量）	因子载荷量
学习动机	XJ1	老师或者父母常鼓励我，我会更加努力地学习	0.646
	XJ2	如果没人督促我，我也会积极主动地学习	0.648
	XJ3	我努力学习主要是为了将来找个好工作	0.757
	XJ4	课本中有趣的学习内容能调动我的学习积极性	0.503
学习能力	XL1	我能够消化当堂课所学的内容	0.571
	XL2	学习新知识时，我会将其与原有知识联系起来	0.620
	XL3	生活中遇到的实际问题时，我能想到用所学知识去解决	0.575
	XL4	遇到新的问题时，我能够自己先思考，实在没有办法时再去请教教师或同学	0.519
	XL5	我能够将自己的学习方法与同学传递交流	0.602

续表

潜在变量	编码	测量指标（观察变量）	因子载荷量
学习态度	XK1	我认为现在的学习对将来很重要	0.602
	XK2	如果因事缺课，我会非常担心我的功课落下	0.551
	XK3	我从不会忽视学习中遇到的困难	0.634
	XK4	我认为现阶段的主要任务是完成学业	0.662
学习风格		学习风格的测量采用了国际上比较常用的镶嵌图形测验方法，并依据得分情况标注了儿童场依存及场独立的强弱程度	1.00

表3—17　儿童学习社会化程度各组成因素的测量指标及因子载荷量

潜在变量		编码	测量指标（观察变量）	因子载荷量
学习社会化程度	文化（自觉性）	YA1	我很乐意接受新知识	0.815
		YA2	我认为必须不断地学习，不断地掌握新知识	0.802
		YA3	我在学习过程中，常会对学习内容有新的想法	0.604
	个性发展	YB1	我已经形成自己独特的学习习惯，可以帮助我的学习	0.749
		YB2	我非常了解自己的学习特长并能在课外时间刻苦钻研	0.570
		YB3	我有成为某一领域专家的强烈愿望	0.537
		YB4	我可以自觉约束自己，全身心地投入到学习中	0.693
	社会结构（合作性）	YC1	我能与同学组成学习团体，并与其他团体成员良好合作	0.703
		YC2	我在学习团体中能认识到自己所扮演角色并完成自己的任务	0.717
		YC3	除了在学习中能与同学互助，生活中也能与周围的其他人融洽相处	0.600
		YC4	在与其他同学合作找到问题解决的方法之外，我也能思考有没有其他的策略与方法	0.665

表 3—18　　　　　　　　　问卷信效度检验结果

维度	家庭背景	教养观	家风	教学资源	校园人文	教师效能	政策机制	社会风气	媒介接触行为	媒介素养
a 系数	0.700	0.690	0.723	0.748	0.759	0.712	0.749	0.732	0.813	0.852
KMO	0.707	0.702	0.700	0.722	0.703	0.710	0.743	0.717	0.732	0.714
维度	学习动机	学习态度	学习能力	学习风格	文化	个性发展	社会结构			
a 系数	0.676	0.702	0.654	—	0.722	0.795	0.713			
KMO	0.748	0.700	0.748	—	0.760	0.714	0.729			
总体 a 系数	0.803									
总体 KMO 值	0.738									

第九节　农村留守儿童学习社会化影响因素调查的实施

一　信效度分析

大规模调查完成后，对问卷进行了信效度检验，问卷效度检验采用探索性因子分析的方法，问卷信度检验采用的检测方法是 Cronbach's alpha 系数，检验结果如表 3—19，各维度的 KMO 值均达到 0.7 以上，Bartlett 球形检验显著值均小于 0.05，问卷的整体 KMO 值为 0.837，说明适合作因子分析，问卷的整体效度良好；问卷各维度的信度 Cronbach's alpha 均在 0.65 以上，最终问卷的总体 Cronbach's alpha 为 0.838，说明问卷信度良好。

表 3—19　　　　　　　　　问卷信效度检验结果

维度	KMO 度量	Bartlett 球形检验 χ²	df	Sig	a 系数	总体 KMO 值	总体 a 系数
家庭背景	0.713	644.691	6	0.000	0.707	0.837	0.838
教养观	0.717	61.375	3	0.000	0.693		

续表

维度	KMO 度量	Bartlett 球形检验 χ^2	df	Sig	a 系数	总体 KMO 值	总体 a 系数
家风	0.700	20.001	1	0.000	0.735	0.837	0.838
教学资源	0.767	627.218	3	0.000	0.764		
校园人文	0.707	61.393	3	0.000	0.783		
教师效能	0.715	597.582	3	0.000	0.724		
政策机制	0.700	450.521	1	0.000	0.794		
社会风气	0.791	29.202	3	0.000	0.771		
媒介接触行为	0.754	1023.042	45	0.000	0.838		
媒介素养	0.736	278.150	6	0.000	0.884		
学习动机	0.758	90.349	6	0.000	0.678		
学习态度	0.702	387.194	6	0.000	0.705		
学习能力	0.778	615.490	10	0.000	0.656		
学习风格	—	—	—	—	—		
文化	0.791	277.888	3	0.000	0.652		
个性发展	0.722	210.442	6	0.000	0.857		
社会结构	0.767	296.303	6	0.000	0.763		

二 描述性统计分析

1. 基本信息的描述性统计分析

问卷调整后，笔者在西部地区的某国家级贫困县选取了千余名留守儿童作为研究对象进行研究，为使研究样本具有普遍代表性，对处于不同区域（如县、镇、普通农村）的调查对象进行了针对性抽样，儿童所在学校兼顾到了各类学校性质（如县城的、县郊的；独立小学、九年制学校、小学教学点等）、年龄阶段兼顾到9—14岁儿童、男女生比例基本上各占一半。同时，为保护儿童的自尊心，调查面向留守儿童所在班级全体同学发放，笔者后期加以区分、录入分析。其中，农村留守儿童问卷共发放800份，回收问卷790份，其中有效问卷共有774份，有效率为98.0%。基本情况如表3—20所示。

表3—20　　　　　　　　基本信息的描述性统计分析

样本特征	分类	频数	比例（%）
性别	男	350	45.2
	女	424	54.8
年龄	8—10岁	273	35.2
	11—13岁	472	61.0
	14—16岁	29	3.7
年级	四年级	230	29.7
	五年级	306	39.5
	六年级	238	30.7
监护人	爸爸或者妈妈其中一方	21	2.7
	爷爷奶奶	632	81.7
	哥哥姐姐	58	7.5
	姥姥姥爷	25	3.2
	其他亲戚	38	4.9

从表3—20数据显示，就性别而言，女生人数略高于男生人数，占比54.8%。

从年龄来看，11—13岁的农村留守儿童占据多半数，为61.0%，其次是8—10岁的农村留守儿童，占比35.2%，之后是14—16岁的农村留守儿童，占比3.7%。

从年级来看，年级分布层次均匀，四年级占比29.7%，五年级为39.5%，六年级为30.7%。

从监护人分布来看，有81.7%的农村留守儿童由自己的爷爷奶奶照看，仅有2.7%的农村留守儿童跟随自己的父亲或者母亲生活，说明目前绝大多数的农村留守儿童仍是隔代抚养，符合当前的社会现状。

2. 核心变量的描述性统计分析

本书采用SPSS对模型中的核心变量进行描述性统计分析（如表3—21所示）。依据Kline的观点，偏度的绝对值低于3，峰度的绝对值低于8，本书中的数据信息符合正态分布。

如表3—21所示，家庭环境下，家庭背景的均值与家风的均值大致相当，并高于教养观的均值，说明家长给子女营造了良好的家庭氛围，但缺乏一定的教育理念以及实际的教育参与。学校环境下，教师效能的均值居于首位，其次是教学资源，之后是校园人文，说明教师的职业素养较高，能够满足教学需求，校园人文环境良好。其中教学资源中的 XD3 题项的得分最低，为 2.95，说明目前学校的学习资源更新不及时，部分设备不完备导致教学资源相对缺乏，信息无法及时更新，还不能完全满足教师和学生的学习需求。社会环境下，XG3 的得分最高，并有 57.9% 的农村留守儿童认为周围的同龄人学习刻苦。另外，XN1、XG1 的均值较低，说明当地政府还不能很好地保障农村留守儿童的受教育权利，政策没有深入落实到农村教育中，具体方案实施范围不广，没有给农村留守儿童保障良好的政策环境，致使部分农村留守儿童辍学。学习动机、学习能力的均值明显高于学习态度，说明虽然自身有良好的学习能力，但部分农村留守儿童学习态度不端正。在学习社会化层面，文化的均值偏低，说明农村留守儿童对于接受新知识方面比较薄弱，整体文化水平不高，但是在个性发展上，留守儿童整体表现良好，在团体协作方面，有六成以上的农村留守儿童表现良好。

表 3—21　　　　　　　　核心变量的描述性统计分析

变量	题项	均值 统计量	变量	偏度 统计量	标准误差	峰度 统计量	标准误差
家庭背景	XA1	3.6641	3.41	0.248	0.088	-0.561	0.176
	XA2	3.9005		-0.581	0.088	-0.249	0.176
	XA3	3.3605		1.843	0.088	1.467	0.176
	XA4	3.0504		1.277	0.088	1.508	0.176
	XA5	3.0736		1.092	0.088	0.804	0.176
教养观	XB2	3.1395	3.15	-1.231	0.088	0.230	0.176
	XB3	3.3359		-0.234	0.088	-1.526	0.176
	XB4	2.9755		0.034	0.088	-0.930	0.176
家风	XC1	3.2920	3.39	0.431	0.088	0.882	0.176
	XC2	3.2171		-0.814	0.088	0.085	0.176
	XC3	3.6589		-2.817	0.088	2.938	0.176

续表

变量	题项	均值 统计量	变量	偏度 统计量	标准误差	峰度 统计量	标准误差
教学资源	XD1	3.8643	3.53	-0.091	0.088	-0.289	0.176
	XD2	3.6176		-0.002	0.088	0.158	0.176
	XD3	2.9496		-0.647	0.088	0.905	0.176
	XD4	3.6860		-0.842	0.088	0.376	0.176
校园人文	XE1	3.1809	3.48	-0.613	0.088	-0.472	0.176
	XE2	3.2946		-1.180	0.088	1.400	0.176
	XE3	3.9793		-0.382	0.088	-0.409	0.176
教师效能	XF1	3.9888	3.75	0.207	0.088	-0.337	0.176
	XF2	3.2801		0.098	0.088	-0.375	0.176
	XF3	3.9902		0.398	0.088	-0.271	0.176
政策机制	XN1	3.0424	3.36	-0.196	0.088	0.371	0.176
	XN2	3.3282		0.279	0.088	-0.571	0.176
	XN3	3.7016		-0.869	0.088	0.028	0.176
社会风气	XG1	3.0478	3.43	-1.153	0.088	0.883	0.176
	XG2	3.4251		-0.502	0.088	-0.638	0.176
	XG3	3.8333		0.248	0.088	-0.561	0.176
媒介接触频率	XH1	3.6667	3.32	-2.319	0.088	5.522	0.176
	XH5	3.7416		-0.456	0.088	-1.081	0.176
	XH9	2.5465		0.530	0.088	-0.827	0.176
媒介接触时间	XH2	3.7468	3.06	-0.320	0.088	-0.476	0.176
	XH6	3.1047		-0.087	0.088	-0.346	0.176
	XH10	2.3256		0.545	0.088	-0.748	0.176
媒介接触偏好	XH3	3.4961	3.27	-0.515	0.088	-0.213	0.176
	XH7	3.2054		-0.182	0.088	0.004	0.176
	XH11	3.1525		-0.388	0.088	-0.164	0.176
媒介素养	XI1	3.2364	3.66	-0.288	0.088	-0.039	0.176
	XI2	3.8036		-0.686	0.088	-0.122	0.176
	XI3	3.4070		-0.430	0.088	-0.734	0.176
	XI4	3.8114		-0.803	0.088	-0.139	0.176

续表

变量		题项	均值		偏度		峰度	
			统计量	变量	统计量	标准误差	统计量	标准误差
学习动机		XJ1	3.6602	3.67	-2.830	0.088	3.084	0.176
		XJ2	3.4806		-1.546	0.088	2.082	0.176
		XJ3	3.8127		-1.662	0.088	1.783	0.176
		XJ4	3.7326		-0.368	0.088	0.012	0.176
学习态度		XK1	3.7158	3.48	-2.464	0.088	7.026	0.176
		XK2	3.3941		-1.328	0.088	1.458	0.176
		XK3	3.4367		-1.498	0.088	2.398	0.176
		XK4	3.3592		-0.521	0.088	5.185	0.176
学习能力		XL1	3.6421	3.78	-0.682	0.088	1.002	0.176
		XL2	3.8114		-0.400	0.088	0.082	0.176
		XL3	3.7933		-0.331	0.088	-0.134	0.176
		XL4	3.9186		-0.503	0.088	0.034	0.176
		XL5	3.7571		-0.286	0.088	-0.111	0.176
		XL6	3.6279		1.0690	0.088	1.006	0.176
学习风格		XM	3.2387	3.23	0.027	0.088	-1.167	0.176
学习社会化	文化	YA1	3.5336	3.57	-1.472	0.088	1.935	0.176
		YA2	3.4496		-1.354	0.088	1.738	0.176
		YA3	3.7222		-0.328	0.088	0.199	0.176
	个性发展	YB1	3.5478	3.76	1.788	0.088	2.054	0.176
		YB2	3.6357		-0.135	0.088	-0.009	0.176
		YB3	3.8889		-0.588	0.088	-0.403	0.176
		YB4	3.9819		0.581	0.088	3.604	0.176
	社会结构	YC1	3.6059	3.73	-0.478	0.088	0.406	0.176
		YC2	3.8475		-0.482	0.088	-0.075	0.176
		YC3	3.9755		-0.378	0.088	-0.394	0.176
		YC4	3.5103		-0.337	0.088	0.217	0.176

三 学习社会化差异性分析

为了详细了解农村留守儿童学习社会化的现状，分别对不同性别、年龄、年级的农村留守儿童群体的学习社会化进行差异比较分析。

1. 性别分析

以性别为自变量，学习社会化整体及其各维度题项的均值得分为因变量，进行独立样本 T 检验。如表 3—22 所示，在学习社会化整体上，男生群体与女生群体之间存在差异，且男生群体的均值高于女生群体，但这种差异不存在显著性（P＞0.05）。具体而言，针对文化维度，女生群体与男生群体之间存在差异，且女生群体的均值略高于男生群体，但这种差异不存在显著性（P＞0.05）；针对个性化发展维度，男生群体与女生群体之间存在差异，且男生群体的均值略高于女生群体，但这种差异不存在显著性（P＞0.05）；针对社会结构方面，女生群体与男生群体之间存在显著性差异（P＜0.05），且女生群体的均值略高于男生群体。

表 3—22　　　　　　　　学习社会化的性别差异分析

维度	sex	N	均值	标准差	F	t	df	P 值
学习社会化	男	349	4.68	0.71	9.877	−0.754	772	0.451
	女	425	4.72	0.60		−0.741	682.384	
文化	男	349	4.12	0.71	5.832	−1.200	772	0.231
	女	425	4.19	0.78		−1.212	765.423	
个性发展	男	349	3.81	0.72	4.396	0.305	772	0.764
	女	425	3.79	0.61		0.300	681.855	
社会结构	男	349	3.79	0.68	10.100	−2.691	772	0.007**
	女	425	3.92	0.63		−2.673	721.921	

注：*** ＜0.001，** ＜0.01，* ＜0.05。

2. 年级分析

以年级为自变量，学习社会化整体及其各维度题项的均值得分为因变量，进行单因素方差分析。表 3—23 数据结果显示，不同年级的农村留守儿童在学习社会化整体、文化维度、社会结构维度上的差异显著，并且相较于其他两个年级的学生，六年级在学习社会化整体及文化、社会结构维度上的均值得分居于首位。不同年级的农村留守儿童在个性发展维度上不存在显著性差异。在此基础上，经过事后检验分析得知（如表 3—24 所示），在学习社会化整体以及文化维度、社会化结构维度方面，仅在四年级与五年级之间,五年级与六年级之间存在显著性差异,五年级和六年级之间不存在显著性差异。

表3—23　　　　　　　学习社会化的年级差异分析

年级	学习社会化			文化			个性发展			社会结构		
	四年级	五年级	六年级	四年级	五年级	六年级	四年级	五年级	六年级	四年级	五年级	六年级
N	230	306	238	230	306	238	230	306	238	230	306	238
均值	4.752	4.59	4.79	4.20	4.07	4.23	3.79	3.78	3.83	3.95	3.72	3.95
标准差	0.658	0.67	0.61	0.73	0.75	0.77	0.69	0.69	0.59	0.60	0.70	0.63

	学习社会化		文化		个性发展		社会结构	
	组间	组内	组间	组内	组间	组内	组间	组内
平方和	5.937	326.121	4.271	431.182	0.345	336.808	10.237	324.130
df	2	771	2	771	2	771	2	771
均方	2.968	0.423	2.136	0.559	0.173	0.437	5.118	0.420
F	7.018		3.819		0.395		12.175	
显著性	0.001**		0.022*		0.674		0.000***	

注:*** <0.001,** <0.01,* <0.05。

表3—24　　　　　　　　事后检验分析

维度	组别	四年级		五年级		六年级	
		五年级	六年级	四年级	六年级	四年级	五年级
学习社会化	均值差(I-J)	0.15740*	-0.04	-0.15740*	-0.19514*	0.04	0.19514*
	P值	0.01	0.53	0.01	0.00	0.53	0.00
文化	均值差(I-J)	0.13137*	-0.04	-0.13137*	-0.16667*	0.04	0.16667*
	P值	0.04	0.61	0.04	0.01	0.61	0.01
个性发展	均值差(I-J)	0.01353	-0.03643	-0.01353	-0.04995	0.03643	0.04995
	P值	0.815	0.551	0.815	0.382	0.551	0.382
社会结构	均值差(I-J)	0.23214*	-0.00596	-0.23214*	-0.23810*	0.00596	0.23810*
	P值	0.000	0.921	0.000	0.000	0.921	0.000

注:*** <0.001,** <0.01,* <0.05。

3. 年龄分析

以年龄为自变量，学习社会化整体及其各维度题项的均值得分为因变量，进行单因素方差分析。表3—25数据结果显示，不同年龄的农村留守儿童在社会结构维度上的差异显著，并且相较于其他两个年龄区段的学生，8—10岁的农村留守儿童在社会结构维度上的均值得分居于首位。不同年龄的农村留守儿童在学习社会化整体、文化维度、个性发展维度上不存在显著性差异。在此基础上，经过事后检验分析得知（如表3—26所示），在个性化发展维度方面，仅在11—13岁与14—16岁之间存在显著性差异；在社会结构维度方面，仅在8—10岁和11—13岁之间存在显著性差异。

表3—25　　　　　　　学习社会化的年龄差异分析

	学习社会化			文化			个性发展			社会结构		
年龄	8—10岁	11—13岁	14—16岁	8—10岁	11—13岁	14—16岁	8—10岁	11—13岁	14—16岁	8—10岁	11—13岁	14—16岁
N	273	472	29	273	472	29	273	472	29	273	472	29
均值	4.73	4.68	4.76	4.19	4.13	4.41	3.82	3.79	3.79	3.94	3.82	3.79
标准差	0.70	0.63	0.74	0.70	0.78	0.73	0.70	0.64	0.56	0.62	0.67	0.77
	学习社会化		文化		个性发展		社会结构	
	组间	组内	组间	组内	组间	组内	组间	组内
平方和	0.476	331.582	2.699	432.755	0.165	336.989	2.703	331.664
df	2	771	2	771	2	771	2	771
均方	0.238	0.430	1.349	0.561	0.082	0.437	1.351	0.43
F	0.553		2.404		0.189		3.142	
显著性	0.575		0.091		0.828		0.044	

注：*** <0.001，** <0.01，* <0.05。

表 3—26　　　　　　　　　事后检验分析

维度	组别	8—10 岁 11—13 岁	8—10 岁 14—16 岁	11—13 岁 8—10 岁	11—13 岁 14—16 岁	14—16 岁 8—10 岁	14—16 岁 11—13 岁
学习社会化	均值差（I-J）	0.05	-0.03	-0.05	-0.08	0.03	0.08
	P 值	0.35	0.82	0.35	0.54	0.82	0.54
文化	均值差（I-J）	0.07	-0.22	-0.07	-0.28879*	0.22	0.28879*
	P 值	0.25	0.13	0.25	0.04	0.13	0.04
个性发展	均值差（I-J）	0.03	0.02	-0.03	-0.01	-0.02	0.01
	P 值	0.54	0.85	0.54	0.96	0.85	0.96
社会结构	均值差（I-J）	0.12205*	0.14	-0.12205*	0.02	-0.14	-0.02
	P 值	0.02	0.26	0.02	0.86	0.26	0.86

注：*** <0.001，** <0.01，* <0.05。

本章小结

本章研究目的是形成科学、合理的农村留守儿童影响因素调查量表。根据前期文献分析以及问卷的设计流程，形成了家庭、学校、社会、大众媒介、学习动机、学习态度、学习能力、学习风格、学习社会化九个变量的量表。然后基于这九项变量，对东西部两所学校进行小样本调查，通过信效度分析修正了调查问卷。通过预调研得知，变量家庭，包含家庭背景、教养观、家风三个维度，共有 13 个题项；变量学校，包含教学资源、校园人文、教师效能三个维度，共有 9 个题项；变量社会，包含政策机制、社会风气两个维度，共有 6 个题项；变量大众媒介，包含媒介接触行为、媒介接触偏好、媒介素养三个维度，共有 14 个题项；学习动机共有 4 个题项、学习能力共有 5 个题项、学习态度共有 4 个题项、学习风格共有 1 个题项（镶嵌图形测验方法检测儿童的学习风格所得分转化而成）；变量学习社会化，包含文化（自觉性）、个性发展、社会结构（合作性）三个维度，共有 11 个题项。基于修正后的调查问卷进行大规模发放，得到了信效度良好的调查问卷，包含确定家庭、学校、社会、大众媒介、学习动机、学习态度、学习能力、学习风格、学习社会化九个变量。

通过描述性统计分析了解到，就性别而言，女生人数略高于男生人数；从年龄来看，11—13岁的农村留守儿童占据多半；从年级来看，四、五、六三个年级分布层次均匀；从监护人分布来看，大多数农村留守儿童由自己的爷爷奶奶照看。

家庭背景与家风的均值大致相当，并高于教养观的均值。学校环境下，教师效能的均值居于首位，其次是教学资源，之后是校园人文。社会环境下，社会风气的均值高于政策机制的均值得分。学习动机、学习能力的均值明显高于学习态度。学习社会化层面，文化的均值偏低，但是在个性发展上，留守儿童整体表现良好，团体协作方面，有六成以上的农村留守儿童表现良好。

通过差异性分析得知，在学习社会化整体及其文化维度、个性化发展维度上，男生群体与女生群体之间不存在显著性差异，而在社会结构方面，女生群体与男生群体之间存在显著性差异。

相较于其他两个年级的学生，六年级在学习社会化整体及文化、社会结构维度上的均值得分居于首位，并与其他两个年级的学生存在显著性差异。不同年级的农村留守儿童在个性发展维度上不存在显著性差异。在学习社会化整体以及文化维度、社会化结构维度方面，仅在四年级与五年级之间，五年级与六年级之间存在显著性差异，五年级和六年级之间不存在显著性差异。

不同年龄的农村留守儿童在社会结构维度上的差异显著，并且相较于其他两个年龄区段的学生，8—10岁的农村留守儿童在社会结构维度上的均值得分居于首位。不同年龄的农村留守儿童在学习社会化整体、文化维度、个性发展维度上不存在显著性差异。在个性化发展维度方面，仅在11—13岁与14—16岁之间存在显著性差异；在社会结构维度方面，仅在8—10岁、11—13岁之间存在显著性差异。

参考文献

DeVellis, R. F., *Scale Development Theory and Applications*, London: SAGE, 1991.

唐昆雄、孙树文：《社会风气与当代大学生价值观的相关性研究》，《高等教育研究》2007年第12期。

王倩倩:《留守儿童媒介素养现状调查与提升策略分析》,硕士学位论文,山东师范大学,2013年。

吴洋:《我国农村留守儿童社会化过程的缺失及其解决途径》,《社会科学论坛》2014年第7期。

徐慧、张建新:《张梅玲家庭教养方式对儿童社会化发展影响的研究综述》,《心理科学》2008年第4期。

燕学敏:《流动儿童家庭背景调查及教师的有效指导》,《内蒙古师范大学学报》(教育科学版)2010年第4期。

张琳、陈延斌:《当前我国家风家教现状的实证调查与思考》,《中州学刊》2016年第8期。

周庆欣、周则桐:《体育专业大学生学习态度现状调查研究》,《天津农学院学》2011年第4期。

第四章

农村留守儿童学习社会化影响因素及干预路径

结构方程模型（Structural Equation Model，SEM）是基于变量的协方差矩阵来分析变量之间关系的一种统计方法，是多元数据分析的重要工具，被广泛应用于心理学、教育学、社会学等领域。结构方程模型既可以探究各种因素间的关系，也可探寻潜变量之间的相关性以及因果关系，弥补了传统数据统计方法的不足。SEM模型分为两类：测量模型、结构模型。模型由潜在变量、测量变量和误差变量三部分组成。潜在变量是测量变量间所形成的抽象概念，由样本数据间接反映。其中，测量模型是展现观测指标与潜在变量两者之间的关系，旨在验证假设模型的效度；结构模型是表现潜在变量之间的因果关系[1]，旨在验证假设模型的拟合程度。

农村留守儿童学习社会化影响因素的验证与分析遵循结构方程模型的基本流程，如图4—1所示。首先通过前期访谈、观察结合相关文献进行理论探讨和变量界定，确定不同维度农村留守儿童学习社会化影响因素及

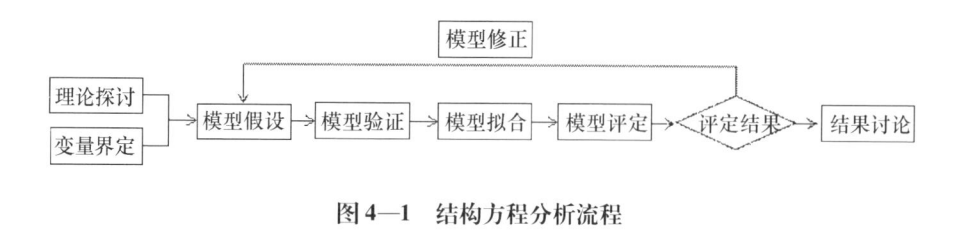

图4—1 结构方程分析流程

---

[1] 黄雪娇：《师范生信息技术接受度影响因素研究》，硕士学位论文，曲阜师范大学，2017年。

不同维度下具体的测量指标,并对影响因素与学习社会化之间关系进行假设,确定农村留守儿童学习社会化影响因素的假设模型。然后在实施调查后基于已有假设进行模型验证、模型拟合和模型评定,根据评定结果对模型进行修正。最后进行结果的讨论分析。

第一节 家庭维度下影响因素的验证与分析

一 验证性因子分析

本书通过 AMOS 17.0 绘制家庭环境对农村留守儿童学习社会化影响的初始模型,采用极大似然估算法进行验证性因子分析,主要用于检测同一层面下的观测变量能否有效反映出其对应的潜在变量,即检验假设模型的信效度是否达到了标准值。具体如图4—2所示。

(一)学习社会化一阶验证模型

采用 AMOS 17.0 软件对一阶模型进行验证因子分析,结果如表4—1所示。各题项对应变量的路径以及变量间的 P 值均小于 0.001,同时 C. R. 临界比值均高于 1.96,说明指标均达到标准值,即问卷可以很好地反映出文化、个性发展、社会结构这三个构成方面。

表4—1　　　　　　学习社会化一阶模型验证因子分析结果

			Estimate	S. E.	C. R.	P	Label
YA1	←	文化	1.000				
YA2	←	文化	1.012	0.077	13.078	***	par_1
YA3	←	文化	0.960	0.103	9.302	***	par_2
YB1	←	个性发展	1.000				
YB2	←	个性发展	0.677	0.101	6.724	***	par_3
YB3	←	个性发展	0.743	0.119	6.262	***	par_4
YB4	←	个性发展	1.058	0.124	8.511	***	par_5
YC1	←	社会结构	1.000				
YC2	←	社会结构	1.090	0.107	10.224	***	par_6
YC3	←	社会结构	0.705	0.086	8.189	***	par_7
YC4	←	社会结构	0.932	0.093	9.985	***	par_8

注:*** 代表 P<0.001。

接下来需要检测模型的拟合程度。具体结果如表4—2所示。CMIN/

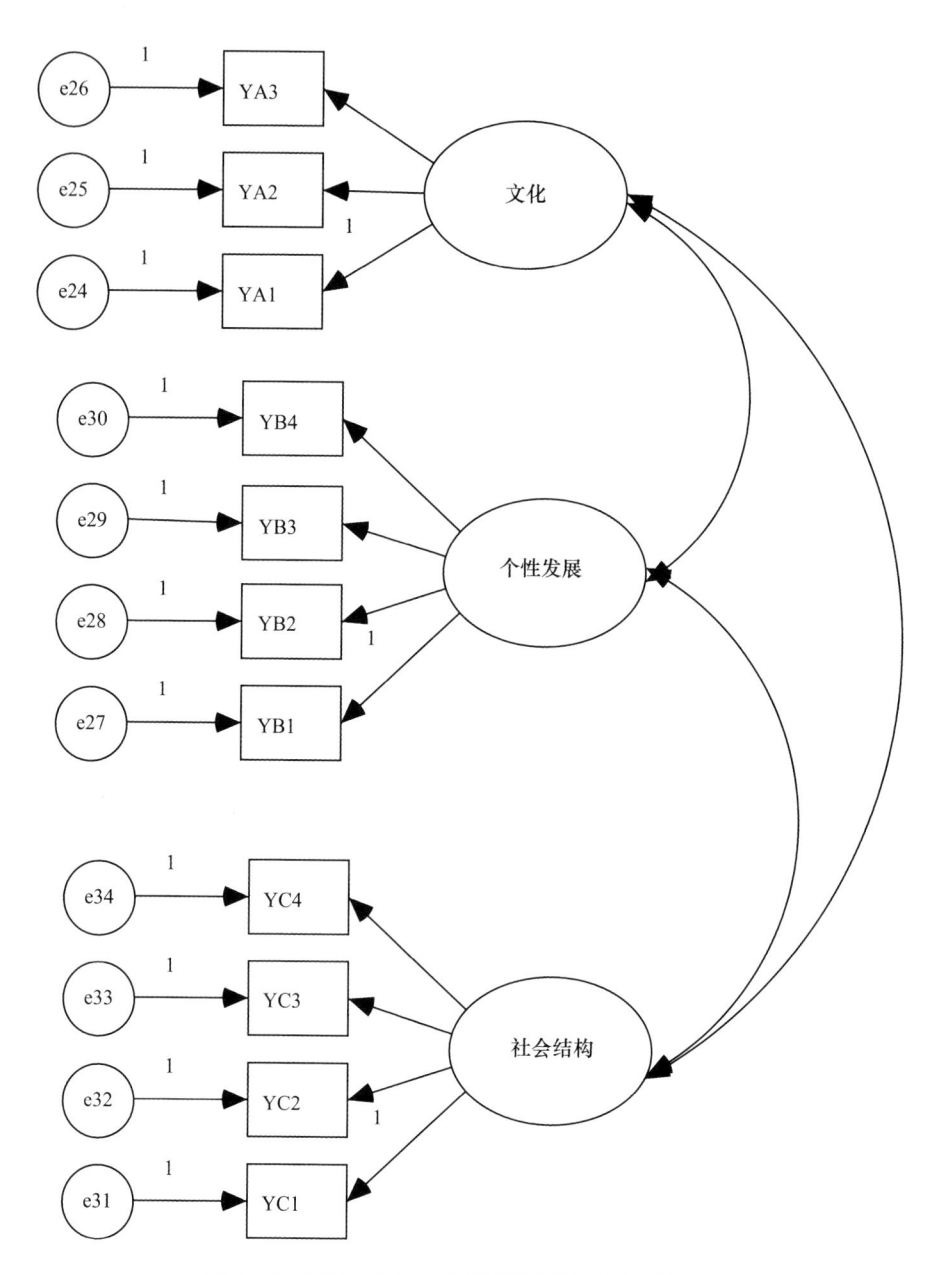

图4—2 学习社会化一阶模型验证性因子分析结果

DF 的值为 1.954，符合小于标准值 3.00 的参考标准；CFI 的值为 0.894；RMSEA 的值为 0.038，符合小于标准值 0.050 的参考标准；IFI 的值为 0.905，符合大于标准值 0.90 的参考标准；PGFI 的值为 0.585，符合大于标准值 0.50 的参考标准；GFI 的值为 0.942，符合大于 0.90 的参考标准；AGFI 的值为 0.907，符合大于 0.90 的参考标准。其中 CFI 测量值为 0.894，接近 0.90，在可接受的范围内，其他拟合指标均高于理想值，说明该模型适匹度良好。

表 4—2　　　　　学习社会化结构模型拟合指标分析

拟合指标	CMIN/DF	CFI	RMSEA	IFI	PGFI	GFI	AGFI
参考标准值	<3.00	>0.90	<0.050	>0.90	>0.50	>0.90	>0.90
拟合指标测量值	1.954	0.894	0.038	0.905	0.585	0.942	0.907

（二）学习社会化二阶验证模型

采用 AMOS 17.0 在一阶模型基础上加入变量学习社会化，构建二阶验证因子模型，具体如图 4—3 所示。

此时，文化、个性发展、社会结构三个方面作为内因变量，其显著性 P 值以及临界比值 C. R. 如表 4—3 所示，数据显示这三个构面可以很好地测量学习社会化这一概念。

表 4—3　　　　　学习社会化二阶模型验证因子分析结果

			Estimate	S. E.	C. R.	P	Label
文化	←	学习社会化	1.000				
个性发展	←	学习社会化	1.192	0.155	7.702	***	par_9
社会结构	←	学习社会化	0.958	0.103	9.327	***	par_10
YA1	←	文化	1.000				
YA2	←	文化	1.012	0.077	13.078	***	par_1
YA3	←	文化	0.960	0.103	9.302	***	par_2
YB1	←	个性发展	1.000				
YB2	←	个性发展	0.677	0.101	6.724	***	par_3
YB3	←	个性发展	0.743	0.119	6.262	***	par_4
YB4	←	个性发展	1.058	0.124	8.511	***	par_5
YC1	←	社会结构	1.000				
YC2	←	社会结构	1.090	0.107	10.224	***	par_6
YC3	←	社会结构	0.705	0.086	8.189	***	par_7
YC4	←	社会结构	0.932	0.093	9.985	***	par_8

注：*** 代表 P<0.001。

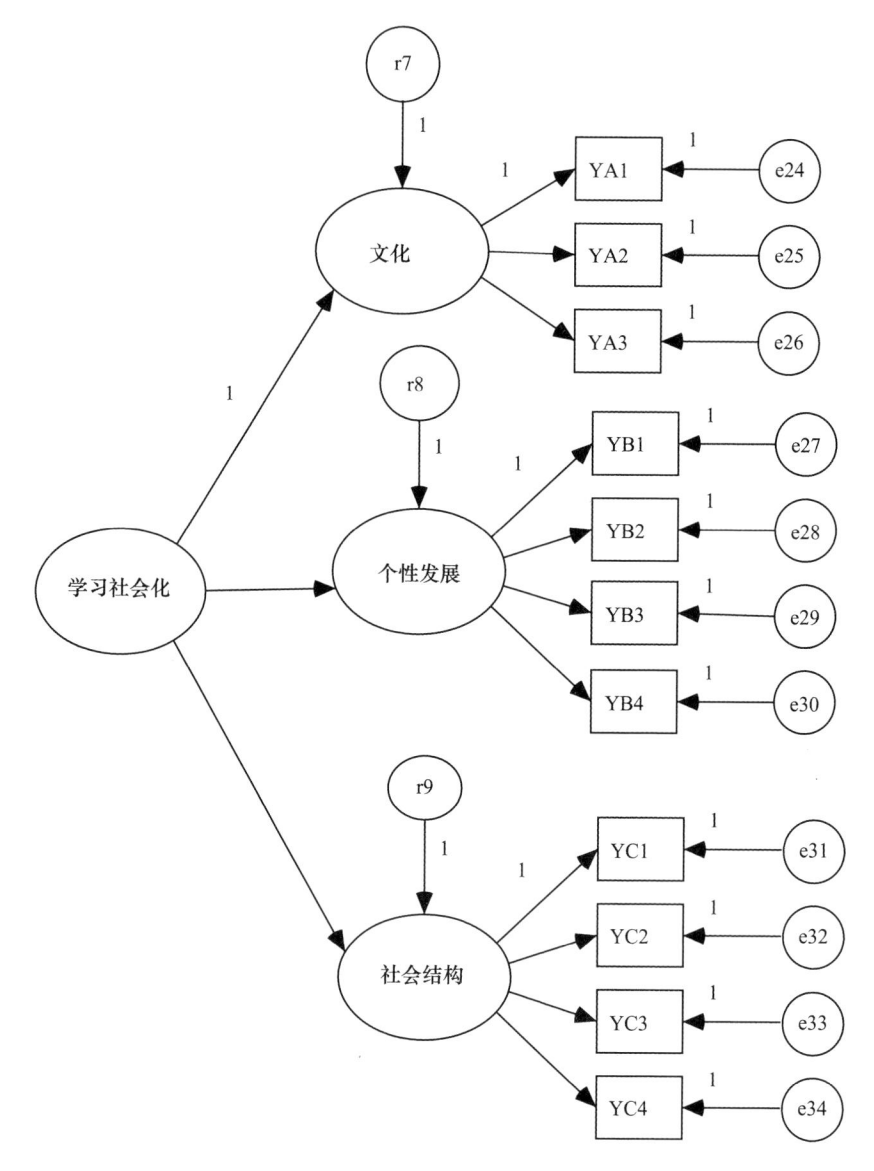

图4—3　学习社会化二阶初始假设模型

接下来需要检测模型的拟合程度。具体结果如表4—4所示。CMIN/DF 的值为 1.950，符合小于标准值 3.00 的参考标准；CFI 的值为 0.904，符合大于标准值 0.90 的参考标准；RMSEA 的值为 0.036，符合小于标准值 0.050 的参考标准；IFI 的值为 0.908，符合大于标准值 0.90 的参考标准；PGFI 的值为 0.590，符合大于标准值 0.50 的参考标准；GFI 的值为 0.945，符合大于 0.90 的参考标准；AGFI 的值为 0.908，符合大于 0.90 的参考标准，综上各个拟合指标均高于理想值，说明该模型适匹度良好。

表 4—4　　　　　　学习社会化结构模型拟合指标分析

拟合指标	CMIN/DF	CFI	RMSEA	IFI	PGFI	GFI	AGFI
参考标准值	<3.00	>0.90	<0.050	>0.90	>0.50	>0.90	>0.90
拟合指标测量值	1.950	0.904	0.036	0.908	0.590	0.945	0.908

二　模型验证与修正

（一）测量模型验证

1. 组合信度分析

组合信度是指对同一变量层中的观测指标的内部一致性的判定。[1] 一般情况下，组合信度的标准值为 0.60，若组合信度大于标准值，说明该模型具有较好的内部一致性。表 4—5 数据表明，该假设模型中的各变量的组合信度均介于 0.6162 到 0.8369 之间，均高于 0.60，说明该模型的内在质量良好。

2. 聚合效度分析

聚合效度是检测位于同一潜在变量层面中的观测指标可以落在同一因素概念上，且各观测变量间具有良好的相关性。福内尔和拉克尔（Fornell & Larcker）指出，通过因素负荷量和平均变异抽取值（Average Variance Extracted，AVE）两项指标进行评价。其中因素负荷量需要大于 0.70，AVE 值需要高于 0.50。

从表 4—5 中可以看出，家庭背景题项 XA2 的因素负荷量分别是 0.355，均小于 0.5，因此删除这个题项。对修正后的结构方程模型进行重新检测，所有题项的因素负荷量介于 0.60 到 0.850 之间，P 值均小于 0.05，所有的 AVE 均大于 0.5，表明该检测模型的内在质量理想。

---

[1] 黄雪娇：《师范生信息技术接受度影响因素研究》，硕士学位论文，曲阜师范大学，2017 年。

表4—5　　家庭维度下结构模型各变量的信效度分析结果

潜在变量	题项	因素负荷量 修正之前	因素负荷量 修正之后	P值	组合信度	AVE
家庭背景	XA1	0.620	0.620	***	0.8324	0.5019
	XA2	0.355	删除	***		
	XA3	0.794	0.794	***		
	XA4	0.803	0.803	***		
	XA5	0.600	0.600	***		
教养观	XB1	0.347	删除		0.8089	0.5853
	XB2	0.772	0.772	***		
	XB3	0.771	0.771	***		
	XB4	0.752	0.752	***		
家风	XC1	0.771	0.771	***	0.7849	0.5533
	XC2	0.840	0.840	***		
	XC3	0.600	0.600	***		
学习动机	XJ1	0.802	0.802	***	0.8151	0.5269
	XJ2	0.640	0.640	***		
	XJ3	0.654	0.654	***		
	XJ4	0.792	0.792	***		
学习态度	XK1	0.780	0.780	***	0.8224	0.5385
	XK2	0.751	0.751	***		
	XK3	0.621	0.621	***		
	XK4	0.772	0.772	***		
学习能力	XL1	0.761	0.761	***	0.8415	0.5185
	XL2	0.640	0.640	***		
	XL3	0.712	0.712	***		
	XL4	0.850	0.850	***		
	XL5	0.612	0.612	***		
学习风格	XM	0.785	0.785	***	0.6162	0.6162
学习社会化 文化	YA1	0.683	0.683	***	0.7742	0.5341
	YA2	0.722	0.722	***		
	YA3	0.784	0.784	***		

续表

潜在变量	题项	因素负荷量 修正之前	因素负荷量 修正之后	P 值	组合信度	AVE
学习社会化	个性发展	YB1	0.752	0.752	***	0.8007	0.5016
		YB2	0.662	0.662	***		
		YB3	0.703	0.703	***		
		YB4	0.713	0.713	***		
	社会结构	YC1	0.813	0.813	***	0.8352	0.5611
		YC2	0.630	0.630	***		
		YC3	0.750	0.750	***		
		YC4	0.790	0.790	***		

注：*** 代表 P<0.001。

（二）结构模型验证

本书依据第三章提出研究假设，采用 AMOS 17.0 绘制出家庭环境对农村留守儿童学习社会化影响的初始模型，具体如图4—4所示。

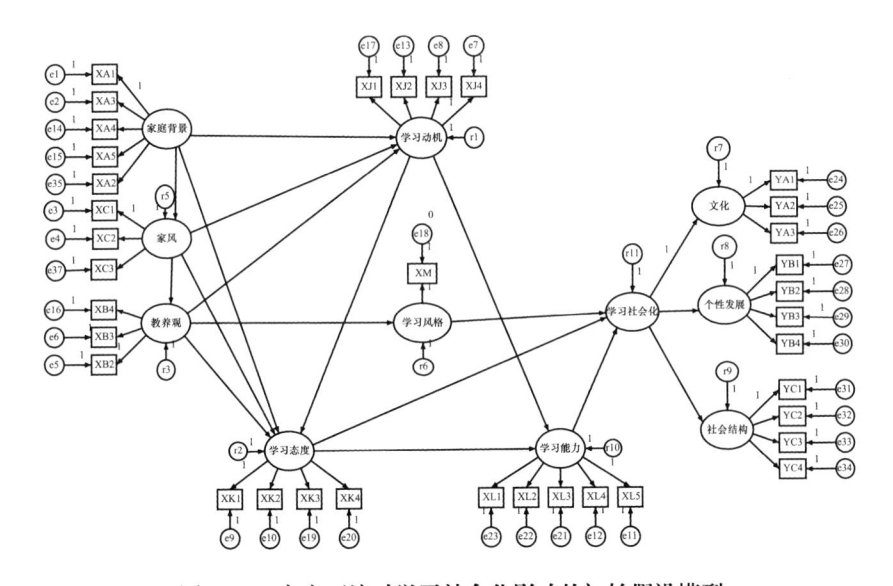

图4—4 家庭环境对学习社会化影响的初始假设模型

接下来需要检测结构模型的适匹度，具体如表4—6所示。CMIN/DF

的值为2.897，符合小于标准值3.00的参考标准；CFI的值为0.914，符合大于标准值0.90的参考标准；RMSEA的值为0.041，符合小于标准值0.050的参考标准；IFI的值为0.928，符合大于标准值0.90的参考标准；PGFI的值为0.763，符合大于标准值0.50的参考标准；GFI的值为0.905，符合大于0.90的参考标准，AGFI的值为0.936，符合大于0.90的参考标准，综上数据表明各个拟合指标均高于理想值，说明该模型适匹度良好。

表4—6　家庭环境对学习社会化影响的结构模型拟合指标分析

拟合指标	CMIN/DF	CFI	RMSEA	IFI	PGFI	GFI	AGFI
参考标准值	<3.00	>0.90	<0.050	>0.90	>0.50	>0.90	>0.90
拟合指标测量值	2.897	0.914	0.041	0.928	0.763	0.905	0.936

三　验证结果分析

本书通过 AMOS 17.0 对研究中的假设模型进行验证因子分析及模型修正，明确了家庭环境与农村留守儿童学习社会化之间的关系，以及相关的路径系数，具体结果如图4—5、表4—7所示。

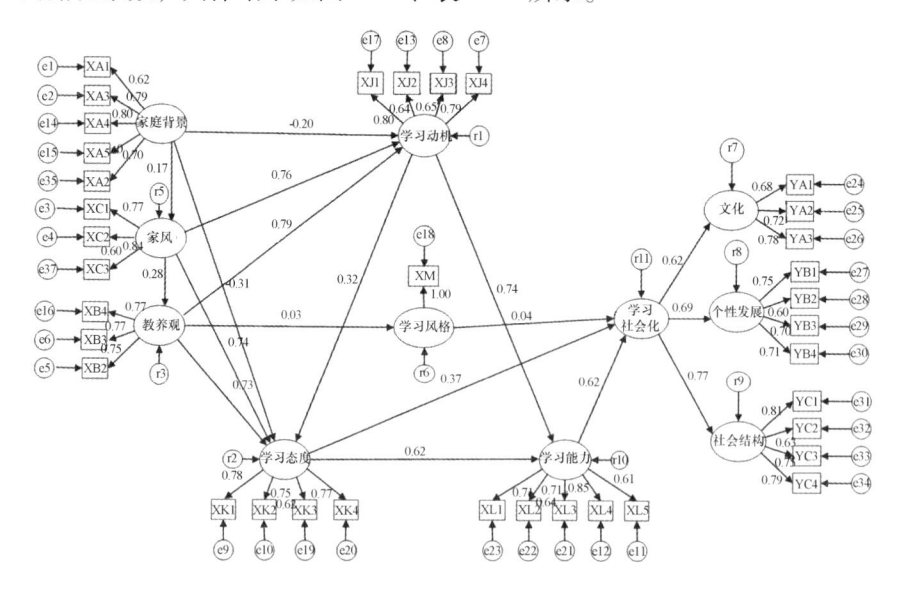

图4—5　家庭环境对学习社会化影响的结构模型路径系数

表4—7　家庭环境对学习社会化影响的模型假设分析结果

路径	路径系数	P值	结果	路径	路径系数	P值	结果
学习动机←家庭背景	-0.20	0.020	成立	学习态度←教养观	0.73	***	成立
家风←家庭背景	0.17	0.019	成立	学习态度←学习动机	0.32	***	成立
学习态度←家庭背景	-0.31	***	成立	学习能力←学习动机	0.74	***	成立
教养观←家风	0.28	0.026	成立	学习能力←学习态度	0.62	***	成立
学习动机←家风	0.76	***	成立	学习社会化←学习态度	0.37	***	成立
学习态度←家风	0.74	***	成立	学习社会化←学习风格	0.04	0.128	不成立
学习动机←教养观	0.79	***	成立	学习社会化←学习能力	0.62	***	成立
学习风格←教养观	0.03	0.442	不成立				

注：*** 代表 $P<0.001$。

(一) 家庭环境与学习动机、学习态度

如图4—5所示，家庭背景、家风、教养观对学习动机、学习态度均具有一定的影响。

1. 家庭背景与学习动机、学习态度

首先，家庭背景对学习动机、学习态度有直接影响，且呈现负相关性。这一层面说明农村留守儿童的家庭背景越优越，其学习动机越薄弱，学习态度越不端正。这说明虽然良好的家庭背景会带来优质的教学资源和充裕的受教育机会，但这不能简单地促进农村留守儿童学习的积极性，反而会有负向影响，其主要原因是监护人只注重物质的满足，忽视了家庭教育，因此即使基于良好的学习条件，也必须要有父母或者监护人实际的教育参与才会发挥作用。农村留守儿童学习动机的发挥受到多种因素的影响，其中就包含着家庭背景的因素，家庭背景是影响农村留守儿童学习的重要因素，家庭背景的差异性，会造成农村留守儿童学习的差异化，农村留守儿童所处的家庭背景如经济条件好等，其孩子所表现出的学习动机与学习态度都相对差一些。在学习过程中，与农村留守儿童及其监护人有关的社会因素也发挥着重要的影响，家庭背景包含着复杂的社会关系和不同的资源，不同的家庭背景，人们拥有资源的种类和层次不同，而有些农村留守儿童家庭缺乏这些资源，不利于学校教育发挥更大的作用，农村留守儿童的学习动机和学习态度也会受到影响。

其次,家庭背景通过家风、教养观间接影响学习动机、学习态度,且呈现正相关性。农村留守儿童来自经济发展水平较为落后的农村地区,处于经济、地域双重不利地区的农村留守儿童的学习动机和学习态度受家庭影响比较大。家庭社会学认为,亲子关系是家庭教育的逻辑起点,家庭互动是家庭教育的基本形式,① 家庭背景较好的父母或者其他监护人会基于已有的教育资源和教育机会,更加注重家庭精神文化的营造,并通过对农村留守儿童的教育参与来支持并培养农村留守儿童的学习习惯和学习兴趣,关注农村留守儿童的学习情况,提高农村留守儿童的学业表现;相比而言,家庭背景较差的家庭,在学习方面农村留守儿童依从父母或者其他监护人的意愿而加强学习,农村留守儿童良好学习态度和较强的学习动机背后是希望通过学习成绩来改变他们的现状,拓展他们的眼界。

2. 家风与学习动机、学习态度

家风对学习动机、学习态度有直接影响,且呈现正相关性,路径系数高达0.76、0.74。说明良好的家风对子女学业成就的表现具有积极的促进作用。父母之间的相互关系、家族对学习重要性的认识等这些都可能影响农村留守儿童对学习的认知。家庭和谐、家族中良好的学习风气和认识到学习的重要性,这对农村留守儿童以主动心态进行学习有正面影响;农村留守儿童的父母及看护人对他们学习的关注程度越高、关注方式越正面,他们所表现出的学习动机越强,学习态度越端正,学习能力越强。家庭人际关系是家庭成员之间的联系和交流,对于农村留守儿童而言,对他们影响最大的是自己与父母之间的关系,和谐的家庭关系有利于农村留守儿童的健康成长,家庭关系的不和谐容易造成孩子心灵上的创伤,影响学习成绩,甚至导致孩子心理扭曲。对于家庭成员来说,家风则是无言的教育,会潜移默化地影响其人生观、世界观、价值观的形成。和谐的父母关系、亲子关系对子女认知能力的发展有着积极的促进作用,会给农村留守儿童带来安全感。

3. 教养观与学习态度、学习动机

教养观对学习动机、学习态度有直接影响,且呈现正相关性,路径系

---

① 季彩君:《从学习差异看留守儿童的教育困境——基于留守与非留守儿童的实证调查》,《上海教育科研》2016年第4期,第41—46页。

数高达0.79、0.53，该结果与家风大致相当。说明良好的教养观与优良的家风是密不可分的，均对子女学业成就的表现具有积极的促进作用。随着年级和学习压力的增大，农村留守儿童对待学习的态度也会发生改变，而学习动机和学习态度与教养观有密切联系。教养观以潜移默化的形式渗透到农村留守儿童的各个方面，对农村留守儿童的学习动机和学习态度等都产生深远影响。父母作为孩子的第一任教师，农村留守儿童的学习态度和学习动机受父母的影响比较大，他们的学习动机在很大程度上来源于父母的要求、期待等。在家庭教育中父母要提高对学习重要性的认识，关注孩子的成长，对孩子多一些期望，对孩子多一点关怀、理解、鼓舞。父母或者其他监护人的支持、陪伴通常会使农村留守儿童感受到被信任和被关爱，消减农村留守儿童内心的孤独感，促进他们积极地适应社会，这在一定程度上会促使农村留守儿童在学业方面有着更为积极的表现。

（二）家庭环境与学习能力

如图4—5所示，可以发现，家庭背景、家风、教养观通过学习动机、学习态度对学习能力均有影响。

家庭背景通过家风、教养观、学习动机、学习态度间接影响学习能力，且呈现正相关性；家风、教养观均通过学习动机、学习态度间接影响学习能力，且呈现正相关性。农村留守儿童的父母普遍文化程度较低，但家长要认识到家庭教育对农村留守儿童的重要性，不仅要保障农村留守儿童的物质生活条件，还要关注农村留守儿童的成长，加强对农村留守儿童的家庭教育。马斯洛指出，倘若物质需求得到满足后，其精神需求就显得尤为重要，良好的家庭背景会满足农村留守儿童物质上的需求，这种需求的满足会促使父母或者监护人更加注重家庭文化的建设。

在瞬息万变的现代化社会，人口流动成为常态，农村留守儿童缺少父母或者其他监护人的陪伴，普遍缺乏家庭教育，家庭教育的缺失不利于农村留守儿童的健康成长，尤其是在农村留守儿童正在成长的关键阶段，家庭教育显得尤为重要。农村留守儿童在缺乏家庭教育的环境中成长，会出现各种各样的现实问题，在此情况下，农村留守儿童的监护人要加强与学校、老师之间的沟通，即父母在外打工的时候要积极与其"监护人"联系，与学校老师联系，对孩子的学习情况要有足够的了解，同时加强与农村留守儿童的沟通交流，对其学习、成长、健康等各方面都要加强指导。

在某种意义上，家庭环境能潜移默化地影响农村留守儿童的性格、学习行为等，进而影响学习动机、学习态度和学习能力。

对于自身认知发展还不完善的农村留守儿童来说，良好的家风和教养观会对农村留守儿童学习能力的培养及发展有一定的指引和约束作用。因此，家庭文化的建设是农村留守儿童学习能力发展趋优的重要路径之一。家庭背景通过影响家长的教育期望和教育参与，进而影响儿童的学习动机和学习态度，家长对子女的教育期望和行为支持也受到其社会经济地位的影响。[1] 家庭的经济水平不同，家庭对孩子教育的付出也会不同，家风和教养观比较好的家庭更加重视子女的教育，家长会支持子女教育，重视培养农村留守儿童良好的学习习惯，并影响其学习动机和学习态度，进而影响学习能力的提高。

(三) 家庭环境与学习风格

如图4—5所示，教养观对学习风格的路径系数仅为0.03，其P值为0.442，大于0.05，说明教养观对学习风格无影响。学习风格是个体在学习过程中体现出来的具有一定稳定性的某种学习方式的偏好，是学习者惯用或有所偏爱的学习策略和学习方式，它直接参与学习过程，能够保证学习过程顺利进行，又使学习过程和学习结果受学习风格的影响。[2] 学习者在学习过程中所形成的学习风格，具有独特性和稳定性的特点，能够长期保持下去，不受外界环境因素的影响，这属于个体属性。因此，学习风格并不受教养观的影响。

(四) 家庭环境维度下中间变量对学习社会化的影响

学习动机、学习态度、学习风格、学习能力是假设模型的中间变量。学习动机通过学习能力、学习态度间接影响农村留守儿童学习社会化，呈现正向相关性；学习态度不仅直接影响农村留守儿童学习社会化，而且通过学习能力间接影响学习社会化，均呈现正向相关性；学习能力与农村留守儿童学习社会化呈现正向相关性；学习风格对学习社会化的路径系数仅

---

[1] 李忠路、邱泽奇:《家庭背景如何影响儿童学业成就?——义务教育阶段家庭社会经济地位影响差异分析》,《社会学研究》2016年第4期,第121—144、244—245页。

[2] 王丹:《基于学习风格的中小学传统文化学习原型系统的设计与实现》,硕士学位论文,中央民族大学,2018年。

为 0.04，其 P 值为 0.128，大于 0.05，说明学习风格对农村留守儿童学习社会化无影响。家庭环境维度下中间变量对学习社会化的影响如表 4—8 所示，学习动机对农村留守儿童学习社会化影响的总效应是 0.70，学习态度对农村留守儿童学习社会化影响的总效应是 0.75，学习能力对农村留守儿童学习社会化影响的总效应为 0.62。

表 4—8　　　　　家庭环境维度下中间变量对学习社会化的影响

路径名称	家庭环境维度		
	直接效应	间接效应	总效应
学习动机→学习社会化	N/A	0.70	0.70
学习态度→学习社会化	0.37	0.38	0.75
学习能力→学习社会化	0.62	N/A	0.62
学习风格→学习社会化	0.04	N/A	0.04

注：N/A 表示无影响。

数据表明，家庭背景对留守儿童的学习动机、学习态度具有负向影响，只有家风、教养观的引入才会对留守儿童学习动机、学习态度、学习能力具有显著的积极影响。家庭是最基本的社会群体，是留守儿童成长的主要环境，家庭背景的复杂性和综合性直接影响留守儿童学习社会化。家庭对留守儿童的学习社会化的影响是个人不可选择的，家庭的社会化或影响对于留守儿童来说是必然的，这种必然性使得家庭的社会化成为每个人社会化的重要基础，个人后期社会化和在发展过程中产生的各种现象，在一定程度上都可以通过留守儿童的家庭背景得到说明。家庭对留守儿童的社会化影响主要以情感为基础，家庭中的相互影响主要是以情感为纽带，在留守儿童成长的各种影响因素中，父母的作用常常是最关键的。由此可见，留守儿童的心理、教育、安全等问题频频显现，很大程度上责任不在于父母或者监护人所拥有的财富或者社会地位，其根源在于家风及家庭教养观的缺失或者不到位。因此，良好的家庭背景下，父母或者监护人如何强化家庭教育是当前急需解决的关键问题。

四 家庭环境对学习社会化的影响效应

由模型可以看出，教养观、家风对留守儿童的学习动机、态度、能力具有较强正向影响；教养观对学习风格无影响。而家庭氛围，尤其是"父母之间的相互关系""家族对学习的认识"可以影响留守儿童对学习的认知。父母之间的关系和谐、家族中良好的读书学习风气对留守儿童以主动心态进行学习有正面影响；儿童的父母及看护人对儿童学习的关注程度越高、关注方式越正面，儿童所表现出的学习能力越强。另外，留守儿童所在的家庭背景对于其学习动机、学习态度表现出一定的负相关，这说明，留守儿童所处的家庭环境如经济条件越好、父母亲的学历越高，其孩子所表现出的学习动机与学习态度都相对差一些，这是值得关注的一个问题，需要探讨深层次的原因。父母减少连续外出时间，儿童的学习动机、学习态度都会得到加强，但家庭背景不会直接影响到儿童的学习能力。另外，在学习动机、学习态度、学习能力、学习风格因素中，学习动机通过作用于学习态度、学习能力间接促进留守儿童学习社会化的发展；学习态度既可以直接影响学习社会化，也可通过作用于学习能力间接影响学习社会化；学习能力直接影响学习社会化；学习风格对学习社会化无影响。其中，学习态度对留守儿童学习社会化影响效应最大，其次是学习动机，之后是学习能力。

第二节 学校维度下影响因素的验证与分析

一 模型验证与修正

（一）测量模型验证

1. 组合信度分析

表 4—9 表明，该假设模型中的各变量的组合信度均介于 0.7520 到 0.8331 之间，均高于 0.60，说明该模型的内在质量良好。

2. 聚合效度分析

从表 4—9 中看出，因素负荷量均介于 0.593 和 0.868 之间，AVE 介于 0.5087 到 0.6259 之间，表明该结构模型内部质量良好。

表4—9　　　　　学校维度下结构模型各变量的信效度分析结果

潜在变量	题项	因素负荷量 修正之前	因素负荷量 修正之后	P值	组合信度	AVE
教学资源	XD1	0.592	0.593	0.10	0.7689	0.5299
	XD3	0.772	0.772	***		
	XD4	0.802	0.802	***		
校园人文	XE1	0.841	0.681	***	0.7520	0.5087
	XE2	0.702	0.742	0.08		
	XE3	0.571	0.755	***		
教师效能	XF1	0.868	0.868	***	0.8331	0.6259
	XF2	0.730	0.730	***		
	XF3	0.769	0.769	***		

注：*** 代表 P＜0.001。

（二）结构模型验证

本书依据第三章提出的研究假设，采用 AMOS 17.0 绘制出学校环境对农村留守儿童学习社会化影响的初始模型，具体如图4—6所示。

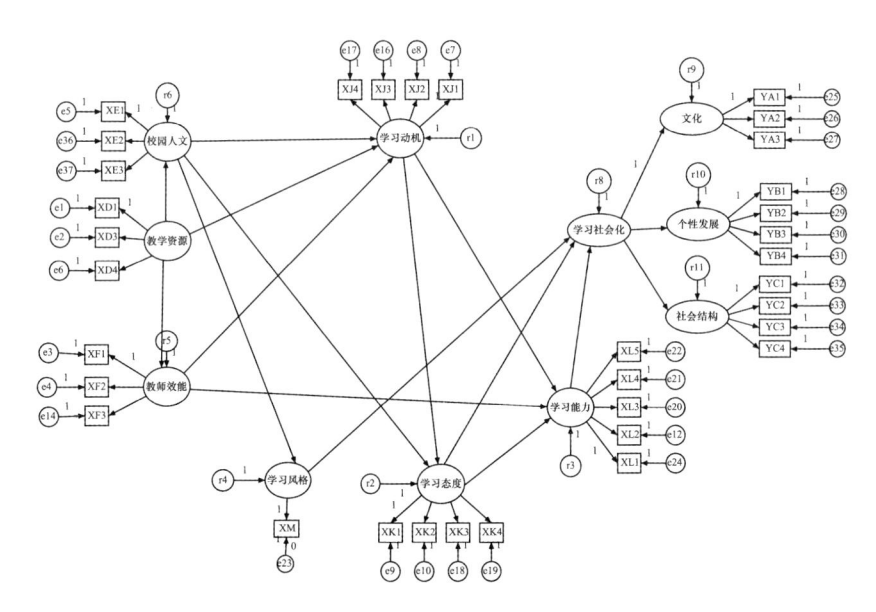

图4—6　学校环境对学习社会化影响的初始假设模型

接下来需要检测结构模型的适匹度,具体如表4—9所示。CMIN/DF的值为2.653,符合小于标准值3.00的参考标准;CFI的值为0.905,符合大于标准值0.90的参考标准;RMSEA的值为0.046,符合小于标准值0.050的参考标准;IFI的值为0.906,符合大于标准值0.90的参考标准;PGFI的值为0.768,符合大于标准值0.50的参考标准;GFI的值为0.914,符合大于0.90的参考标准,AGFI的值为0.923,符合大于0.90的参考标准,综上所有拟合指标均高于理想值,说明该模型适匹度良好。

表4—10 学校环境对学习社会化影响的结构模型拟合指标分析

拟合指标	CMIN/DF	CFI	RMSEA	IFI	PGFI	GFI	AGFI
参考标准值	<3.00	>0.90	<0.050	>0.90	>0.50	>0.90	>0.90
拟合指标测量值	2.653	0.905	0.046	0.906	0.768	0.914	0.923

二 验证结果分析

本书通过AMOS 17.0对研究中的假设模型进行验证因子分析及模型修正,明确了学校环境与农村留守儿童学习社会化之间的关系,以及相关的路径系数,具体结果如图4—7、表4—11所示。

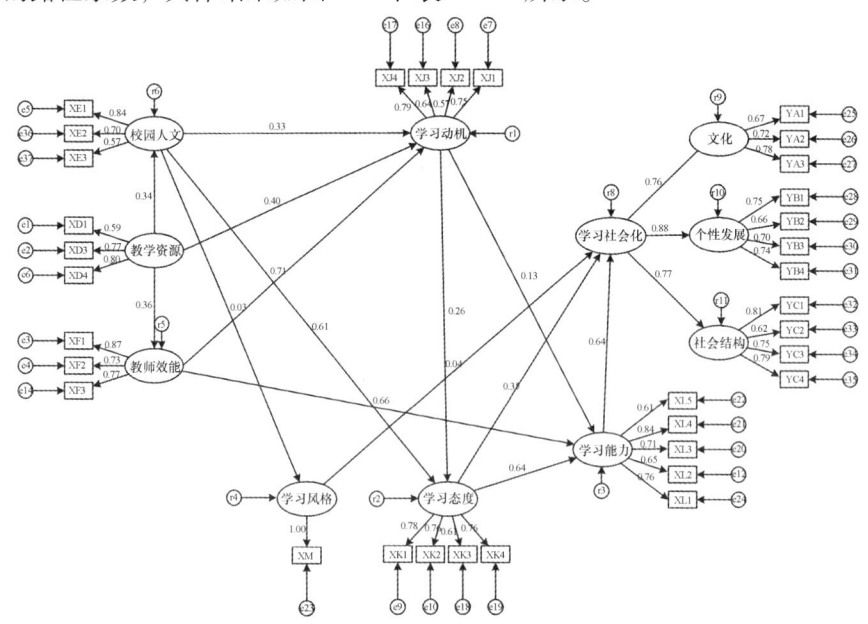

图4—7 学校环境对学习社会化影响的结构模型路径系数

表4—11　　学校环境对学习社会化影响的模型假设分析结果

路径	路径系数	P值	结果	路径	路径系数	P值	结果
校园人文←教学资源	0.34	***	成立	学习能力←学习态度	0.64	***	成立
教师效能←教学资源	0.36	***	成立	学习能力←学习动机	0.13	0.018	成立
学习动机←校园人文	0.33	***	成立	学习风格←校园人文	0.03	0.487	不成立
学习动机←教学资源	0.40	***	成立	学习社会化←学习能力	0.64	***	成立
学习动机←教师效能	0.71	***	成立	学习社会化←学习态度	0.35	***	成立
学习态度←校园人文	0.61	***	成立	学习社会化←学习风格	0.04	0.147	不成立
学习态度←学习动机	0.26	0.008	成立				
学习能力←教师效能	0.66	***	成立				

注：*** 代表 $P<0.001$。

（一）学校环境与学习动机、学习态度

如图4—7所示，校园人文、教学资源、教学效能对学习动机、学习态度均有一定的影响。

1. 校园人文与学习动机、学习态度

校园人文对学习动机、学习态度有直接影响，且呈现正相关性，也就是说农村留守儿童所处的学校中的校园人文氛围越浓厚，其学习动机越强，学习态度越端正。农村留守儿童在学校的时间比较多，学校的校园环境对农村留守儿童的学习动机和学习态度均产生一定的影响；良好的校园环境如优良的校风学风、和谐的人际关系等因素是农村留守儿童学习良性发展的外在驱动条件。农村留守儿童正处于认知发展阶段，其意志力活动的持久性和自觉性较差，学习任务的完成需要外界环境的约束。校风学风属于潜在的精神文化层面，具有强烈的内在凝聚力和外在感染力，潜移默化地影响农村留守儿童价值观的形成；农村留守儿童的人际关系网络比较简单，主要有师生关系、生生关系，这两种关系是农村留守儿童基本人际关系网络的重要组成部分；良好的师生关系可以减轻农村留守儿童的身心压力，缓解其心理倦怠；当农村留守儿童面对学习困难时，良好的人际关系和平衡的班级结构能够给予他们充裕的群体归属感。此外，学校是农村留守儿童成长和学习的重要场所，农村留守儿童的健康成长离不开校园人文环境的呵护，所以校园的人文环境建设特别重要。

优良的校风学风能让整个校园充满正能量，比如师生关系与生生关系和睦，遇到困难大家互帮互助等，农村留守儿童在这样的校园人文环境中潜移默化地受到影响，从而激发农村留守儿童的学习动机和端正学习态度。校园人文包含着学校的校风、学风和办学特色等，校园人文对农村留守儿童思想道德的影响产生的作用是把社会价值观、道德原则融合在校园的文化体系中，通过人文氛围潜移默化地影响学生的各种行为和道德品质，校园人文建设是培养农村留守儿童全面发展的重要途径之一，而学校的良好校风是农村留守儿童健康成长的关键，校风是学校整体精神风貌在微观层面的呈现，师生的整体风貌具有"传染"的作用，在无形中影响农村留守儿童的学习动机和学习态度。校风是学校人文精神的体现，良好的校风有助于农村留守儿童的健康成长，能够塑造农村留守儿童良好的道德品质。

打造健康向上的校园文化，学校要组织丰富多彩的校园文化活动，营造积极向上的学习环境，校园文化对农村留守儿童的成长具有潜在的影响，能够潜移默化地感染农村留守儿童。因此，农村留守儿童在充满正能量的学校氛围中成长学习更容易提高学习动机、端正学习态度。促进人的发展是基础教育永恒的主题，良好温馨的人文校园有助于农村留守儿童健全人格的养成，更能激发他们的学习动机，端正其学习态度，提升自我的学习能力。为提高农村留守儿童学习的学风，提高农村留守儿童的学习动机和学习态度，学校需开展丰富的校园活动，创造良好的学习环境和健康的校园文化，良好的学习环境能够激发农村留守儿童学习动机，使其热爱学习；健康的校园文化能够潜移默化地影响农村留守儿童的学习态度，进而间接影响其道德品质的形成。农村留守儿童在缺乏家庭关爱的环境下，心理上急需别人的关心与认可，学校环境下人际关系的交往常常显得特别重要，这对农村留守儿童良好人格与心理的养成是至关重要的。

教师应该深入了解和关心农村留守儿童，关心农村留守儿童的生活和学习状况，掌握农村留守儿童的思想动态并做到定期与农村留守儿童谈心，做好农村留守儿童的心理疏导工作。同时，教师要搞好班集体建设，引导班级积极向上，从而形成勤奋好学的优良班风，促进农村留守儿童的健康发展。根据马斯洛的需要层次理论可知，人际关系失衡使农村留守儿童的情感需求得不到满足，因而阻碍了农村留守儿童学习能力发展的动机。[①]

由于农村留守儿童不在父母身边，缺少与父母的情感沟通，缺少情感的寄托和亲情的关怀；而农村留守儿童的大部分时光在学校度过，有老师和同学的陪伴；师生关系和生生关系就构成了农村留守儿童简单但重要的人际关系网络，良好的师生关系对农村留守儿童的成长至关重要，教师对农村留守儿童的贴切关怀能够让农村留守儿童感到家的温暖，教师成为农村留守儿童情感的寄托，成为他们亲近的人；教师鼓励农村留守儿童积极向上，能够激发农村留守儿童的学习动机，提高学习动力。教师给予农村留守儿童的关心与呵护、教师与学生之间友好的交流、同龄人之间和谐交往可以弥补农村留守儿童长期缺失的来自父母的关爱。农村留守儿童在一个相对温馨友好的环境中成长会有很高的学习热情，充满学习动力，有积极的学习态度，其学习能力就会得到有效的提升，进而提升农村留守儿童的学习社会化进程。

2. 教学资源与学习动机、学习态度

教学资源不仅直接作用于学习动机，还通过校园人文、教师效能间接影响学习动机、学习态度，且呈现正相关性；教学资源通过教师效能、学习动机间接作用于学习态度，并呈现正相关性。在农村留守儿童的成长过程中，教师是农村留守儿童的学习榜样，成为农村留守儿童成长道路上的领路人，教师对待农村留守儿童的态度会直接表现在农村留守儿童的学习动机和学习态度上，进而影响农村留守儿童的学习效果。徐鹏、张英俊提出教师对学习动机的影响主要表现在：师生关系、教师的教学行为和教师对待学生的态度等。[②] 罗森塔尔效应，是一种社会心理效应，是指教师对学生的期望通过师生之间的循环反馈，最终达到教师预期的结果。王彩琴认为教师会对喜欢的学生抱有较高的期望，当教师的期望传递给学生的时候，学生会更加自信自强，最终达到教师的期待。[③] 可见，教师的自我效

[①] 梁海青：《学校环境下农村留守儿童学习能力发展的影响因素研究》，硕士学位论文，曲阜师范大学，2017 年。

[②] 徐鹏、张英俊：《教师素质对学习动机的影响探析》，《西南大学学报》（社会科学版）2011 年第 S1 期，第 64—6 页。

[③] 王彩琴：《"罗森塔尔效应"和语言学习效率的关系研究》，《教育与职业》2006 年第 18 期，第 94—96 页。

能感会对农村留守儿童的学习动机产生影响,影响教师效能感的因素包括环境和其自身的因素,其中环境因素中受影响最大的就是教学资源。

农村教学资源的匮乏是导致农村留守儿童教育问题的主要原因之一,受各种条件的制约,农村教育落后于城镇教育一方面是基础教育设施不完善,另一方面就是优秀教师资源的短缺。丰富的教学资源某种程度上为教师教学方法与教学方式提供了更多的选择,以便根据不同学科找到某种最适合的教学方法,不但能使教师发挥出各自教学的优势,而且可以使农村留守儿童学习到更多的知识,拓宽自身知识面,在与同伴的交流中会增强自己的成就感,进而,农村留守儿童自身的学习动机就会增强,学习能力也会相继得到提升。农村留守儿童处于成长的关键时期,其学习动机和学习态度受教学资源的影响较大。优质的教学资源为农村留守儿童创造了良好的物理环境,有利于他们学习成绩的提高,对他们的学习具有重要的意义。当然,学校良好的基础设施环境、课程的设置以及学校学习氛围等都会对农村留守儿童的学习产生一定的影响。

3. 教师效能与学习动机、学习态度

教师效能直接作用于学习动机,且呈现正相关性;教师效能通过学习动机间接作用于学习态度,且呈现正相关性。优秀的教师队伍能够提供优质的教育,这对提高农村留守儿童的学习有非常大的帮助。对于农村留守儿童来说,教师见证了他们的成长过程,是他们学习和生活中的重要陪伴者,教师对农村留守儿童的肯定态度,会激发他们内部的学习动机,提升学习效率;相反,教师在认知、情感方面对农村留守儿童的态度比较消极或弱化,他们的学习动机消减。此外,教师的教育观念、评价方式也能够促进农村留守儿童学习的积极性,提高农村留守儿童学习动机。

农村留守儿童在缺少父母的爱,缺少相应的家庭教育的情况下,教师无微不至的关心和及时的鼓励对农村留守儿童来说是得到的最大的学习支持,同时合理的期望也可以促进他们学习成绩的进步。相比较而言,家庭教育以及家庭情感较为弱化的情况下,教师成为农村留守儿童情感的寄托,师生关系的融洽、教师的关怀都会给农村留守儿童带来安全感,并潜移默化地影响农村留守儿童良好学习行为的养成。随着社会的不断发展和进步,农村留守儿童所处的社会环境在变化,他们的思想观念也在发生改变，教师要多留意农村留守儿童的学习状态，及时调整教学策略和教学方法，关注农村留守儿童的健康成长。

(二) 学校环境与学习能力

如图4—7所示，校园人文、教学资源、教学效能通过学习动机、学习态度对学习能力均有影响。

1. 校园人文与学习能力

校园人文通过学习动机、学习态度间接影响学习能力，且呈现正相关性，通过计算得知，校园人文对学习能力的总影响效应为0.49；教学资源通过校园人文、教学效能、学习动机、学习态度间接影响学习能力，且呈现正相关性，通过计算得知，教学资源对学习能力的总影响效应为0.59，教学效能不仅直接作用于学习能力，还通过学习动机、学习态度间接影响学习能力，且呈现正相关性，通过计算得知，教学效能对学习能力的总影响效应为0.87。校园人文间接影响农村留守儿童的学习能力，充分说明农村留守儿童所处的校园环境会潜移默化地影响其学习的动机和学习态度。因此，学校要充分挖掘校园的人文因素，并加以引导，帮助农村留守儿童树立正确的学习观和积极的生活观。学校是一块净土，在挖掘人文因素的时候也要摒弃一些不良的社会风气，为农村留守儿童的健康成长营造积极向上、充满正能量的校园环境。

2. 教学资源与学习能力

教学资源对农村留守儿童的学习能力有间接的影响，学校教学资源与农村留守儿童的学习能力具有内在关联性，教学资源的丰富与否会影响农村留守儿童获取资源的途径和方法，间接影响农村留守儿童的学习能力。教师作为农村留守儿童成长中的重要陪伴者，是影响农村留守儿童学习能力发展的重要因素，由于农村留守儿童不在父母身边，教师成为农村留守儿童的依赖对象，所以，农村留守儿童的学习动机很大程度上取决于教师对待他们的态度和期望。往往教师对农村留守儿童的积极期望都将成为农村留守儿童成长的强大动力，促进农村留守儿童学习动机和学习态度，进而影响农村留守儿童的学习能力。人际关系是农村留守儿童学习能力发展的重要影响因素，师生关系会直接影响到农村留守儿童的学习效果，教师与学生之间的互动交流能够激发学生的学习动机，对农村留守儿童的学习能力有重要影响，并且这种影响是直接的。

3. 教师效能与学习能力

由于农村留守儿童群体的特殊性,虽然拥有简单的人际关系,但是心理上容易出现各种问题。教师作为陪伴农村留守儿童成长的人,留意农村留守儿童的情绪和行为的变化,了解农村留守儿童的学习状态,追踪农村留守儿童的成长路径,教师需要多关注农村留守儿童的学习方面,积极发挥教师的引导作用。首先学校的教育会弥补农村留守儿童家庭教育的缺失,教师具备广博的知识不仅可以扮演好教育者角色,最重要的是有效培养农村留守儿童的学习兴趣,使农村留守儿童愿意主动去学习,从而提高自身的学习能力,更有助于良好学习风格的养成。其中,教师教学知识水平的高低直接影响农村留守儿童学习效能的感知,教师的教学行为的表现及教学素养的高低会直接影响教学策略和教学效果,并在一定程度上影响学生的学习能力及学习行为。教师在教学过程中对学生的态度、与学生的情感交流、教师的作风和教学行为表现等都从不同侧面影响着农村留守儿童良好学习风格的养成和学生学习能力的培养。

(三) 学校环境与学习风格

如图 4—7 所示,校园人文对学习风格的路径系数仅为 0.03,其 P 值为 0.487,大于 0.05,说明校园人文对学习风格无影响。学习风格是学习者持续一贯的带有个性特征的学习方式,是学习策略和学习倾向的总和。[①] 学习风格是个体在学习过程中体现出来的具有一定稳定性的某种学习方式的偏好,它在学习者的学习过程中直接体现,并伴随着整个学习过程,为教育者研究学习者的学习情况提供一定的参考,这属于个体属性。因此,学习风格并不受校园人文的影响。

(四) 学校环境下中间变量对学习社会化的影响

在学校环境维度下中间变量对学习社会化的影响如表 4—12 所示,学习动机对农村留守儿童学习社会化影响的总效应是 0.28,学习态度对农村留守儿童学习社会化影响的总效应是 0.76,学习能力对农村留守儿童学习社会化影响的总效应为 0.64,学习风格对学习社会化的路径系数仅为 0.04,其 P 值为 0.128,大于 0.05,说明学习风格对农村留守儿童学习

---

① 付春燕:《信息化环境下基于学习风格的教学设计研究》,硕士学位论文,西南交通大学,2013 年。

社会化无影响。综上，总影响效应由高到低依次为学习态度、学习能力、学习动机。

表4—12　　　　　学校环境下中间变量对学习社会化的影响

路径名称	家庭环境维度		
	直接效应	间接效应	总效应
学习动机→学习社会化	N/A	0.28	0.28
学习态度→学习社会化	0.35	0.41	0.76
学习能力→学习社会化	0.64	N/A	0.64
学习风格→学习社会化	0.04	N/A	0.04

注：N/A表示无影响。

三　学校环境对学习社会化的影响效应

校园人文、教学资源、教师效能均对农村留守儿童学习社会化具有显著正相关性。教师是个体学习活动直接的教育者和引导者。农村留守儿童学习目标的确立、学习方式的选择、学习氛围的创造、学习成功的评价以及自我潜能的挖掘，都需要教师的引导。教师教学知识水平的高低直接影响农村留守儿童学习效能的感知。本书的数据结果对此也提供了直接的数据支持：教师的教学效能居于学校环境下影响农村留守儿童学习社会化发展各因素中的首要位置，通过作用于学习动机、学习态度、学习能力间接影响学习社会化。另外，教学资源与校园人文对学习社会化的总影响效应相差不大，说明良好的人文环境与充裕的教学资源并不是孤立存在的，而是相互关联、密不可分的，协同促进农村留守儿童学习能力发展。

综上所述，在学校环境中，教师效能对于农村留守儿童的学习能力呈现出正相关影响，教师效能越高，儿童学习能力越强，儿童独立解决问题的能力越强。校园人文环境对于农村留守儿童的学习动机、学习态度有直接影响，对学习能力有间接影响，对学习风格无影响。表明良好的校园风气对于农村留守儿童学习发展有至关重要的作用。笔者本想关注学校层面出台的农村留守儿童相关政策对于农村留守儿童学习的影响，但可惜的是，这一测量指标未能进入影响因素中，这可能与当地缺失相应的政策或政策落实不到位有关，使这一指标对于农村留守儿童学习的承载不够。

第三节 大众媒介维度下影响因素的验证与分析

一 模型验证与修正

（一）测量模型验证

1. 组合信度分析

表4—13数据表明，该假设模型中的各变量的组合信度均介于0.7541到0.8341之间，均高于0.60，说明该模型的内在质量良好。

2. 聚合效度分析

从表4—13中看出，所有题项的因素负荷量介于0.501到0.813之间，P值均小于0.05，AVE高于0.50，表明该结构模型内部质量良好。

表4—13 大众媒介维度下结构模型各变量的信效度分析结果

潜在变量	题项	因素负荷量	P值	组合信度	AVE
媒介接触频率	XH1	0.638	***	0.7541	0.5082
	XH5	0.670	0.08		
	XH9	0.813	***		
媒介接触时间	XH2	0.601	0.01	0.7663	0.5240
	XH6	0.646	***		
	XH10	0.711	***		
媒介接触偏好	XH3	0.572	***	0.8341	0.5600
	XH7	0.501	***		
	XH11	0.503	***		
媒介素养	XI1	0.602	***	0.8158	0.5264
	XI2	0.552	***		
	XI3	0.647	***		
	XI4	0.634	***		
	XL6	0.558	***		

注：*** 代表 P<0.001。

（二）结构模型验证

本书依据第三章提出的研究假设，采用 AMOS 17.0 绘制出大众媒介对农村留守儿童学习社会化影响的初始模型,具体如图4—8所示。

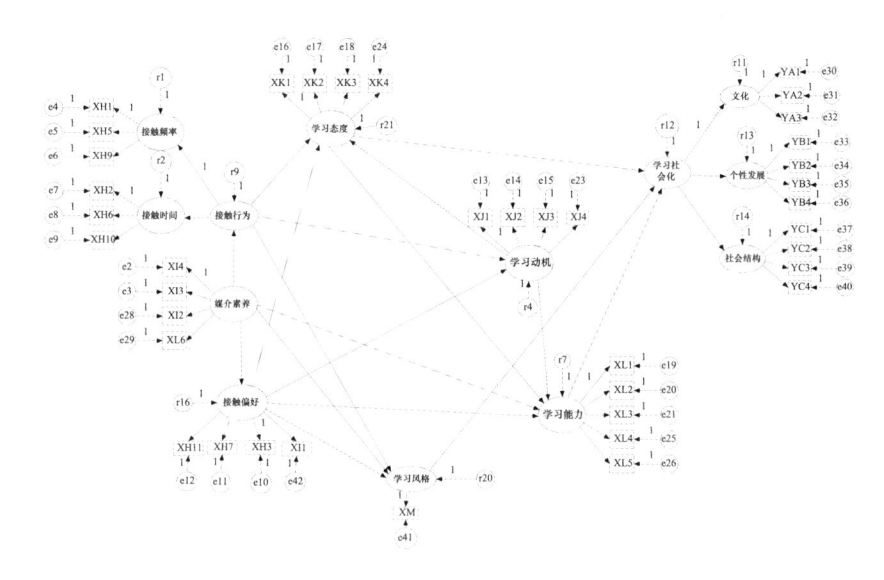

图4—8 大众媒介对学习社会化影响的初始假设模型

接下来需要检测结构模型的适匹度,具体如表4—14所示。CMIN/DF的值为2.359,符合小于标准值3.00的参考标准;CFI的值为0.904,符合大于标准值0.90的参考标准;RMSEA的值为0.042,符合小于标准值0.050的参考标准;IFI的值为0.908,符合大于标准值0.90的参考标准;PGFI的值为0.756,符合大于标准值0.50的参考标准;GFI的值为0.947,符合大于0.90的参考标准;AGFI的值为0.931,符合大于0.90的参考标准。综上各拟合指标均高于理想值,说明该模型适匹度良好。

表4—14 大众媒介对学习社会化影响的结构模型拟合指标分析

拟合指标	CMIN/DF	CFI	RMSEA	IFI	PGFI	GFI	AGFI
参考标准值	<3.00	>0.90	<0.050	>0.90	>0.50	>0.90	>0.90
拟合指标测量值	2.359	0.904	0.042	0.908	0.756	0.947	0.931

二 验证结果分析

本书通过AMOS 17.0对研究中的假设模型进行验证因子分析及模型

修正，明确了大众媒介与农村留守儿童学习社会化之间的关系，以及相关的路径系数，具体结果如图4—9、表4—15所示。

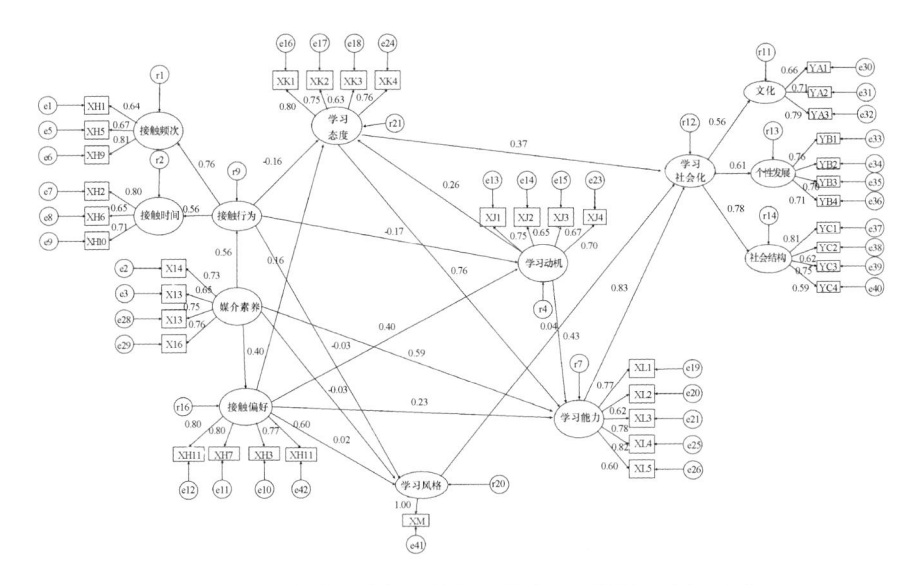

图4—9 大众媒介对学习社会化影响的结构模型路径系数

表4—15　　　大众媒介对学习社会化影响的模型假设分析结果

路径	路径系数	P值	结果	路径	路径系数	P值	结果
接触行为←媒介素养	0.56	***	成立	学习能力←学习动机	0.43	***	成立
接触偏好←媒介素养	0.40	***	成立	学习能力←接触行为	0.16	0.021	成立
学习动机←接触偏好	0.40	0.002	成立	学习能力←接触偏好	0.23	***	成立
学习动机←接触行为	-0.17	0.019	成立	学习风格←接触偏好	0.02	0.561	不成立
学习态度←接触行为	-0.16	0.021	成立	学习能力←学习态度	0.76	***	成立
学习态度←接触偏好	0.16	0.021	成立	学习社会化←学习风格	0.04	0.107	不成立
学习态度←学习动机	0.26	***	成立	学习社会化←学习能力	0.83	***	成立
学习风格←媒介素养	-0.03	0.579	不成立	学习社会化←学习态度	0.37	***	成立
学习能力←媒介素养	0.59	***	成立				

注：*** 代表P＜0.001。

（一）大众媒介与学习动机、学习态度

如图4—9所示，媒介接触行为、接触偏好、媒介素养对学习动机、

学习态度均有一定的影响。

1. 媒介接触行为与学习动机、学习态度

媒介接触行为对学习动机、学习态度有直接影响,且呈现负相关性。说明农村留守儿童媒介接触时间越长,频率越高,其学习的正面态度会相应地减弱,更不利于其学习动机的激发。农村留守儿童每天媒介接触时间不应太长,不然会对农村留守儿童的生理和心理健康产生不良影响,影响其学习成绩。大众媒介在农村留守儿童学习社会化的发展过程中起着重要的推动作用,大众媒介不仅能丰富农村留守儿童的精神生活,也能有效地促进农村留守儿童身心健康和谐地发展,使农村留守儿童的个性更加多元化。

但是,作为未成年人的农村留守儿童,其心理和生理处在不断发展与变化的过程中,基本的是非辨别能力尚未形成,农村留守儿童长期暴露在各种参差不齐的媒介信息洪流中,很容易受其影响并沉醉其中。如果农村留守儿童长期得不到父母的关爱及有效的心理疏导,其性格中的负面因素较多,大众传播媒介的不良信息会影响到农村留守儿童的健康成长,农村留守儿童会产生厌学甚至逃课的情况。农村留守儿童在大众媒介中投入精力越多,相应地学习态度会日渐消极,进而影响其课上注意力的集中和课下作业完成的质量。基于先前对媒介接触行为与学习动机的影响假设,推断出媒介接触主要影响儿童的内在驱动力,但是农村留守儿童在媒介使用过程中,媒介接触未能促使其学习能力、生活能力及自我效能感得到提升,[1] 也不能使儿童在同伴群体中获得更高的满足,农村留守儿童在接触媒介的过程中,其学习动机也并未得到提高。因此,农村留守儿童的媒介接触时间越长,频率越高,越不利于其学习态度的养成和学习动机的激发。

2. 媒介接触偏好与学习动机、学习态度

农村留守儿童的媒介接触偏好对其学习态度、学习能力及学习动机均显示出正相关,这说明农村留守儿童媒介接触的内容的适恰性对于其学习发展有重要价值与作用。媒介是知识传递的桥梁,日常生活中常见的大众媒介像电视、手机等,是农村留守儿童能够接触到的主要媒介,也是农村留守儿童学习社会化的主要力量,信息的传播突破地域限制,传播迅速。

---

[1] 王倩倩:《留守儿童媒介素养现状调查与提升策略分析》,硕士学位论文,山东师范大学,2013年。

农村留守儿童可以通过大众媒介获取外界的信息，大众媒介传递的信息内容丰富、种类繁多，农村留守儿童通过媒介接触可以满足自身对于未知社会生活及自然科学等方面知识的了解，扩大知识面和拓宽视野。农村留守儿童媒介接触偏好表现在其选择媒介的随机性上，大部分农村留守儿童选择电视作为主要接触对象，电视是农村留守儿童容易接触到的大众媒介，电视音视频同画，便于理解和识记，是适合于儿童接受和理解的大众媒介。

研究发现，农村留守儿童在利用电视、手机、广播、课外书等媒介接触与学习相关的内容时，接触内容与学习越密切，其学习积极性越高，学习动机会越强，学习态度也会越端正，学习能力会因其学习态度的转变、学习动机的提升进而得以发展。这里重点强调媒介接触应是与学习者学习相关的并能满足其信息需求的内容。由皮亚杰的认知发展理论可知，农村留守儿童正处于认知发展的具体运算阶段，思维活动需要具体内容的支持，缺乏判断和辨识的能力，极易受到大众传播媒体的影响，迷失自我。对于大众媒介传递的媒介信息，农村留守儿童比较盲从，容易模仿媒介中的行为，不良的媒介接触行为会对农村留守儿童的身心产生不良的影响，导致农村留守儿童的价值观扭曲等严重后果。在家庭教育缺失，学校教育不完善的情况下，农村留守儿童暴露在大众媒介的信息流中，有更多时间接触大众媒介，容易受到大众媒介信息的影响，其身心健康面临着巨大的挑战。基于此，学校或者家庭对儿童媒介接触内容要严格把控，避免不良媒介内容消磨农村留守儿童的学习积极性，阻碍其学习社会化发展。

（二）大众媒介与学习能力

如图4—7所示，媒介接触行为、接触偏好、媒介素养通过学习动机、学习态度对学习能力均有影响。

大众传播媒体在潜移默化中对农村留守儿童的学习动机和学习态度产生影响，农村留守儿童所接触的外界环境比较局限，尤其是居住在山区的农村留守儿童，接触外界环境的机会并不多，认识世界更多来自教师的传授。但是大众传播媒体的普及，让更多的农村留守儿童了解了外面的世界，大众媒介在一定程度上刺激了农村留守儿童对外面世界的渴望，从而农村留守儿童内心会产生强烈的学习动机和学习态度，大众媒介刺激了农村留守儿童学习的动机，激发了其求知欲，端正了农村留守儿童的学习态度，进而促进农村留守儿童更加全面、科学地认识世界。媒介素养通过影响媒介接触行为间接影响学习态度，通过影响媒介接触偏好间接影响学习态度与学习能力，而媒介素养对学习能力又有正向的直接影响，这表明农村留守儿童的媒介素养越高，其学习态度越端正，学习能力也越强。说明具有一定媒介素养的农村留守儿童，其自我审视能力更强，并能够对相应的信息行为形成正确的认知，积极主动地选择与学习相关的信息资源。

由于农村留守儿童自我管理能力以及辨别是非能力的发展还不够成熟，在面对多样化的学习资源时容易信息迷航，从而陷入不良信息中而耽误学业。农村留守儿童所处的媒介环境随着大众传播媒体的发展变得日渐复杂，农村留守儿童的媒介接触呈现多元化的趋势，虽然儿童媒介素养的提高会增强其学习能力、端正其学习态度，但社会媒体种类的日益复杂多样，农村留守儿童对媒体的需求在不断提升，儿童过度依赖于媒介所带来的刺激，使用时间过长所引起的社会责任感缺失等问题凸显。农村留守儿童对于社会媒体过多接触同样会影响其价值观形成，并且会使农村留守儿童对大众媒介产生过度依赖，严重阻碍其健康发展。目前农村留守儿童所表现出的媒介接触行为的不恰当与媒介接触偏好的娱乐化倾向严重影响其媒介素养的养成。所以，大众媒介环境下农村留守儿童学习能力的提高，一定程度上要以媒介素养的提升为前提。

家庭教育对农村留守儿童的媒介素养教育至关重要，由于农村留守儿童缺少来自家庭的教育，其媒介素养也比同龄人缺乏，这会直接影响农村留守儿童的媒介素养，阻碍农村留守儿童学习社会化的进程。在农村留守儿童的学习社会化过程中，家庭影响有限，媒介作用尤为突出。在农村留守儿童媒介素养形成的过程中，社会作为农村留守儿童成长的大环境，要为农村留守儿童的媒介素养创造良好的社会环境，社会环境的优劣会直接关系到农村留守儿童的媒介素养能否提升，进一步影响到未来社会人才的发展。因此，我们应该集社会力量共同为农村留守儿童的健康成长创造健康的媒介环境，为农村留守儿童的身心发展保驾护航，这是我们每一个社会公民应尽的责任和义务。

（三）大众媒介与学习风格

媒介接触行为、接触偏好及媒介素养与学习风格之间的路径系数都很小且不显著，说明这些变量对农村留守儿童学习风格没有影响，学习风格对学习社会化的承载也很小。学习风格是个体在较长时间的学习过程中表现出来的对某种学习方式与方法的偏好，它具有一定的特殊性和稳定性。从学习风格自身特点的角度分析，学习风格养成过程的长期性决定了学习风格受外界环境影响较小，且在短时间内很难受某种媒介行为影响而发生改变，即媒介接触和媒介素养对于农村留守儿童学习风格的塑造影响很小，从而不会影响其长期性学习风格的形成。从影响学习风格养成的角度来看，家庭教育、学校环境、社会文化环境及农村留守儿童自身因素影响农村留守儿童学习风格的养成。儿童媒介接触行为与媒介素养同样受家庭、学校及社会三方共同影响，由于家庭媒介教育的缺失，学校管理的不足，社会监管不到位，农村留守儿童在长期的学习过程中并未形成运用大众媒介解决学习问题的能力与意识，媒介的利用并未对儿童学习方式产生重大影响，因而农村留守儿童的接触行为与媒介素养并不会影响其学习风格的养成。

（四）大众媒介维度下中间变量对学习社会化的影响

在大众媒介维度下，学习动机对农村留守儿童学习社会化影响的总效应是0.51，学习态度对农村留守儿童学习社会化影响的总效应是0.79，学习能力对农村留守儿童学习社会化影响的总效应为0.83，学习风格对学习社会化的路径系数仅为0.04，其P值为0.128，大于0.05，说明学习风格对农村留守儿童学习社会化无影响，总影响效应由高到低依次为学习能力、学习态度、学习动机。

表4—16　　大众媒介维度下中间变量对学习社会化的影响

路径名称	大众媒介维度		
	直接效应	间接效应	总效应
学习动机→学习社会化	N/A	0.51	0.51
学习态度→学习社会化	0.37	0.42	0.79
学习能力→学习社会化	0.83	N/A	0.83
学习风格→学习社会化	0.04	N/A	0.04

注：N/A表示无影响。

三　大众媒介对学习社会化的影响效应

媒介接触行为对农村留守儿童学习社会化有负相关性，媒介素养和媒介偏好对其有正向影响。数据结果显示，农村留守儿童的媒介接触行为对其学习动机、学习态度、学习能力产生负面影响。表明媒介接触频率与接触时间越多，对其学习社会化负面影响越大。媒介素养和媒介偏好对其学习动机、学习态度、学习能力产生正面影响。表明媒介素养越高，或者说接触的内容与学习越密切，越能够正向促进自身学习社会化的发展。所以，家庭或者学校如何严格把控留守儿童接触到的媒介内容，提升他们的媒介素养是值得关注的问题。

第四节 社会环境维度下影响因素的验证与分析

一 模型验证与修正

（一）测量模型验证

1. 组合信度分析

表4—17数据表明，该假设模型中的各变量的组合信度高于0.60，说明该模型的内在质量良好。

2. 聚合效度分析

从表4—17中看出，所有题项的因素负荷量介于0.670到0.780之间，P值均小于0.05，AVE高于0.50，表明该结构模型内部质量良好。

表4—17 社会环境维度下结构模型各变量的信效度分析结果

潜在变量	题项	因素负荷量	P值	组合信度	AVE
政策机制	XN1	0.734	***	0.7619	0.5167
	XN2	0.750	***		
	XN3	0.670	***		
社会风气	XG1	0.760	***	0.7848	0.5495
	XG2	0.680	***		
	XG3	0.780	***		

注：*** 代表 P<0.001。

(二) 结构模型验证

本书依据第三章提出的研究假设，采用 AMOS 17.0 绘制出社会环境对农村留守儿童学习社会化影响的初始模型，具体如图4—10所示。

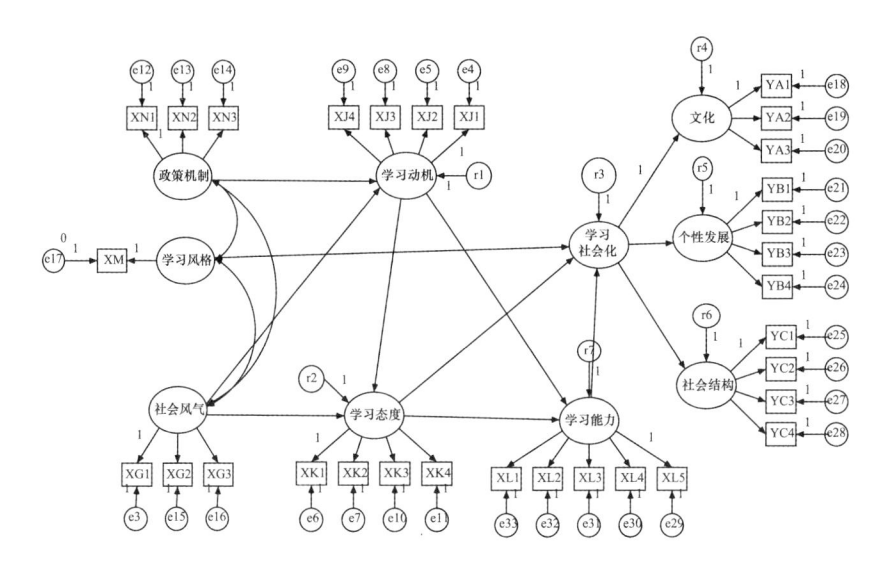

图4—10 社会环境对学习社会化影响的初始假设模型

接下来需要检测结构模型的适匹度，具体如表4—18所示。CMIN/DF 的值为 2.747，符合小于标准值 3.00 的参考标准；CFI 的值为 0.890；RMSEA 的值为 0.048，符合小于标准值 0.050 的参考标准；IFI 的值为 0.921，符合大于标准值 0.90 的参考标准；PGFI 的值为 0.761，符合大于标准值 0.50 的参考标准；GFI 的值为 0.903，符合大于 0.90 的参考标准；AGFI 的值为 0.920，符合大于 0.90 的参考标准；其中，CFI 的值为 0.890，接近 0.90，在可接受的范围内，其余拟合指标均高于理想值，说明该模型适匹度良好。

表4—18 社会环境对学习社会化影响的结构模型拟合指标分析

拟合指标	CMIN/DF	CFI	RMSEA	IFI	PGFI	GFI	AGFI
参考标准值	<3.00	>0.90	<0.050	>0.90	>0.50	>0.90	>0.90
拟合指标测量值	2.747	0.890	0.048	0.921	0.761	0.903	0.920

二 验证结果分析

本书通过 AMOS 17.0 对研究中的假设模型进行验证因子分析及模型修正，明确了社会环境与农村留守儿童学习社会化之间的关系，以及相关的路径系数，具体结果如图4—11、表4—19所示。

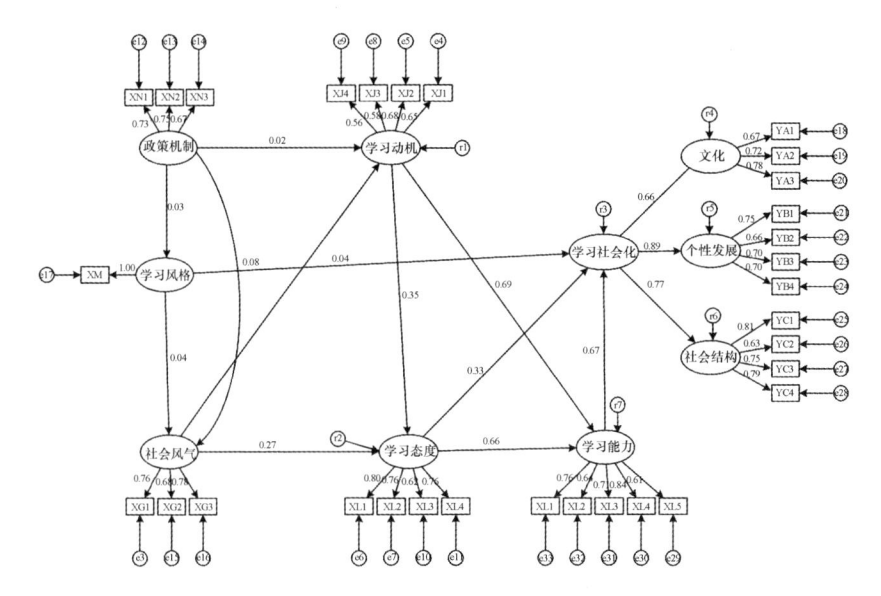

图4—11 社会环境对学习社会化影响的结构模型路径系数

表4—19　　　社会环境对学习社会化影响的模型假设分析结果

路径	路径系数	P值	结果
学习动机←社会风气	0.08	0.432	不成立
学习动机←政策机制	0.02	0.448	不成立
学习态度←学习动机	0.35	***	成立
学习态度←社会风气	0.27	0.019	成立
学习能力←学习动机	0.69	***	成立
学习能力←学习态度	0.66	***	成立
学习社会化←学习能力	0.67	***	成立
学习社会化←学习态度	0.33	***	成立
学习社会化←学习风格	0.04	0.136	不成立

注：*** 代表 P<0.001。

(一) 社会环境与学习动机、学习态度

如表4—19所示，政策机制、社会风气对学习动机的影响效应分别为0.02、0.08，其P值为0.448、0.432，高于0.05，表明政策机制、社会风气对学习动机无影响。政策机制对他人的影响具有整体性、间接性、抽象性等特点，尤其对儿童而言，其影响更微乎其微。面对不良的社会环境，多数留守儿童会产生钢化效应以战胜逆境，并获得良好的发展，这也是社会环境对学习动机均不产生影响的原因。

社会风气对学习态度具有直接的影响，并呈现正相关性。学习态度是学习者在学习过程中逐渐形成的比较稳定的学习状态，会随着所处的社会环境的变化而变化。留守儿童年龄比较小，其学习态度特别容易受社会风气的影响，社会风气与留守儿童的日常生活联系紧密，留守儿童的学习态度是留守儿童在学习中产生的心理和行为的综合表现，它反映了留守儿童对待自己学习的立足点和方式。

当前已经迈入信息化社会，学习态度对于个人成长至关重要，留守儿童想要成长成才实现自身价值，成为创新型人才就必须端正学习态度，树立科学的学习观念。社会风气是社会价值观、社会意识和社会理想共同驱动下所表现出的一种大众风向标，是一种潜在的社会力量，其对教育发挥着潜移默化的巨大影响，它标志着一定的社会进步，反映着特定时期社会的精神状态。良好的社会风气会促使留守儿童学习积极性增强以及端正学习态度。社会风气具有一定的主导性和广泛性，会对留守儿童的价值观产生潜移默化的影响，进而影响其学习态度的养成。

网络时代，互联网技术的普及和应用给社会带来了深刻的变革，网络作为一种大众传播载体，农村留守儿童接触外面世界的主要渠道为网络，但不良的网络信息会对农村留守儿童的价值观产生不良的影响。[1] 社会的不断发展影响着人类价值观的形成，作为社会群体中的一类特殊群体——农村留守儿童，受社会诸多因素的影响，农村留守儿童的成长受到社会风气因素影响和制约的同时，其价值观也会受到家庭、学校的影响。

由于父母长时间缺席、缺乏正确的引导和一定的自我保护意识，留守

---

[1] 牛文萍：《我国农村留守儿童现状及存在问题分析》，硕士学位论文，沈阳师范大学，2018年。

儿童受家庭教育不足的影响，没有树立良好的人生观价值观，很容易被社会上的不正风气误导。社会风气对留守儿童的学习态度产生了越来越大的影响，部分留守儿童不容易被社会风气影响，可以正确自我引导，通过互联网查阅浏览网页信息，学习课外知识，拓宽视野和知识面。社会风气与留守儿童价值观的形成之间具有内在的相关性，因此，学校、家庭和社会需相互配合，共同营造良好的社会环境，促进留守儿童价值观的健康发展。优化社会风气建设必须以正确的思想为指引，学校需要对留守儿童进行社会主义核心价值观教育，进行德育教育，引导学生树立正确的价值观，深入研学以"马克思主义指导思想、中国特色社会主义共同理想、以爱国主义为核心的民族精神和以改革创新为核心的时代精神，社会主义荣辱观"的社会主义核心价值体系，[1] 因此，创造良好的社会环境对留守儿童学习态度的养成、成长、成才有着重要意义。

（二）社会环境与学习能力

社会风气通过学习动机、学习态度间接影响学习能力，并呈现正相关性。社会环境给留守儿童提供基本的生活条件，社会环境会潜移默化地影响他们，他们也会对社会环境作出相应的回应，留守儿童的学习动机和学习态度就是对社会环境的反应。在社会环境中，留守儿童常常通过相互关系从事学习活动，受社会环境的各方面因素的影响。想要提高留守儿童的学习能力，就要创造健康向上的社会环境，良好的社会环境有益于留守儿童的学习。

在家庭教育缺位、学校教育补救欠佳的情况下，对于正处于人格特征发展关键时期的留守儿童而言，周围同伴是影响其良好发展的重要情境，同辈群体交往是留守儿童学习社会化过程中的一种特殊因素，留守儿童在群体中体验同伴的认可和帮助，进行情感交流和社会活动。[2] 同伴之间的尊重会让留守儿童变得自立自强，变得有责任感和有担当。同辈群体成员之间互相的支持和尊重，能够满足留守儿童对情感交流和归属感的需求，因此，留守儿童在生活和学习上会与周围同伴保持一致，在遇到学习困难时更倾向于选择周围同伴寻求学业支持。在此过程中，给予自己积极的暗

---

[1] 郑敏：《农村留守儿童道德问题研究》，硕士学位论文，河南农业大学，2007年。
[2] 乔春芝：《媒介对农村留守儿童社会化的影响》，硕士学位论文，安徽大学，2017年。

示，更加主动地投入到学习当中，并端正学习态度，以此提升自己的学业成就。

（三）社会环境维度下中间变量对学习社会化的影响

在社会环境维度下，学习动机对农村留守儿童学习社会化影响的总效应是0.73，学习态度对农村留守儿童学习社会化影响的总效应是0.77，学习能力对农村留守儿童学习社会化影响的总效应为0.67；学习风格对学习社会化的路径系数仅为0.04，其P值为0.128，大于0.05，说明学习风格对农村留守儿童学习社会化无影响，总影响效应由高到低依次为学习态度、学习动机、学习能力。

表4—20　　社会环境维度下中间变量对学习社会化的影响

路径名称	社会环境维度		
	直接效应	间接效应	总效应
学习动机→学习社会化	N/A	0.73	0.73
学习态度→学习社会化	0.33	0.44	0.77
学习能力→学习社会化	0.67	N/A	0.67
学习风格→学习社会化	0.04	N/A	0.04

注：N/A表示无影响。

三　社会环境对学习社会化的影响效应

政策机制对农村留守儿童学习社会化无影响，社会风气对其有显著的正向影响。假设模型中，政策机制是通过直接作用于学习动机来间接影响政策机制，然而数据结果显示，政策机制对学习动机无影响，故政策机制对学习社会化无影响。对于社会风气而言，社会风气通过直接作用于学习动机、学习态度间接影响学习社会化，并呈现正相关性。由此表明，在家庭教育缺位、学校教育补救欠佳的情况下，对于留守儿童而言，师生关系和生生关系是影响其良好发展的重要情境，由于留守儿童与周围同伴的成长环境相似，所接受的教育具有一致性，所以，留守儿童在生活和学习上遇到困难时更倾向于选择周围同伴寻求帮助，留守儿童与同伴之间的有效沟通能够帮助其面对学习和生活中的难题，激发其学习动机，使其将更多的精力投入到学习中，端正学习态度，以此提升自己的学习成绩。要想提高留守儿童的学习成绩,要有适应他们学习的社会环境,正确的思想政治教育和良好的社会舆论风气,社会环境变得越来越复杂,它对人类活动的影响也越来越大,因此,社会风气对留守儿童的成长影响越来越大。在社会大环境中,留守儿童的人际关系主要由同伴关系和师生关系组成,留守儿童不但受社会关系的制约,而且受社会风气的各方面因素的影响。在学习社会化中,留守儿童将利用良好的社会风气实现学习社会化,在学习社会化过程中表现自己,使留守儿童在良好的社会风气中得到改造。学校教育影响着留守儿童的学习成绩;同时,社会变革会对留守儿童的学习成绩产生影响,也会给留守儿童的学习及成绩带来极大的影响。因此,社会风气对留守儿童的成长、成德与成才并行发展都起着重要的作用。

第五节 模型构建基础上的发展路径分析

农村留守儿童的健康成长受到了家庭、学校、社会和大众媒介等各种因素的共同影响,彼此之间相互渗透、相互作用,把握和厘清留守儿童学习社会化问题的影响因素,有利于进一步构建留守儿童教育支持体系,有效地解决留守儿童教育问题。由此可见,家庭环境、学校环境、社会环境、大众媒介对留守儿童学习社会化的影响并不是简单和直接的,需要多种因素的共同参与才能促使留守儿童学习社会化的发展。最重要的是,家庭文化资本(家风、教养观)是家庭环境对留守儿童学习社会化起作用的助推剂;教师效能是学校环境对留守儿童学习社会化起作用的助推剂;社会风气是社会环境对留守儿童学习社会化起作用的助推剂;媒介素养是大众媒介对留守儿童学习社会化起作用的助推剂。因此,在留守儿童成长过程中,良好的家风、合理的教育观应得到监护人的重点关注;教师的职业素养应得到重点培养;构建良好的同辈学习环境是关键;应聚焦于留守儿童媒介素养的培养与发展。此外,无论是家长、教师还是政府及社会机构,在培养孩子社会适应能力的过程中,还要注重孩子的学习动机、学习态度等非智力因素的培养和发展,因为这些非智力因素会直接影响孩子自身学习社会化的发展,且影响效应显著。

从构建的模型来看,家庭环境、学校环境、社会环境、大众媒介等因素对农村留守儿童学习社会化具有显著影响作用。数据结果显示,相比较于松散的外在社会环境，系统组织的学校、家庭、大众媒介对农村留守儿童学习社会化的影响效应较高。相应地应当从以下几个方面入手来促进农村留守儿童的学习社会化（如图4—12所示）。

图4—12 农村留守儿童学习社会化的发展路径分析

一 构建良性互动的"家庭—学校—社会"沟通机制，科学提高家庭教育水平

显然，农村留守儿童在家庭环境中表现出的物质缺失，并不是影响其社会化成长的决定性因素。物质上的满足无法替代农村留守儿童成长的精神需求，而与之对应的是，良好的家风、教养观对农村留守儿童社会化成长更加重要。家庭教育对子女的健康成长、学业发展具有"熏陶、教化"的作用。此外，社会是支撑留守儿童学习社会化成长的更为广阔的天地，而社会干预只有与家庭教育及学校教育"互通有无"，建立"家庭—学校—社会"立体沟通机制，才可以形成系统干预力。详言之，在家庭层面，家长的成长是有效家庭教育的关键，家长应当通过主动学习、与外界交流等方式来革新自身的教育理念和方式；在学校层面，学校则可以通过建立网络家庭、学校沟通平台等方式，实现优秀家庭教育资源或者经验的社会共享；在外部社会层面，则可以整合周边社区的内外部资源,完善弱势家庭教育帮扶服务项目,如创建家庭教育咨询服务平台,为农村留守儿童家庭提供长期稳定的帮扶服务。

二 加强农村留守儿童学习态度与学习能力的培养,着重提升教师效能

学校是农村留守儿童社会化成长的主要阵地,其中,教师效能对儿童社会化成长发挥着重大作用。因此,教师为发展自身效能,应当主动学习儿童发展知识、加强与学生沟通和交流,以形成关于留守儿童教育的正确价值观念与实践行为能力。同时,校园人文环境和优化教学资源的积极促进作用也不容忽视。在学校完善教学资源的同时,教师应提升自身的信息化能力,以发挥技术的优势,完善家校沟通机制,及时了解留守儿童的思想动向,依据存在的问题开展相关的主题活动,使留守儿童对留守生活有正确的认识,营造温馨和谐的校园氛围,培养农村留守儿童自强、乐观的心理素质。而所有这些学校环境的改善,都为促进留守儿童学习过程中态度的端正与学习能力的发展提供良好的支撑。

三 进一步完善相关政策机制,营造农村留守儿童成长的良好社会风气

良好的社会风气能够积极有效地促进农村留守儿童学习社会化的发展。因此,政府应进一步完善相关政策建设,促进构建留守儿童成长的氛围环境,以引导农村留守儿童树立积极向上的价值观。其次,应组织开展优良家风、家规的宣传教育活动,将优良家风、教养观融入农村留守儿童的社会教育中,促使农村留守儿童形成乐观向上的价值观。此外,应为其提供相应的社会文化服务,以农村留守儿童学业问题为切入点,以服务农村留守儿童学习发展为出发点,结合农村留守儿童的生活实际,针对不同农村留守儿童群体的现实需求,将文化服务的供给方式、供给内容与农村留守儿童学业、生活相结合,实现文化服务的有效供给。开展新风讨论会,并制定相关行为规范细则,通过制度化的规范来约束各社区成员的社会行为。

四 多管齐下，促进农村留守儿童媒介素养的发展

媒介素养的提升，有助于留守儿童通过大众媒介主动有效地获取信息、资源，是留守儿童实现自主社会化的重要通道。因此，社会、学校、家庭多方应着力发展、提高留守儿童的媒介素养，以保证学生能够合理、正确、健康地使用媒介。其一，教师是教学过程的引导者、实施者，教师专业发展与媒介素养教育的深入结合是促使留守儿童媒介素养教育顺利开展的有效途径。因此，师范生的从师技能中应包含媒介素养教育相关的内容，涉及对媒介的选择、辨别、应用、评价等方面。其二，将媒介素养教育纳入留守儿童学校教育中。学校将课程教学与儿童媒介素养教育相互融合，在学科教学过程中，可以开展不同形式的媒介素养教育实践活动，引导农村留守儿童对媒介的认知。并且，学校应构建教育资源库，为媒介素养教育提供技术支撑。其三，社会应对学生媒介素养的形成实施积极的引导，加大对农村媒介环境及氛围的检查及建设。

农村留守儿童学习社会化的进程受多种因素的影响，且互相制约，在其社会化发展过程中，应当从家庭、学校、社会、媒介等多维度综合入手来进行统筹规划，进行顶层设计，并在实践中切实围绕留守儿童现实需求提供相应支持，真正使留守儿童学习社会化的进程呈现出健康、持续的良性发展态势，促进留守儿童这一社会群体的学习发展。

本章小结

本章通过结构方程模型法探究影响农村留守儿童学习社会化的因素，从家庭维度、学校维度、社会环境维度和大众媒介维度四个维度出发，对影响农村留守儿童学习社会化的因素进行模型的假设和验证，并进行修正，结合验证结果分析不同维度下对农村留守儿童学习社会化的影响。数据结果显示，家庭环境、学校环境、社会环境和大众媒介等因素对农村留守儿童学习社会化具有显著影响作用。根据数据分析结果，提出农村留守儿童学习社会化的发展路径，农村留守儿童的学习社会化需要家庭、学校、社会和大众媒介相互配合，共同促进留守儿童学习社会化。

参考文献

付春燕:《信息化环境下基于学习风格的教学设计研究》,硕士学位论文,西南交通大学,2013年。

黄雪娇:《师范生信息技术接受度影响因素研究》,硕士学位论文,曲阜师范大学,2017年。

季彩君:《从学习差异看留守儿童的教育困境——基于留守与非留守儿童的实证调查》,《上海教育科研》2016年第4期。

李忠路、邱泽奇:《家庭背景如何影响儿童学业成就?——义务教育阶段家庭社会经济地位影响差异分析》,《社会学研究》2016年第4期。

梁海青:《学校环境下农村留守儿童学习能力发展的影响因素研究》,硕士学位论文,曲阜师范大学,2017年。

牛文萍:《我国农村留守儿童现状及存在问题分析》,硕士学位论文,沈阳师范大学,2018年。

乔春芝:《媒介对农村留守儿童社会化的影响》,硕士学位论文,安徽大学,2017年。

陶国根:《农村留守儿童校外教育问题研究——基于对南昌市留守儿童的调查》,《兵团教育学院学报》2018年第1期。

王彩琴:《"罗森塔尔效应"和语言学习效率的关系研究》,《教育与职业》2006年第18期。

王丹:《基于学习风格的中小学传统文化学习原型系统的设计与实现》,硕士学位论文,中央民族大学,2018年。

王倩倩:《留守儿童媒介素养现状调查与提升策略分析》,硕士学位论文,山东师范大学,2013年。

徐鹏、张英俊:《教师素质对学习动机的影响探析》,《西南大学学报》(社会科学版)2011年第S1期。

郑敏:《农村留守儿童道德问题研究》,硕士学位论文,河南农业大学,2007年。

第五章

新媒体教育应用及干预留守儿童学习社会化分析

新媒体及新媒体技术已经对各行各业产生了深远的影响。教育界，尤其是基础教育的研究者和实践者们通过将新媒体融入学科教学和活动课程中取得了一定的教育成果。但是，在新媒体使用过程中存在着工具主义、极端主义等问题，而且针对农村留守儿童学习社会化的新媒体研究成果较少。因此要阐明在本书视野下，什么是新媒体，新媒体如何应用于教育领域，以及新媒体是否能够促进农村留守儿童学习社会化等问题。

第一节 新媒体概述

一 新媒体概念及特征

（一）新媒体的定义

新媒体是相对于传统媒体而言的，它不是传统媒体的完全对立者，而是传统媒体的新发展。1967年，戈尔德马克首次提出新媒体概念；1994年，我国全功能接入国际互联网，新媒体发展进入全新的阶段；2014年，中国社会科学院发布《中国新媒体发展报告》，为新媒体发展提出了战略性总结和前瞻。新媒体是随着信息时代的演进而向前发展的，其发展成果不仅仅来源于用户应用需求，也来源于其自身对社会环境改变的作用，在传媒、电子商务甚至医学领域，新媒体都成为其有序化和高效化的重要前提。

新媒体的日新月异及在公众话语体系中的普及化使得新媒体及新媒体

应用成为一个人人都有所了解的事物,但是多年来学术界未形成统一的新媒体定义。在发展之初,国际学者在新媒体的界定上就未形成统一的认识:比如,最早由戈尔德马克提出的新媒体概念是:"新媒体是指当下万物皆媒的环境"①,他将新媒体及新媒体应用情境等作为一个整体来看待;联合国教科文组织则将新媒体界定为网络媒体,将互联网作为新媒体与其他媒体的本质区别;而美国《连线》杂志对新媒体的定义是"所有人对所有人的传播"②,这里就将新媒体的传播性和人的特性包含其中了,在独特视角上分析了新媒体。可以看出,国际上对新媒体的定义各有不同,他们大多从特定视角出发,能够为特定环境下新媒体的发展提供有力指导,也为我们研究新媒体带来了启示。

在信息化社会的发展背景下,我国学者也越来越关注新媒体研究,尤其是进入21世纪以来,我国学者对新媒体的定义也呈现出百花齐放的局面。如岳颂东指出,新媒体是采用当代最新科技手段,将信息传播给受众的载体,从而对受众产生预期效应的介质,③他强调新媒体的信息传播和生成作用以及新媒体和人之间的相互作用,是我们能够普遍接受和理解的定义。中国人民大学彭兰提出:"'新媒体'主要指基于数字技术、网络技术及其他现代信息技术或通信技术的,具有互动性、融合性的媒介形态和平台。在现阶段,新媒体主要包括网络媒体、手机媒体及其两者融合形成的移动互联网,以及其他具有互动性的数字媒体形式。"④她强调新媒体的技术性和具体的新媒体形式。而清华大学的熊澄宇则针对新媒体的特性,在不同的维度提出了较为全面的定义:"1. 新媒体是一个相对的概念。广播相对报纸来说是新媒体,电视相对广播来说是新媒体,网络相对电视来说是新媒体。2. 新媒体是一个时间的概念。在一定时间段内,总有一种占主导地位的媒体形态。200年前的报纸、100年前的广播、50年

---

① 徐艳玲:《传统期刊与新媒体融合发展探微》,《中国校外教育》2018年第16期,第24页。

② 胡昱晖:《新媒体的泡沫经济?》,《广告人》2007年第12期,第145页。

③ 岳颂东:《新媒体产业的8个特点》,http://finance.sina.com.cn/hy/20080519/17024884944.shtml,2008年5月19日。

④ 彭兰:《"新媒体"概念界定的三条线索》,《新闻与传播研究》2016年第3期,第120—125页。

前的电视和今天的计算机网络代表着不同时代的新媒体形态。3. 新媒体是一个发展的概念。它不会也不可能终止在某一固定的媒体形态上，新媒体将一直并永远处于发展的过程中。"[1] 景东等人在分析新媒体概念演进的基础上综合新媒体的特点等也提出了新媒体概念，他们认为新媒体是所有人向大众实时交互地传递个性化数字复合信息的传播介质[2]，这一概念既突出了大众，也将人与人之间的人性化需求考虑其中，既强调了新媒体"数字化"的时代特性，也将信息的本质体现了出来，是较为符合本书研究主题的概念，因此本书选用景东等人提出的新媒体概念。

（二）新媒体的特征

新媒体是人人触手可及的事物，虽然学术界对于新媒体没有统一的认识，但其与传统媒体有着明显的区别，其本质特征明显。参考学术界多年的总结及新媒体的实际应用，我们将其特征归纳为四个方面，分别是新媒体的价值性、原创性、效应性和生命力。

1. 价值性

首先，就新媒体本身意义而言，它是产生、传播和接收信息的重要载体。在信息产生、发展、再发展的各个阶段，新媒体都是使其丰富和可用的关键，这就展现了新媒体的价值性。其价值性主要体现在其对信息本身和其作用对象（人）两个方面。第一，就信息本身来说，新媒体是信息得到有效传播和利用的重要手段，新媒体不仅仅加快了信息传播的速度，扩展了其传播的广度，还能够帮助大众产生新的、广泛的信息。第二，就新媒体对人的作用而言，它不仅通过各种易得、易用的手段让人们能够获得需要的知识，还能够以人的"动作"为基础，借助人工智能等提供给人个性化的信息。

其次，从新媒体作为载体的角度出发，其价值性则体现在其对信息传播的作用上。新媒体具备特定的受众，受信息传递时间、传递条件以及传递受众的心理反应的空间条件的影响，进而，其作为载体本身具有的价值在信息传播过程中的体现有所不同。因此，在信息传播追求个性化的时代，新媒体除了满足用户的需求外还应该让人们走出

---

[1] 熊澄宇：《新媒体百科全书》，清华大学出版社2007年版。
[2] 景东、苏宝华：《新媒体定义新论》，《新闻界》2008年第3期，第57—59页。

信息传播渠道的桎梏，从而获得新的、对其自身发展和社会发展有利的信息。

最后，我们还要探讨新媒体的价值与技术发展之间的关系，这也是对新媒体本质特征是否取决于技术发展这一问题的探讨。笔者认为，新媒体的发展借助于技术的发展进步，技术也扩展了其发展范围，但是，新媒体理念和新媒体发展的基础是人与信息的相互作用。比如近几年来由于技术的发展，各类媒体狂卷市场，但是经过市场考验的留下来的却少之又少，主要原因就是它们没有掌握新媒体本身的价值性，只是盲目地采用新技术和新手段。因此，未来新媒体的价值会通过新技术更好地服务于信息和人，但不会受限于技术的藩篱。

2. 原创性

这里的原创性，区别于一般意义上个人或个别团体单独的原创性，应该是在一段特定的时间内，由时代所赋予的新的内容的创造，是一种区别于前面时代所具备的内容上、形式上、理念上的一种创新，是更具备广泛意义的创新。比如，分众传媒作为一种新媒体，就具有原创性，它把原有的媒体形式嫁接到了特定的空间上，虽然在形式上是嫁接，但在理念上它将空间和媒体形式进行了有效结合，具有前所未有的创新性。除了分众传媒以外，聚众传媒、框架传媒等细分受众的媒体在媒体理念上也都具有一定意义的原创性。

3. 效应性

效应是在一定环境下，因素和结果相互融合而形成的一种现象。新媒体必须具备形成特定效应的特性，即新媒体要在特定的情境中对人或物产生相应的效果并能形成情境中复杂但稳定的关系。其效应性在社会这一宏观视野下及与人相互作用的过程中都有着相应的体现。首先，从宏观角度来说，自互联网在20世纪90年代全功能接入我国，新媒体在我国蓬勃发展，对社会形成了巨大的效应，不仅在特定区域、特定时间内几乎改变了人的生活方式，其产生的效果本身也引发了新媒体理念、新媒体形式的更新换代，形成了具有巨大效应的有机系统。在新媒体与特定个体相互作用这一微观层面，新媒体向人传送特定信息，是人认识世界、形成价值观的重要渠道，而人在接收和选择的过程中，也因为特定的目的，通过新媒体对其他人和物产生影响并从不同的角度出发改变新媒体。

4. 生命力

生命力是新媒体作为信息时代产物的特性，其发展顺应时代潮流。其生命力主要体现在其对社会和个人价值的持久性上。不同新媒体价值体现时间的长短不同，从其产生到其消亡就是一种新媒体的生命周期。由于近几年我国媒体的发展迅速，新媒体的发展日新月异，[①] 受各类细分性媒体这种细分思维的影响，各种形式的创意嫁接层出不穷。但是就其形式来说，新技术并不能决定其存在的价值，在无情的市场面前，折戟沉沙的数不胜数。其原因就是它们没有把握住新媒体的核心价值，而盲目生搬硬套，导致媒体不具备一定的生命力。因而这些在混乱中夭亡的媒体不能算是媒体，更不能称其为新媒体。

二　新媒体发展

新媒体是在电子传播和数字传播阶段产生的，其发展依托于传播理念、技术和手段的发展，也与人们的需求等因素息息相关，而确定其发展的基础性要素及演进过程，能够让我们更加了解新媒体，从而从相应的角度找到研究应用的突破口。

（一）新媒体的发展历程

新媒体的产生与发展有其一定的历史必然性：信息技术的发展为新媒体提供了必要的技术保障；受众多元化、个性化的需求是新媒体产生的社会基础；政策法规支持下的开放的市场环境促进其快速发展。新媒体的发展历程可以三个阶段来形容：浏览信息为主的 Web 1.0 时代；交互分享的 Web 2.0 时代；聚合平台的 Web 3.0 时代。

1. 浏览信息为主的 Web 1.0 时代

这一时期，用户主要是通过浏览网络提供的内容并从中获取有用的信息，用户主要是被动接收信息，门户网站、数字电视的播控方对内容有绝对主导权，它们仅仅是将信息重新组合、利用新媒体的形式提供给消费者；在 Web 1.0 时代，信息传播呈现出金字塔形结构，塔尖是信息传播方，下面是接收信息的广大用户，主要特点是利用互联网进行信息的大规

---

① 苗伟：《新媒体环境下社会主义核心价值观的培育和践行》，《未来与发展》2016 年第 10 期，第 52—56 页。

模发布，用户是信息的被动接收者，无法参与到媒体信息的生产中。Web 1.0 以新浪、搜狐、雅虎等门户网站为代表。

2. 交互分享的 Web 2.0 时代

这一时期，新媒体的交互性开始逐渐显现出来，交互电视开始出现，互联网诞生了谷歌和百度这样的公司，人们能够根据自己的需求主动搜索或寻找信息。用户可以主动搜索需要的信息，并根据自己的需求选择内容；可以在网络上随时随地地发表观点、创造知识，还能够在网络上利用各种媒介进行基于社群或随机的会话与交流。这个时代传播者与受众的交互、分享初步形成，典型代表有各种论坛（BBS）、博客等。

3. 聚合平台的 Web 3.0 时代

Web 3.0 时代的互联网应用不仅体现出"自媒体"特点，更体现出一种信息自由整合、业务极度聚合的"自系统"特点。作为 Web 3.0 的典型应用，微博几乎可以将与其基本协议一致的所有互联网应用聚合到其自身的开放平台上，使得它成为一种新的强大的媒体形式。从微博的发展现状和发展趋势来看，它必将快步超越 Web 1.0 时代和 Web 2.0 时代的应用，并快速吞噬和整合这些应用。在 Web 3.0 时代，技术进步、业务聚合成为主流，这种进步和聚合带来的结果将是微博应用横扫一切，成为新时代的最大赢家。

值得一提的是，随着大批智能手机的出现，移动互联网平台的发展步伐已经不可阻挡，与传统互联网一起成为人们相互交流的重要平台。移动互联网平台以手机为终端，融合了以前报纸、广播、电视、传统互联网的功能，并提供新的社交平台。

（二）新媒体的形态

新媒体是一个快速发展、不断变化的事物，很多新媒体形态会被不断开发出来，有些功能低下的"新媒体"会遭到市场淘汰，成为历史的匆匆过客。在现有的新媒体形态中，根据分类标准的不同，可以进行以下分类。

首先，根据呈现方式的不同，新媒体可以划分为：第一，平面新媒体，主要包括数字印刷类、非印刷类、光电类等；第二，电波新媒体，主要包括数字广播、数字电视广告（字幕、标板、影视）等；第三，网络新媒体，主要包括网络索引、平面、动画、论坛等。

其次，根据功能和作用的不同，新媒体可以划分为：第一，自媒体新媒体，如网络存储；第二，记录新媒体，如QQ空间"Qzone"；第三，对象新媒体，如电子邮件（E-mail）；第四，互动新媒体，如论坛；第五，社群新媒体，如社交网络服务（SNS）和各种"群"；第六，知识新媒体，如WI；第七，公告参与新媒体，如强国论坛等。

而最常见的新媒体分类是依据使用终端的种类来划分的，大体可以分为以下几种。

1. 手机新媒体

手机新媒体，是以手机为视听终端、手机上网为平台的个性化即时信息传播载体，[①] 它以分众为传播目标，以定向为传播效果，以互动为传播应用。它被公认为继报刊、广播、电视、互联网之后的"第五媒体"，可以让人们用一种21世纪的方式向渴望得到新闻又忙于行路的公众提供快乐阅读的享受。手机媒体最大的优势是使用方便，手机媒体作为网络媒体的延伸，具有网络媒体互动性强、信息获取快、传播快、更新快、跨地域传播等特性。手机媒体还具有高度的移动性与便携性，信息传播的即时性、互动性，受众资源极其丰富，能够实现多媒体传播的私密性、整合性以及同步和异步传播有机统一，从而使得传播者和受众高度融合。[②]

2. 交互式网络电视

交互式网络电视（IPTV），是一种利用宽带网，集互联网、多媒体、通信等技术于一体，向家庭用户提供包括数字电视在内的多种交互式服务的崭新技术。[③] 数字互动电视是一种新型的电视媒体，它结合了电视传输和电影节目的传统优势以及网络互动传播优势。它"颠覆了电视观众的'受众'在电视传媒中的'传者'定位"[④]，使传播者与接受者之间的位置不再是固定的或先在规定的，而是不断地在"相互共享"和"不断移动"的。

---

① 王志荣：《媒介融合环境下应用移动互联网发展科普产业的研究》，《移动通信》2012年第19期，第53—56页。
② 宋一明：《手机媒体的信息传播研究》，硕士学位论文，河南大学，2010年。
③ 林洁：《我国网络电视产业链构建研究》，硕士学位论文，华中科技大学，2005年。
④ 王芳：《浅析电视民生新闻向新媒体的发展——以〈南京零距离〉为例》，《新闻三昧》2009年第Z1期，第56—57页。

3. 数字电视

数字电视又称为数位电视或数码电视,是指从演播室到发射、传输、接收的所有环节都是使用数字电视信号或该系统所有的信号传播都是通过二进制数字流来传播的电视类型。[1] 国家新闻出版广电总局曾将 2004 年定为"数字电视年",虽然要实现市场意义上的盈利仍需要一段时间的培育,但作为政府作用的体现,传媒产业政策的放开和数字电视产业政策的推动为传媒企业指明了发展道路,提供了新的发展平台。[2] 数字电视的发展既需要发展技术作为支持,也要从内容层面出发适应和引领大众的视频观看潮流。

4. APP/第三方应用程序

APP 是英文应用程序（application）的简称,主要指安装在智能手机上的软件[3]。APP 一开始只是作为一种第三方应用的合作形式参与到互联网商业活动中去的,随着互联网越来越开放化,APP 的开发与服务开始被更多的互联网商业看重,通过 APP,一方面可以积聚各种不同类型的网络受众;另一方面,商家还可以借助 APP 平台获取流量,其中包括大众流量和定向流量。

腾讯的微博开发平台、应用平台都是 APP 思想的具体表现[4]。微博（Weibo）是微型博客（Microblog）的简称,它是一种基于用户关系信息分享、传播以及获取的,通过关注机制分享简短实时信息的广播式的社交媒体和网络平台[5]。用户可以通过 PC、手机等多种移动终端接入,以文字、图片、视频等多媒体形式,实现信息的即时分享、传播互动。微博作为一种分享和交流平台,更注重便捷性、传播性和原创性,人们既可以作为观众,在微博上浏览自己感兴趣的信息;也可以作为发布者,在微博上发布内容供别人浏览。

---

[1] 张广海:《我国数字电视技术发展的新趋势》,《硅谷》2012 年第 4 期,第 14 页。
[2] 李小翠、唐俊:《新媒体,在关注和热议中前行——2005 年新媒体研究综述》,《新闻记者》2006 年第 3 期,第 22—24 页。
[3] 张梓轩:《基于移动互联网平台下的手机应用产品服务》,《艺术科技》2016 年第 5 期,第 327 页。
[4] 殷俊、李菁:《浅谈微博的层级化》,《新闻研究导刊》2012 年第 11 期,第 43—45 页。
[5] 车辉:《大学生在不同社交媒体上的行为习惯及引导策略——以微博、微信为例》,《教育现代化》2017 年第 37 期,第 233—234 页。

(三) 新媒体发展趋势

1. 新媒体与传统媒体不断融合

随着网络外延的不断扩大,即时通信、网络新闻、视频、论坛、微博、微信等新媒体形式不断涌现。基于信息网络技术创新或传统媒体融合的新媒体形态的发展势不可当,在很大程度上拓展了传统媒体的生存和发展空间。客观地说,新媒体的发展实际上是一个向传统媒体学习的过程。新媒体所具有的信息获取方式便捷灵活以及传播方式丰富多样的特性,使其逐渐被越来越多的网络用户所接受,然而,网络的虚拟性、开放性、隐蔽性、较难控制性等特征使得新媒体仍然无法在短时间内撼动传统媒体在人们心目中的地位。习近平总书记在2014年8月18日召开的中央全面深化改革领导小组第四次会议上强调,新媒体和传统媒体的融合应该在提升的基础上,遵循新闻传播和新媒体的发展规律,加强互联网思维。因此,在构建社会主义和谐社会的过程中,我们必须坚持科学发展观为指导,积极进行新媒体和传统媒体之间的资源整合,实现新媒体资源的优化配置,实现优势互补,以满足人民生活的需要,促进社会不断发展和进步。这正是当前新媒体发展趋势的具体表现之一。

2. 新媒体逐渐发展为新型主流媒体

在新时代,我们应该以先进的技术为支持,在内容建设发展的基础上,积极推动传统媒体和新媒体的深度融合,着力打造一批融形态多样、手段先进为一体,具有竞争力的新型主流媒体。目前,新媒体以其交互性强、渠道广、推广方便等优势,受到国家的高度重视,并被列入国家重点规划的行列。由此,从战略布局上确立了其新的主流媒体地位。此外,在信息网络时代,随着相关网络技术的不断发展,新媒体产业迅速崛起,更加注重内容创新,发展迅速,应用广泛。新媒体内容创新的动力主要来自技术领域。新媒体技术本身的草根性,使其逐渐发展成为面向全国的新技术之一,在社会发展中发挥着日益突出的作用,对人们的生活产生着深刻的影响。在新媒体环境中人们可以感受到新媒体技术的魅力,能够依赖新媒体来表达他们的意见和建议。在任何时间和地点,能够得到相关的信息。而人们为了更方便、更平等地参与社会领域,需要进一步提高自己的知识储备。在一定程度上,互联网支持下的以手机为代表的新媒体已经逐渐转变为人们熟悉的大众主流媒体。

第二节　新媒体教育应用

一　新媒体在家庭教育中的应用

信息技术对教育具有革命性的影响，作为教育系统中的家庭教育，信息技术促使其发生了翻天覆地的变化。首先，信息技术的多样化为家庭教育提供了条件保障。多媒体技术的发展使得以电脑、网络为主的学习方式成为家庭教育的重要组成部分，多样化的信息技术工具，给学生家庭学习带来便利。其次，信息技术的普及提升了家长的信息素养，有利于家长更新教育观念，改善父母的教养方式，融洽家庭文化。

已有研究均在不同视角阐述了新媒体技术在家庭教育中的作用与意义。王甲云指出微视频能够有效促进家长掌握更多的家庭教育知识，提高家庭教育素养及家庭成员的信息素养，有利于良好家庭教育方式的践行与实现。[1] 季海娟提出充分利用现代信息技术手段，积聚社会、政府力量普及家庭教育知识、建设网上家长学校等措施，能够有效达到优化家庭教育的目的。[2] 张瑛认为网络技术在家庭教育中应用的原则、社会控制以及网络技术有利于家庭教育策略与方法的实施。[3] 陈红指出新媒体的开放性、共享性、交互性等特性能够为家庭与学校之间的交流与合作提供机遇，有利于良好家庭教育的实施。[4] 董艳等指出通过微信这一媒体工具，家长能够有效了解学校各项事务，有利于有针对性地开展家庭教育。[5] 新媒体技术在信息素养提升、家庭教育策略与方法的更新、家校合作共同体的形成等方面具有重要的作用，因此，在家庭教育实施的过程中，家长要与时俱进，重视青少年信息素养培养，尊重青少年意愿并提高自身素质，最大限度地控制网络对青少年的消极影响，有效利用互联网的正面引导作用。

---

[1] 王甲云：《基于微视频的家庭教育实践探索》，硕士学位论文，扬州大学，2016年。
[2] 季海娟：《网络环境下的家庭教育》，《中国信息技术教育》2009年第14期，第103页。
[3] 张瑛：《网络技术在家庭教育中的应用研究》，硕士学位论文，湖南大学，2007年。
[4] 陈红：《新媒体时代家校协同教育的创新》，《教学与管理》2018年第19期，第22—24页。
[5] 董艳、王飞：《家校合作的微信支持模式及家长认同度研究》，《中国电化教育》2017年第2期，第122—127页。

随着媒体技术的发展，家庭教育的方式、表现形式、策略和方法逐渐丰富，为家庭教育的实施提供了良好的工具支持。媒体技术影响下的家庭教育，为更好发挥媒体技术的有利因素，需注意如下问题。第一，目标导引。有的放矢选择适合的、质优的媒体形式；第二，植入感情因素。技术手段的客观性使得其毫无感情可言，家长要深度植入情感，关注孩子内心情感感受。第三，做好监督工作。互联网是一把"双刃剑"，带来丰富学习资源的同时，也充斥着各种不良信息，家长要做好"防火墙"工作，充分利用信息技术做好家庭教育。

二 新媒体在学校教育中的应用

教育是促进国家长远发展的重要推动力。随着我国教育信息化进程的不断推进，对教育信息化的发展投入了更多的关注。如何利用现代信息技术手段，开展教育教学活动成为教育发展的当务之急。多媒体技术将语言、视听与图像技术结合在一起，使课堂教学更加生动形象，这样不仅可以保证教学活动的有效性，更重要的是可以提高教育教学质量，促进现代教学体系构建。在多媒体技术的支持下，教学目标、教学模式、课程内容、课程结构等方面带来了全新的变革，推动了教育现代化的发展。

王国艳提出，运用多媒体进行语文教学，可以有效缓解农村教育存在资源缺乏、教学方式死板的问题，有效开拓农村孩子们的视野。[1] 张春玲等人指出，利用多媒体教学有助于农村学生形成自主、合作、探究的学习模式。[2] 张朋认为，多媒体技术对扩大农村孩子的知识面、增加他们对社会的了解、开阔他们的视野具有重要的作用。[3] 张雪芹认为，多媒体技术可以打破时空界限，将优秀的课程资源输送到农村地区，切实提升农村教

---

[1] 王国艳：《农村初中语文教学中充分发挥信息技术的优势》，《中国教育技术装备》2012年第10期，第97—98页。

[2] 张春玲、柴超一：《浅谈多媒体在农村初中语文教学中的应用》，《吉林省教育学院学报》（中旬）2014年第2期，第57—58页。

[3] 张朋：《浅析多媒体在农村语文课堂教学中的应用》，《中国新技术新产品》2011年第24期，第246页。

育教学的质量。[①] 郑小军指出,微课能够切实变革学习方式,促进教育变革[②]。董子静等指出微信独特的传播方式与及时交互性的特性成为学校教育工作有效推行的新阵地。[③] 可见,媒体技术在教育教学中具有重要的意义与价值,尤其对于农村地区教育发展更是具有不可估量的作用。

伴随着教育教学改革的深入,学校已经认识到利用新媒体技术的重要意义,但在实际应用的过程中仍然存在一些问题。教师是学校教学的主体,在新媒体应用过程中要注意以下几点,才能有效应对问题。教师要充分了解学科性质,在利用多媒体技术的同时也要与传统教学模式相结合,一方面要避免机械地利用多媒体技术进行授课,另一方面要与自己的教学经验相结合。其次,教师在利用多媒体技术的同时,要保证与课程大纲紧密联系,在课件设计时对教学内容有所取舍,避免制作出的课件过于烦琐,影响多媒体课件的灵活性。再次,教师应该提高自身对多媒体技术的掌控能力,既要提高自己对计算机的操作水平,也要不断提高自己对多媒体课堂教学的整体把控能力,从而促进教学活动的顺利开展。最后,利用新媒体更加合理、充分地利用课堂时间,提高课堂教学的层次,从而保证课堂教学的质量不断提高。教学质量的有效提升,离不开先进教育思想理念的指导,因此,在新媒体的学校教育中要注重利用先进教育理念有效引领新媒体技术的应用。

三 新媒体在社会教育中的应用

大众传媒是社会传播的重要枢纽。著名社会学家查尔斯·库利认为,传播是人类关系赖以存在和发展的机制。在媒介化社会中,社会组织、社会分层、信息流量更加复杂,单纯地以直接经验的方式来获取信息变得复杂与难以实现。大众传媒恰恰控制了社会运行和社会发展所需要的信息资源,赋予了人们跨越时间与空间的限制来获取信息的能力。大众传媒作为

---

① 张雪芹:《浅议网络环境下农村初中语文多媒体教学的运用》,《农村科技》2008 年第 6 期,第 99 页。

② 郑小军:《微课发展误区再审视》,《现代远程教育研究》2016 年第 2 期,第 61—66、97 页。

③ 董子静、牛贺、顾天培:《高校微信公众平台人格化建设研究》,《学校党建与思想教育》2019 年第 9 期,第 76—78 页。

社会复杂结构中不可或缺的重要组成部分，控制着信息资源的收集、处理和传播，大众传媒的信息流通有利于社会系统中各要素的互动，有利于良好社会关系的建构。

大众传媒能够有效突破不同社会组织、不同利益群体、不同意识形态的限制，使其获得更大范围的认同与肯定，影响着人们的价值观念与思维习惯，对儿童来说更是如此。胡钦太等对微博、数字电视和手机三种新媒体的传播特性进行分析，认为新媒体能够为社会教育提供新的模式。[1] 王晓艳指出，网络传播的有效引导有助于青少年正确价值观的树立。[2] 林樟杰指出现代媒体的独特性有利于基本社会道德伦理与基本行为的传播与引导，很大程度上有利于和谐社会的构建。[3] 颜黎光提出社会教育类节目是传播知识、修正思想、疏导理念、指导行为的有效途径。[4]

美国著名传播学专家麦康和肖，提出的"议程设置理论"指出：媒介是公众知晓与了解事件或问题的通道，依据媒介提示的角度思考与分析问题，按照媒介对不同问题的重视程度调整自己对这些问题重要性的看法。该理论反映了三个层面的内容：在认知层面，公众对问题的意识态度的不同与媒介的报道具有极大的相关性；在次序层面，媒介所安排的议题顺序一般会影响公众考虑这个问题的顺序；在显著性层面，媒介赋予议题的意义一般会影响公众对这个议题重要性的认识。在现实生活中，由于人们不能成为各种社会事件的亲历者，大众传媒便成为人们快速获取信息最常用的有效方式。公众通过媒介知晓事件或问题，要依媒介提示的角度思考，按照媒介对各种问题的重视程度来调整自己对这些问题重要性的看法，媒介的优先议题将成为公众的优先议题。从这个意义上说，大众传媒无形中为人们构建着现实社会，也构建着人们头脑中的图景。

---

[1] 胡钦太、林晓凡：《基于新媒体的社会教育传播模式构建研究》，《电化教育研究》2014年第5期，第5—10页。

[2] 王晓艳：《论网络正能量传播对青少年树立正确三观的引导——兼议媒体编辑的传媒责任》，《中国编辑》2017年第11期，第43—46页。

[3] 林樟杰、何玉海：《现代传媒教育功能的重新审视》，《上海师范大学学报》（哲学社会科学版）2006年第4期，第55—61页。

[4] 颜黎光：《社教类电视节目的创新路径》，《传媒》2015年第15期，第60—62页。

四 新媒体教育应用的案例分析

（一）新媒体在家庭教育中的应用案例分析

小辉，男，14岁，初中二年级。很幸运结识小辉的母亲，听她讲小辉的故事。"小辉平时做事动作慢一些，他写的字总是左右颠倒，大小不一，歪歪斜斜。于是我上网查阅了相关资料，小辉的表现像是'读写障碍'。但是又不能盲目下结论，我就带他去医院做了科学的检测，小辉的智商正常，其他性格测验均没什么问题。后来我又上网搜索各种信息，上各大论坛，看别人的帖子，发现通过慢慢地辅导、支持和理解，让孩子找到自信，找到兴趣，是可以恢复的。于是我和学校的老师沟通，对他不再那么严格的要求，一点点鼓励他。慢慢发现他写字读书都没问题了。"

"我开始读写都有问题，走路也总是掌握不好平衡。但是我妈说我会好起来，只要我慢慢努力，我很聪明。后来我想打电子游戏，我妈和我爸就和我一起看视频直播讲解，查相关资料，找练习技巧，有时候我爸也和我一起玩。我爸爸工作特别忙，不能经常在家，但是他会经常和我视频，问问我的情况。谢谢他们，让我找到自己真正喜欢做的事，让我有机会在国际舞台上获得奖项，我以后要当一名游戏设计师，设计更多有益学生发展又有趣的游戏。"

小辉是幸运的，"遇到"理解自己、鼓励自己、全然支持自己的父母，通过网络、科学寻求帮助，找到解决的良方。

案例分析：

家庭教育是整个教育系统中不可或缺的重要组成部分。在信息时代，充分利用互联网、信息技术是有效开展家庭教育的有效手段。那么，在家庭教育中应该如何应用媒体与技术才能发挥出其应有的价值是值得深思的问题。

新媒体的开放性、共享性、交互性、平等性、便捷性、即时性的特点，加快了信息的传递，丰富了信息的内容，扩宽了信息传递的渠道。新媒体的家庭教育方面的功能主要体现在以下几个方面：

首先，可以提升家长的信息素养，丰富家长在家庭教育方面的知识结构，更新家长的家庭教育的观念。在小辉的这个案例当中，小辉的妈妈通过互联网查阅相关资料，得知孩子可能是"读写障碍"，然后，再次通过互联网工具寻求问题的解决方案，最终帮助孩子克服自身缺陷，找到其兴趣点，使兴趣变为特长。同时，改变了游戏在家长们心目中的印象，使他们逐渐接受这样一种新事物，并积极尝试采用游戏来培养孩子的特长。

其次，有利于子女学习资源的获取，信息素养的提升。案例当中，小辉通过视频直播讲解提升技能，报名参加各种科技博览会，直至在国际大赛中获得奖杯。这充分体现出媒体资源的重要性，正是小辉对互联网媒体资源的充分恰当合理的利用，使其获得最后的成功。

再次，为留守儿童家庭成员之间的沟通交流提供了便利。由于父亲工作的原因，当其无法在家陪伴孩子时，通过视频沟通，了解孩子学习与生活的状况，和孩子进行情感交流。有时，父亲甚至会陪孩子打游戏，这也是一种情感交流的方式。

最后，有利于家校协同教育形态的形成。家校协同包含两个层面的内容，其一是学校协调家庭教育，学校教育之中的某些要素融入家庭教育之中，其二是家庭协调学校教育，家庭教育之中的某些要素融入学校教育之中。两个层面的协同具有共同的教育目标，即如何实现家校的有效互动，实现协同教育的合作开展。新媒体为家校协同提供了路径，通过手机客户端可以随时随地查询相关的课程信息，微信公众号可以推送学校的最新通知等。案例中，正是通过小辉妈妈与校方老师的沟通，进而实现了家庭与学校协同教育。

事物均有其两面性，新媒体技术如果得不到良好的使用，可能会产生负面的影响。因此，父母在新媒体的家庭教育方面要做到科学指导、专业训练，充分发挥新媒体的有利因素，促进孩子的身心健康发展。

（二）新媒体在学校教育中的应用案例分析

1. 新媒体在教学中的应用——以微信为例

根据微信的功能特点，其教学应用主要体现在以下方面：

（1）微信辅助课堂教学

在课前阶段，以教学班为单位建立微信交流群，教师有意识地将每天要讲的知识点、例题提前发布到群内，通过学生的预习，不仅节省了教学时间，而且可引发学生的兴趣与思考，从而达到良好的教学效果。

在课后阶段，微信群同样是教师发布补充素材的平台，针对课堂上没能当堂解答的问题及时在微信群进行补充。另外，对于课程产生的疑问，学生们也可在群里讨论、求证。

(2) 开展专项题型强化训练

微信公众平台的投票功能能够实现以选择题为主的测试，操作简便，不需要跨平台连接。只是以选择题为主测试具有一定的局限性，可辅助其他平台（如：问卷星）进行其他类型题目的专项强化。教师可通过群聊公布参考答案并给予及时的反馈，并由学生们各抒己见，在交流讨论过程中表达见解、答疑解惑，从而发现、纠正常见问题，学生们取长补短。这样的训练过程是双向的，教师可更深入地了解学生的学习状况，同时学生亦能得到教师的及时反馈，是一种良好的、全新的学习环境，不仅能够激发学生的学习兴趣，而且有利于教师有针对性地组织教学。

(3) 基于微信平台的师生互动交流

微信为师生交流沟通提供了一个更为平等的平台，教师与学生、学生与学生、教师与家长、家长与家长等互为好友，平时性格内向的学生也可通过这一网络平台毫无顾虑地向老师提问，与学习伙伴交流学习心得与体会，教师也可与学生家长交流学生在校状况及学生的家庭表现，家长之间可交流育儿经验，等等。教师可以通过查看朋友圈及时了解学生的心理状态，有的放矢地开展教育关怀；教师还可以通过发布朋友圈、微信群分享等方式分享教书育人的点点滴滴，引导价值观，传递正能量。

(4) 微信公众号的知识库功能

通过推送与学生实际生活联系密切的学科科普阅读材料，帮助学生建立课本知识与实际生活的联系，帮助学生提升学科核心素养。另外，在微信公众平台可以设置自动回复功能，微信资料库的建立就是依据关键词自动回复功能实现的。利用特定词条自动回复功能建立的资料库可以供学生进行课外复习。微信资料库建立后学生可以在手机客户端回复关键词获取学习资料。

微信平台在学科教学过程中具有知识呈现便捷、沟通交流及时化、无平台建设成本等优势，但在学科教学的使用过程中，需注意以下几点：

首先，使用微信平台推送时，应注意语言简洁、内容精炼，快速帮助学生利用零散时间完成知识点的重复记忆。其次，推送的内容要注意知识的学科性，同时与生活实际场景相联系，还原知识的生活场景，培养学生利用学科知识解决问题的能力。最后，微信公众平台的知识库的自动回复功能，主要是依据关键词自动回复实现，要实现回复的精准性，让学生快速高效地得到想要的信息。

2. 新媒体在教学中的应用——以微课短视频为例

案例1：上海市普陀区某学校，初二期中考试后，从试卷的卷面反馈得知，数学试卷最后一题正确率只有20%。数学教研组教师决定将这一题涉及的知识点录制成微课形式，让学生通过自学的方式查缺补漏，然后，教师在课堂中带领学生回顾关键知识点，集中讲解学生通过自学无法吸收的部分，引导学生进入"消化吸收，深入学习，巩固提高"环节，让学生分组合作完成题目并进行班级展示与交流；最后是课堂小结。

该案例中，微课主要应用于课前预习阶段。教师将课堂讲授的关键内容录制成微课，供学生课前自主学习使用，教师根据学生自学的情况，在课堂有选择性地讲解这部分内容，极大地提高课堂教学效率，有更多让学生参与交流展示、合作探究的机会。微课的课前预习，并未改变传统课堂教学的结构，是微课在教学中比较常用的一种方式。

案例2：山东省某县级中学尝试将数字化、信息化手段运用于常态教学中，探索基于视频微课的翻转课堂教学法。该教学法把教学过程分为自学质疑、训练展示两个阶段。自学质疑阶段学生借助学案、视频微课和互联网自主完成知识的学习，主要在课下完成；训练展示阶段教师根据学生在自学质疑阶段的学习情况及存在的问题，精心设计课堂，学生通过讨论交流、合作探究完成知识的内化吸收。

该案例中，视频微课在新的教学模式——基于视频微课的翻转课堂教学中扮演非常重要的角色，分别应用于自学质疑阶段和训练展示阶段，是实现学生自主学习、合作学习的重要组成部分。微课不是课堂实录的片段，是具有完整教学设计的微课程，因微课短小精悍的特征决定了微课要精细化设计。基于视频微课的翻转课堂教学，体现的不仅是教学形态的翻转，更是教育观念的翻转，这必将导致课堂教学的变化（如：容量、进度等方面），因此，需要根据教学需要进行学习内容的整合，有效保证教与学的"质"与"量"。

案例3：上海市某高级中学，将日常学校管理、教学中的问题与现象制作成数字故事，利用微课进行校本培训。这些校本培训的微课结构一般由故事演示、理论揭示和教学启示三段式的形式呈现，旨在引起教师教育教学方面的共鸣。

该案例中，以数字故事形式的视频微课进行校本培训，能够较好地切近教师日常教学情境。微课作为课堂教学或校本研修的辅助手段，极大提高了课堂教学或培训的效率与效益。

表5—1　　　　　　　微课短视频的教学应用分析

案例	应用情境	应用价值	教学模式
1	课前、课后	优化课堂教学；提高教学效率	传统课程教学模式
2	课前、课中、课后	有利于学生的学习能力、交往能力、问题意识的培养；有利于因材施教的实现	翻转课堂的教学模式
3	校本研修	有效提高校本研修效率及培训效果	校本研修教学

根据微课的应用情境、应用价值及教学模式的不同，介绍了三种典型的不同应用案例，教师根据不同的教学需求，有针对性地选择使用，有利于提高教育教学的效率。

第三节　新媒体干预农村留守儿童学习社会化可行性分析

伴随社会信息化不断发展，大众媒介对人们生活的影响以及所带来的社会功能也随之增强。[①] 新媒体在社会化发展过程中发挥着巨大作用，它不仅可以对我们所生活的环境进行有效的监测，还可以对各行各业以及常规的法律条文和规定进行合理的解释，它让我们更好地传承文化，为我们的生活提供更多的娱乐休息方式。可见，新媒体在我们的日常生活中已经不可或缺。

儿童成长阶段是身体发育和心理建设的关键时期，由于父母不到位和实际监护人缺失，留守儿童无论在身体方面还是在精神层面都存在众多的问题隐患。由于缺乏心理慰藉，大部分农村留守儿童会选择通过媒介来寻

---

① 王葆慧：《皖北城乡小学生媒介素养比较研究——基于蚌埠的实证调查分析》，硕士学位论文，中南民族大学，2013年。

找安全感。[①] 包括书籍、报刊、电视等在内的传统媒体以及以电脑和手机为主的网络新兴媒体，都对农村留守儿童的生活有着深刻的影响。与此同时，伴随着农村经济发展和新媒体的普及，农村留守儿童对大众媒介的接触无论是在时间上还是在种类上都普遍增多。

因为个体所处的社会化阶段不同，所以其所受的客观影响因素也会不尽相同。儿童的初级社会化时期影响因素主要是家庭和学校，并在家长的带领下在有限范围内接触社会环境。家庭、学校和社会是发展儿童学习社会化的主要场所，也成为影响儿童学习社会化的重要因素。新媒体在这些场景中融合到农村留守儿童的学习和生活当中，作用于农村留守儿童的学习社会化进程。

一　新媒体教育环境的适恰性

（一）家庭媒介接触日益便捷

中国有"家贫子读书"的传统，摆脱贫困的第一步，就是有文化。儿童在基础社会化阶段，特别是婴幼儿、学龄前的早期，家庭对其产生的影响占据主导地位。因此，家庭的新媒体环境是儿童接触媒介的第一空间，为儿童使用新媒体促进其学习社会化提供了客观条件。随着经济条件的改善、生活水平的提高，每一代父母都会依据生存状态和经济水平为家庭引进、更新现代新媒体产品。为使本书研究在家庭环境中能够顺利进行，笔者先期做了调查。

笔者对一些留守儿童的家庭情况进行了深入走访，随着经济条件的明显改善，家庭媒体的多样性也日益丰富。新一代父母更加注重生活质量，对生活质量的要求也更高。自从电视普及以来，它一直被视为一种基本的家用电器。随着信息时代的到来，新媒体设备，如智能电视、台式电脑、上网本、平板电脑、智能手机等，成为现代家庭的新宠。此外，电子产品也被父母作为礼物奖励，以鼓励他们的孩子在学习和生活上的进步。虽然家庭媒体设备与过去相比已经有了很大的改善，但是如何在日常生活中使用这些媒体，如何有效地将其用于儿童的学习和社会使用，是必须解决的

[①] 吴翠珍、陈世敏：《媒介素养教育》，台湾：巨流图书股份有限公司2007年版，第79—80页。

问题。

（二）学校信息化硬件条件的日益改善

学校的信息化硬件设施是指学校所拥有的有形的多媒体设备、计算机等基础设施，它是教育信息化背景下学校教育的主要载体与呈现形式，是学生信息技术素养提高的必要前提。进入21世纪以来，随着我国经济的腾飞，国家对教育事业的支持和投入也在逐年加大。2000年，教育部下发《关于在中小学实施"校校通"工程的通知》，其目标是：用5—10年的时间，使全国90%左右的独立建制的中小学校能够上网，让中小学师生能共享网上教育资源，最终提高中小学的教育教学质量。[1] 2003年，国务院下发《国务院关于进一步加强农村教育工作的决定》，该决定指出为实现教育信息化而实施农村中小学现代远程教育工程。[2] 2012年，教育部印发《教育信息化十年发展规划（2011—2020年）》，《规划》提出，到2020年，需形成与国家教育现代化发展目标相适应的教育信息化体系，基本实现所有地区和各级各类学校宽带网络的全面覆盖。[3] 2015年，中国通过了新中国历史上第一个"乡村教师队伍支持计划"，国家的教育经费总投入连续多年占GDP的4%以上，大量资金的投入缩小了城市与农村之间的数字差距，增加了农村学校的基础性信息化设施建设，丰富了农村地区的新媒体教学资源和硬件设施，逐渐满足了农村地区学校实现教学信息化的需求。为清晰地了解课题实施所在区域的学校硬件环境，笔者前期对存在大量留守儿童的某国家级贫困县数十所学校进行调研。

经过对某国家级贫困县的数十所学校的调查研究发现，首先，教室内硬件设备实现了从DVD+电视到投影仪再到电子白板的提升。这与我国教育信息化硬件设施的发展历程基本保持一致。其次，学校信息技术教室也实现了从无到有、从少到多的转变。乡镇学校基本实现了每校配备两间

---

[1] 中华人民共和国教育部：《关于在中小学实施"校校通"工程的通知》，http://old.moe.gov.cn//publicfiles/business/htmlfiles/moe/moe_327/200409/2965.html，2000年11月14日。

[2] 中华人民共和国国务院：《国务院关于进一步加强农村教育工作的决定》，http://www.gov.cn/zhengce/content/2008-03/28/content_5747.htm，2003年3月28日。

[3] 中华人民共和国教育部：《教育信息化十年发展规划（2011—2020年）》，http://old.moe.gov.cn//publicfiles/business/htmlfiles/moe/s5892/201203/xxgk_133322.html，2012年3月13日。

微机室并可实现全部联网,并且农村小学也实现了微机室的配备,信息技术教师和微机室的比例控制在1∶1左右,生机比也保持在3∶1左右。再次,接受调查的数十所学校之间基本实现了"校校通",学校与学校之间能够及时、便捷地对教育教学过程中产生的问题以及教学管理方面的困难进行及时沟通交流,并且能够实现学校之间的资源共享。学校之内也基本实现"班班通",教师之间能够进行网络资源的共享和经验的交流,提高课堂教学效率和教学质量。目前,学校的信息化正逐步走向"人人通",力争实现学生与学生之间实现资源共享,进行经验交流。最后,学校实现了信息技术教师从无到有的转变,信息技术教师是学校信息化教育的主力,在提升学生信息素养方面发挥着至关重要的作用。学科教师利用新媒体技术教学能力在逐渐提升,从以往的单纯应用硬件设备辅助教学转变为现在基于网络进行教学资源的搜集、整合、筛选、应用。

总的来说,学校硬件环境的变化从教室安装广播、电视机到实现教室的全面多媒体化,从创建微机实验室到进行学生的计算机学业水平测试,从推广校园网络到研发数字化校园平台,都使得校园的新媒体在利用广度和深度上不断发展。与此同时,在基础教育阶段,教师的基于新媒体技术的教学能力培养和信息素养的提升都会受到信息化硬件设施的影响,学生在信息技术课程和其他学科课程的学习过程中受校园新媒体环境影响的程度也日益加深。

(三) 新时期教师信息化教学能力的提升

如前所述,在信息技术等的支持下,农村留守儿童所在学校逐渐实现多媒体化,能够支持儿童在新媒体环境下的学习,农村留守儿童教师的发展也为新媒体干预农村留守儿童学习社会化提供了条件。首先,农村留守儿童教师在技术支持及社会环境的影响下,能够意识到新媒体的有效用应用对教育教学和儿童活动的作用,愿意参与到新媒体教学中来,教师也逐渐增强了对农村留守儿童的关注,希望借助一些措施或外界的帮助来减弱农村留守儿童问题。其次,为全面提升教师的新媒体教学能力,国家投入大量的财力组织教师培训,开展多年的农远工程和"国培计划",培养了大批的信息化教学人才,很大程度地提升了教师的信息化教育教学水平。除培训外,教师也愿意参与相关活动或借助网络等进行自主学习,促进了符合教师个体个性的信息化教学能力的提升。最后,教师逐渐将新媒体融入到了学生的课堂中，利用电视和幻灯片等生动形象的视频及图画展示等进行教学。整体上来说，农村留守儿童教师基于媒体技术的教学能力得到提升，能够为新媒体干预农村留守儿童学习社会化提供支持。

（四）移动媒体在教育领域的广泛应用

随着新技术、新产品的进步，新媒体不断涌入人们的学习、生活之中，传统教育那根深蒂固的思维模式也逐渐被改变着。教学不再是单纯地依靠黑板、粉笔和玩具积木，而是转变为"以新兴电子媒介"为教辅工具的教学。移动媒体已悄然地在儿童教育领域得到应用，儿童利用移动互联网产品，只要指尖轻轻触碰就能轻松地获取所需信息。利用新媒体设备获取知识的学习方式让儿童更加享受这种模式下及时、自主的学习氛围。

（五）农村留守儿童接触新媒体的可能性

农村留守儿童在没能得到父母足够关怀的情况下，新媒体自然而然地成为其学习的重要伙伴。2016 年统计，过半的留守儿童能够常常接触到电视、手机媒体、广播的占据大部分，也有接近一半的儿童能够常常使用电脑进行学习和其他活动。新媒体成为农村留守儿童日常生活中不可或缺的玩伴和导师，既可以和孩子一起愉快地"玩耍"，又可以教会孩子很多老师和家长不能教授的知识，这种"亦师亦友"的关系可以让留守儿童找到归属感。再者，由于长期缺少父母陪伴，媒体很大程度上充当了农村留守儿童的精神抚慰者，让儿童对新媒体更加依赖。计算机网络技术深入到农村留守儿童生活学习中，电视、电脑、手机等媒介成为其探寻世界的重要窗口，促进并制约着农村留守儿童的学习成长，为研究新媒体促进留守儿童的学习社会化提供了重要契机，也让新媒体促进留守儿童的学习社会化成为可能。

二 新媒体促进农村留守儿童学习的印证性分析

与传统媒体如报纸、期刊、广播相比，新媒体以其自身的优势，为留守儿童将多元文化价值观融入日常生活提供了良好的条件，给留守儿童的思维方式、学习方式和生活方式带来了新的变化。因此，为了适应新媒体带来的新变化，教育者需要依靠新媒体技术来加强留守儿童的思想教育。

随着留守儿童问题的日益突出，以及国家对留守儿童现实的不断关注，留守儿童的学习问题已经引起了越来越多学者的重视。新媒体作为当代的"宠儿",在一定程度上丰富了公众对社会的理解,促进了人与人之间的交流,丰富了人们的生活体验。它已成为人们重要的交流工具,成为促进儿童健康成长的主要力量之一。随着新媒体的不断普及,大量的儿童加入了使用媒体的队伍。学习和同伴交流都有新媒体的参与,这为新媒体促进儿童的学习和培养提供了重要的机会。新媒体是一种集声音和图片等形式为一体的信息呈现形式,深受孩子们的喜爱。儿童容易接受媒体传播的内容,这对他们的学习动机、学习态度、学习能力和学习风格有很大的影响。儿童处于学习发展的关键时期,他们的学习认知和学习方式还不够成熟,无法正确区分外部信息。如果允许孩子们自己长时间接触媒体,可能会产生不良影响。因此,媒体的使用需要教师和家长的指导和教育。

关于新媒体促进儿童社会化的研究,我国已经有一些学者做过相关探讨。额尔敦毕力格通过调查、材料分析和实证研究,论证了电视媒体对现代青少年的社会认知、人格发展具有举足轻重的影响,对社会化的过程中具有示范和指导的作用。[1] 张彩霞根据问卷调查和对访谈结果的分析,总结出电视媒体在儿童语言能力、思维方式、行为引导、性格塑造、人际交往等各方面的正、负面影响。[2] 黄会林都等认为电影媒介以其特定的传播影响力对未成年人成长中的世界观、价值观、人际关系、道德观等诸多社会人格方面,起着特殊的潜移默化的作用。[3] 申存慧通过对电影《新警察故事》中犯罪青少年的解析,揭示了青少年走上犯罪歧途的社会化基础:家庭教育畸形,包括家庭环境的影响、需求缺位和情感怪圈;电脑游戏模拟及此过程中的角色领悟偏差;同辈群体同化及群体亚文化的构建等几个方面。[4] 孙宏艳在北京、上海、苏州、大连、重庆、厦门、西安、贵阳8个城市对近6000名中小学生进行了问卷调查,归纳了新媒体对少年儿童社会化的影响,分析了新媒体时代少年儿童社会化面临的新挑战,总结了

---

[1] 额尔敦毕力格:《电视媒体对蒙古族青少年社会化影响研究》,硕士学位论文,内蒙古师范大学,2007年。
[2] 张彩霞:《电视媒体对学前儿童社会化的影响》,硕士学位论文,山西师范大学,2013年。
[3] 黄会林、封季尧、白雪静、杨卓凡:《2013年度中国电影文化的国际传播调研报告》(上),《现代传播(中国传媒大学学报)》2014年第1期,第14—22页。
[4] 申存慧:《犯罪青少年的社会化基础——电影〈新警察故事〉的启示》,《中国青年研究》2005年第5期,第77—80页。

少年儿童社会化范式的4个特点,并提出了对策建议。① 韩晓娟对新媒体环境下当代青年政治社会化的特点进行分析,阐述新媒体对当代青年政治社会化带来的积极影响和消极影响,从主客观两方面提出相应的对策,推进当代青年政治社会化健康发展。② 黄宝娥认为中小学生处于身心发育和成长时期,辨别和抵抗不良信息的能力比较弱,学校、社会、家庭等应帮助他们成为媒体信息的主动接受者而非被动接受者,使他们具备正确使用和有效利用媒体的能力,这对他们的社会化和健康成长必不可少。③

媒体不仅对学生的学习有影响,对于学生的社会化也有着重大的影响。王传中认为新媒体技术以其快捷、广泛性极大地拓展了学生获得信息的渠道和容量,尤其是新媒体的信息共享对于拓展学生的知识广度有很大的作用,能够开阔学生的视野,拓展其知识面。④ 贺国庆、段爱峰认为视听媒体能够为学生提供具体、有效的学习经验,它们能够更好地激发学生的学习兴趣,吸引学习者注意。⑤ 闫志明认为媒体与学习之间存在必然的联系,学习的方式和结果都将受到所利用的媒体的影响;媒体与媒体的应用方法不可分,特定媒体若能与充分发挥该媒体优势的教学方法结合,确实会影响学习者表达和处理信息的方式。⑥ 孙艳认为电影可以加强学生的学习动机,提高学生的学习成绩。

媒体有提供学习经验、凝聚抽象概念、帮助学生思考及串联经验等功能。媒体配合恰当的教学方法,可以显著地改善学生学习。媒体可以给学生提供具体的学习经验,教材呈现形式活泼,可以吸引学生注意,带动学生的学习动机。瑞士教育家约翰·佩斯泰洛齐认为:感官认识是一切知识

---

① 孙宏艳:《新媒体对青少年社会化的影响及应对策略》,《中国青年研究》2014年第2期,第27—32、26页。

② 韩晓娟:《新媒体对当代青年政治社会化双重影响及其对策》,《云南行政学院学报》2014年第6期,第87—89页。

③ 黄宝娥:《简论媒体素养对未成年人价值观教育的影响及对策》,《陕西理工学院学报》(社会科学版)2008年第1期,第81—85、95页。

④ 王传中:《以协同联动为突破口推行"五化"工作模式》,《中国高等教育》2014年第19期,第23—26页。

⑤ 贺国庆、段爱峰:《学习与媒体的双重变奏——美国教育技术思想流变》,《河北师范大学学报》(教育科学版)2014年第6期,第73—77页。

⑥ 闫志明:《学习与媒体关系大辩论:不同范式下的对话》,《电化教育研究》2009年第3期,第34—38页。

的基础,认识从感性的观察开始,通过对表象的加工而获得概念,因而观察应成为教学的基础。① 新媒体作为抽象写作教学具体化的重要工具,是进行直观教学的有力手段。它通过观察事物的本质,帮助学生从事物的源头获得知识。1931年7月美国辛克斯公司做了一个实验:在儿童看电影前后,分别用5种测验表格考察他们的学习成绩,看电影后比看电影前的成绩平均增加了88分,学生增加知识量35%。具有视听双重特点的有声电影在提高教学效果方面显示了巨大的作用,以其所具有的独特教学特点,引起了教育工作者的广泛兴趣。② 加涅认为学习过程是信息的接受和使用的过程,学习是主体和环境相互作用的结果。加涅把学习过程分为动机阶段(预期)→了解阶段(注意选择性和知觉)→获得阶段(编码储存通道)→保持阶段(记忆储备)→回忆阶段(检索)→概括阶段(迁移)→作业阶段(反应)→反馈阶段(强化)八个阶段。动机阶段作为学习者学习的首个过程,对学习者的学习和记忆过程有很大的影响。科学的教学方法与媒体教学进行有机结合,使学生真正成为学习过程中的信息处理主体和知识意义的积极建构者。媒体的特点是图、文、声、像并茂,为学生提供各种形式的感性材料,生动的图片、标准和现实场景中阅读,愉快的音乐背景和有趣的益智游戏,使学生产生如见其人、如闻其声、如临其境的感觉。它可以激发学生的学习兴趣和动力,使他们进入一个轻松愉快的学习环境,让学生主动探索和进步。

综上所述,留守儿童所处的媒介环境随着大众媒介的发展变得日渐复杂,媒介文化在传递中得以不断演化,留守儿童的媒介接触呈现多元化趋势。媒体对于儿童的学习社会化有着重要的影响和作用,儿童媒介素养的提高会增强其学习能力、端正其学习态度,对于儿童语言能力、行为引导、思维方式、性格塑造、人际交往等各方面的作用突出。新媒体具有视听组合、生动形象、直观清晰等特点,能充分调动儿童多感官并用进行学习,既加强了儿童对所学内容的理解和记忆,又能取得效率高、质量好的

---

① 张立国、强建周:《从技术的视角审视教育技术的嬗变》,《西安电子科技大学学报》(社会科学版)2007年第1期,第155—159页。

② 陈中、范晓卫:《教育技术学视野下的视觉文化》,《广西社会科学》2007年第1期,第181—183页。

学习效果。因此，新媒体可作为促进农村留守儿童学习社会化的重要途径。

本章小结

新媒体的发生发展以技术为支撑，而对新媒体的应用需求却不仅仅集中在技术及技术应用上。本章阐述了什么是新媒体，新媒体应用案例及新媒体干预农村留守儿童学习社会化的可行性，这些内容都是将新媒体作为能够衍生新的学习可能的学习环境看待，实际上，新媒体教学强调的就是学习环境（家庭、学校、社会等环境融合而成的正式或非正式的学习环境）的创设。本章对新媒体及新媒体应用的归纳直观地表达了这一思想，并为策略的提出和实施提供了思维基础和路径基础，尤其是在策略制定中要充分利用研究学校或地区的现有媒体，让教研员、教师、家长知道用什么，怎么放到实际环境中。

参考文献

车辉：《大学生在不同社交媒体上的行为习惯及引导策略——以微博、微信为例》，《教育现代化》2017年第37期。

陈红：《新媒体时代家校协同教育的创新》，《教学与管理》2018年第19期。

陈君：《新媒体时代高校思想政治教育创新研究》，硕士学位论文，太原科技大学，2014年。

［英］丹尼斯·麦奎尔：《受众分析》，中国人民大学出版社2006年版。

董庆丰：《基于嵌入式技术的GSM移动终端系统的软件开发》，硕士学位论文，电子科技大学，2004年。

董艳、王飞：《家校合作的微信支持模式及家长认同度研究》，《中国电化教育》2017年第2期。

董子静、牛贺、顾天培：《高校微信公众平台人格化建设研究》，《学校党建与思想教育》2019年第9期。

额尔敦毕力格：《电视媒体对蒙古族青少年社会化影响研究》，硕士学位论文,内蒙古师范大学,2007年。

韩慧:《新媒体视域下社会主义核心价值观的有效传播》,《中共济南市委党校学报》2015年第1期。

韩晓娟:《新媒体对当代青年政治社会化双重影响及其对策》,《云南行政学院学报》2014年第6期。

胡敏、杨佳:《浅谈新媒体文化建构之意义与方法》,《当代教育论坛(综合研究)》2011年第10期。

胡钦太、林晓凡:《基于新媒体的社会教育传播模式构建研究》,《电化教育研究》2014年第5期。

胡昱晖:《新媒体的泡沫经济?》,《广告人》2007年第12期。

黄宝娥:《简论媒体素养对未成年人价值观教育的影响及对策》,《陕西理工学院学报》(社会科学版)2008年第1期。

黄会林、封季尧、白雪静、杨卓凡:《2013年度中国电影文化的国际传播调研报告》(上),《现代传播(中国传媒大学学报)》2014年第1期。

季海娟:《网络环境下的家庭教育》,《中国信息技术教育》2009年第14期。

景东、苏宝华:《新媒体定义新论》,《新闻界》2008年第3期。

李小翠、唐俊:《新媒体,在关注和热议中前行——2005年新媒体研究综述》,《新闻记者》2006年第3期。

李云剑:《多线程技术在办公自动化软件中的优势分析》,《广东科技》2011年第14期。

林洁:《我国网络电视产业链构建研究》,硕士学位论文,华中科技大学,2005年。

林樟杰、何玉海:《现代传媒教育功能的重新审视》,《上海师范大学学报》(哲学社会科学版)2006年第4期。

苗伟:《新媒体环境下社会主义核心价值观的培育和践行》,《未来与发展》2016年第10期。

彭兰:《"新媒体"概念界定的三条线索》,《新闻与传播研究》2016年第3期。

申存慧:《犯罪青少年的社会化基础——电影〈新警察故事〉的启

示》,《中国青年研究》2005 年第 5 期。

宋一明:《手机媒体的信息传播研究》,硕士学位论文,河南大学,2010 年。

孙宏艳:《新媒体对青少年社会化的影响及应对策略》,《中国青年研究》2014 年第 2 期。

唐宇:《计算机网络新技术概述》,《信息技术》2007 年第 7 期。

王葆慧:《皖北城乡小学生媒介素养比较研究——基于蚌埠的实证调查分析》,硕士学位论文,中南民族大学,2013 年。

王传中:《以协同联动为突破口推行"五化"工作模式》,《中国高等教育》2014 年第 19 期。

王芳:《浅析电视民生新闻向新媒体的发展——以〈南京零距离〉为例》,《新闻三昧》2009 年第 Z1 期。

王国艳:《农村初中语文教学中充分发挥信息技术的优势》,《中国教育技术装备》2012 年第 10 期。

王甲云:《基于微视频的家庭教育实践探索》,硕士学位论文,扬州大学,2016 年。

王晓艳:《论网络正能量传播对青少年树立正确三观的引导——兼议媒体编辑的传媒责任》,《中国编辑》2017 年第 11 期。

王志荣:《媒介融合环境下应用移动互联网发展科普产业的研究》,《移动通信》2012 年第 19 期。

吴翠珍、陈世敏:《媒介素养教育》,台北:巨流图书股份有限公司 2007 年版。

吴信训:《"数字电视新闻博览台"传播新模式开发研究》,《新闻记者》2008 年第 3 期。

熊澄宇:《新媒体百科全书》,清华大学出版社 2007 年版。

徐艳玲:《传统期刊与新媒体融合发展探微》,《中国校外教育》2018 年第 16 期。

颜黎光:《社教类电视节目的创新路径》,《传媒》2015 年第 15 期。

殷俊、李菁:《浅谈微博的层级化》,《新闻研究导刊》2012 年第 11 期。

岳颂东:《新媒体产业的 8 个特点》,http://finance.sina.com.cn/

hy/20080519/17024884944.shtml，2008 年 5 月 19 日。

张彩霞:《电视媒体对学前儿童社会化的影响》，硕士学位论文，山西师范大学，2013 年。

张春玲、柴超一:《浅谈多媒体在农村初中语文教学中的应用》，《吉林省教育学院学报》（中旬）2014 年第 2 期。

张广海:《我国数字电视技术发展的新趋势》，《硅谷》2012 年第 4 期。

张朋:《浅析多媒体在农村语文课堂教学中的应用》，《中国新技术新产品》2011 年第 24 期。

张雪芹:《浅议网络环境下农村初中语文多媒体教学的运用》，《农村科技》2008 年第 6 期。

张瑛:《网络技术在家庭教育中的应用研究》，硕士学位论文，湖南大学，2007 年。

张梓轩:《基于移动互联网平台下的手机应用产品服务》，《艺术科技》2016 年第 5 期。

郑小军:《微课发展误区再审视》，《现代远程教育研究》2016 年第 2 期。

中华人民共和国国务院:《国务院关于进一步加强农村教育工作的决定》，http：//www.gov.cn/zhengce/content/2008-03/28/content_5747.htm，2003 年 3 月 28 日。

中华人民共和国教育部:《关于在中小学实施"校校通"工程的通知》，http：//old.moe.gov.cn//publicfiles/business/htmlfiles/moe/moe_327/200409/2965.html，2000 年 11 月 14 日。

中华人民共和国教育部:《教育信息化十年发展规划（2011-2020 年）》，http：//old.moe.gov.cn//publicfiles/business/htmlfiles/moe/s5 892/201203/xxgk_133322.html，2012 年 3 月 13 日。

周海英:《论新媒体的产生及发展趋势》，《东南传播》2009 年第 5 期。

第六章

新媒体干预农村留守儿童学习社会化的具体策略

发展农村留守儿童媒介素养、促进其社会化学习不仅有利于农村留守儿童的身心健康发展,而且有利于缩小城乡差距,促进社会主义新农村的建设。由于我国经济发展的不平衡,农民工流动导致的农村留守儿童问题由来已久。农村留守儿童问题涉及多方面,根据农村留守儿童学习社会化影响因素研究结论及调研结果等,确定从家庭、学校、社会三个方面来探讨新媒体干预农村留守儿童学习社会化的具体策略。充分考虑研究与实践的中立性,关注到孩子的心灵发展,如果将农村留守儿童和非农村留守儿童混合的形式打破,可能会对参与儿童产生不利影响,甚至会影响到儿童的心理和行为,进而影响农村留守儿童学习社会化进程。因此策略面向研究者时是针对农村留守儿童的,面对研究对象时是针对所有儿童的,而且我们也希望通过这一研究对非农村留守儿童产生正面影响。

第一节 新媒体干预农村留守儿童学习社会化的总体机制

一 新媒体干预农村留守儿童学习社会化的总体目标

新媒体干预农村留守儿童学习社会化的总体目标是:从影响农村留守儿童学习社会化的诸要素入手,进行有针对性地设计、干预,完成个案研究达成度的同时,通过迭代、记录、比对、归纳等方式,实现干预机制的可推广性,形成系统可推广的新媒体干预农村留守儿童学习社会化运行机制,切实发挥媒体作用,促进农村留守儿童学习社会化。研究与实践欲从新媒体角度构建农村留守儿童学习社会化问题解决的系统机制,为解决此类问题扩展新思路。

新媒体干预机制是根据量化分析、结构方程、定性分析、媒体干预策略研究确定的,新媒体干预策略的制定是新媒体干预农村留守儿童学习社会化实践的基础,其为干预实践提供方法论指导,干预的具体实施要通过筛选和充实使用有效适用的干预策略,以达到现实目标。

二 建立新媒体干预农村留守儿童学习社会化协作共同体

研究本身是一个系统工程,需要多方合作才能完成,新媒体的设计和开发也非研究者凭一己之力就能完成,只有多方合作才能改变农村留守儿童的教育现状。因此研究确定农村留守儿童的干预策略需要协作共同体来完成,具体来说,主要从以下几个方面来构建协作共同体。

一是以研究者为主导。本研究团队专家具有社会学、教育学、教育技术学、儿童心理健康发展、传播学等研究背景,相关研究成果多致力于儿童学习发展,是研究顺利进行的支撑。在新媒体干预农村留守儿童学习社会化的过程中,研究者负责总体策略的制定和实施,引领县域与校域整体新媒体干预农村留守儿童学习社会化策略,在现实教学中指导教师进行新媒体教学设计并引导教师关注农村留守儿童学习社会化,同时负责指导区域教研员教学研究和教师培训等。二是以教研员、校长为引领者。教研员是区域教育信息化的重要推动者,新媒体干预农村留守儿童学习社会化机制的制定和实施需要教研员的推进;同时教研员是教师培训的主体,教师在新媒体干预过程中的作用发挥和长期发展需要当地教研员的支持为保障。具体到一所学校,则要将校长的引领作用纳入考虑范畴,学校规定、教师教学、学生学习与校长的关切紧密相连,因此要提升校长本身对农村留守儿童学习社会化和新媒体干预学习的关注度,促进其协调学校内外部积极因素,以引领教师和包括农村留守儿童在内的学生积极发展。三是以教师为重要实践者。教学任务和研究任务最终要落到正式或非正式的儿童活动中来。教师是农村留守儿童活动重要的实践者,学校环境下的影响因素主要通过教师对农村留守儿童产生作用,教师在研究者、教研员的参与下进行新媒体环境下的教学设计、活动设计,进行实际的教学活动并通过教学反思或活动总结为农村留守儿童学习社会化发展提供依据,为研究者研究提供支持。四是以家长为重要参与者。将家庭因素纳入新媒体干预农村留守儿童学习社会化过程主要是因为农村留守儿童家长的特殊性,只有将家庭或家长的不利因素转化为支持其学习社会化的有利因素,才能从本源上解决问题。因此要将家长纳入到协作共同体中,通过新媒体等促进其对农村留守儿童的积极引导和积极关爱。五是以农村留守儿童为主体。策略可行性和达成度要通过农村留守儿童的可测量行为来显化,农村留守儿童更好的发展是研究的根本目的。教师和研究者通过对儿童进行访谈、问卷调查、具体行为分析等来确定应该选择哪些策略,如何组织、如何评估等重要问题。

三 建立家庭、学校、社会的有效沟通渠道

本书确定家庭、学校、社会三个维度,并制定在不同维度下的新媒体干预农村留守儿童学习社会化的具体策略。但是儿童作为整体的人,家庭、学校和社会活动等因素是作为相互融合的整体来影响学习者的。维度分离下进行策略的实施不仅不符合儿童学习社会化规律,还有可能对儿童成长起到相反的作用。因此在策略框架和具体策略制定阶段,我们将家庭、学校和社会等要素联系起来。要保证三者沟通的有效性,要遵守以下原则:①农村留守儿童主体原则。②新媒体联通原则。新媒体是将三者有效联结起来的重要手段,这也是本书以新媒体促进农村留守儿童学习社会化的重要原因。因此三者之间的沟通,尤其是要克服远距离障碍的沟通,需要借助新媒体参与来促进其沟通内容和结构的效果性。③要以改善家庭维度下新媒体干预环境为关键,构建学校整体新媒体干预环境为导向,并借助社会新媒体应用策略和应用环境来进行构建。

第二节 家庭维度下新媒体干预策略

家庭是儿童健康成长的微型生态环境,是个体学习社会化发展的第一场所,农村留守儿童与其他儿童学习社会化的差异源于家庭。首先,监护者本身的教养观及教育行为直接影响留守儿童学习社会化水平。其次,监护者的关爱行为、家风等隐性因素影响农村留守儿童的心理及行为方式,

进而对其学习社会化产生影响。通过因素分析，结合媒介特点等，研究者在家庭中拟建立以下干预策略。

一 提升交流性媒体应用效能，加强家庭成员沟通

（一）利用媒体扩展家庭成员沟通的广度

媒体扩展了人际交流的时间和空间，家庭成员能够通过社交媒体进行低成本、高效的沟通，农村留守儿童得以与家人更好地"相处"。家长作为培养留守儿童的教育主体，应对留守儿童成长保持积极主动的心态，用温情敲开留守儿童的心扉，充分调动其学习的积极性、自觉性。

首先是建立临时监护者和农村留守儿童父母之间的长效沟通通道作为保障。临时监护者往往是农村留守儿童的祖父母、外祖父母等人，受隔代抚养的培育性特点及老人的文化水平等的影响，临时监护者教育不能完全代替父母教育，临时监护者和农村留守儿童父母之间应该建立有效的儿童沟通通道，形成教育合力。利用微信等媒介进行沟通，改善农村留守儿童父母监督环境，临时监护者与农村留守儿童父母之间能建立较为一致的话语体系与教养观念，有助于改变临时监护者教养行为，进而缩小差距；针对农村留守儿童学习社会化问题，利用媒体（社交媒体、数字媒体）在儿童、临时监护者、儿童父母之间建立动态体系来促使农村留守儿童学习社会化心向的达成。

其次是以延长农村留守儿童与其家长沟通的效果性作为基础。儿童与父母之间的沟通是儿童成长中最为日常化的行为形式，沟通的习惯、方式以及心理导向等都是其学习社会化形成的要素。受距离等的影响，农村留守儿童与其父母之间缺乏及时有效的交流，阻碍了儿童的表达，影响了儿童的后续表现。就此而言，增强并延长沟通效果是必要的干预机制。研究者可与农村留守儿童父母就儿童问题商议沟通策略，交流性媒介起到的是基础性工具的作用。首先是将语音、视频、文字结合，营造轻松愉快的交流气氛；其次是以留言等促使父母与儿童之间的情感转化；还要改变沟通的语气、语调，以表情包等媒介实现更为平等的交流等。

最后，以加强农村留守儿童父母与学校的经常性沟通为重点。就农村留守儿童而言，学校担负着更重的教育责任，家长将儿童成长成才寄希望于学校，但是缺乏对学校的支持（教育行为支持、儿童活动支持），家校

之间的有效沟通，不仅能促进其相互理解，还能衍生更加有效的教育行为。在学校和家长的共同努力下，可以建立长期有效的群聊及留言方式；研究者可推荐能够帮助家长及教师沟通的一些电脑软件、小程序或 APP 等来促使家长和教师达到思想上的一致性。

（二）结合媒体设计深度沟通策略

1. 以儿童发展为目的，实现主题式交流

远距离等因素导致的沟通延时往往使得农村留守儿童的行为被误读，家长和农村留守儿童之间存在着沟通不和谐等问题，阻碍了农村留守儿童学习社会化过程中的个体发展。主题式活动具有发展儿童思维、培养儿童解决问题能力的功能，在活动过程中的情感体验等也能使得儿童获得较为长久的发展动力，在新媒体的支持下，以交流为关键要素的主题式活动实施成为可能。其目的是在主题活动中实现家长和儿童的亲切交流，拉近家长和儿童的关系，最终落到农村留守儿童学习社会化的发展上。交流的主题应是具有延伸性且儿童感兴趣的话题，由研究人员、教师及家长在向儿童了解的基础上通过移动设备等探讨得到，家长可以通过图片、视频、动画等获得主题概念，以建立与儿童较为一致的观念，便于其更好地理解儿童。

根据儿童特点及主题特点不同，其交流方式不同，主要分为以下几种：①留言式，通过虚拟社区等，形成稳定的家庭小组，家庭成员之间进行私密留言与公开讨论，促进家人之间建立稳固的情感体验纽带；②角色扮演式，以农村留守儿童为中心，通过视频通话等形式进行主题故事角色扮演，鼓励家长生动、有趣阐述角色，以获得儿童关注，并根据故事主旨培养儿童态度和价值观等；③评价探讨式，借助虚拟社区、社交媒体进行线上讨论和通话等。主要是针对某一主题做出自己的解答，家长和儿童互相评价，并进行讨论，以促进交流平等化和日常化，使儿童与家长聊有所得。

2. 多方合作，形成持续性沟通策略

沟通效果的持久性与农村留守儿童本身、农村留守儿童监护者和两者之间的沟通方式密切相关。因此要形成持续性沟通策略就要从这三者出发进行探讨。首先，在沟通方式层面，要保证方式的可被接受性与所涉及媒体的易用性。将外出工作的监护者和农村留守儿童的空闲时间、可用媒体等结合起来，形成较为稳定的方式系统，包括基于新媒体的主题沟通、小型家庭会议、非正式家庭成长企划等。在监护者层面，要使监护者对农村留守儿童学习社会化发挥更加积极的作用，就要改变监护者与农村留守儿童之间的沟通习惯，需要监护者长期的努力才能达成，这就要确立监护者对使用新媒体的心向和信心，需要研究者和教师与家长的长期交流与指导。对于农村留守儿童来说，其本身具有与其监护者沟通的愿望，在长期的异地分离中，造成了家长与农村留守儿童之间的沟通不顺，大大减小了家长的教育作用力。

以临时监护者和外出家长思想一致为基础，形成教研员、研究者指导，教师关注，家长关心的局面。具体包括教研员、教师、家长在微信群中的交流；以课堂为基础，借助视频、动画等开展班会和主题活动等促进农村留守儿童对家长的理解；家长与儿童确定比较稳定一致的交流时间等。这些方式都利于农村留守儿童重新构建与家长持续性沟通的思维，并在沟通的基础上促进自身发展。

二 应用与发展适应性媒介，发展家长教育能力

（一）利用日常化媒介，改善家长教育理念

1. 发挥媒体教育功能，树立家长教育信念

农村留守儿童家长往往都期望教育改变命运，对教育和儿童都寄予厚望，这种期待是正面的，但家长却不能在期望之下形成具体的教育观念和对儿童的具体行为期待。本书确定的研究对象为小学低年级农村留守儿童，其在行为方式、学习习惯上有更大的可塑性，在其学习社会化过程中，家长的教育观对其有重要影响。农村留守儿童家长应该形成具有教育性的信念和理念，进而构建更加合理的教育期待蓝图，在与学校分离的情形下，新媒体的作用更加显现出来。在与研究者、教师共同讨论的基础上，农村留守儿童家长可选择相关微信公众号、电子新闻、教育网站等进行浏览和记录；可观看教育、文化节目或观看与儿童兴趣趋向相似的教育栏目，积累教育知识并进行目的性实践；可观看教育电影，并与儿童分享等。在观看或浏览的过程中要保持与其他家长的联通，进行教育交流活动。

2. 利用现代化教育手段，培养家长教育现代化能力

现代教育既强调受教育者的平等性和教育的全时空性，也关注其学习

的社会性和个性化。农村留守儿童学习社会化的达成是实现农村留守儿童群体教育现代化的重要一步,家庭教育是农村留守儿童学习社会化过程中的重要环节,其教育现代化程度影响着农村留守儿童的教育现代化。农村留守儿童家长对教育现代化及发展的关注度、信任度不高,现代化教育能力不强,使得家庭成为农村留守儿童教育现代化的薄弱点。现代化教育手段是教育现代化的标志之一,也是实现教育现代化的重要因素,在远程家庭教育中现代化教育手段可以促进农村留守儿童的现代化学习和家长的现代化教育。

具体实施方式主要分为以下几类:①转化家长教育行为。通过对教育虚拟社区、学科软件的体验逐渐培养家长对现代教育手段及其意义的理解;通过浏览教育新闻、与老师线上交流等了解当前教育发展阶段及其趋势,逐步实现思想上的转化等;与专家、教师等进行线上、线下的对话,逐渐获得现代家庭教育行为要素与儿童学习社会化影响行为要素。②树立家长现代化教育信念。以建构主义等学习理论为基础,通过视频教育案例、新媒体教学成功案例等向家长说明儿童应该实现怎样的发展,在此过程中新媒体能做什么,从而以现代化教育手段来发展家长现代化教学思维。在此过程中家长应正确引导子女认识学习的意义,针对学习任务制订长期目标、短期目标并付诸行动,由"要我学"转为"我要学"。③明确新媒体作用。在进行家庭教育、家长交流、家校沟通的过程中家长除了理解并施行教育行为外,也应该明确所使用的教育媒介、教学媒体、社交媒体的基本功能和作用,使其能从家庭和儿童发展出发为农村留守儿童新媒体干预社会化提出建议和意见,这也有助于培养其现代化教育能力。

(二)借助新媒体,构建家庭远程教育模式

在家庭教育中家长和农村留守儿童存在沟通不及时、教育片面化、行为影响表面化等问题。远程教育的本质是学校教育中教的行为与学的行为分离情形下进行的教育,远程教育经过多年发展形成了较为成熟的体制,成为教育教学的重要组成部分。远程教育行为和农村留守儿童家庭教育行为有一定相似之处:首先是教与学的时空分离性,远程教育情境下对学生心理、个性化等问题的考虑与农村留守儿童家庭教育关注的重点相似;其次是教育者的关切性,家长与农村留守儿童之间的互相关心和心理效应的程度比远程教育更深;最后是新媒体在其中的适用性,多种媒体,尤其是新媒体对远程教育影响深远，新媒体也改变着家庭教育，其应用方式、应用情境等可以参考远程教育。

参考远程教育模式及特点，与农村留守儿童家庭教育特征结合，可以借助新媒体，形成以下家庭远程教育方式：①家长、农村留守儿童通过社交媒体、虚拟社区等共同参与家庭教育研究，形成主题式方案、个性化教育体验等，可以参考远程教育时间及模式的安排，以促进其与学校教育相融合；②以教师行为带动家长行为，家长作为家庭教育的主导者，发挥着类似于远程教育课程计划、实施、评价等作用，而且其教育内容是结构不良与非正式的，家长要将话语性、行为性教育转化为教育体系中的一节或一课，需要与教师进行远端交流、接受相应培训等；③帮助农村留守儿童排查学习适应性障碍，家长需要积极了解子女的学习状况，可以通过远程教育平台等类似的社区等进行观察；④家长应适时给予子女积极的教育期望，并创设机会让他们体验获取成功的喜悦，从而增强学习自信心。

三　整合充实文化资本，营造健康和谐的家庭生活环境

家庭是农村留守儿童获取文化资本的起源，家庭的文化氛围对于农村留守儿童在学习社会化过程中的成就表现具有重要的影响。家庭文化氛围、文化资本等直接或间接影响农村留守儿童学习社会化过程中文化素养的提高。家庭生活的环境形成与发展不仅和家庭成员、家庭发展背景等相关，还受到当地教育发展、社会整体文化等的影响。因此应从家庭、学校、社会三个方面进行教育补偿，将学校和社会中的有益因素整合到家庭适应的环境中，以提高家庭教育的正面性。

（一）改善家庭文化环境，形成积极健康的家庭生活氛围

1. 加大文化资本投入，减小农村留守儿童家庭学习社会化困难

农村留守儿童在家庭环境中面临着更多的学习困难。对儿童自身发展来说，在情感投入上缺少父母行为影响和文化熏陶，在资本投入上缺乏支持其学习社会化的文化情景等。在可获得的范围内加大对文化资本的投入，能为农村留守儿童提供更方便的学习机会，提升学习社会化能力。

可以从以下几个方面加大文化资本投入：（1）加大儿童情境体验性投入，包括家长的精力投入与资金投入。可以带领儿童参观距离较近的历史文化古迹，参观体验新兴产业和职业等，这些活动也能够促进儿童对家

乡及家长的理解。(2) 加大书籍、文化用品等的投入。实体的教育用品是儿童进行学习活动的基础，可以将家庭与学校相结合进行书籍交换等活动，也可进行家校之间的交流来为农村留守儿童家庭文化用品投入提供建议。(3) 加强对新媒体教育的投入。在现有条件下加强对新媒体教育的投入主要强调加强家庭对新媒体的理解信任和提高对新媒体的使用能力。随着教育信息化及教育精准扶贫的推进，多媒体设备等逐渐普及，但在落后地区存在着利用率较低等问题，农村留守儿童和家长对多媒体设备和新媒体教育教学不是很了解。因此可以通过加强家校沟通，组织班级性的家长活动来利用学校的现有资源进行多媒体、新媒体实验、培训等；还可以举行家庭式媒介使用活动，以视频、APP等新型教学形式等进行新媒介及新媒体的分享。

2. 提升监护者自身文化素养，扩展农村留守儿童文化体验

从行为主义到认知主义，再到建构主义，学习理论在多种学派的发展下逐渐丰富，而不论是哪种学习理论，都强调学生学习环境的影响作用。影响学生学习的环境是家庭、学校、社会等相互融合组成的复合体，在家庭环境中家庭成员尤其是监护者的行为、文化素养等会对儿童产生深远的影响。监护者文化素养的水平会潜移默化影响农村留守儿童文化体验、行为方式。提升监护者的文化素养，是扩展农村留守儿童文化体验的重要方式。文化素养的培养是一项长期工程，研究者可为监护者提供一些易用、易得的手段和策略，在研究期间进行培训等，使其习惯化。一是发展监护者自身对世界、对自然、对生命、对国家、对社会的认识。二是提升监护者对现代社会发展常识性知识的理解。三是发展其对儿童教育的理解和行为方式。主要以下几种常规媒介为支撑：首先是手机端的使用，手机是监护者应用最为广泛的媒介，通过发掘手机APP、社交媒介的功能使其获得简便的方式；可以通过公众号、教育网站获得教育资讯和教育案例；通过手机进行教育短视频、电影等的分享等。四是电视的使用，电视是监护者在家庭环境中最为熟悉的媒体，可多关注电视的教育频道、儿童活动频道及文化节目等。

(二) 分享学校文化活动，促使家校一体和谐共进

学校既是文化资本的主要承载地，也是文化资本主要发源地。学校对农村留守儿童文化素养等的提升作用不言而喻，利用学校的文化资本来发

展家庭的文化资本是促使家庭健康发展的重要方式,也是学校反思和改进文化培养的措施之一,有效分享学校文化活动,能够促使家庭和学校形成文化整体,共同和谐前进。可将学校的演讲活动、大型教育活动通过摄录像设施、网络等与家庭同步,监护者可观看活动视频,也可通过活动渠道进行参与,进而提升教育知识和素养;也可以参与儿童的学校活动(见习、实习、参观、游览、运动)等,既能学习儿童活动内容,促进与儿童的交流,也能观察和反思学校意图,提出自己的教育教学建议。

(三)发挥社会文化整合功能,提升社会参与的正向性

1. 加强农村社区对农村留守儿童家庭的关注

农村社区教育的目的是为社区成员服务,具有非正式非全日制的特点。在社会转型期提高社区成员素质和农村留守儿童成长教育质量是农村社区应尽的职责。在促进农村留守儿童学习社会化的过程中,农村社区要加强其对农村留守儿童家庭的关注。首先是家庭社区文化资源的提供,包括政策资源、组织资源、乡村社会资源等。[①] 具体来说,可通过社区广播设备、放映设备等进行政策法规的宣传;向农村留守儿童及家长提供纪念馆、少年宫等文化场所活动的机会,或建设社区小型文化和运动场所;定期为监护人举办教育、职业技能的相关讲座;也可通过现代摄影或通信设备与外出监护者取得联系等,来促进社区文化资本的共享。其次是建设积极和谐的社区文化环境,在农村留守儿童层面主要是加强社区对农村留守儿童人身安全及心理健康的关注,加强邻里的互相管护,提升网络安全教育、生命安全教育、心理健康教育,与政府部门、教育部门结合为儿童开启绿色通道等。

2. 补贴文化资本薄弱的家庭

如前所述,家庭应该在多个方面加强文化资本投入。但家庭对文化资本投入的能力有限。其对投入方式的选择和应用需要研究者的支持,也需要社会的关注和关心;其投入资金能力有限,社会的补贴是其有效整合的重要保障,也能为农村留守儿童学习社会化过程提供正面影响。以此为基础,社会应该充分发挥其文化整合的功能,在实践方式和资金方面对文

---

① 郑航、李俊奎:《转型期农村留守儿童社区教育新探》,《农村经济》2014年第3期,第27—31页。

资本相对薄弱的家庭进行补贴。可以从以下两个方面入手：首先是以简单易用为原则，建设有关文化资本使用教材体系，可以是图文并茂的书本，也可以是科教短片等；其次是设立农村留守儿童家庭专项基金，举行不定期儿童文化联谊和送教上门服务等。

第三节 学校维度下新媒体干预策略

学校环境对农村留守儿童学习社会化发展具有重要影响。"教化之本，出于学校"，学校是农村留守儿童接受教育的主阵地，是继家庭环境之后对其学习社会化发展发挥重要作用的第二环境。小学阶段的农村留守儿童处于成长的稚嫩时期，对学习的意义认识不清晰，自身内部学习驱动力不足。学校的教育能够对他们学习能力的发展起到一定的导向作用。学校应该充分发挥其对学生学习社会化发展的主导作用，提高学生对媒介素养教育的重视。学校应该结合多种媒介教学资源，运用适当的教育形式，将媒介素养教育纳入到学生的日常学习生活中，使儿童接受更全面、系统的媒介素养学习。

一 应用与开发地域性资源，为学校干预机制提供支持

基于学生对资源的特殊需求，传统封闭的课程结构已经落伍，必须借助信息化的网络平台，大力开发高效丰富的教学资源库，适应农村留守儿童的多元需求。因此，在内容的建设上，学校应从实际的教学需要出发，充分考虑个体特点和知识基础，创造性地构建"本土化"的资源体系。另外，学校要加强与外界的交流，开阔思路，借鉴有益经验，最大限度地利用现存的资源，促进学生的学习发展。

（一）进行资源应用培训，充分利用现有资源

1. 教学环境下资源应用培训

随着教育信息化的推进，研究地区学校信息化设备及资源建设已较为完备，能够为教师备课、教学提供有力支持，也能够支持农村留守儿童在校进行现代化学习。但是根据调查发现，技术资源等并未引起落后地区的教育变革，其中一个重要的原因就是资源本身未得到重视，在学校中，设备和资源甚至被搁置、废弃。这与教学设备本身的应用难度、教师教学习

惯、地区教育环境等相关。从对教师资源培训角度出发让教师和资源相互适应是学校媒体干预持久有效的保障。首先是采用视频、动画、PPT 等多种形式进行资源应用案例讲解，应用案例能够直观、形象地向教师展示一种设备或资源用在了哪里、怎么用、应用效果等问题，使教师获得间接的应用经验和对资源的直观表象。同时进行资源应用实践培训，包括多媒体设备、常用软件的使用等内容，研究者在此过程中进行讲解、演示等，教师进行分组式练习。在案例讲解和培训过程中要强调网络资源的应用，引导教师搜索、整理合适的网络资源，形成资源库。

2. 教学资源管理培训

资源的有序化、现代化管理能够使得学校和教师更加适应资源特点，也能够促进资源更新和开发。研究学校对教育资源尤其是新媒体资源的管理意识较为薄弱，管理能力较差，阻碍了资源的有效应用。根据地区或学校的现有设备或资源进行资源的管理是有效的方式。一是资源库的建立，利用网络云端和实体硬盘进行双份存储，要保证存储空间的容量和可靠性；对硬件设备、软件设备的基本信息、更新要求等也要进行细致观察后归档存储。二是资源管理人员的确立，建立校长主管、教师负责的机制，教师人员可以是与资源的设备关系最为紧密的信息技术教师等人。三是对资源管理的分类，可以以年级为基础按照教师、学生、教研资源等进行分类，然后按照学科或主题等进行再分类。四是资源的更新管理，要求教师、学校教研人员、学生等将创新性资源和与课堂教学相适应的网络资源在版权许可的范围内上传到校内资源库，资源管理人员审核通过后即可使用。

（二）适应地区教育现状，开发校本资源

校本资源是资源适应学校或地区发展而产生的教学、学习资源，其与学校特点相适应，也与国家教育发展要求相契合。校本资源应该符合农村留守儿童的特征，在进行开发的过程中将农村留守儿童的心理特点、学习情况等综合考虑，形成能够有效补偿家庭教育资源、联通家庭和社会发展特点、促进农村留守儿童学习社会化发展的资源。一般来说，校本资源的开发包括软件资源、教材资源等的开发，受研究经费、研究时间等的限制，研究者和所研究学校开发上述资源的困难较大，上述资源对农村留守儿童的关注度也不高。与研究主题相契合，将以上因素考虑到其中，可以将农村留守儿童学习社会化资源集中于新媒体课程资源的设计与整合中，主要包括以下几个方面。一是新媒体使用指南，研究者和学校教研员等进行合作，针对农村留守儿童，形成深入课程设计的新媒体使用进阶指南。二是充分整合网络资源、地区已有资源。针对农村留守儿童设计的不同课程主题，需要主题资源的支持，进行资源的重新编制、存储和创新应用也是资源开发的重要层面。三是新媒体及新媒体资源课程设计应用指导。只有将新媒体特点与对农村留守儿童学习社会化特点相融合，做好新媒体教学设计，才能真正实现新媒体干预农村留守儿童学习社会化。因此，研究者在考察、调查与试验后应编制关于新媒体及新媒体课程设计应用指导的手册。

（三）进行资源应用案例引导，扩展资源应用方式

1. 研究者引导，教师实施新媒体教学设计

教师是新媒体干预的真正实施者，教师的新媒体应用能力与农村留守儿童学习水平直接相关。农村留守儿童教师对新媒体及学习社会化教学实践机会较少，需要研究者和教研员的指导。在课堂教学中，教师应先从实践教学案例中获得相应经验。首先是由研究者和教研员作为课程设计和前期课堂教学设计的主导者，教师参与设计。教师可在此过程中获得新媒体和资源的直观体验，并学习使用方式等。然后是教师实施课堂设计，实施过程中教师应该思考为什么使用某种媒体或资源，其作用是怎样的。最后是在课堂结束后，除教师和研究者进行设计的反思等，还应调查学生对课堂的反应，包括学生对课堂的直观感受、对新媒体的偏好以及学生获得的学习成果等，以让教师了解学生诉求，更好地改进教学和更贴近学生学习愿望进行教学设计。

2. 组建教师新媒体教学设计小组，形成设计体系

经过以上课堂设计的参与和教学实施之后，教师主体自主进行教学设计。根据教师教学与学习背景可由不同学科教师或不同教学经验教师组成的教师合作组，形成信息技术教师指导、学科教师主导、专家教师带动新手教师的设计共同体，来共同完成教学设计。在此过程中教师可进行丰富的教学与研究活动。一是可进行资源与设备的评估活动，通过解析教学案例和教学实践获得其应用价值、应用情境等关键要素；二是可以进行教师之间互相评估，可进行教师合作组内的评估，以找出教学问题和设计问

题，发现资源应用盲点；三是进行不同合作组之间的评估或进行专家听课指导活动，获得不同设计与应用方式；四是对农村留守儿童进行特殊关注，在此环节形成资源式或媒体式的学习社会化方案，由班主任教师进行补充。

二 结合新媒体作用，营造校园文化氛围

（一）借助新媒体充实学校隐性文化

校园隐性文化是指学校中客观存在的、常常以潜移默化的方式对学生的全面发展产生实际影响的各种因素。[①] 学校隐性文化包括学校精神、学校整体价值观、学校风气以及学校发展过程中形成的人际沟通习惯、学校特殊文化等。在校内，学校隐性文化具有引导和约束学生行为、塑造学生人格及学习态度和风格的作用；在校外，学校隐性文化影响学校和学生整体形象，从而影响社会对学校的认知。因此学校隐性文化对农村留守儿童学习与成长有着重要作用，关注弱势群体、积极向上、勇敢奋斗的学校隐性文化能够让农村留守儿童获得关注和关爱，在学校中感受温暖，并获得积极的学习态度和学习动机，形成稳定的学习风格，提高自身学习能力。在学校环境下，新媒体干预农村留守儿童学习社会化不能限于课堂，将持久性文化要素等考虑其中有利于农村留守儿童获得持久的新媒体兴趣。

借助新媒体可从以下几个方面充实学校隐性文化。①以校园环境建设为基础，彰显校园物质文化、历史文化优势。借助新媒体可拍摄和编制学校短片，包括学校发展、学校成就、学校新风貌等内容。②建设信息化和交互性校园，研究中强调与学校及地区现有设备和资源融合，可以进行校园范围内的广播，其内容包括寓言故事、美文欣赏甚至新颖的解题方法等，也可以设置学校电影拍摄周和放映周、举办学校歌唱大赛活动等。在此过程中农村留守儿童可更多地参与其中，发掘自身兴趣，逐渐培养创新思维。③学校加大对信息化设备的投入，逐步实现学校信息化评估、信息化监测和信息化交流等。需要明确的是"滴水穿石，非一日之功"，学校隐性文化建设和充实是永远处在过程中的实践。以研究者为学校提供的以

---

① 毛鸽：《对独立学院校园隐性文化建设的思考》，《教育探索》2011年第2期，第132—133页。

上策略和共同实践为开端,学校全体成员需要持续不断地努力才能保持积极向上的文化氛围。

(二)构建生生、师生沟通机制,促使农村留守儿童产生学习社会化动机

如前所述,校园隐性文化建设影响农村留守儿童文化的养成,进而影响其学习社会化。除校园隐性文化外,生生、师生之间的相处方式等直接影响学校整体氛围。根据调查发现,教师和同学对农村留守儿童特殊关注较少,或者说对其进行的隐性关注和关心较少,对农村留守儿童的正面影响较小。积极有效、平等轻松的相处和沟通方式能够创造和谐的教学和学习氛围,使得农村留守儿童更愿意与教师和同学沟通,从而消除消极心理和消极行为,促使其产生学习社会化动机。改变教师和学生行为可从活动开始,进行非显性化沟通机制的建立,可通过以下类型的活动建立沟通机制。

一是利用"平行交谈法",就是师生一边一起做普通活动,一边交谈,重点放在活动上,而不是谈话的内容上,这样,师生双方处在平等的地位上,沟通场合多选择在宿舍、操场、课间等地方,更容易达到沟通目的。[1] 学生之间则在共同学习、讨论中获得沟通渠道。在活动中新媒体用于教学过程,促进教学活动的顺畅性和效果性。二是进行专门的沟通活动。可以以小型辩论赛、座谈会、材料解读和内容深化活动等形式进行,鼓励农村留守儿童参与其中,利用新媒体方便学生表达,从而以学生表达观点和立场来促进师生、生生之间更深层次的学习交流。三是进行非正式会议等来解决学生关心的问题,研究者和教师也要注意发掘农村留守儿童的问题。可以是学生关心的生活实际问题,也可以是社会问题,教师可转换问题形式由师生共同参与讨论。这种沟通活动类似于项目式教学活动,可以充分利用学习平台、论坛或虚拟社区等展开。

(三)制定灵活有效的儿童活动规范,促进农村留守儿童行为健康发展

农村留守儿童是具有无限发展潜力和可能性的个体,我们可以通过培养促使其成为全面发展的、具有高尚品德的人。在儿童发展自身"共可

---

[1] 吴禹莳:《中学教育管理中的"师生沟通"》,《西部素质教育》2018年第11期,第105—106页。

能"过程中，学校环境中教师的引导、规范的建立保障了其成长道路的正确性。灵活有效的儿童活动规范既是促进学校学习活动顺利进行的保障，也是儿童保护自身的必要手段。可以建立以下几种类型的活动规范。

首先是儿童道德规范的建立。道德规范是农村留守儿童行为规范的基础，良好的道德品质引发良好的行为。在家庭教育功能减弱的情形下，农村留守儿童道德规范的建立是促进其良好道德养成的重要手段。农村留守儿童道德规范的建立要面向校园全体儿童，但要将农村留守儿童的特点考虑其中。规范的建立可由研究者、教师、儿童（包括农村留守儿童）共同参与，儿童主要通过道德情境等获得道德意识和道德认知，从而以贴近儿童本身的方式确定道德规范。道德情境主要包括真实道德情境和虚拟道德情境。真实道德情境是针对儿童行为、社会热点事件等进行评价，在发表观点和探讨的过程中就一致观点与教师商讨是否加入道德规范中，而非一致观点则是儿童产生道德冲突的部分，往往是没有固定答案的问题，对于发展农村留守儿童的发散思维、批判思维有重要作用。虚拟道德情境是非真实道德情境，往往是道德故事或与社会实际相关的虚拟故事等，而非虚假故事。可以以视频、动画的形式呈现，也可以让儿童进行角色扮演，来体验故事中的道德冲突，并商讨解决方式等，促进学生理解自身、他人和社会道德。

其次是儿童学习规范的建立。包括对学生学习行为记录、评价和反馈的过程，也包括成文的规范等。学校应为农村留守儿童建立综合素质评价档案袋，不定期地提供绩效评价反馈，激发学习积极性。班级环境是农村留守儿童生活和学习的基本环境，应注重班级环境的建设。此外，教师应引导农村留守儿童设置自我提醒和自我反省任务，确保他们能够正确认识自己，并制订合理的近期目标和长期目标，从而激发和维持学习的积极性；教师应有效开展合作式教学活动和竞赛活动，制定合理的奖惩制度和帮扶制度，让农村留守儿童在合作中体验成功的喜悦与团队的归属感。

最后是新媒体应用规范的建立。儿童不仅是媒体教学的对象，更是媒体（尤其是新媒体）使用的主体。儿童可依据对媒体作用的理解更好地理解媒体内容，通过媒体实践可以增加知识、技能的表征方式。新媒体使用需要在教师引导和规范引导下获得自觉规范行为。新媒体应用规范可以参照媒体使用说明书，根据学科使用特点和学校特点制定，可以以视频短片进行讲解呈现,在实验室中张贴卡通图片引起儿童注意。

三 利用新媒体,提升教研员区域新媒体技术教学引领能力

教研员作为"教师之师"是我国基础教育教学研究制度的重要组成部分,在贯彻落实国家的教育政策方针、促进中小学一线教师的成长与提升我国基础教育教学质量等方面都发挥着举足轻重的作用。[①] 这里的教研员主要是指县域范围内的教育研究者,是县域教学的引领者。在进行新媒体干预农村留守儿童学习社会化研究过程中,研究者需要和教研员进行密切合作,以此推进研究顺利进行和提升教研员区域教学引领能力。

(一) 学习和研究新媒体教学应用

教研员是教学研究者和实践者,是地区教学改革中将教学理论转换为教学实践的先驱。教研员的实践和培训工作都要以其教学研究为基础,在本书中强调教研员区域性新媒体教学引领能力和农村留守儿童学习社会化教学引领能力,那么教研员本身务必对以上两个方面有深入研究和实践基础。因此本书正式实施之前应该对教研员进行深入了解,对其研究和实践领域进行适当的补充,从而发挥其优势、补充其劣势。研究拟建立教研员"学习和研究新媒体教学应用与农村留守儿童学习社会化"体系。一是让教研员本身对新媒体和农村留守儿童学习社会化进行深入理解。因为与教师、学生相比,教研员了解的范围更广、程度更深,因此这一阶段更多的是研究者给出相关框架,教研员通过发掘自身知识结构并通过网络、书籍等扩充知识内容来填充框架和互相评估获得对新媒体教学和农村留守儿童学习社会化的深入理解。二是进行新媒体教学研究,在这一过程中教研员与研究者合作共同制定相应策略等。教研员在此过程中主要帮助研究者将地域信息和农村留守儿童的特点融合到研究中去。研究者和教研员在进行面对面合作的基础上也可进行线上交流和论坛交流等,进而用新媒体来更好地研究新媒体。三是进行新媒体教学应用的深入探讨,超越本书进行关于区域教育信息化或区域性新媒体教学应用与开发的研究,促进当地教育改革,让包括农村留守儿童在内的所有儿童更多、更好地接受教育。

[①] 卢立涛、沈茜、梁威:《试论区县级教研员实践性知识的构成及特征——以北京市区县级教研员为例》,《教师教育研究》2018 年第 6 期,第 112—118 页。

(二) 扩展关注农村留守儿童学习社会化策略

农村留守儿童是区域教学对象中相对特殊的群体,其成长受到更多不良因素的影响,在进行教学的过程中需要教育部门的特殊关注,在实际教学中农村留守儿童不被特殊化的情境下给予其特殊性关照、关心,给予其比现有情形下更多、更好的发展机会,以尽力减小其与非农村留守儿童发展的差距,促进教育公平。教研员是与学校和教育主管部门沟通的桥梁,具有教学实践和行政的双重角色,教研室的有效关注能够引领学校对农村留守儿童的爱护和关心,通过与研究者的合作,获得关注策略和提升策略,在研究结束后也可进行持久关注。

教研室可通过以下方式对农村留守儿童进行特殊关注:一是对区域范围内的农村留守儿童档案进行整理,通过人为归类分析,利用内容分析软件、趋势分析软件以及借助大数据技术等进行农村留守儿童成长和学习特点、困难、优势等进行总结,得到干预策略实施的数据基础。二是对教育政策等的关注,在教育管理、教育政策试点时将农村留守儿童置于区域教育公平的首位;进行新媒体教学试点时多关注农村留守儿童学校和农村留守儿童的适应性,促进农村留守儿童学习社会化基础资源等的建设。三是关注农村留守儿童学习的过程公平,开发农村留守儿童学习社会化系列活动,以良好的教学设计,而不只是资源来促进农村留守儿童被教育、被激发的公平和支持农村留守儿童群体内部学习者多样性的公平。

(三) 实施阶段性教师培训

教研员的一项主要任务是进行教师培训,促进教师专业化发展。"培训"应当打破单一的单向传递理论经验的行为,在实践中培训、在案例中培训、在教研中培训,旨在实现先进教学理念的有效传递、理论实践的有效转化。[1] 主要对教师的媒体技术教学能力和儿童学习社会化能力进行培训,还要制定教师关注农村留守儿童策略,促进教师与与农村留守儿童之间相互作用。对于教师新媒体教学能力的培训来说,主要集中在对教师新媒体的适应性和信任度、新媒体技术与课程整合的能力、教师教学设计与教学反思能力、新媒体使用创新性和合理性能力等方面的培训上。儿童

---

[1] 赵可云、陈武成:《"研—训—行三维一体"教研室(员)对区域信息化教学发展的探索》,《中国电化教育》2017年第4期,第41—47页。

学习社会化培训则是要培养教师关注农村留守儿童的心向，培训其对农村留守儿童学习能力和学习社会化能力等的培养等。

教师培训要注意培训的阶段性与持续性。在培训过程中教师是具有更强自主性和学习经验的学习者，也是教研员的教学伙伴。大体来说可以分为个体培养、群体发展两个阶段。个体培养阶段主要有两种方式，首先是针对较少数量的教师展开面对面培训和线上交流；其次是通过互联网面向所有教师进行培训课程直播。第一种方式的效果较好，教师的积极性较高。第二种方式则要求进行额外的实践培训。群体发展阶段是由教研室和个体培养阶段的优秀教师共同主持培训工作，进行以上两种方式的循环，使得区域内教师都可获得以上能力。培训过程中和完成后教研员都要进行评估，使得教师学有所用。

四　融合新媒体设计课程，提升教师新媒体应用效能

（一）实施新媒体教学，提升教师新媒体应用信心和能力

1. 教师参与新媒体干预课程设计，积累设计经验

新媒体干预农村留守儿童学习社会化课程设计主体是研究者，而教师是相应课程的实施者。教师对农村留守儿童了解得更加具体，却往往不能将其要素纳入到教学设计中来，不能形成相应的教学理论。而研究者进行课程设计的过程则是将学生具体学习要素转化为教学要素的过程，因此教师参与到课程设计中既可以帮助研究者，也可以积累和学习设计经验。因研究确定的学校是农村留守儿童和非农村留守儿童混合的学校，设计和开发的课程应该是针对农村留守儿童学习社会化特点，也将其他儿童的学习需求考虑其中形成的发展性课程。课程类型应该分为以下两种，首先是儿童活动课程，活动课程重在增强儿童情感体验、学习体验和社会化体验以及情景化建构知识的能力等，可以通过不同主题选择电影资源进行周期观看活动；进行诗歌、成语、寓言故事、英文朗诵等比赛活动；组织儿童实践活动，包括手工制作、社区公益活动等。活动课程能够促进农村留守儿童理解自身和他人、理解学习和知识，促进学生情景化学习能力的提升。学科课程指的是在原学科知识体系和知识内容的基础上转换知识呈现方式和教学方式，利用新媒体等增强学科课堂的趣味性。

教师在参与以上两种课程设计的过程中，可以发挥以下作用。

（1）帮助研究者确定课程阶段性目标。课程目标的确定要根据研究主题、儿童需求、社会需要确定，而阶段性目标的确定则需要实际教学经验的帮助，教师可根据学生特点、学习水平等帮助研究者确定。（2）参与儿童学习经验的选择。"什么形式的课程是儿童需要的和可接受的""什么样的媒体是适应儿童发展的"等是学习经验选择阶段需要重点考虑的问题。教师原教学风格、教学内容等是儿童学习经验好恶的重要因素，研究除考虑儿童学习社会化学习具体经验外，也应将教师整体影响下形成的学习经验和学习心理纳入其中，从这一方面来说，教师本身也是重要的研究对象。（3）参与组织学习经验。可形成教师合作组来对课程进行设计，尤其是对学科课程设计提出改进策略，可主要针对某一课程模块进行，与研究者进行面对面讨论或通过社区和社交媒体讨论等。

2. 根据干预策略，进行学科微观教学设计

课程设计完成后在某些学科课程中形成的是贯穿学科始终的教学策略，而非具体课堂设计，需要教师根据干预策略，进行合作或独立完成微观教学设计。设计内容可以从某一知识点开始，逐步深入。学科教师进行教学设计的过程是重新审视和改造原教学组织的过程，具体可从以下几个方面进行：（1）对部分抽象经验的改造。研究对象为中低年级的农村留守儿童，学习过程需要较多直观经验的支持，教师可以设计课堂教学，将部分抽象经验改造为直观经验或以直观经验为基础进行抽象经验教学，也要注意教学过程中保留适量的抽象经验，以促进学生抽象思维等的发展。（2）对难点、重点的重新组织和设计。新媒体或有效的教学策略首先能够解决现有的教学问题，教师可以与其他学科教师合作针对教师难教或儿童难学的问题利用新媒体进行重新设计。（3）课堂活动的生动化。生动的课堂活动能够有效地调动学生的积极性，促进儿童个体发展和社会结构发展的课堂应是能与学生生活经验和社会实际结合起来的课堂。（4）媒体应用过程化。新媒体应用信心和能力是教师进行新媒体教学的基础，以研究者和教研员的培训者为基础，教师应将新媒体渗透在教学环节中，为学生发展和学习效果而设计，而不是浮于表面或为使用新媒体而设计。

(二) 制定农村留守儿童关注策略，提升教师对农村留守儿童的关注力

海德的平衡理论认为人与人之间的态度具有相互影响性。倘若教师对农村留守儿童投入积极肯定的态度，他们则会产生强烈的学习愿望及良好的学习情绪。教师除提升对农村留守儿童的关注度外，更应该提升自身的关注能力，即教师的关注力。可采用以下几种方式提升教师关注力：其一，学校定期组织教师的培训工作，促进教师的专业发展，帮助他们树立正确的教育价值观、学生观，规范教师的教学行为，正确对待农村留守儿童；其二，采用多元互动交流机制集中教师智慧，对学生的特殊问题进行讨论研究，促进教师价值理念形成，确保农村留守儿童感受到教师真切的关爱；其三，组织教师进行留守儿童学习能力发展的科研活动，在实践与研究中提升教师培育农村留守儿童学习能力发展的素养。

具体的关注需要可靠策略的支持。首先可以利用新媒体，建立有效的家校沟通通道。教师应与农村留守儿童监护者建立紧密的联系，可通过视频家长会、学校沟通平台等进行。要保持沟通的持续性和效果性。其次，要将农村留守儿童成长的社会经验纳入其中。农村留守儿童成长是整个社会和教育界都应关注的问题，在多年的发展中，在教育领域等社会发展领域农村留守儿童的研究取得了一些成果，教师应努力搜集相关素材和总结经验，做农村留守儿童学习社会化道路上的领路人。在此，要与研究者、教研员合作关注农村留守儿童具体学习需求，应该将每一位农村留守儿童的具体需求纳入其中。教研员和研究者能够更敏锐地发现学生需求和学生问题，为教师提供指导。

第四节　社会维度下新媒体干预策略

一　发挥政策领导力，促使宏观规划落地

从研究者的实际调查和访谈来看，绝大多数农村地区的地方政府尚未制定有针对性的促进农村留守儿童发展的制度，尤其是媒介素养提升的相关政策。政府是教育教学改革的重要推动者，政府对农村留守儿童的关注能够促进教育部门和学校的农村留守儿童教育教学实践及活动的开展，在农村留守儿童学习社会化过程中，政府有责任通过政策或法律干预其中，

从宏观上为学校、家庭等提供更加可靠的支持和指导。

（一）确立制度，净化农村儿童可接触新媒体环境

为了形成一个文明健康的新媒体环境，国家要制定相关法律作为最直接有力的保障，政府要通过制定相应的政策或制度来规范新媒体环境，并加强对农村留守儿童的关注度。在促进农村留守儿童接触有益信息的前提下，采取禁止未成年人进入网吧，出台关于禁止随意在网络发布或转发谣言等政策来有效净化农村留守儿童成长环境的措施。此外，国家新闻出版广播电影电视总局还应加强对儿童节目的审查，特别是价值观和语言的传播，禁止播出过于商业化或涉及暴力的儿童娱乐节目等。

（二）制定法律和福利政策保障农村留守儿童健康成长

在政策上，目前已有部分省市颁布相关地方法律条例，但要想完全保护农村留守儿童的权益不受侵害，政府须进一步完善与留守儿童相关的法律保护条例，通过法律的形式明确父母对留守儿童的责任和义务。诸如在未成年人保护法中突出对于农村留守儿童的保护；[1] 在教育法中增加对农村留守儿童接受现代化教育机会等的规定，[2] 使农村留守儿童保护有更加坚实的法律依托。

帮助农村留守儿童提高新媒体环境下的学习社会化能力至关重要的方法就是解决留守儿童与父母学与教两地分离的状态。政府除了可以通过引进外商注资等方式来鼓励支持农民工返乡创业或务工，还可以通过提高服务意识来补足客观现实条件的无奈。可以增加农村留守儿童的福利待遇；可以通过建立非营利性托管机构对农村留守儿童进行媒介素养教育；同时要逐步打破城乡二元体制和户籍制度的限制，使农村居民和城市居民享有同样的社会保障，缩小城乡差距，实现同工同酬，使农民工有足够的经济能力和生活条件将孩子带到身边抚养教育。

（三）构建媒介素养教育课程体系

在国际上或者某些发达国家和地区，一直对媒介素养教育非常重视，

---

[1] 杨靖、黄京华：《构建图书馆三级支撑体系 提升西部农村留守儿童媒介素养》，《图书馆建设》2011年第5期，第32—36页。

[2] 胡佳：《加强儿童媒介素养教育——引导孩子正确使用媒体》，《读写算》（教研版）2014年第12期，第331—332页。

并把媒介素养列为人类终身学习的重要组成部分。20世纪30年代，媒介素养教育的概念最先由英国学者提出，截止到1997年英国已有近六成的学校开设有进阶式媒介素养教育课程。[①] 20世纪后期，在欧洲、北美洲和大洋洲等地，媒介素养已经逐渐发展为一门新的学科，并形成了独具特色的教育体系和学习方式。同时，美国也早已把媒介素养教育列为从小学到大学的必修课程之一。德国则将和媒介素养相关的教育内容放在政治和社会常识及社会研究等课程中研讨学习。

我国作为媒介素养教育起步较晚的国家，发展历史较短，与发达国家相比，发展水平差距较大。因此，我们可以根据中国国情，借鉴国外媒介素养教育的成功模式。开展媒介素养教育，学校是第一选择。媒介素养教育应纳入学校教育课程体系，或将与媒介素养教育相关的内容纳入学科教学，使之成为教育的一部分。同时，为加快媒介素养教育体系建设，应尽快创造良好的发展条件，如设计优秀教材、培养专业教师、加强学科建设、建立相关机构等。

二 提升社会关注度及关注力，增强媒介正面作用

相关研究指出，无论是电视媒介还是网络信息传播媒介，对儿童的社会化均具有一定的影响，媒介接触行为、媒介素养是大众媒介环境下影响留守儿童学习社会化的重要因素，儿童媒介素养的高低一定程度上影响着儿童社会化的进程。作为社会中的重要群体，农村留守儿童的个体发展不仅仅关系到其自身成长成才，还会影响到社会的发展进步。

（一）实施主体：增强媒介素养教育与实施意识

媒介素养教育研究主体从单一的学龄群体研究逐步转向对普通受众媒介素养探讨，研究呈现多元化态势。但对农村留守儿童媒介素养研究多是泛泛而谈，缺乏目的性与影响性。实践领域，留守儿童处在"三观"形成的关键期，其认知水平与媒介思辨能力尚未成形，学校、家庭媒介素养教育的缺失，使其难以抵制大众传媒消极因素的影响，严重制约留守儿童学习社会化发展。

---

① 柏清：《当代中国大众文化传播语境下的媒介素养教育》，硕士学位论文，兰州大学，2006年。

国内针对留守儿媒介素养教育的研究，杨靖提出"四阶段构建"框架，即主要通过教育部门、学校、媒体进行教育的普及与推广，通过儿童和其监护人的社区活动来实现教育。① 郑素侠提出在参与式传播的视角下开展留守儿童媒介素养教育。② 纵观儿童教育实践，留守儿童媒介素养教育并未得以全方位有效开展，学校实行重分数提高、轻素养提升的教育，对媒介素养教育缺乏实施意识；家庭又过分强调学校的教育作用，忽视其自身在儿童成长过程中的角色影响。研究者强调儿童媒介素养教育实施的重要性，却未见将理论切实付诸实践的行动者。儿童在媒介化时代生存，一方面要保证实施主体的多元化，另一方面则要加强媒介素养实施主体的媒介素养教育实施意识，形成家庭塑造、学校培育、社会支持相补充的媒介素养教育机制。

（二）媒介素养内容：增强学习相关性

当下媒介传播内容的形式体现了如下特点：以视觉体验为基础的电视等媒介的接触、媒介的娱乐化倾向、媒介信息的复杂化等。当前留守儿童的媒介素养尚不足以理性、客观地对待大众媒介中娱乐化的媒介信息，这些信息严重影响他们待人接物的态度与方式，儿童对信息的误解极易陷入信息误区。

从研究结论可知，如果农村留守儿童在媒介接触中，媒介传递与教育、学习相关的信息越多，媒介对留守儿童学习的正向性影响就越大。基于此，相关机构要重视留守儿童媒介素养教育书目中内容的选择，媒介素养内容要提升与教育、学习的相关性，同时所选内容要满足学生的学习期待与学习需求，从而为儿童良好学习态度的养成与学习兴趣的培养提供正向激励；另外，要尽量避免书本中不良信息对留守儿童产生的负面影响。在课程的设置上，将媒介素养教育与留守儿童思想与道德品行教育课程相融合，根据儿童认知水平进行课程内容的设置，促进儿童综合能力与素养的提高。

---

① 杨靖、黄京华：《农村留守儿童媒介素养教育四级阶梯的构建与实践路径思考》，《电化教育研究》2011年第6期，第30—33页。

② 郑素侠：《参与式传播在农村留守儿童媒介素养教育中的应用——基于河南省原阳县留守流动儿童学校的案例研究》，《新闻与传播研究》2014年第4期，第79—89页。

（三）媒介素养培养机制，增强系统科学性

儿童这一阶段的媒介素养一般是在媒介接触中自觉形成的，他们对于媒介只是表面、浅显的了解，没有形成深度的、全方位的、系统性的认知，而且随着媒介技术的进步，农村环境的复杂演变，农村留守儿童媒介接触方式越发多元，媒介对儿童的思想观念、行为方式产生了强烈的冲击。在指导留守儿童养成良好媒介素养的同时，学校、家庭、社会应形成合力，形成一个媒介素养教育的包围圈，为留守儿童媒介素养的提升提供相应的支持。

农村留守儿童对新媒体或媒介的认识一般停留在其接触较多的电视、手机、电脑等具体化的设备上或以以上设备为载体的 APP 上，未关注到新媒体环境、信息化社会、新媒体促进学习等与其学习、生活发展相关的领域，未形成对媒介的系统认识。因此，在新媒体促进农村留守儿童学习社会化的过程中不仅要使其接触新媒体，更要培养他们识别对自身成长有利的信息因素的意识，可以通过社会公益团体、教育部门等组织讲座、新媒体企业参观体验活动等促进其对新媒体或媒介的全面认识。

1. 注重学校的教育作用

新媒体时代，媒介信息的不良效应正日益侵袭着儿童不健全的心理与认知。学校是农村留守儿童学习社会化的主营地，学校教育既承担教学的责任，又要完成育人的义务。当下农村留守儿童学校媒介素养教育的开展基本处于真空状态，只有个别大学与中小学开设了相关课程。将媒介素养教育纳入留守儿童学校教育中，首先，学校要培育教师的媒介素养，加强教师教学认知及利用媒介资源教学意识。其次，课程设置可借鉴国外优秀教育模式，基于国情开展适合留守儿童的教育体系，使媒介素养教育与其他学科能够在教学中相互融合联通，培养儿童能力与思维；同时可以开展不同形式的媒介素养教育活动，提高农村留守儿童对媒介的认识与理解，发挥媒介促进教学的作用。另外，学校要建设性地利用大众媒介功能，构建适用于农村留守儿童的教育资源库，为农村留守儿童学习社会化教育提供支撑。

2. 关注家庭的熏陶作用

家庭是儿童媒介接触的主要场所，在学校媒介素养教育尚不完善的情况下，家庭要承担起对儿童媒介素养的培育。家庭良好的媒介传播环境与

媒介活动、父母有效的媒介监督、父母良好的媒介文化素质与修养以及父母的言传身教、以身示范、行为引导等都会促进儿童媒介素养水平的提升，增强父母与儿童的沟通与交流，培养儿童良好的媒介接触行为。留守儿童家庭监护人理应为孩子创设良好的家庭氛围，关注自身对儿童行为的影响作用，有效发挥家庭社会化功能，促进儿童社会化发展。

3. 发挥社会、政府的影响作用

良好的社会环境是媒介素养教育有效实施的保障，良性媒介生态环境的营造是留守儿童媒介素养教育开展的前提。媒介信息传播的广泛性、自由性、随意性使得负面信息传播具有快速性、大众性等特点，相关部门必须加强对媒介负面信息的监管监控，做好信息把关者角色，净化不良信息，传递社会正能量，发挥社会影响力，推广媒介素养教育知识，形成良好的社会舆论环境。在肯定大众媒介对个体发展有促进作用的同时，为学校提供适恰于留守儿童学习社会化发展的媒介，并进行教学干预。

4. 培养儿童媒介意见领袖能力

同伴群体，尤其是群体中具有突出表现或强烈个性的儿童的行为直接对农村留守儿童产生影响。因此要根据农村留守儿童的个性特点，在以媒介为支持的学习环境中，找到农村留守儿童在同伴群体中的合适的角色位置，并激励其在不同的学习主题或学习内容中成为"意见领袖"，教师可以通过选择农村留守儿童心中的榜样，为农村留守儿童树立表达自我的意识、提升思考问题和表达问题的水平，建立学习标杆。

本章小结

本章从家庭、学校、社会三个维度阐释了新媒体干预农村留守儿童学习社会化的具体策略，是学习社会化理论与干预实践的衔接环节，其内容具有可行性。而家庭、学校、社会三个维度则主要是适应影响农村留守儿童学习社会化因素中提出的。从教育的层面讲，影响农村留守儿童的因素是一个大的环境，为方便学术研究，我们从其所处的方位提出这三个维度。在研究策略的执行或实践中不应该割裂进行，应该使媒体干预回到真实的情境中，在某一环境下的策略实施应该考虑其在其他方位中的表现和受到的影响。而在实践中往往存在许多不可控的因素，这些因素可能促进或消极干预要素,因此形成的干预策略并非要逐条实施,以促进农村留守儿童学习社会化为目的,来根据实际情况进行选择或优化。

参考文献

柏清:《当代中国大众文化传播语境下的媒介素养教育》,硕士学位论文,兰州大学,2006年。

胡佳:《加强儿童媒介素养教育——引导孩子正确使用媒体》,《读写算》(教研版) 2014年第12期。

卢立涛、沈茜、梁威:《试论区县级教研员实践性知识的构成及特征——以北京市区县级教研员为例》,《教师教育研究》2018年第6期。

毛鸽:《对独立学院校园隐性文化建设的思考》,《教育探索》2011年第2期。

吴禹莳:《中学教育管理中的"师生沟通"》,《西部素质教育》2018年第11期。

杨靖、黄京华:《构建图书馆三级支撑体系 提升西部农村留守儿童媒介素养》,《图书馆建设》2011年第5期。

杨靖、黄京华:《农村留守儿童媒介素养教育四级阶梯的构建与实践路径思考》,《电化教育研究》2011年第6期。

赵可云、陈武成:《"研—训—行三维一体"教研室(员)对区域信息化教学发展的探索》,《中国电化教育》2017年第4期。

郑航、李俊奎:《转型期农村留守儿童社区教育新探》,《农村经济》2014年第3期。

郑素侠:《参与式传播在农村留守儿童媒介素养教育中的应用——基于河南省原阳县留守流动儿童学校的案例研究》,《新闻与传播研究》2014年第4期。

第七章

新媒体干预农村留守儿童学习社会化的实践与循环

从农村留守儿童学习社会化的影响因素及新媒体教育应用的分析可以看出,新媒体干预农村留守儿童学习社会化具有可行性。为发挥新媒体的价值作用,本书选择了西部某国家级贫困县的小学作为研究实验对象,进行新媒体干预农村留守儿童学习社会化的探索,探究新媒体对农村留守儿童学习社会化的具体作用。

为了使研究切实具有可执行性,充分考虑到农村留守儿童学习社会化成长的复杂性,兼顾实践区域发展的特殊性,研究立足学校,从保障机制、区域统筹、教师实践三个维度展开相应的探索。

第一节 科学保障:构建基于 B-PDS 农村留守儿童干预机制

B-PDS,即"混合式教师专业发展学校",是指在媒体支持的信息化环境下,充分发挥传统基于实践场所的 PDS 及基于数字化环境的虚拟 PDS 的优势,构建以自愿、合作为基本特征的学习共同体,实现职前教育与职后教育的结合,促进在校师范生与职后教师的共同发展。它是一种新型的促进教师教育改革、实现教师发展的教师教育模式。[1] 本节旨在构建基于 B-PDS 的混合式共同体,对新媒体干预农村留守儿童学习社会化的

---

[1] 赵可云、陈武成、何克抗:《混合式教师专业发展学校(B-PDS)的思考与实践》,《电化教育研究》2014 年第 5 期,第 97—102 页。

实验提供人才和技术上的支持,为实验的顺利进行提供理论保障。

一 混合式共同体支持农村留守儿童新媒体干预的价值

作为培养未来教师的职前教育非常强调教育理论知识的学习,但不可忽视的是职前教师专业发展的内驱力往往来自一线教育教学情境下的实践性知识。作为一线教师,往往具有丰富的实践性知识,但若不能很好地将经验转化总结,进行理论提升,则难以实现更高层次的发展。大学研究者往往具有丰富的教育理论知识体系,能帮助一线教师实现实践知识的理论升华;而一线教师的实践经验则能够丰富职前教师对教师这一高度专业化职业的认识,能为大学一线教师提供良好的实践性素材。因此,构建新媒体环境下的混合式共同体为新媒体干预留守儿童学习社会化实验的顺利实施增添了一层保障。

(一) 构建混合式共同体的必要性

构建混合式共同体旨在解决教育理论研究与实践研究脱节的问题,使其表现出面向实践、植根一线的显著特征。基于大学研究者与农村中小学一线构筑的共同体,既实现了先进教学理念自上而下的传递贯彻,更解决了教师基于新媒体技术的教学实践中存在的现实问题,引领教师发展、助推新媒体干预农村留守儿童学习社会化实践的实施。基于此,构筑具有实践执行性的混合式共同体机制,形成适应区域的能够引领新媒体干预农村留守儿童学习社会化实践顺利开展的实践群体。

构建混合式共同体能够维系新媒体干预农村留守儿童学习社会化实践后援支持的可续性与有效性。其本身得以存在与发展的价值亦在于它在实践过程中所形成的大学——农村中小学一线人员的学习共同体关系,大学研究人员与农村中小学一线教师联系在一起,具有共同体互惠特征。构建混合式共同体为新媒体干预农村留守儿童学习社会化的实践提供了最好的资源性与人际性支持,在后续实施过程中极大地减少了资源缺少与后续研究乏力的现象。[1]

---

[1] 赵可云:《创新推广视野下基于 B-PDS 的区域信息化教学推广模式研究》,《电化教育研究》2016 年第 4 期,第 62—67 页。

（二）混合式共同体支持下新媒体干预农村留守儿童学习社会化的价值

从教育理念上看，构建混合式共同体有助于个体精英与农村一线教师群体共同发展，为新媒体干预农村留守儿童学习社会化实践的顺利实施提供人才保障，且构建混合式共同体的提出促进了农村一线教师教育理念的更新，也助力教师的专业发展与成长。尤其在信息技术的支持下，许多必须要面对面解决的问题都可以通过网络得到更便捷与高效的解决。

从组织实施上看，构建混合式共同体机制更有利于群体中各方的主动发展与互惠性合作：首先，有利于提高农村中小学教师参与的主动性与积极性。构建混合式共同体机制在运行过程中使得一线教师平等的话语权得以实现，传统教师培训中不能讲出来的话题，在虚拟空间中能自由进行表达与阐述，有利于"真问题"的提出，也有利于互相之间信任机制的建立。同时，新媒体支持下有更多农村学校参与实践，有利于学校教师之间通过交流解决实践性问题，大学研究人员能从更加整体、客观的角度来审视新媒体干预农村留守儿童学习社会化实践的发展，不至于停留于个体学校的相关研究上，使其指导理念更具有科学性，有利于研究的普遍推广性。其次，有助于减轻大学教师参与新媒体干预农村留守儿童学习社会化实践的压力，增强大学教师研究的科学性。构建混合式共同体机制为大学教师科研提升提供了一个新的平台。同时，也使得其研究更具有针对性，一线农村教师提出的实践性问题及经由研究人员指导而给予的反馈，能大大增强研究的客观性，使得研究更具有价值，且由于参与学校、教师的数量的增加，使得研究更具有普遍指导意义，更具有推广性。大学教师通过构建混合式共同体机制与农村教师之间的交流更加多元、及时、有效，有助于加深对农村中小学教师的认识，对自身的定位更加准确，以更加主动的心态参与到新媒体干预农村留守儿童学习社会化的实验中，起到真正的辅助、指导、帮助与促进的作用。[1]

---

[1] 赵可云、陈武成、何克抗：《混合式教师专业发展学校（B‐PDS）的思考与实践》，《电化教育研究》2014 年第 5 期，第 97—102 页。

二 混合式共同体对新媒体干预农村留守儿童学习社会化实验的支持

（一）专家组

专家组在整个构建混合式共同体机制中起主要引导与推动的作用。专家组成员是指参与新媒体干预农村留守儿童学习社会化实践的大学研究人员，主要包括相关学科的大学教师、博士、硕士研究生，他们承担着一线农村教师基于新媒体技术教学能力自始至终的培训、跟进与评价任务，担负着引领一线教师群体顺利开展实验的任务。

（二）教研组

教研组在整个构建混合式共同体机制中担负中间协调推动与后续引领发展的角色。主要包括两个群体，即由区域（一般指县域）教育局教研机构组建的区域教研队伍及由学校组建的校内教研队伍。前者既担负着大学研究人员与一线农村学校之间联系的中间人角色，更对区域教师信息化教学能力的持续发展起支持、引领性作用，后者既担负着研究者、教研部门与一线农村教师之间联系的中间人角色，更是校内教师信息化教学能力可持续性发展的主要督促者与推动者。

（三）实践群体

实践群体是新媒体干预农村留守儿童学习社会化实验的实施者，是保证实践效果的最重要群体，主要是指一线农村学校的学科教师。

（四）协调组

协调组在整个体系中起协调系统最大化效益的作用。主要协调构建混合式共同体机制运行中三方（即大学、教育局、一线农村学校）工作的设计与实施，保证信息沟通的顺畅性，最大限度地提高构建混合式共同体机制的运行效率。包括三方人员，即大学、教育局、各学校派出的协调员，各方协调员分别担负着不同的责任，大学协调员负责与教育局、农村中小学一线对接；教研室协调员是连接大学—教育局—中小学一线的中介，在整个的协调中处于中间关键环节；各农村学校的协调员要做的是把思想向教师传递。

（五）技术组

技术组在整个构建混合式共同体机制中起技术保障的作用，充分发挥技术功效，保证新媒体干预农村留守儿童学习社会化实验的实施与日常工作的信息化运作。构建混合式共同体机制中群体的协作沟通离不开技术的支撑，技术组人员既有来自大学的研究者，也包括当地教育机构及一线农村学校的技术人员。大学中的技术人员旨在将教学中的有效新媒体技术进行精加工和提炼，以农村一线人员可接受的方式进行传递；当地区域教育机构中的新媒体技术人员则是在大学技术人员的辅助下，完成对一线农村教师的新媒技术辅导与支持，本校中的技术人员则主要是为校内教师群体实施新媒体教学提供技术支持。

（六）保障组

保障组主要是指为新媒体干预农村留守儿童学习社会化实践提供激励、支持性帮助的群体，对于整个构建混合式共同体机制的运行起保障作用。保障组的人员通常由大学里面的领导机构、区域教育层面的领导机构、学校领导机构的相应人员构成。

构建混合式共同体机制一般应当包括以上六个小组，以保证整个实践的科学性与有效性。在实际执行过程中，各组的人员构成在某些情况下会互有交叉，如区域教研员有可能既是研究组的人员，又是技术组、协调组与保障组的人员，学校领导有可能既是教研组中的人员，又是协调组、保障组、实践群中的人员。[①]

三 区域引领推进新媒体干预机制的实践行为

混合式共同体的实践行为

要使合作共同体在新媒体干预留守儿童学习社会化的实验中发挥最大的作用，就要求大学教师与农村小学一线教师彼此互相帮助，合作互惠。

1. 进行实际场景培训与网络培训

与城市相比，农村中小学教师第一学历偏低，最后学历专业与所教学科之间存在严重的专业不对口现象，这种专业不对称现象严重影响了教师的教学能力。另外，由于农村中小学师资匮乏，教师工作量大，工资待遇与职称水平不对称，从客观上影响了教师提升专业水平的积极。新媒体干预农村留守儿童学习社会化的实验中，教师是主要实施者，教师的专业水平直接影响教学效率效果，进而影响实验的顺利开展。因此，我们要对参

[①] 赵可云、亓建芸、陈武成：《基于 B - PDS 的中小学教师信息化教学能力培养模式研究》，《电化教育研究》2015 年第 5 期，第 114—120 页。

与实验的农村中小学一线教师进行培训,在保障实验顺利开展的基础上,为区域教师专业发展贡献一分力量。

大学研究人员要对农村中小学一线教师进行培训。由于受到时间和空间的限制,我们将培训分为实际场所的培训和网络培训两种,实际场所的培训是大学与农村中小学场地的结合,农村中小学场地有归属感,大学则是提高一线农村教师研究能力的理想场所,在实际场地中利用新媒体技术,可以前期提供相关资源,为培训做好铺垫;网络培训则可以打破时空的限制,实现一线农村教师的个性化学习,大学教师根据一线农村教师的反馈及时调整培训内容,为一线农村教师提供帮助与指导;新媒体技术亦可以作为实际手段及培训内容,提高培训的质量。

针对课题实施和农村教师的发展需求出发,结合课题开展情况以及出现的问题,课题组在指导活动中定期开展专家培训,对新媒体干预农村留守儿童学习社会化的实践进行详细的介绍和解释,解答老师们在实践中遇到的问题和困惑。实际场景培训的形式是采取集中讲授和个别指导相结合的方式,对个别化的问题和个别教师通过交流商榷来解决,对普遍存在的问题则是大家集体研讨解决。尤其对于新型教学模式和基于新媒体技术的教学设计培训,为了让试验教师顺利进入状态,培训加入了互动的元素,不但培训人员用实例进行讲解,还给试验教师一定练习的时间和机会,保证试验教师能够学会并运用在教学中。

为打破时空限制,提高农村中小学教师学习的可持续性,加强课题组与农村中小学教师的沟通与交流,我们还提供了网络培训的方式。

第一,利用 QQ 群提供交流的平台。中小学教师可以方便地发表自己的教学设计方案及教学资源,可以方便地浏览、下载其他试验学校的资源,达到资源的有效共享。每一轮工作的计划、总结,以及教师的优秀设计方案、学生的优秀作品集、各个试验学校的指导信息及各种培训材料都会及时地发布到该平台上。

第二,课题组的微博。为了促进课题之间的交流和全员的参与,课题组借助学校的官方微博,课题组的所有成员包括课题老师、教研室成员等关注此微博账号,以所教学科为研究内容撰写日志,同时,也及时发布与课题进展密切相关的理论和实践指导材料,促进老师们的成长。

第三,利用课题组建立的微信群开展专题研讨和日常交流。为了搞好研究中的合作与互助，课题组成员与试验教师组成了一对一互学互助的关系，他们经常在微信群里进行相互交流，试验教师在实践过程、备课过程中及其他方面遇到问题，可以随时通过留言或者在线讨论、共享问题等方式与他们进行交流，使大家形成研究中的伙伴关系，和谐相处，平等对话，交流合作，资源共享，共同发展。总之，全体课题组成员开展以微信群为平台的虚拟教研和交流，受到了试验老师的欢迎和好评。

第四，利用电子邮件和电话就工作中出现的问题进行交流，不仅有利于课题组和各试验教师之间进行实时的沟通，而且有利于课题的不断推进。

2. 进行现场教研与网络教研

我国农村中小学教师的整体水平不高，年龄结构、学科结构和知识结构不尽合理，受教育的程度普遍较低。许多农村教师都是通过函授或者自考进修毕业的，全日制师范院校毕业生较少，没有接受过专业的理论学习，年龄结构偏大，年轻教师较少，总体素质不能满足当前中小学教育发展及基础教育改革对教师发展的需求，教学质量不能得到有效保障。另外，农村小学教师的知识素养水平普遍较低，多数农村中小学教师并不关心自己的知识储备，教书只是照本宣科，不能通过拓宽渠道来了解相关知识，教学知识陈旧，知识储备有限，尤其是职后知识储备更为匮乏，不能有效提高教学的效果。而作为一名优秀的中小学农村教师，应该紧跟时代的步伐，不断提升教育理念，扩充知识储备，增长见识，提高修养。教研是帮助一线农村教师提升教育理念，改善教学实践的重要手段。因此，我们对农村中小学一线教师开展教研活动。

教研是帮助一线农村教师提升教育理念，改善教学实践的重要手段。基于课堂教学的教研与基于专题的教研，是目前最常见的两种教研方式。前者立足课堂，能帮助教师发现其他课堂教学优点，弥补自己缺点，通过共鸣促进自身成长；而后者则是围绕某一特定主题展开研讨，能帮助教师集中性解决共性问题，有利于群体对某一问题的深刻认识。这两种传统的教研方式都在实际场景下进行，在完成教研的同时，能促进教师之间的情感交流，对于共同体的发展很有益，但实际场景的教研，参与人数往往有限制，且前期的支持与后期的后续跟进相对较慢，影响了教研的实际参与面与受益面。而通过网络教研的方式，则可以一方面使教研不受时间、空间的限制，增大受益面；另一方面，前期的准备性铺垫能使教研进行得更充分有效，而后续的相关反馈也能使教研效果得到实践检验后及时反馈，提高了教研的效果。网络教研，可以使传统的教研更具后续性及延展性，朝着更深层次的方向发展。通过这种方式的教研，使得参与的各方都有收获：师范生不必时时在新媒体干预农村留守儿童学习社会化实验的实际场景下才能有所收获，灵活地参与网络教研亦能有所收获，与实际场景有机结合则能更丰富其教育认知；大学教师能更加深入地获得一线信息，丰富研究素材，更好地指导一线教学实践；一线教师可以真诚地交流心得，分享经验，同时可以根据自己的教学水平进行个性化学习，形成一套自己的教学风格。

课题开展中，总课题组和县教育局领导定期组织教研室专家、各学校课题负责人举行课题工作总结会议，每学期1—2次。由课题学校负责人分别就学校的课题工作实施情况进行发言，指出经过一个学期的努力，本课题在本校的发展情况：先进教学理念得到广大教师的普遍认同、能够依据新媒体支持下的课堂教学模式进行组织教学、教师在课题实施中进步喜人、学生表现初见成效。在各学校课题负责人发言的基础上，课题组专家对学校现存问题提出针对性建议。总课题组还根据课题进展情况部署新学期课题工作的重点，由县教研室和教育局领导进行总结发言并提出具体要求。

项目开展过程中，为总结这一学年课题实施过程积累的经验和不足、加强各试验校之间的交流和相互学习、推动先进教育教学理念的进一步普及，课题组定期举办课题研究现场会。现场会包括现场听课、课题材料展示（包括教师反思和学生写作材料等）、专家评课及主题发言等部分。

课题材料展示包括课题实施中积累的学生作品、课堂智慧生成（学生课堂上创编的儿歌、字谜、顺口溜等）、教师反思日记、课题工作计划、听评课记录以及课题工作总结等。通过课题材料的集中展示，全面呈现这一年来课题开展的全景以及记录各课题学校推进课题工作的点点滴滴。

现场会还展示各课题学校的学生生成和教师生成。（1）《学生优秀作品生成集》——记录了学生课堂上优秀的生成，包括优秀作文、日记、绘画作品等。（2）《教学反思日记》——在课题开展中，我们鼓励教师针对每一堂教学都在课下撰写教学反思日记。（3）《教学设计方案集》——教学设计是教师研究的永恒主题，如何处理课标与教学任务之间的关系、如何有效地将教材内容转化为学生的知识和能力，等等，这些都离不开教师教学设计能力的提升。除此之外，还有综合课例（包括课堂实录、学生作品、教学设计方案、专家点评、教学反思等）、课题工作计划、总结等相关材料。

由于受到空间限制，教研活动不能及时地面对面地展开，因此，我们也通过网络（QQ群、微博、微信群以及电子邮件和电话）的形式开展。

3. 进行驻校指导与网络指导

农村留守儿童数量庞大，这一儿童群体由于父母监管和爱护的缺位，导致其心理和安全方面的问题层出不穷，他们需要得到更为专业、周全的照顾。然而，当前农村学校的教师普遍缺乏教育心理及安全等方面的知识，缺乏对学生心理、安全等生活问题的关注意识，亦不能用相关专业知识与技能来有效解决留守儿童面临的问题。农村小学教师多数仅将注意力放在学生在学校的学习方面，忽视了农村留守儿童的生活问题，与学生之间缺乏生活上的交流与沟通，不能及时发现儿童生活中存在的问题，这极其不利于留守儿童的健康成长，也阻碍了农村教育的发展。为此，要对农村中小学教师进行指导，指导的内容包括学科教学、教学心理知识、安全知识等。这有助于农村留守儿童问题的有效解决，能有效改善农村地区留守儿童教育的现状，使留守儿童接受更为及时、专业的教育，促进其健康成长，从而提高农村小学的教学质量。

传统的指导方式是大学教师进入一线进行指导与师范生进入一线临床实践，很好地促进了一线教师、师范生与大学教师的共同发展。但是，由于大学教师事务的繁忙，很难在时间上保证其一贯性，个体很难一直伴随着实践进行。网络则可以较好地解决这一问题。大学教师不必每次都到现场进行指导，一线教师有需要时可以通过网络等方式取得联系，既提高了问题解决的效率，也为大学教师提供了方便。另一方面，从小学教师的角度来讲，常常将大学教师的指导理解为一种干涉，且常常由于大学教师进入实践指导时以一种权威身份，因此在合作中常会产生不信任问题，虽然研究及实践一再证明，高校教师参与中小学教育应以指导身份介入。但在现实中，尤其在合作初期，中小学老师乃至学校层面都会有一定程度的抵触,基于网络的指导则能较好地帮助解决这个问题,在交流过程中,更有利于两者以平等的身份进行沟通,容易打开彼此心扉,一些现实场景中不方便提出的问题可以在网络平台中进行交流,更容易实现大学教师与一线教师一对一的交流,使得交流更深入,更容易增进彼此的信任。[①]

由于农村中小学教师专业水平不高、知识储备量不足等问题直接影响教学的质量,阻碍新媒体干预农村留守儿童学习社会化实验的开展。因此,提高农村中小学教师的专业水平和教学能力是目前迫切需要解决的问题。具体的指导分为以下几个方面:首先,对农村中小学教师进行教学设计方案指导,提高农村中小学教师的教学设计能力和对课堂的把控能力;其次,进行校本教研指导,有利于农村一线教师将所学知识和专业技能与具体的学校和实际情况相结合,设计出更能符合学生的实际需求的课堂教学模式;再次,组织农村教师观摩、分析优秀案例,教师虽然对新媒体干预农村留守儿童教学的理念有所接触,但是理解不深,如何将这一理念贯彻实施到留守儿童的教学工作当中还存在很多困惑,所以说,组织观摩优秀案例是非常有必要的;复次,进行集体备课,保障农村教师能够把新媒体干预教学的理念正确地贯彻到教学设计当中;最后,进行常规的听课与评课,保障新媒体干预留守儿童学习社会化的实践顺利实施。

(1)教学设计方案指导

实验开展初期,为了提高农村一线教师教学设计能力,使其教学设计更为全面和更为规范,课题组为农村一线教师提供了几套教学设计的模板,并且详细讲解了教学设计方案所包括的模块内容与格式要求等。

为了加强课题指导的针对性,从启动初期,课题组就形成了先与农村一线教师共同备课、再听课,然后评课的工作思路。农村一线教师每个月根据自己对新媒体干预教学的教学模式和教学设计的理解设计教学过程,并提前通过电子邮件的方式和总课题组交流。为更直接细致地指导每一位农村一线教师,上好每一节课,在每一轮听课工作前,总课题组都要求每一位农村一线教师都写好教学设计方案,并在集中备课时与课题组研究人员进行一对一的交流,同时组织农村一线教师之间互相交流,努力汲取集

---

① 赵可云、黄雪娇、杨鑫:《信息化背景下教师专业发展学校(PDS)的新趋向与实现路径》,《现代远距离教育》2016年第6期,第51—57页。

体的智慧，共同设计切实可行且能达到最好教学效果的教学设计方案。交流结束后要求农村一线教师按照商定的教学设计方案来实施课堂教学。在课题组听课、评课结束后，会给农村一线教师提出更为具体的有针对性的改进意见，其中包括教学设计时没有考虑全面的内容，因此鼓励农村一线教师进一步修改教学设计方案，并加入自己的反思。

（2）校本教研的指导

面对新课改对教学提出的新要求，课题组专家、教育局领导、县教研室、各农村学校负责人在教育局就如何开展校本教研问题展开了研讨。

在指导中，专家向农村学校领导及教师指出了校本教研应以解决农村学校实际问题为出发点，以学校教育者（主要是教师）为研究主体，以促进学生健康、和谐、充分发展和教师专业成长为主要目的。专家指出，校本教研要从农村学校的实际出发，充分发挥领导、骨干教师的带头引领作用，立足于农村学校本身，挖掘学校的潜力，充分利用农村学校的资源，增强农村学校的活力。因此，它不是"花瓶"，不是一个"空架子"，而是实实在在地"做"，同时在做的时候要保证实事求是，讲究实效。校本教研的发展必须与新媒体教学有机地结合起来，才能真正实现农村留守儿童学习社会化的发展。

（3）观摩、分析优秀课例

在课题推进过程中，部分农村教师虽然对课题的理念有所接触，但理解不深，在如何将这一理念、方法、策略应用到留守儿童的教学当中存在很多困惑，为此，课题组专门安排了优秀课例的观摩和点评，由课题指导团队结合具体的优秀课堂教学实例进行详细的讲解，为农村教师提供效仿的样例，先让农村教师对新媒体干预教学有感性的认识，在此基础上摸索实践，创造性地开展工作。

随着项目计划的逐步推进，优秀案例使广大农村教师对新媒体干预农村留守儿童学习社会化的教学理念发生了转变，许多农村学校的教师将此教学模式、方法等有机地融入教学过程，改变了传统的教学模式，优化了课堂教学效果，逐渐形成了自己优秀的教学案例。这也就积极推广了现代教育技术在教育教学中的应用，充分发挥了优秀教学案例的引领示范作用。实践证明，优秀课例的观摩以及点评是使农村教师很快上路的重要环节。

（4）集体备课

为使农村教师尽快掌握教学理念和模式，总课题组老师定期组织与农村教师针对各种课型合作开展集体备课、一对一备课活动。在实际操练中，共同研讨各类课型、各个课时的教学目标、教学内容分配、教学策略等环节的设计。通过实践形式来把新媒体理论、教学理念进一步内化到教学实践中，不仅让教师们知其然，又知其所以然。通过集体备课活动的开展，教师们普遍反映已基本掌握了新媒体干预教学各个环节的安排和设计，并能在课堂教学中实施。课题实验老师曾表示"在集体备课活动中，课题组专家手把手教会了我们该如何用新媒体上课"。老师们通过亲身参与，对新媒体干预教学有了更加直观与具体的理解。总课题组老师针对农村教师们的疑惑进行讨论，并给予解答，农村一线教师们纷纷表示收获甚大。

（5）常规听课与评课

课题开展以来，总课题组成员按常规每个月都到各个农村学校进行听课指导。在每一轮听课及评课过程之前，课题组一般情况下都会提前一周将工作安排下发到每个农村学校，并报给县教育局。一般情况下，课题组会安排至少2位成员对每位农村教师进行听课。听完课后及时和上课的教师进行了交流，听取教师对这节课的课前安排和课后反思，课题组成员根据农村教师的自身特点，从优点和不足两个方面给予一定的建议。

由于受到时空限制，指导活动不能及时地面对面地展开，因此，我们也通过网络（QQ群、微博、微信群以及电子邮件和电话）的形式以同步或异步的方式开展。

第二节　县校统筹：教研员、校长主体引领新媒体干预农村留守儿童学习社会化

为更好地在现实场域中进行实践，研究系统规划了相应的实践机制，以县域教育主管机构与校域学校管理层宏观机制为统筹，以学校为实施核心，从县域、校长、教师和家校互动以及大学和小学合作几个方面入手进行构建，力求从宏观、微观两个层面构建出具体可行的实践策略。

一 县域支持引领机制的建立

（一）区域关注留守儿童的重要性

1. 从国家方针政策和留守儿童生活的特殊环境着眼

农村留守儿童作为一个庞大的社会弱势群体，其家庭问题、学习问题、安全问题、心理问题和品行问题日渐突出。这些问题的形成是留守儿童亲情缺失、心理封闭、情感脆弱、长期骨肉分离，加之监护人管理不足以及学校和社会的忽视所造成的。[1] 心灵的残缺，使农村留守儿童的"悲剧"愈演愈烈。留守儿童自杀或犯罪的现象不断发生，据资料显示，留守儿童心理健康问题的检出率高达57.14%（2011年）。隔代抚养，其临时监护人（爷爷、奶奶）的安全意识通常比较薄弱，留守儿童意外受伤或死亡的事件也在不断发生。亲情的缺失，使他们的性格更加孤僻。没有家长的陪伴，很多留守儿童都表现出性格孤僻、内心迷茫、容易冲动的特征。因此，关注留守儿童是社会、家庭和学校共同的责任。

《中共中央关于全面深化改革若干重大问题的决定》《中国儿童发展纲要（2010—2020年)》《国家中长期教育改革和发展规划纲要（2010—2020年)》《国务院关于深入推进义务教育均衡发展的意见》等政策文件均对农村留守儿童给予了特别关注，足见对这一群体的现实关照。2016年2月14日国务院发布的《国务院关于加强农村留守儿童关爱保护工作的意见》更是将农村留守儿童这一特殊群体成长发展的社会责任与保障机制的落实提到了至关重要的位置，提出加强农村留守儿童关爱保护工作、维护未成年人合法权益，是各级政府的重要职责，也是家庭和全社会的共同责任。[2] 教育局对学校具有管理、指导和监督的作用，学校应该在教育局的政策和决策的引领和指导下开展工作，在教育事业发展中发挥中流砥柱的作用。

2. 新媒体干预留守儿童学习社会化的价值

借鉴教育学、社会学、心理学、管理学等对农村留守儿童社会化研究

---

[1] 李浩：《当前我国劳动力市场的典型特征及其原因分析》，《改革与战略》2011年第11期，第172—175页。

[2] 张道雪：《新媒体促进农村留守儿童道德养成的研究》，硕士学位论文，曲阜师范大学，2018年。

成果，从媒介传播的角度入手，探索新媒体干预农村留守儿童学习社会化的有效实践机制，对拓宽新媒体时代背景下农村留守儿童学习社会化研究的空间起至关重要的作用，丰富及深化农村留守儿童社会适应的研究内容，为农村留守儿童学习社会化问题解决提供新的借鉴和参考。基于科学技术进步与社会经济水平的提高，当前的新媒体对农村整体环境的影响也逐步地显现。在上一章中对农村留守儿童学习社会化影响因素定量分析与定性分析基础之上，形成系统的新媒体可推广、可操作干预机制，从新媒体角度为解决农村留守儿童学习社会化过程中存在的问题提供新的实践路径，拓展农村留守儿童学习社会化问题的解决思路。

新媒体的干预既需要硬件上的保障，更需要思想理念上的引导与整体谋划，教育局在这一实验中的价值不可或缺，其对新媒体干预机制实施的支持和对留守儿童的发展具有至关重要的意义。教育局要从硬件上进行支持，在政策上保障留守儿童健康发展。

(二) 教育局的政策引导机制

1. 对参与新媒体干预留守儿童学习社会化实验学校的激励

学校是学生身心发展的主要阵地。为了保障实验学校的活动顺利开展，调动他们参与的积极性，对于学校硬件和政策上的鼓励和支持是必要的。如在物质支持方面，要保障学校资金充足，同时，也希望教育局拿出部分资金建设硬件设备，以保证实验活动顺利开展，促进留守儿童的成长。

2. 重点关注以留守儿童为主的学校

以留守儿童为主的学校是新媒体干预留守儿童学习社会化的先行探索学校，其形成的实践经验与研究成果能够为后期大规模推广提供有益的借鉴。为了保证实验的顺利开展并且保证其成效，这些学校需要教育局给予特别关注。例如在六一儿童节时，教育部门可以对实验学校进行特别的关注，教育局多创造机会，鼓励相应的老师和同学参与到多样化的活动中来，对促进农村留守儿童的心理健康发展具有积极意义；教育局可在物质奖励上多多关注实验学校，为实验学校颁发奖品、提供奖励等。

3. 教育局政策引领的具体工作

(1) 适当的监督：两周一次

当地教育局要对课题组实验班进行定期检查以确保课题顺利进行。检查范围主要包括：监督实验学校是否按照课题组的规划进行实验；实验班级教师是否尽到自己的职责，非常负责任地实施课题计划；此外，教育部门还应定期向实验班教师了解留守儿童在学习、生活方面的变化，保证课题研究顺利进行。

（2）多为老师提供培训、进修的机会

教师自身的努力是教师成长的关键因素，但也同样也需要各种形式的培训和交流活动，教育局与教研人员应当提供相应的培训与发展机制，通过培训和交流来满足教师专业发展的需要。帮助一线教师在实际的教学过程中不断更新教育理念，发现和解决教学问题，变革教学的方式方法，调整自己的教学方式，不断提高自身的专业水平，从而在教学改革的过程中真正实现自身的成长。

同时，学生的发展也离不开教师的不断成长，农村留守儿童尤为显著。农村留守儿童无论是在学习还是实际的生活当中都面临着更多的困难，教师可以通过自己的不断学习，提高自己的教育教学水平和能力，从不同的角度去看待农村留守儿童，帮助留守儿童激发学习动机，培养良好的学习习惯，使留守儿童的学习能力得到真正提高。因此，教育局应该给予实验班级的老师更多的学习机会，如有进修、培训等发展机会应优先考虑这两个班级的老师。

（3）多为留守儿童提供参加文艺活动的机会

对于留守儿童来讲，心灵上的孤独，是其痛苦的根源，也是其产生一切问题的根源，多多参加文艺活动，多与别人接触，有助于其找到新的归属感。参加文艺活动，有助于帮助留守儿童树立自信，帮助其由人后走向人前，为以后的成功打下坚实的基础。通过团体活动，也有助于帮助学生树立团队意识，理解团队的重要性，培养其合作精神。在老师的帮助下正确处理好个人利益与集体利益的关系，为留守儿童以后进入社会埋下很好的伏笔。文艺活动是对学生进行思想品德教育的重要途径之一，也是促进学生全面发展的有效手段。开展多样的文艺活动有助于开发学生的智力，提高学生的自身素质，培养乐观健康的心理。

可以以选拔的名义，将实验班级的留守儿童挑选出来，组织专门音乐老师根据留守儿童的特长和性格特点，对其编排活动，并组织表演和观看（组织学校老师、同学积极观看），借此予以相应的奖励和补助。另外，学校或者教育政府机构组织的相关文艺活动，也应当多鼓励这些班级的儿童多多参与观看，提高其融入社会、参与活动的意识与能力，使其归属感得到加强。

（三）教研员的媒体干预引领机制

教研员既是教师课程教学实践的服务者、指导者，又是教育教学实践的示范者、引领者，更是"教育理论"一线实践应用的研究者。[①] 农村留守儿童发展状况是判断地区教育质量的重要指标，教研员必须关注农村留守儿童与现代教学媒体的关联度；教研员承担着教学研究、教学理念转化的重要任务，教育信息化的时代要求教研员主动从媒体的有效干预中拓宽农村留守儿童的发展路径。而教研员的行政角色及地域服务性使其承担起地区教学与教学研究的引领任务。

1. 区域视角下教研员的重要性

以留守儿童为主的学校因环境恶劣，硬件设施不够完备等因素导致教师在新媒体应用能力和教学设计理念方面更新缓慢。因此，新媒体干预留守儿童学习社会化的研究还需要县域的教研员进行指导。教研员作为专业研究者，在教学理念的实践上，担负着教育研究与教育实践的转化桥梁作用，是教育教学思想的传播者，是教育教学实践的研究者；在技术应用方面，是一线教师新媒体应用学习的培训者和指导者。教研员作为行政执行者，在具体课堂教学改革中，则担负着教育行政部门与一线教师的中介沟通作用，是教育教学改革的具体推动者。因此，在新媒体干预农村留守儿童学习社会化的实践中，教研员发挥着不可替代的指导和督促作用。[②]

2. 教师群体视角下教研员引领的重要性

教研员在我国的教育教学改革中扮演着非常重要的角色，其在区域信息化教学推广中的作用不可或缺。教研员为教师更新教育理念，对教师进行信息化教学培训，提供更优质的教育资源等。从教师步入教师岗位后，教研员就成为一线任课教师专业能力发展的主要监督者和推动者。教研员是联系教师与新的教学理念和媒体技术之间的纽带，是教师更新教学观

---

① 赵可云、陈武成：《"研—训—行三维一体"教研室（员）对区域信息化教学发展的探索》，《中国电化教育》2017年第4期，第41—47页。

② 赵可云、杨鑫：《教研员区域信息化教学引领力模型研究》，《电化教育研究》2017年第3期，第116—122页。

念，提高信息技术应用能力的渠道之一。教研员的"行政角色担当"为其有效地组织开展教学研究实践工作，服务区域教育行政决策、推进国家课程改革政策落实提供保障。教研员协调政府、教育局、学校及学生家庭等组织，收集政府教育政策信息、区域信息化教学发展情报、学校信息化教学管理信息、教师及学生信息化教学适应情况等信息资料，形成有效的客观材料，通过数据分析的量化及质性的了解，对区域教学信息化教学发展做出预警，发现潜在危机，未雨绸缪，并积极调整发展规划。[①]

3. 教研员的支持引领行为

教研员在农村留守儿童媒体干预机制的引领行为体现在其本身的角色实践与发展中。按责任需求的不同，在区域农村留守儿童媒体干预机制建设中教研员主要承担着实践、研究和培训的任务。具体来说，实践是对教研员教育理论（尤其是信息化教育理论）转化能力和新媒体干预下教学实践能力的要求。教研员在实践中要将地域特色和新媒体运用与开发策略以及农村留守儿童的发展需求有机结合，在教学中升华与创造，形成特色化教师实践策略与农村留守儿童行为方针。研究是使教研员针对农村留守儿童新媒体应用不利等问题进行策略性探究，并根据地域需求进行推广路径探索等，其目标是形成区域内农村留守儿童新媒体干预适应性机制。研究中教研员要与教学专家、媒体应用专家等合作，通过对农村留守儿童的实地观察、访谈、问卷调查、行动参与等形成成熟的机制与可靠的行动方案，为教师实践提供支持。培训是地域教研员与教师的一项重要联系，是提升教师新媒体干预能力的关键方式。在培训中，教研员要以现代化教育理念为基础，在对农村留守儿童特殊关注的基础上，通过具体案例和可行方式进行引导，通过教学实践指导与评价进行参与等提升教师新媒体干预理解力与实践力。

二 校域的支持引领机制

（一）关注留守儿童的必要性

1. 从国家方针政策和留守儿童生活的特殊环境着眼

2017年政府报告中提到要"加强农村留守儿童关爱保护和城乡困境

[①] 赵可云、陈武成:《"研—训—行三维一体"教研室（员）对区域信息化教学发展的探索》,《中国电化教育》2017年第4期,第41—47页。

儿童保障"①。农村留守儿童由于其身心的特殊性使得学校教育对留守儿童的发展发挥着更为重要的作用，学校作为主要的教学场所，既是国家方针政策落实的重要平台，也是农村留守儿童的第二家庭，因此要对留守儿童付出更多的时间与心思，给予他们更多的关爱，尤其是对农村留守儿童的学习方面、心理方面和品行方面要给予更多的关注，最大限度地弥补留守儿童因亲情缺失导致的心理封闭、情感脆弱的问题。

2. 新媒体干预留守儿童社会化的价值

新媒体的干预需要硬件上的保障，更需要思想理念上的引导与整体谋划，这就需要校长在这一过程中发挥宏观调控的作用，校长的支持对新媒体干预机制的实施以及对留守儿童的发展具有至关重要的意义。校长要发挥其领导和协调作用，使整个团体认可新媒体干预机制，保障新媒体干预留守儿童学习社会化的实验有条不紊地进行。

（二）校长的支持引领机制

校长作为学校的第一领导者，其行为直接影响新媒体干预留守儿童学习社会化实验中各部分人员的意识、态度以及领导能力，决定着新媒体干预机制在促进留守儿童学习发展上能起到多大程度的作用。校长与课题组积极配合，保障新媒体干预机制实施所需的多媒体环境的构建及教师和学生的积极配合。校长通过领导实验过程中的不同环节而作用于整个团体，形成整个团体认可的新媒体干预机制，通过新媒体干预机制的应用，创设一种积极的学习氛围，解决留守儿童的学习心理问题，提高他们的学习动机和学习能力。

（三）学校给予的支持

1. 对教师的激励

教师是儿童成长过程中的主要培育者与见证者。教师是研究与实践的主体，从课题前期的动员，课堂教学的正式实施，课下学生数据的采集及对孩子的心理辅导等活动都需要教师的积极参与，教师是这一系列活动的主要完成者，其工作繁重且有重大价值。为了调动教师参与的积极性，对于教师的鼓励和激励是必要的。如在物质支持方面，课题组将为每个教师提供一部分鼓励资金，同时，也希望学校拿出部分资金来鼓励教师（以

---

① 李克强:《政府工作报告》，中国政府网，2017年。

老师或者班级的方式分发），让老师在积极的环境氛围下去促进留守儿童的成长。

2. 重点关注留守儿童的班级

课题实施以三年级儿童为研究对象，展开相关研究与实践，研究实施分两个周期，共25周，第一个周期为15周，第二个周期为10周。课题实施对象为三年级留守儿童，学校也可以统筹考虑选择，建议以二年级以上儿童为主要对象；课题实施进程中，学校可以统筹策划设计，形成自己的实施方案，不一定完全照搬如下的流程；学校在实施过程中，建议尽量让尽可能多的教师参与到实践中来，而不局限于新媒体干预实验的班级及语数英三科的老师，学校可以以此为契机统筹考虑，关注留守儿童，让新媒体干预的实验行为成为我们的校园行为。

留守儿童班级是课题研究与实践的先行探索班级，其形成的实践经验与研究成果能够为后期大规模推广提供有益的借鉴。为了保证研究的顺利进行并且保证研究成效，这些班级需要学校给予特别关注。例如，学校要鼓励实验班级的孩子多参加课外活动，多与同学进行交流，给予孩子适当的物质鼓励等。

健全留守儿童档案。针对留守儿童设置专门的办公管理系统，收集所有留守儿童的各种信息，健全留守儿童的成长档案。对留守儿童的基本状况做出统计和更新，例如农村留守儿童的父母资料看护人资料、家庭大体经济状况，等等。只有对农村留守儿童的状况有一个全面的了解，针对特殊情况进行分类管理，才会对儿童媒介素养的提高提出有效且具有针对性的建议或方案。[1]

3. 设备支持

学校要提供多媒体教室（普通多媒体教室即可，不需要一人一机，但一定要有网络），需确保网络接入，以保证研究的顺利实施。

4. 具体工作

（1）适当的监督

校长要了解课题实施的大致流程，要对课题的实施进行监督。监督的

---

[1] 马晓楠：《农村留守儿童媒介素养现状调查研究》，硕士学位论文，曲阜师范大学，2017年。

范围有：教师是否按照课题组的流程实施，实验班级教师是否尽到自己的职责，非常负责任地实施课题计划；课题的实施对于留守儿童的心理或学习有没有效果，并将结果反馈给课题组。

（2）学校开展"读书周"活动

读书可以起到修养身心、获得知识、开阔视野、塑造正确的人生观价值观等作用，还可以让学生学会与人相处，掌握面对压力的方法、态度。高尔基先生说过："书籍是人类进步的阶梯。"一个多读书的人，其视野必然开阔，其志向必然高远，其追求必然执着。也就是说，多读书，不仅能使人变得视野开阔，知识丰富，而且还能使人具有远大的理想，执着的追求。我国著名的语言学家吕叔湘先生也说过，他学习语文，三分得益于课内，七分得益于课外。的确如此，从各种课外书中学生不仅可以接触到更广阔的知识，扩大学生的知识世界，而且通过阅读，学生可以对古今中外的事情有大致的了解。学生还可以通过阅读和名人对话。歌德说过，读一本好书，就是在和高尚的人谈话。不仅如此，多读课外书还能提高学生的作文能力。杜甫说："读书破万卷，下笔如有神"。学生通过多读书而从一些课外书中学到经典的词句，接触到更多的写作方法，积累到更多的写作素材。

活动安排：学校提供或班级自发收集相关课外书籍，让学生每两周读一本书（或者依据班级具体情况进行设计），并组织读书心得交流活动（学校或班级可依据自身课程体系灵活设计），让学生以班级为单位，讲述一下所读书的大体内容，讲述书中最令你印象深刻的人或事，联系实际的生活，把书与现实生活结合起来，抒发真情实感：生活中怎么样，我觉得怎么样，我学到了些什么。建议三年级的孩子写读后感。

所提供书籍参考目录如表7—1所示。

表7—1　　　　　　　　　　　书籍目录

国外书籍	国内书籍
《小王子》	《草房子》
（安托万·德·圣埃克苏佩里，天津人民出版社）	（曹文轩，江苏少年儿童出版社）
《夏洛的网》	《笑猫日记》
（E.B. 怀特，上海译文出版社）	（杨红樱，明天出版社）

续表

国外书籍	国内书籍
《窗边的小豆豆》 (黑柳彻子,南海出版公司)	《舒克贝塔》 (郑渊洁,天津人民出版社)
《爱丽丝梦游仙境》 (刘易斯·卡罗尔,山东美术出版社)	《淘气包马小跳》 (杨红樱,浙江少年儿童出版社)
《时代广场的蟋蟀》 (乔治·塞尔登,21世纪出版社)	《郑渊洁给孩子的励志书》 (郑渊洁,天津人民出版社)

(3) 让爱充满校园

留守儿童在家庭教育存在缺失或不足等问题的情况下,学校更是不可避免地被家长和社会寄予了更高的期望。学校作为有目的、有计划、有组织地对学生施加教育影响的专门教育机构,不仅需要在文化知识方面教育学生,完成教育教学目标,还需要给这些留守儿童以更多的关爱,以弥补留守儿童在家庭教育等方面存在的缺陷。也就是说,学校除了承担学校的教育功能之外,还需要承担部分家庭教育和社会教育的功能。对于进入学校的儿童和青少年来说,年龄增长使得学校和教师在儿童学习社会化方面发挥的作用会逐渐超过家庭和家长的教育作用,成为影响儿童和青少年社会化的因素当中最为重要的一点。

活动安排:①实施干预班级的三位任课老师,轮流做孩子在学校的"父母",时间为一周。在这一周内,作为"父母"的老师要多与学生的临时监护人和其他老师进行沟通,了解学生在学习和生活中的困难,对于学生的问题要及时发现、及时交流、及时解决。②在班空时间,要到教室中去,多与孩子进行深入的接触,以期尽早地走入学生的心灵,了解他们的内心,与他们成为无话不谈的"朋友"。在放学时,当值父母要提早来到教室门口,在放学后给孩子们讲几句话(可鼓励一下大家,也可叮咛大家注意安全),并与每一位学生击掌或拥抱作为告别。

(4) 家校互动亲情深

家长也可参与到活动中来,学校可以不定期地组织家长和孩子进行网上视频(可以充分利用学校的多媒体网络教室),或者以书信、打电话的方式让学生表达对父母的爱,让孩子心里感受到父母的爱依然在身边,以此来缓解他们的孤独感和对父母的思念之情，以便能安心学习。父母的爱对孩子成长至关重要，学校应创造机会让儿童经常和父母沟通。

第三节 家校联动：家长、教师实践主体的实践干预措施

一 家庭环境：新媒体技术支持下的家校共同体构建

家校互动

1. 家校互动的必要性

由于家庭背景关系，大量留守儿童正面临着一系列以教育问题为核心的生存发展问题，比如安全隐患大，法制与安全教育、心理健康教育、思想品德教育严重缺失，厌学、辍学、早恋等现象比较突出。[1] 在学校的学习中留守儿童常表现出课堂注意力难以集中、听课效率明显低于其他儿童的特征，加上缺乏父母关爱，看到其他儿童有父母接送，有父母关心，自己却形单影只、无人照顾，留守儿童会产生强烈的自卑心理，更影响其深层投入地学习，长此以往，留守儿童的学习态度趋向消极。

父母是孩子的第一任老师，也是终身老师，父母的言传身教远远胜过教师对学生的教育。解决留守儿童问题需要外出父母与政府、学校以及社会组织之间的紧密协作和长期不懈的努力，多方进行联动，父母的责任是任何他人和社会组织无法替代的。一是从儿童期在人的一生中的重大影响看，儿童期的教育影响人的一生，而家庭在这个时期的教育中具有重要作用。家庭教育、父母亲情具有的奠基性、关键性、终身性及与学校、社会教育之间互补性的特点，是任何人、任何东西都弥补不了的，是不可替代的，脱离了父母的关注，对留守儿童的关爱无异于缘木求鱼。只有密切家校联系，增强教师与家长相互理解与信任、融合关系，提高留守儿童父母的责任意识和教育意识，创建家校和谐氛围，才能更好促进留守儿童发展。

对农村留守儿童使用新媒体工具进行进一步的监督和引导。有很大一

---

[1] 唐林兰：《论留守儿童教育问题的积极应对与持续缓解》，《内蒙古师范大学学报》2013年第4期，第26—28页。

部分的农村留守儿童由于在现实的生活中缺少父母的陪伴，留守儿童无论是在自控力和辨识力方面还是社会阅历方面都存在很大的欠缺。因此，看护人在对儿童接触新的媒体技术的过程中应该进行适度的监督和指导。包括对新媒体技术的使用进行指导，对所接触的新媒体种类的选择，对新媒体所承载的信息内容进行辨识，还包括对媒体接触时长的控制等。

2. 技术资源的支持

（1）微信群

以学校为单位建立留守儿童专家、教师、家长共同组成的协作交流群，描述其价值作用：专家提供相应的政策性建议，为家校互动交流提供政策方面的指导。教师与专家的交流能够得到专业指导，明确沟通的意义及途径；教师及时与家长沟通、提供学生发展状态，了解学生的家庭环境，以为学生提供个别的关注和指导。家长了解专业知识，积极主动地向老师反映学生在家的状况，了解孩子在校的表现和把握孩子的发展状态。

本实验创建了名为"快乐星期六"协作交流微信群，为家校互动提供平台，家长和教师以及课题组成员在群中反馈学生状态，关注学生发展动态，交流经验等。

（2）微信公众号

创建微信公众号，由课题组定期推送相关资源，描述新媒体干预农村留守儿童学习社会化的价值作用。使农村留守儿童的发展能得到政府、学校、家庭及社会的更广泛的关注。

本实验建立了名为"关注儿童成就未来"的微信公众号，其主要功能分为"观现状""有关怀""在行动"三部分。其中，"观现状"中可以获取留守儿童发展案例，听取留守儿童的心声；"有关怀"中可以洞悉国家、学校以及社会爱心人士对留守儿童的关注；"在行动"中我们可以看到父母、教师及媒体对留守儿童健康发展采取的措施。

（3）微博

通过实验学校官方微博定期对学生的活动状态进行反馈，搭建起微博沟通的桥梁，使家长更好地了解孩子在校的状态，把握孩子的发展进程，促进家长和孩子更好交流。

3. 家校共同体构建方面的具体工作

父母的爱对孩子成长至关重要，学校应尽量创造机会让儿童经常和父母沟通。每周选 3 名留守儿童学生的家长,通过 QQ 群视频的形式进行"远程家长会"。家长会分为两个部分进行,开始由班主任向家长汇报每位学生在学校的表现情况、学习情况,然后是学生和父母进行沟通。

建立微信群(如图 7—1 所示),以学校为单位建立留守儿童专家、教师、家长共同组成的协作交流群。

建立微信公众号(如图 7—2、图 7—3 所示),发表美篇,定期推送相关资源,描述其价值作用。

开通微博(如图 7—4 所示),定期对学生的活动状态进行反馈,使家长更好地了解孩子在校的状态。

图 7—1　微信群　　　　　图 7—2　微信公众号

二　校园环境：新媒体技术支持下的教学方式变革

1. 新媒体干预的可行性

关于新媒体干预的可行性分析在第五章中已经详细阐述,媒体对于儿童的社会化与学习有着重要的影响和作用,对于儿童语言能力、思维方式、行为引导、性格塑造、人际交往等各方面的作用突出。由于多种媒体

图7—3 微信公众号推送美篇　　图7—4 微博推送

具有视听组合、生动形象、直观清晰的特点，能充分调动学习者多感官并用进行学习，既加强了学习者对知识的理解和记忆，又能取得效率高、质量好的教学效果。媒体在教育教学中的应用，可以激发学生学习动机，提高学生学习兴趣，促进学生学习能力提升。因此，新媒体可作为促进留守儿童学习社会化的重要途径。本书以三年级儿童为研究对象，展开相关研究与实践，研究实施分两个周期，共25周，第一个周期为15周，第二个周期为10周。

2. 教师的新媒体干预支持机制

（1）培养学生的学习动机

①"电影润心田"活动

电影媒体作为新媒体的重要组成部分，以其特定的传播影响力对未成年人成长中的世界观、价值观、人际关系、道德观等诸多社会人格方面，起着特殊的潜移默化的作用。且儿童对于电影有着特殊的偏爱，经常学习电影中人物的行为和言谈，通过好的电影对留守儿童的行为、情感加以引导，有助于儿童的健康成长。根据儿童的心理特征，借助电影特有的视听表现手段，通过逼真的影像和强大的视觉冲击力，引发美感经验和情感体验，在儿童成长中发挥着电影和儿童文学的双重作用。通过长期观看优秀的电影，可以帮助儿童拓宽视野，获得宝贵的情感体验，将其逐渐内化为自己的价值取向，从而帮助其形成完善的人格。[①]

② "成语暖心窝"活动

三年级学生10岁左右，处于从低年级向高年级过渡的时期，学生在生理和心理上都会有比较明显变化，此时是培养学生学习能力、锻炼学生意志品质、培养学生学习习惯的最佳时期。成语形式简洁、言此喻彼、言简意赅、耐人寻味，让孩子学习成语可以丰富文化知识，提高语言表达能力。语文教师可以在每节新课之前进行成语故事的讲授，这种新型的讲成语故事的授课形式能够令孩子逐渐喜欢成语的学习，并且成语故事中蕴含的知识、哲理等能够帮助小学生开动大脑，启发智慧，领悟故事饱含的人生真谛和哲理，激发学习兴趣与学习动机。

③ "班级悄悄话"活动

对于留守儿童来说，他们面临的最大问题就是心灵的留守产生的心理问题，表现为孤独、性格孤僻，易造成抑郁症、思想偏激、沟通障碍等，心理问题的解决有利于儿童身心的健康发展，针对留守儿童心理问题，教师要从不同方面进行有效干预。

④ "我与老师面对面"活动

a. 教师主动与学生交流（遵从"发现问题—分析问题—解决问题"的思路）

b. 学生主动与老师交流

（2）培养学生的学习能力

学生的学习态度、学习动机和学习能力是影响学生学习社会化的三个中介因素，其中学习态度和学习动机的变化最终都会以学习能力的形式呈现出来。所以说，学习能力是农村留守儿童学习社会化的重要内容。因此，利用新媒体干预来培养学生的学习能力是本实验的核心部分。

---

① 张道雪：《新媒体促进农村留守儿童道德养成的研究》，硕士学位论文，曲阜师范大学，2018年。

①语文

a. 培养阅读能力的必要性

苏霍姆林斯基曾经发现七八年级的一些学生基本没有解题能力，在那里痛苦无望地挨过一课又一课、一天又一天。经过观察，他发现，这些高年级学生真正缺乏的，不是学习数学、物理、生物的具体本领，而是阅读理解能力。

于是，苏霍姆林斯基当这些七八年级的学生是一二年级的小孩子，从头开始，培养他们的阅读能力。而事实的结局让苏霍姆林斯基震惊万分：同样的时间过去，同样的努力付出——大孩子的阅读水平的提高远远不如小孩子；大孩子的阅读热情及感悟力也远不如小孩子。好像他们大脑里主管阅读理解的那一部分已经功能萎缩。教师的劳动好比播出的种子，小孩子是一片疏松的热土，大孩子却是一片板结的硬地。

所以说，低年级才是培养学生阅读兴趣和阅读能力的关键时期。

b. 培养作文能力的必要性

写作是运用语言文字符号反映客观事物、表达思想感情、传递知识信息的创造性脑力劳动过程。写作文是需要思考的，需要学生根据作文题目去组织材料，这就培养了孩子思考问题的能力和想象力，锻炼孩子的阅读能力和分析能力，提高孩子的语言表达能力，使其能够更好地组织语言。

c. 培养认真书写习惯的必要性

每位教师历来都特别关注学生的汉字书写能力。写字教学是小学教学的重要组成部分。小学阶段的重要任务之一就是培养学生养成良好的汉字书写习惯，指导学生写好汉字。汉字的书写教学贯穿于小学教学的始终。学生书写兴趣的培养，学生在写字时的注意力、观察力的培养，学生良好写字习惯的培养等在小学阶段的教学中都非常重要。

字如其人。写一手好字，能够使人在以后的生活中受益匪浅。对于儿童来说更为重要，实际上学习写字的过程也是行为规范逐渐养成的过程。俗话说：好记性，不如烂笔头。如果让孩子在学习的过程中一边学习功课，一边练字，可以互补互益、相辅相成。长此以往，自然养成良好的行为规范。比如，一边学习课文，一边进行生字、词语和段落抄写练习，既可以巩固知识，又提高了写字水平。特别是抄写国学经典，还能陶冶孩子们的心灵情操。

②数学

a. 培养基本代数运算能力的必要性

一般人以为简单的加减乘除与孩子的观察、记忆和逻辑思维能力没有必要的联系。其实这种看法是不对的。首先，初期的大量的基础计算会不断强化孩子对于数与运算的概念，大量的数的重复能够不断刺激孩子的大脑回路从而提高其记忆力。其次，基础计算能力不单单是简单的计算，最为重要的是在复杂的计算中总结规律进而得到自己的速算技巧。这一总结的过程是孩子锻炼观察能力的过程。最后，总结规律是将复杂的计算简化的过程，是抽象的过程。孩子从具体的、个例的数学运算中得到共性的规律即逻辑思维的锻炼。所以说基本计算能力的训练能够培养孩子的观察、记忆和逻辑思维能力。

数学运算结果的唯一性最能培养一个人的严谨踏实的态度。在复杂的数学运算中，只有沉心静气、严谨认真才能答对每一道题。大量的有针对性的训练一方面能够帮助孩子形成对事认真严谨的好习惯。另一方面，每天坚持20分钟练习和巩固基本计算能力更是对孩子意志的考验。一天的坚持并不难，若能坚持3个月以上，孩子的意志力将令人吃惊。

小学生基本计算能力的养成非常重要，关系到孩子在中学和大学教育阶段的表现。与识字能力一样，基本计算能力是一个现代人综合素质的重要基础。

b. 培养学生数学题目的理解能力的必要性

抽象性是数学概念的特性之一，根据皮亚杰的认知发展阶段理论，小学生处于具体运算阶段，思维方面也是具体的形象思维占优势。而且这个能力在所有学科都有用。所以，培养学生的理解能力可以从数学应用题入手。

③英语

a. 培养英语听说能力的必要性

小学英语的学习集听、说、读、写于一体，考查学生综合运用语言的能力。而根据课程标准，在小学阶段，最重要的是培养孩子的听说能力。良好听力对学生来说是至关重要的，必须加以关注，通过"听"使学生吸收大量新的言语材料，使学生对所学语言的感性认识不断加深，并在提高听力水平的基础上使学生的说、读、写等各项技能得到均衡发展。

小学生学习英语主要通过听、说、读、唱、玩等形式，激发学生学习英语的兴趣，是非常独特的，这种形式可以培养学生的语感、语音及语调，进而提高学生的英语交际能力。运用各种语言材料（包括具体、形象的事物和各种生动、活泼的情景等），能够引发学生的思考，提高学生的思维能力。帮助学生理顺语言材料，也有助于学生通过各种感官，在感知语言材料的基础上进一步加强对语言的理解。有能力的学生可以课后在家长的引领下阅读适合小学生的英语报刊，听英文原文录音，多用英语与爸爸、妈妈及周围的同学对话，养成多听多说的好习惯。

3. 新媒体干预课堂教学的具体工作

（1）学习动机方面

① "电影润心田"

学校领导：学校选出一名分管领导，专门协调管理电影的每周播放，与班主任进行沟通，选出固定的播放时间，依据班级学校具体情况而定。当学校出现诸如播放设备不能工作等问题时，由该领导进行协调，保证电影播放的顺利进行。电影播放时要到教室进行巡视。

班主任：在电影播放之前打开多媒体设备，检查设备能否正常播放（如不能正常播放要及时向分管领导反映，派专业人员来修理）。在电影播放之前向学生介绍电影的基本剧情，让学生把握住电影的中心点。组织学生进行电影的观看，维持班级观看纪律。在可能的情况下，可以组织学生进行讨论或者写观后感。

设备管理人员：学校有专人负责多媒体设备的维修。当播放设备出现问题时，及时维修，保证多媒体设备的正常使用。

学生：在电影开始之前，认真聆听老师对所播电影的介绍，以便尽快进入电影的剧情，尽快理解电影所表达的意思。在电影开始后，要认真地观看电影，了解主人公的事迹，体会主人公的感受。在电影结束后，认真写出电影的观后感（可包括电影的基本剧情或讲述主人公具体事迹，电影表现了一种什么样的精神，自己学到了什么，在以后的生活中应该怎么做，老师可以灵活设计），写完后老师可以组织朗诵活动或讨论活动。

播放安排：从准备的36部电影中选择25部播放，每周一部，观看方式为统一多媒体网络教室播放。（注：未下载视频链接如下）

《念书的孩子1》：http：//www.1905.com/vod/play/710739.shtml.

《念书的孩子2》：http：//www.1905.com/vod/play/960439.shtml.
《守护童年》：http：//www.1905.com/vod/play/676959.shtml.
《妈妈的手套》：http：//www.1905.com/vod/play/872341.shtml.

表7—2　　　　　　　　　第一期电影播放安排

时间安排	播放内容	时间安排	播放内容
第一周	《走路上学》	第九周	《三克的梦想》
第二周	《小鞋子》	第十周	《小鬼当家》
第三周	《跑出一片天》	十一周	《听见天堂》
第四周	《念书的孩子1》	十二周	《守护童年》
第五周	《念书的孩子2》	十三周	《勇敢传说》
第六周	《狮子王》	十四周	《放牛班的春天》
第七周	《背起爸爸上学》	十五周	《当幸福来敲门》
第八周	《快乐的大脚》		

表7—3　　　　　　　　　第二期电影播放安排

时间安排	播放内容	时间安排	播放内容
第一周	《候补队员》	第六周	《坚强的小孩》
第二周	《料理鼠王》	第七周	《胖墩夏令营》
第三周	《千与千寻》	第八周	《震天鼓》
第四周	《阳光小美女》	第九周	《小鬼开球》
第五周	《头脑特工队》	第十周	《斗魂之熊孩子》

②"成语暖心窝"活动

教师任务：主要是由语文教师负责，在每讲一节新课之前先讲一个成语小故事，然后让学生（侧重于留守儿童）发言，谈谈感受和体会。通过课堂授课与视频播放相结合，潜移默化影响学生的行为和心理，丰富儿童的情感。希望可以通过故事中的人物事迹感染学生，从而以榜样塑造的方法，激励学生刻苦学习，激发学生的学习动机。

学生任务：在每听完一个小故事之后谈谈自己的感受，应该学习故事中人物的什么精神，在以后的学习生活中应该怎么做。

安排：在每讲一节新课之前先讲一个成语小故事。

表7—4　　　　　　　　第一期成语播放安排

时间安排	成语故事	时间安排	成语故事
第一节	胸有成竹	第十一节	卧薪尝胆
第二节	程门立雪	第十二节	闻鸡起舞
第三节	手不释卷	第十三节	佛殿借读
第四节	废寝忘食	第十四节	警枕励志
第五节	悬梁刺股	第十五节	断齑画粥
第六节	画荻教子	第十六节	半途而废
第七节	凿壁偷光	第十七节	入木三分
第八节	囊萤映雪	第十八节	韦编三绝
第九节	不耻下问	第十九节	熟能生巧
第十节	铁杵磨针	第二十节	临池学书

表7—5　　　　　　　　第二期成语播放安排

时间安排	成语故事	时间安排	成语故事
第一节	金石为开	第十一节	改过自新
第二节	筚路蓝缕	第十二节	刮目相看
第三节	不屈不挠	第十三节	后生可畏
第四节	不学无术	第十四节	画饼充饥
第五节	闭门造车	第十五节	安步当车
第六节	不自量力	第十六节	按图索骥
第七节	乘风破浪	第十七节	忠言逆耳
第八节	大公无私	第十八节	专心致志
第九节	单者易折	第十九节	对症下药
第十节	东山再起	第二十节	防微杜渐

③"班级悄悄话"活动

活动包含的内容：

a. XX老师，我想对您说。（让学生写下不敢对老师当面说的话，比如说老师在教学或班级管理中存在的对自己忽视的地方，老师该如何对待自己，写写对老师的看法及自己在学习中遇到的问题等）老师认真对待，针对学生对自己提出的问题进行有的放矢的教育。从学生话语中教师能够及时地了解学生心理状态，针对部分学生面临的学习、生活、情感等问题，进行适当的鼓励或者面对面的交流，缓解学生的焦虑、抑郁等心理问题。

b. XX同学，我想对你说。其一，可以写给自己的好朋友，内容包括彼此间的学习、生活及未来理想等；其二，可以写给自己想要学习的对象，比如学习好的学生、性格好的学生、人际关系好的学生等，向他们多请教多学习；其三，可以写给彼此之间存在隔阂，但又不愿主动去搭话的同学，缓解彼此紧张的关系，避免严重的冲突发生。

c. 我想对自己说。通过这一形式，让学生反思自己在前一阶段的表现及学习上的收获，发现不足，在以后的学习生活中逐步完善自己。

活动的形式：每周一次，学生以周记的形式进行，写出自己的心里话。

④ "我与老师面对面" 活动

a. 教师主动与学生交流（遵从"发现问题—分析问题—解决问题"的思路）

首先，教师可以通过班级悄悄话活动及学生学习成绩表现两方面来了解学生，教师发现总结学生的问题；其次，教师分析学生问题的成因，在自己的能力范围内找出问题的解决对策；再次，教师针对不同学生的不同问题进行心理辅导，主动与学生交流沟通，缓解学生的心理压力；最后，教师对学生进行回访调查，对没有解决的问题再采取相关措施干预。具体内容见表7—6。

表7—6　　　　　　　　　　师生交流

学生出现的主要问题	教师解决对策	面对面交流内容
学业问题（学习动机不足、学习兴趣下降）	教师对班级中的留守儿童和非留守儿童进行统计，合理进行分组，让孩子在生活、学习等各方面进行小组活动，互帮互助，共同发展①	Ⅰ. 树立学习榜样，利用榜样的力量影响他们的学习，培养他们的积极性； Ⅱ. 通过沟通交流了解学生的兴趣，通过教师期望（罗森塔尔效应）促进学生发展； Ⅲ. 教师利用孩子最喜欢科目的教师对孩子的影响力来提高学生学习兴趣； Ⅳ. 教师还要通过和同学的交流，从侧面了解问题孩子的行为倾向，随时注意他们的退步，查找原因并和他们一起制定相应的对策

---

① 强陆平:《留守儿童心理教育现状与"心灵港湾"落地》,《人民论坛》2015年第26期, 第163—165页。

续表

学生出现的主要问题	教师解决对策	面对面交流内容
心理问题（孤独、抑郁、情感缺失、自卑）	教师与留守儿童要多进行课下的交流沟通，通过这种形式来增进师生之间的关系；鼓励留守儿童在日常的生活和学习中积极与他人交流合作，让留守儿童在人际交往中健康发展	Ⅰ. 采用支持性心理治疗，耐心倾听学生的诉说，同情他们的痛苦体验，消除顾虑，帮助他们消除不良情绪； Ⅱ. 多给予他们尊重、关心与信任，对学生以鼓励表扬为主； Ⅲ. 引导他们从大人的角度出发，理解和尊重父母，让其明白父母的一切出发点都是为了孩子； Ⅳ. 鼓励学生完成力所能及的事，引导学生提高自我接受能力。改变学生"我很差""做什么事我都不行"的消极看法，扬长避短

b. 学生主动与老师交流

教师要给学生灌注"无论遇到什么问题都可以找老师解决"的思想。在生活中，学生主动找老师进行沟通，教师要做到：认真、耐心地倾听学生的倾诉（让学生在遇到问题时不压抑在心里，还愿意找老师沟通解决），再根据学生具体的问题找到解决策略。

儿童被"留守"，心理关爱应该是首位。教师要有计划有步骤地定期进行心理辅导，融入关心、信任、爱心。面对孩子的优点，去肯定、赞美；面对问题，用爱、积极健康的方法为孩子点上心理正能量的明灯。

开展形式：教师发现学生问题就要立刻对其进行心理辅导，学生没有问题也要两周进行一次心理谈话，密切关注孩子的学习及心理变化。

（2）学习能力培养方面

①语文

a. 培养阅读能力的必要性

除了依托采用北京师范大学何克抗教授的信息技术与小学语文课程整合模式（在新媒体促进农村留守儿童学习能力发展实践及循环中展开论述）外，过程中还采取了如下具体措施：

第一，建立"图书一角"，为农村留守儿童提供精神力量源泉。借助相关公益机构的力量，为学生采购书籍，并且建立"图书一角"，为学生提供便利的阅读条件，同时增强基于共读的班级凝聚力、亲和力、净化力。

第二，利用好"积累本"，将农村留守儿童个体精神内外呈现，内化精神世界。学生在教师的指导和带领下进行课外阅读，并且摘抄书中的好词佳句，积累名言好词；学生将自己喜欢的成语和名人名言、课文中的精彩片段和优美语句、国内外的优美诗词积累下来，不断揣摩，不断学习。教师要对学生的"积累本"进行不定期检查，掌握学生的积累情况。

第三，"板报小文化"，将农村留守儿童发展置于班级整体氛围中，使其有展示平台。将黑板报中预留出阅读一角，班级每个人轮流将自己收集的好词佳句写在黑板报上，每周三个人。

b. 培养写作能力的必要性

具体实施：

第一，"每日一记"，帮助农村留守儿童开启心灵之窗，承载农村留守儿童的心理寄托。不仅是教师和家长了解学生心理变化的重要途径，而且可以提高农村留守儿童的写作水平，通过写日记，使儿童养成书写的习惯，使学生的写作能力得到提升，进而对语文的学习产生巨大影响，而且能够陶冶学生的情操，提升学生的文学修养。

第二，"作文课"，为农村留守儿童的思维插上翅膀，提高学生的想象力。周周有作文，作文的题材多样性，可以锻炼学生的想象力，扩展学生的思维，将积累的好句学以致用。学生在作文草稿初步完成后，在老师的督促下先各自检查自己的语句是否通顺、段落之间的衔接是否合理、表达的观点是否清晰。然后教师将学生按照小组分开，组织组内的同学进行互评，互相为对方提意见。评价结束后由学生进行修改，并评选出优秀的文章进行张贴，一方面是对优秀学生的鼓励，另一方面也为其他同学树立榜样。

c. 培养认真书写习惯的必要性

具体实施：

第一，"强调坐姿，正确的执笔方法"，辅助农村留守儿童内外兼修，在学习知识的同时养成良好习惯。在平时的课堂中，教师除了传授知识之外，要多关注学生写字的坐姿和执笔方式，对于存在问题的学生可以适当地提醒，督促学生养成好的坐姿和正确的执笔方式。

第二，举行"谁写的作业最美观"活动，使农村留守儿童将认真内化为一种习惯。根据晚上学生的作业书写情况，对于书写认真的同学给予小小的奖励，这样可以借助每晚的作业时间达到练字的效果。

第三，"组织竞赛，激发学生兴趣"，点亮农村留守儿童兴趣火苗，始终保持书写热情。教师要不定期地组织一些小竞赛，激发学生的写字兴趣。如"小小书法家"等，这些外显的活动不仅能激发学生的上进心，还能够提高农村留守儿童的人际交往能力，对留守儿童心理健康发展有益。

②数学

a. 培养基本代数运算能力的必要性

具体实施：

第一，"每日一练"，强化农村留守儿童的批判思维。教师每天可以安排十道计算题或者口算题，慢慢提升学生的做题准确性和速度，并引导学生每次做完题之后进行检查。

第二，"竞赛活动"，发展农村留守儿童智力，提高学生求知欲。班级之内可以定期举行"我是小小数学家"等活动，进行计算准确性和速度的竞赛，对于冠军得主可以适当给予奖励。这些活动能激发学生的上进心。

b. 培养学生对数学题目的理解能力的必要性

具体实施：

第一，"创设情境，联系生活"，将农村留守儿童的学习生活化、情境化。教师要根据小学生的心理特点和年龄特征创设问题情景，将数学知识点与耳熟能详的实际生活联系起来。通过向学生提供鲜活的、真实的、有趣味的和具体探索思想价值的数学问题，激发学生的好奇心和求知欲，激发学生的阅读兴趣，使学生不知不觉地走进数学阅读的殿堂。[①]

[①] 徐广根：《谈小学生数学阅读能力的培养》，《小学教学研究》2011年第2期，第72—73页。

第二,"数学一角",将角色转换意识融入农村留守儿童的思维中。

③英语

a. 培养英语听说能力的必要性

除了依托采用北京师范大学何克抗教授的信息技术与小学英语课程整合模式（在新媒体促进农村留守儿童学习能力发展实践及循环中展开论述）外，过程中还注意采用了如下的具体措施。

第一,"用英语来组织教学",强化农村留守儿童的主体意识和参与意识,使课堂不再是教师的"主场"。教师应充分利用课堂为学生创造一个听英语、学英语的环境,形成一个英语听说的氛围,这样可以为学生创造更多听的机会。或许一开始学生并不理解,但是教师可以借助丰富的肢体语言帮学生明白。如,双手掌心向上表示"stand up",双手掌心向下表示"sit down",回答问题时要举手,老师举手说"hands up",又如,双手握拳放在眼睛处转动,表示动物"panda",做跑步状,表示"run"。再如,做题目的要求是要学生听音并画圈,老师用手指着耳朵作倾听状,然后用手指画圈,并说"listen and circle",等等。

第二,借助媒体,营造英语氛围,增强农村留守儿童的学习沉浸感,提高学习主动性。首先,在每节课一开始,放一首与内容有关的、贴近学生实际的英语歌曲或是一段节奏感较强的"chant",朗朗上口,简单易学,渐渐地耳濡目染,在轻松活跃的氛围中自然地学会了歌曲,提高了听力,同时也激发了学生的学习兴趣。其次,利用挂图或是动画将新授的课文演示一遍,让学生通过视听理解课文。如单词的记忆,短文的进一步朗读巩固等都要在课外进行。因此充分利用电教媒体,如录音机,让学生在家里多听,多读,多模仿。

第三,英语小游戏,提高农村留守儿童的人际交往能力。首先,听录音或是教师说出的内容,学生做出相应的反应。如做做（listen and do）、指出（listen and point）、画画（listen and draw）、涂色（listen and color）,等等。其次,学生边听录音或是教师所说的内容,边进行个人或集体的模仿。在课上不仅要让学生模仿别人朗读,还要让他们自己练习。

第四节 新媒体干预农村留守儿童学习社会化的实践与循环

依据规划的实践机制,对农村留守儿童的学习社会化进行了干预实验,从宏观角度分析新媒体对于农村留守儿童学习社会化的影响程度,开展相关实验。

一 新媒体干预农村留守儿童学习社会化实验

(一)实验的对象及目的

1. 实验对象

实验开始前,课题组对某国家级贫困县留守儿童学习社会化的现状进行调查,根据调查结果和学校的软硬件环境,最终选择 CG 学校的三年级二班和 HJB 学校的三年级一班为研究对象。其中,CG 学校的三年级二班是实验班,HJB 学校的三年级一班为对照班,以上两个班的留守儿童无论是在数量上还是学习社会化方面的情况基本一致,并且两所学校所具备的软硬件环境和参与热情都符合实验的需要。具体的实验对象的情况见表 7—7。

表 7—7   实验对象具体情况

组别	总人数	男	女
实验组	30	16	14
对照组	30	15	15

2. 实验目的

验证新媒体干预策略对促进留守儿童学习社会化是否有效。

(二)实验的设计及实施

1. 实验的设计

本实验将实验对象分为实验组和对照组,分别在实验前和实验后对留守儿童的学习社会化情况进行测试,来比较实验前后留守儿童的学习社会化水平是否存在显著差异，研究实施分两个周期（2017年4月至7月初为第一周期，2017年10月底至2018年元旦为第二周期）共25周，第一个周期为15周，第二个周期为10周。两次测试分别为前测和后测，具体设计模式见表7—8。

表7—8　　　　　　　　　实验设计模式

组别	前测	处理	后测
实验组	T1	X	T2
对照组	T1′	X′	T2′

2. 自变量、因变量及无关变量

（1）自变量

本实验的自变量为新媒体对教学过程的干预。

（2）因变量

本实验的因变量为留守儿童的学习社会化水平。

（3）无关变量

根据表7—7可知，两组的留守儿童在人数和性别方面基本一致。将实验组与对照组选在不同的学校也是为了保证在实施的过程中能够做到互不干扰，且两校的软硬件情况基本一致，保障实验有效、准确地实施。

3. 实验材料

所有的实验材料包括微信公众号、电影、动画、成语视频、道德游戏等均由课题组制作并提供。其中，微信公众号（关注儿童成就未来）推送的内容主要包括关于"留守儿童"的政策、爱心报道，如：《胡国莲：2000多名留守儿童的奶奶——陪伴是最长情的告白》《留守儿童的心声》《留守孩子的痛：缺的不只是爱！》《兰州交大星火支教团关爱留守儿童》《"星星点灯"公益计划携刘雨潼为河北留守儿童开启科技课堂》，等等；学生心理问题及辅导策略，如：《关爱留守儿童眼健康，让双眸更明亮》《留守儿童开学季民警开讲安全第一课》《一张不完整的全家福》《格斗孤儿引热议，留守儿童何去何从》《教体育的农村小学语文老师：足球让留守儿童自信》《"梦想童行"，守护留守儿童的精神家园》，等等；教学管理的内容，如：《留守儿童学习需要监督》《让留守儿童不再孤单》《留守当自强》《创客教育给留守儿童带来新的活力》《穷不可怕就怕精神"穷"》《流动留守儿童有了安全读本》，等等。为满足学生兴趣爱好的多样性，我们共准备了三十六部电影、动画供学生们选择，如：《斗魂之熊孩子》《怪物史莱克》《超人总动员》《钢铁巨人》《指环王》《杀死一只知更鸟》《小猪宝贝》《小妇人》《绿野仙踪》，等等，每周播放一部。因当地教材中三年级上下册语文课本有三十六篇课文，所以成语视频共准备四十个，如：金石为开、筚路蓝缕、不屈不挠、不学无术、闭门造车、不自量力、乘风破浪、大公无私、单者易折、东山再起、改过自新、刮目相看、后生可畏、画饼充饥、安步当车、按图索骥、忠言逆耳、专心致志、对症下药、防微杜渐等，分别对应培养留守儿童耐心、勇气、乐学、沟通、自知、努力、无私奉献、团结、坚韧、知错就改、负责任、专心、危机意识等意志品质；道德小游戏有在线游戏，如：《中华礼仪教育委员会》《学习礼仪》，有安装版游戏《学雷锋》等。

4. 实验的实施

（1）公众号美篇推送

该环节由课题组成员具体操作。具体安排如下：首先，建立由家长、一线教师、大学教师、校长、教研员及课题组成员组成的微信群和QQ群，方便课题组成员向一线教师推送与留守儿童有关的信息。其次，按照事先制订好的计划进行具体内容的推送。内容主要为：一方面是与"留守儿童"相关的政策、决策和社会相关人士献爱心的报道，每周一和周三各推送一篇。目的主要有以下几点：使一线教师和留守儿童家长体会到国家和社会各界对留守儿童的重视，意识到对留守儿童进行特别关注是非常重要且有实际意义的，意识到参与此次实验是非常有价值的。另一方面，推送有益于留守儿童心理健康发展的材料，每周二和周四进行推送。此外还有教学管理的相关题材，每周五和周六各推送一篇，包括一线教师对于教学过程的管理，对学生学习及生活状态的管理，自身的反思与学习等。

图 7—5　微信推送案例 1　　　　图 7—6　微信推送案例 2

（2）电影、动画、纪录片播放

该环节由实验班班主任具体实施。此环节的工作安排为：每周六上午，学生在老师的组织和带领下观看有教育意义的电影及动画。观看结束后，由班主任教师随机抽取部分学生谈谈在观看电影之后的感想，以及从电影中学到了什么道理，并且描述在以后的日常学习和生活中遇到类似的问题应该怎样处理。由班主任教师对每一位积极发言的同学进行点评，并

图 7—7　微信推送案例 3

在活动结束后总结电影、动画或纪录片讲述的是一件什么样的事情，告诉我们什么样的道理，在以后的学习生活中要注意什么。活动的细节如图7—8、图7—9所示。

图7—8　电影播放案例1　　　　图7—9　电影播放案例2

（3）成语视频播放

该环节由实验班语文老师具体实施。本环节工作安排为：语文课上每讲解一节新课之前，由语文老师先播放一个成语故事视频，在老师的组织和带领下让学生（尤其是留守儿童）发表自己的看法，说说自己从中体会到了什么，播放内容如图7—10、图7—11、图7—12所示。教师通过课堂授课与视频播放相结合的方式，在默默地影响学生的日常行为和心理活动，更能丰富儿童（尤其是留守儿童）缺失的情感。希望学生能够被成语故事中的人物及事迹所感染，通过榜样塑造的方法，达到激励学生刻苦学习、激发学生的学习动机的目的。

（4）道德小游戏

该环节由实验班信息技术教师具体实施。本环节的工作安排为：信息技术课上，老师将所学内容在20分钟内讲解完，然后组织和带领学生进行通关道德小游戏，并对学生进行分组，进行组间比赛，激发学生的好胜心，使他们积极地参与进来。对通关学生的操作情况进行点评，优胜者说

第七章　新媒体干预农村留守儿童学习社会化的实践与循环　／　281

图 7—10　成语视频案例 1

图 7—11　成语视频案例 2

图 7—12　成语视频案例 3

说他的感受，从游戏中学到了什么样的人生哲理，并且说说在以后的日常生活和学习中应该怎么做，等等。具体游戏有《中华礼仪教育委员会》（4399小游戏）、《学习礼仪》（4399小游戏）等。

（5）电视栏目推送

该环节由实验班班主任具体实施。此环节的工作安排为：班主任教师在每周五放学时通过手机向实验班学生推送道德类电视栏目（《今日说法》《德善天下》《法治在线》《感动中国》《道德观察》《道德与法制》等）。学生可以通过手机、电视或电脑进行观看，也可给学生推送电子版或纸制版感人事迹。在周一班会上由班主任组织让学生选取观看的一样谈谈感受，对表现比较好的学生进行表扬。

（6）人物事迹播报

该环节的由实验班所在学校的教研员及分管校长具体实施。此环节的工作安排为：每周一升旗仪式结束后，由各班级推举、学校选取出在日常生活和学习中表现优异的学生或教师，在广播中进行介绍、表扬。也可选取令人感动的人或事进行介绍，号召学生以此为榜样，呈现榜样的力量。

（7）视频家长会

该环节由实验班班主任具体实施。此环节的工作安排为：每周选3名留守儿童学生的家长，通过QQ群视频的形式进行"远程家长会"。家长会分为两个部分进行，开始由班主任向家长汇报每位学生在学校的表现情况、学习情况，使家长了解学生最近一段时间的学习状态以及生活上或者学生心理上可能存在的问题，便于家长和孩子进行沟通交流。然后是学生和父母进行沟通的过程，学生和父母可以互诉思念之情，帮助学生打开心结，有助于学生提高学习效率。

（8）家校沟通交流

该环节由实验班语文老师、数学老师、英语老师和信息技术老师以及小组负责人具体实施。此环节的工作安排为：将实验班的留守儿童分为四组，由四位老师每人负责一组。负责的老师要与该组的留守儿童家长进行电话或者微信、QQ等方式进行至少每周一次的交流，使家长了解留守儿童在校的表现情况，并辅助学校及教师对留守儿童进行教育和引导。每个小组选出一名学生负责人，由非留守儿童担任，通过QQ或微信的形式与该组内的同学进行沟通交流，并且每周向负责老师反馈获取到的信息。

(9) 信息化心理"咨询室"

该环节由实验班语文老师、数学老师、英语老师和信息技术老师具体实施。此环节的工作安排为：在"(8) 家校沟通交流"分组的基础上，各小组负责人将自己的电话号码、QQ、微信等联系方式发给本组留守儿童。负责老师一周中至少与本组每名学生沟通交流一次，询问学生在日常的生活及学习中是否遇到什么困难，当学生遇到困扰或行为不当时要给予正确的引导、帮助。当了解到留守儿童产生不正确的心理状态时，负责老师要及时地进行调节，引导留守儿童的心理朝着健康的方向发展。

二 新媒体干预农村留守儿童学习社会化实验的数据处理

学习社会化的外显因素，从研究社会化的三个角度（文化、个性发展、社会结构）出发，可以较好地表征学习社会化这一子概念的可见因素，即：文化、个性发展、社会结构。其中，社会学领域对于文化的解读主要是强调个体自身的一种准备状态，而学习社会化微观视阈下的"文化"则主要解释为影响、促进儿童学习行为发生的心理文化；社会学中的个性发展即个体本身的学习自觉性，社会学中对个体发展的解读是指个人特点的发展及行为倾向的形成过程，而在学习社会化中主要是指儿童所形成的符合自身特点及社会规范的外显学习特质及关于学习的内在智慧技能与认知策略，具有一定的个体性和特殊性；社会学中对于社会结构的表述主要强调个体和社会的关系方面，而在学习社会化中则主要表征儿童通过与其他社会成员或伙伴的合作、互动学习等，在群体学习中所表现出来的社会建构与群体合作认知力。所以我们将影响留守儿童学习社会化的因素分为文化、个性发展和社会结构三部分，分别进行检测。

在实验开始前分别对实验班和对照班的农村留守儿童学习社会化的三个表征的数据收集起来并进行检测，使用 SPSS 19.0 对所收集到的三方面数据进行独立样本 T 检验，检查在学习社会化的三个方面中实验班和对照班是否存在显著差异，即为前测。在两轮实验结束后，分别收集实验班和对照班在两轮实验中产生的农村留守儿童学习社会化三个表征的数据，再次进行检测，对比新媒体干预前后实验班与对照班的留守儿童在学习社会化三方面的检测中是否存在差异，实验班的留守儿童学习社会化情况是否明显高于对照班，即为后测。前后测采用同一问卷。

（一）实验组和对照组在文化养成方面的前测、后测差异检验

表7—9　　实验组和对照组留守儿童文化养成方面的前测得分

组别	均值	T	P
实验组	3.21	1.682	0.812
对照组	3.20		

实验前实验班和对照班的农村留守儿童文化养成方面的测试结果：通过使用SPSS对采集到的数据进行独立样本的T检验得出，T值为1.682，P值为0.812，P值大于0.05，小概率事件发生，因此，实验组和对照组的留守儿童在文化养成方面的差异并不明显。从两组的均值上来看实验组留守儿童文化养成方面的均值为3.21，对照组均值为3.20，两者相差不大。

表7—10　　实验组和对照组留守儿童文化养成方面的后测得分

组别	均值	T	P
实验组	4.61	6.032	0.000
对照组	3.33		

实验后实验班和对照班的农村留守儿童文化养成方面的测试结果：通过使用SPSS对采集到的数据进行独立样本的T检验得出，T值为6.032，P值为0.000，P值远小于0.05，小概率事件未发生，因此，实验组和对照组的留守儿童在文化养成方面的差异非常明显。从两组的均值上来看实验组留守儿童文化养成方面的均值为4.61，对照组均值为3.33，两者相差非常大。因此，留守儿童的文化养成方面实验组的要比对照组的高。

（二）实验组对照组个体发展的前测、后测的差异检验

表7—11　　实验组和对照组留守儿童个体发展方面的前测得分

组别	均值	T	P
实验组	3.41	0.886	0.259
对照组	3.41		

实验前实验班和对照班的农村留守儿童个体发展方面的测试结果：通过使用 SPSS 对采集到的数据进行独立样本的 T 检验得出，T 值为 0.886，P 值为 0.259，P 值大于 0.05，小概率事件发生，因此，实验组和对照组的留守儿童在个体发展方面的差异并不明显。从两组的均值上来看实验组留守儿童个体发展方面的均值为 3.41，对照组均值为 3.41，均值相同。

表 7—12　　实验组和对照组留守儿童个体发展方面的后测得分

组别	均值	T	P
实验组	4.59	6.092	0.000
对照组	3.51		

实验后实验班和对照班的农村留守儿童个体发展方面的测试结果：通过使用 SPSS 对采集到的数据进行独立样本的 T 检验得出，T 值为 6.092，P 值为 0.000，P 值远小于 0.05，小概率事件未发生，因此，实验组和对照组的留守儿童在个体发展方面的差异非常明显。从两组的均值上来看实验组留守儿童个体发展方面的均值为 4.59，对照组均值为 3.51，两者相差非常大。因此，留守儿童的个体发展方面实验组的要比对照组的高。

（三）实验组对照组社会结构的前测、后测的差异检验

表 7—13　　实验组和对照组留守儿童社会结构养成方面的前测得分

组别	均值	T	P
实验组	3.02	1.698	0.586
对照组	3.03		

实验前实验班和对照班的农村留守儿童社会结构养成方面的测试结果：通过使用 SPSS 对采集到的数据进行独立样本的 T 检验得出，T 值为 1.698，P 值为 0.586，P 值大于 0.05，小概率事件发生，因此，实验组和对照组的留守儿童在社会结构养成方面的差异并不明显。从两组的均值上来看实验组留守儿童社会结构养成方面的均值为 3.02，对照组均值为 3.03，两者差别不大。

表7—14　实验组和对照组留守儿童社会结构养成方面的后测得分

组别	均值	T	P
实验组	4.92	6.275	0.000
对照组	3.65		

实验后实验班和对照班的农村留守儿童社会结构养成方面的测试结果：通过使用SPSS对采集到的数据进行独立样本的T检验得出，T值为6.275，P值为0.000，P值远小于0.05，小概率事件未发生，因此，实验组和对照组的留守儿童在社会结构养成方面的差异非常明显。从两组的均值上来看实验组留守儿童社会结构养成方面的均值为4.92，对照组均值为3.65，两者相差非常大。因此，留守儿童的社会结构养成方面实验组的要比对照组的高。

三　实验结果分析

从留守儿童的学习社会化的文化、个性发展和社会结构三个外显因素的测试中我们可以发现，实验组的留守儿童学习社会化水平较对照组有了显著的提高。新媒体的干预影响促进了学生的学习行为发生变化，提高了学生的学习自觉性，提高了学生的认知水平、学习能力和元认知技能；提高了学生和其他成员或伙伴的合作、互动学习的能力和人际交往能力等。这说明，在教学中运用新媒体能够提高学生的学习社会化水平。

另外，从微观角度看，学生的学习态度、学习动机和学习能力是影响学生学习社会化的三个中介因素，其中学习态度和学习动机的变化最终都会以学习能力的形式呈现出来。因此，学习能力是衡量农村留守儿童学习社会化程度的重要内容。基于此，研究针对提高农村留守儿童的学习能力展开了具体实验。

第五节　新媒体促进农村留守儿童学习能力发展实践及循环

由于新媒体环境下数学学科的实践通常需要相应的多媒体软件平台作

为支撑，绝大多数农村中小学受到限制，因此，本研究选取语文、英语两个学科展开新媒体促进农村留守儿童学习能力的实验并进行分析。通过多个显性的学习行为表现来表征学习能力，对其进行前测和后测准确行为记录和分析，以实现研究实践的精确化。

一 新媒体干预农村留守儿童学习能力的实验

（一）实验对象及实验目的

1. 实验目的

测试新媒体干预在语文和英语学科对农村留守儿童学习能力发展的影响。

2. 实验对象

研究者通过对研究地区的分析及农村留守儿童的调查，选取合适的对照组和实验组，分别为 MJ 学校三年级二班的学生和 LC 学校三年级三班的学生。其中，MJ 学校三年级二班为实验组，LC 学校三年级三班为对照组。因为以上两个班级农村留守儿童的人数、性别分布、年龄及学习情况基本一致，两所学校的教学水平相差不大，学校资源及教师能力能够满足实验需求。本研究实验对象人数分布如表 7—15 所示。

表 7—15　　　　　　　　实验对象人数分布

组别	总人数	男	女	农村留守儿童总数	农村留守儿童男生	农村留守儿童女生
对照组	38	18	20	19	8	11
实验组	37	18	19	19	9	10

（二）实验设计及实验实施

1. 实验设计

研究者将实验分为两个周期（2017 年 4 月至 7 月初为第一周期，2017 年 9 月至 2018 年元旦为第二周期），第一个周期 15 周，第二个周期 10 周。采用不等同前后测对比实验设计，通过对实验组教师教学行为及学生学习行为的干预，并对对照组提供相同的文字材料以对其学习进行适当补偿，通过记录、观察和分析来判断其学习能力发展是否存在显著性差异,以此来分析新媒体干预机制对农村留守儿童学习能力发展是否有显著影响。本研究实验设计模式见表7—16。

表7—16　　　　　　　　　　实验设计模式

组别	前测	处理	后测
实验组	T1	X	T2
对照组	T1′	X′	T2′

2. 自变量、因变量及无关变量

（1）自变量

本实验的自变量为教育教学中的新媒体干预机制（本实验中的新媒体主要涉及上文中所阐释的新媒体）。

（2）因变量

本实验的因变量为留守儿童的学习能力发展状况，通过具体的教学行为和学习行为加以作用，并以显性行为和数据表示。

（3）无关变量

教学实验中，无关变量对实验的准确性影响较大。因此在实验对象选择中对对照组和实验组中农村留守儿童的人数、性别、年龄、家庭总体状况、教师教学能力、教师新媒体使用能力等进行详细调研，以确保原始对象的一致性。在实验过程中研究者未对学生公开以农村留守儿童为研究对象，在实验结束时由教师、研究者挑选农村留守儿童档案，以消减学生关系、学生心理对实验的影响。实验过程中给对照组提供与实验组一致的学习内容，其形式为文字材料，以确保新媒体的作用性等，都将无关变量的影响降到最低。

3. 实验材料

本实验强调材料的地区适用性，多为因地取材。材料的选取、设计、制作主体为研究者，由当地教研员、教师配合。材料包括新媒体干预教学与自主学习中的图片、动画、视频等。

4. 实验实施

（1）新媒体干预语文教学

借鉴北京师范大学何克抗教授的信息技术与语文课程整合的模式，将新媒体干预语文教学实验分为以下五个教学环节：

扩：每节课都要有10分钟左右的扩展阅读。教师可以直接为学生提供电子阅读资源或者提供相关网站，使学生通过计算机进行自主阅读。

打：主要以计算机打写的方式来进行表达。学生使用计算机进行打写的练习，使学生在打写的过程中也提高计算机技能。

写：拼音、识字、造句、写话、编字谜、编儿歌等。这些活动都通过计算机开展。

篇：重点提高学生对段落篇章内容的理解。

思：培养学生的创新思维能力。在课堂内容的基础上，引发学生思考，培养学生创新精神。

教学模式：利用课上前20分钟处理课标，此阶段为教师主导阶段；之后10分钟拓展阅读，最后10分钟进行打字练习，此阶段为学生主体阶段。该模式又称为"双主"模式、"识读写"三位一体模式。

我们以某一模块的识字课为例具体阐述该教学过程。（该模块的教学分为两个课时）

A. 第一课时

前20分钟是教师主导阶段。主要内容就是处理课标，具体分为创设情境整体感知、生字学习注重方法、指导写字描红练习三个阶段；接下来的10分钟，以学生为主体，拓展阅读汉字儿歌；最后10分钟进行组词造句汉字应用训练。

主要教学过程如下：

a. 情境导入：创设便于教学活动开展的教学环境，使学生进入情境中，得到沉浸感，帮助学生理解。

b. 生字阅读：通过阅读让学生标注生字、生词，并让其表述学习困难及解决方式。

c. 生字认读：教师指导认字、学生合作阅读、通过网络材料等自主练习。

d. 进行生字手写、打写：首先进行手写练习，学生和教师监督进行手写测试。之后，利用相应的计算机软件进行打写练习及测试。

B. 第二课时

前20分钟是教师主导阶段。主要分为字词复习、引入新课、短文学习、了解主题、感悟方法 5 个阶段。接下来的 10 分钟，学生根据方法进行读写练习。

主要教学过程如下：

a. 复习导入：复习上节课的内容，勾起学生对上节内容的回忆，便于本节教学活动开展。

b. 短文自学：学生自行朗读短文、进行字词标注、方法归纳等。

c. 合作学习：这一阶段学生合作解决自学中的问题，其间教师进行指导；学生展示学习成果与思维成果。

d. 目的性扩展：小组利用互联网搜索相关文献，并进行阅读，讨论后进行展示。

e. 主题创作：教师根据主题给出学生题目，学生根据兴趣进行选择，利用软件进行打写，完成后进行自评、互评和师评。

案例《在家里》教学：

创设情景，导入新课，激发学生的学习兴趣；

看图说话，使学生整体感知学习内容（呈现图画）；

启发学生，自主识字，培养学生的思维能力（编字谜、猜字谜等方法）；

扩展阅读，既巩固课内的生字，又扩大学生的识字量、阅读量；

知识迁移，联系生活实际运用语言打写训练，锻炼学生的语言运用能力。

（2）新媒体干预英语教学

小学英语新课程标准要求"从三年级开设英语课程，3、4 年级应完成一级目标，5、6 年级完成二级目标，7 年级完成三级目标"。二级目标的基本要求是："能用简单的英语互致问候，交换有关个人、家庭和朋友的简单信息；能根据所学内容表演小对话或歌谣；能在图片的帮助下听懂、读懂并讲述简单的故事；能根据图片或提示写简单的句子。"[①]

根据小学英语新课程标准，研究者在学生现有学力和教师现有教

---

① 汤红娟：《论生态语言学视角下的儿童外语能力及其应用——兼与戴曼纯教授商榷》，《中国外语》2017 年第 5 期，第 72—80 页。

学能力的基础上，利用新媒体进行教学，相对于对照组，实验组学生听、说等能力都较强。学生熟练掌握了听说读写能力，能够熟练地进行日常生活对话，在词汇量、听力和口语表达能力方面，达到更高的水平。

小学阶段不应当并列地提出听、说、读、写的要求，读写能力因主要靠后天习得，基本上不受语觉生长发育关键期的限制，所以推迟到小学高年级或初中阶段再来强调读写能力的训练也不为晚。为了有效地培养儿童的外语听说能力，强调为儿童创设良好的学习外语的语言环境，进行"听力"和"说话"这两个方面的训练。多媒体课件和网络教学资源所提供的大量图、文、声并茂的语言材料可以弥补外语学习语言环境的不足，创设良好的自助听说以及对话环境。[1]

借鉴北京师范大学何克抗教授的信息技术与英语课程整合的模式，新媒体干预英语教学听、说主要包括了如下策略：

听——听字母、单词正确的发音；听儿歌、简短故事；观看短视频等。利用计算机软件进行练习和测试，听自己的发音。

说——说有多种形式，形成层层递进的关系。首先是基本的练习说以此来判断发音、语速的准确性；之后进行师生之间、生生之间的对话；其中进行重要句篇的背诵等；最后通过学生之间的合唱、角色扮演等方式交流，提高说的情景化应用能力。

要特别注重交际型英语，防止形成哑巴英语和聋子英语，具体包括"三说"：

A. 师生说：教师引导的师生对话

传统方式通常是讲解式和跟读式，教师引导的师生对话，不论教新单词还是新句型均要采用师生对话方式，切忌采用"讲解式"和"跟读式"。[2] 在教师引导的过程中，学生的思维扩展较广，能够学会审视学习中的优势和缺点。除了教师和学生之间的两两对话以外，一对多的探讨也

---

[1] 何克抗、林君芬：《基于语觉论的英语教育跨越式发展创新试验》，《中国电化教育》2004年第12期，第10—18页。

[2] 王永锋：《从"建构性学习"到"学生有效参与"》，博士学位论文，东北师范大学，2009年。

是重要的形式。

B. 两两说：学生之间的两两对话

a. 确定对话形式，教师利用 PPT 或视频展示对话案例，以向学生说明对话形式；

b. 用 PPT 展示对话重点和难点，在此阶段可以进行预先练习；

c. 利用图画或视频等引发学生联想；

d. 学生自主对话和展示型对话（评价性质）。

C. 自主听说

自主听说要有时间和数量的保证。一是要从数量和质量上为听力材料提供保证，听力材料既与课文密切配合又要内容充实、形象生动、富于教育意义，材料的长短上不超过百十个单词。二是进行良好的教学设计以保证学生对话的教学意义。

案例分析：

我们将英语课的整个教学过程分为复习导入、新知听读、新知巩固、拓展训练、综合运用五个阶段。

Step 1. Revision and lead-in. 复习本节课基础知识；通过小视频创设情境，让学生利用英语学习解决实际小问题。

Step 2. New knowledge and new learning. 学生在教师的讲解下听讲和练习。

Step 3. New knowledge consolidation. 学生通过自主思考和小组讨论确定问题的解决方案并进行展示。（用英语说）

Step 4. Expansion training. 通过拓展问题，帮助学生深入理解相应知识和提高英文的应用能力。

Step 5. Comprehensive application. 通过共唱英文歌曲或角色演绎等运用知识。

Step 6. Homework。

二 新媒体干预农村留守儿童学习能力实验的数据处理

在实验开始前分别将实验班和对照班的农村留守儿童学习能力的相关数据收集起来，作为前测数据。在两轮实验结束后，分别收集实验班和对照班在两轮实验中产生的农村留守儿童学习能力的相关数据，作为后测数据。使用 SPSS 19.0 对前测和后测数据进行测试分析。前后测使用同一问卷。

(一) 新媒体干预语文实验效果分析

对实验班与对照班学生就语文学科做对比测试，有以下两种："语文字词认识与运用能力测试"和"语文写作兴趣的测试"。下面是有关两种"对比测试"的统计数据。

1. 语文字词认识与运用能力测试

语文字词认识与运用能力测试主要是指学生对字音、字形、词语、句子的记忆、分辨、运用和阅读能力。研究者在一定的字量、词量和句式范围内对相应的学生的抽选部分内容进行测试，以多种形式进行：

①组卷的形式进行：按照新课标的要求，通过考卷显性化成绩的对比进行其语文字词认识与应用的判断；

②小组展示的形式进行：针对字词句进行实际练习，由教师主导进行相应展示，由教师、学生及研究者进行打分；

③对学生平时练习成果的归纳总结：学生的学习成果展现在其练习中，研究过程中教师和研究者进行详细记录并进行打分，最后进行归纳总结。

测试结果是三种形式的综合结果，实验班和对照班的平均值比较和差异性比较如表7—17和表7—18所示。

注：班级 a 表示实验组，班级 b 表示对照组。

表7—17　　　　　　　　实验班与对照班的平均值比较

形式	班级	N	Mean	Std. Deviation	Std. Error Mean
试卷测试	a	3048	23.25	4.720	0.085
	b	2394	20.86	4.909	0.100
小组展示	a	3048	24.89	8.692	0.157
	b	2394	29.83	8.875	0.181
练习归纳	a	3048	11.17	2.734	0.050
	b	2394	9.39	3.507	0.072

表 7—18　　　　　　　　实验班与对照班的差异性比较

测试形式	Levene'sr Test for Equality Variances		T-test for Equality of means						
	F	Sig.	t	df	Sig. (2-tailed)	Mean Difference	Std. Error Difference	95% Confidence Interval of The Difference	
								Lower	Upper
试卷测试	14.307	0.000	18.154 18.068	5440 5041.910	0.000 0.000	2.38 2.38	0.131 0.132	2.125 2.123	2.639 2.640
小组展示	0.466	0.495	21.140 21.870	5440 5088.499	0.000 0.000	5.07 5.07	0.240 0.240	4.595 4.594	5.535 5.536
练习归纳	121.334	0.000	20.957 20.369	5440 4430.329	0.000 0.000	1.77 1.77	0.85 0.87	1.609 1.604	1.940 1.945

如表所示，实验班学生三项平均值成绩均高于对照班。从 Sig.（2-tailed）＜0.05 可知，实验班五项的成绩均和对照班的差距显著。实验班与对照班学生试卷测试、小组展示、练习归纳中均存在显著差异，其分值差别分别是：2.38 分，5.07 分，1.77 分。

2. 语文作文兴趣的测试

首先是对学生写作兴趣的调查：

调查时将其分为五个维度：非常感兴趣、感兴趣、一般、不感兴趣、非常不感兴趣，并给学生说明的空间。学生匿名作答，教师收集和分析问卷，进行实验班和对照班的比较，主要分为三组，"非常感兴趣与感兴趣"表示感兴趣态度，"一般"表示态度一般，"不感兴趣和非常不感兴趣"表示不感兴趣态度。具体统计结果如表 7—19 所示。

实验班的学生和对照班的学生入学时是基本一致的，但是，从表 7—19 可以看出新媒体干预教学的实施增进了学生的写作兴趣。

表7—19　　　　　实验班与对照班写作兴趣比率统计

班级	非常感兴趣/感兴趣（％）	一般（％）	不感兴趣/非常不感兴趣（％）
实验班	77	21	1
对照班	40	43	17

（二）英语综合能力对比测试

新媒体干预英语教学的目的是提高农村留守儿童的英语听说能力，实验进行过程也主要利用新媒体干预这两部分的学习，为保证实验的严谨性，也进行了读写能力的测试。因此研究者针对其英语学习能力发展的写实采用了其"英语能力的对比测试"。研究者进行了涉及两部分内容的"英语能力的对比测试"。

1. 测试项目

听力能力测试：听力能力测试包含听录音选择相应单词和图片，听对话选择正确选项，听录音写字母、写单词等内容。考试时间为15分钟，满分50分。

读写能力测试：要求学生根据字母顺序写出相应字母，根据提示和图片等写单词、句子填空、句读的朗读等。

口语能力测试：首先是让测试对象都熟悉测试设备，然后进行测试。内容包括听音朗读、人机对话、看图说话等。

2. 测试结果

表7—20　　　　　　所有实验班和对照班的差异比较

	Levene'sr Test for Equality Variances || t-test for Equality of means							
	F	Sig.	t	df	Sig. (2-tailed)	Mean Difference	Std. Error Difference	95% Confidence Interval of the Difference	
								Lower	Upper
听	16.206	0.000	22.412	4993	0.000	6.12	0.273	5.588	6.659
			22.587	4975.987	0.000	6.12	0.271	5.592	6.655

续表

	Levene'sr Test for Equality Variances		t-test for Equality of means						
	F	Sig.	t	df	Sig. (2-tailed)	Mean Difference	Std. Error Difference	95% Confidence Interval of the Difference	
								Lower	Upper
说	3.028	0.082	26.943	4993	0.000	8.69	0.322	8.055	9.319
			26.861	4807.930	0.000	8.69	0.323	8.053	9.321
读	0.053	0.817	22.346	4993	0.000	6.30	281	5.748	6.853
			22.385	4902.530	0.000	6.30	0.281	5.749	6.852
总分	0.028	0.867	29.157	4993	0.000	21.17	0.726	19.743	22.59
			29.180	4885.673	0.000	21.17	0.725	19.744	22.59

表7—21　　所有实验班和对照班的均值比较

班级		N	Mean	Std. Deviation	Std. Error Mean
听	a	2694	33.90	10.051	0.194
	b		27.80	9.101	0.190
说	a	2301	31.43	11.154	0.215
	b		22.78	11.593	0.242
读写	a	2694	32.00	10.033	0.193
	b	2301	25.92	9.814	0.205
总分	a	2694	97.33	25.687	0.495
	b	2301	76.56	25.439	0.530

从表7—20中可以看出在三个部分的总分上实验班和对照班都存在着显著差异。且实验班效果更好，说明新媒体干预机制对农村留守儿童英语学习能力发展有正面影响。

从表7—21中可以看出，实验班三个部分的总分和平均分均高于对照班。其中听力部分高出6.10分，口语部分高出8.65分，读写部分高出6.08分，总分高出20.77分。

三 实验结果分析

通过对语文综合能力和作文写作兴趣以及英语综合能力的测验，我们可以看出，新媒体干预教学实验对于提高学生的学习能力具有显著成效。新媒体干预下的语文教学模式有助于提高学生的写作兴趣以及学习能力，提高学生的思想品德和精神风貌。新媒体干预下的英语教学模式能够改善传统教学中聋子英语和哑巴英语的现象，进一步提高学生学习英语的兴趣以及学生的听、说能力，使学生能够听懂英语，张口说英语。这说明，新媒体干预具体学科教学的策略能够提高学生的学习能力、学习兴趣、认知水平和互动交流水平，进而说明新媒体的干预能够提高农村留守儿童的学习社会化水平。因此我们说，新媒体干预策略对于促进农村留守儿童的学习社会化具有显著的实际作用。

本章小结

经过 25 周的实践，将收集到的数据进行分析，我们发现，新媒体的干预对留守儿童学习成长发展有很大影响。媒体技术正在改变着农村留守儿童的文化环境，为农村留守儿童的学习社会化带来巨大的变革。儿童对大众媒介的接触行为与儿童的媒介素养影响着儿童的学习态度、学习动机、学习能力以及学习风格，进而影响儿童的学习社会化。互联网建立起农村留守儿童与外界社会交往的桥梁，学校不再是留守儿童进行学习的唯一场所，封闭、单一的学习环境变得开阔、多元。农村留守儿童可以通过新媒体技术获取更加丰富优质的学习资源，充足的资源能够在一定程度上弥补农村地区信息相对匮乏的缺陷，极大程度地实现教育公平。同时，新媒体提供的交互功能帮助农村留守儿童接触社会、认识社会，提高留守儿童的人际交往能力，满足留守儿童被倾听与被理解的心理诉求。农村留守儿童与外界的交流能够降低留守儿童心理问题的发生率，形成正确的学习与社会观念，使留守儿童更好地接受社会、适应社会，建立良好的社会化行为，满足留守儿童个性化的社会化需求。

新媒体技术为留守儿童提供优质的学习资源与新型的学习方式，为他们开辟新的学习与生活空间，丰富留守儿童的生活，对留守儿童的学习成长发展具有重要作用；并且在视听说一体化的教学指导下，全面提升留守儿童的认知能力与理解能力，实现更好的发展。

参考文献

何克抗、林君芬：《基于语觉论的英语教育跨越式发展创新试验》，《中国电化教育》2004年第12期。

李浩：《当前我国劳动力市场的典型特征及其原因分析》，《改革与战略》2011年第11期。

李克强：《政府工作报告》，中国政府网，2017年。

马晓楠：《农村留守儿童媒介素养现状调查研究》，硕士学位论文，曲阜师范大学，2017年。

强陆平：《留守儿童心理教育现状与"心灵港湾"落地》，《人民论坛》2015年第26期。

汤红娟：《论生态语言学视角下的儿童外语能力及其应用——兼与戴曼纯教授商榷》，《中国外语》2017年第5期。

唐林兰：《论留守儿童教育问题的积极应对与持续缓解》，《内蒙古师范大学学报》2013年第4期。

王永锋：《从"建构性学习"到"学生有效参与"》，博士学位论文，东北师范大学，2009年。

徐广根：《谈小学生数学阅读能力的培养》，《小学教学研究》2011年第2期。

张道雪：《新媒体促进农村留守儿童道德养成的研究》，硕士学位论文，曲阜师范大学，2018年。

赵可云：《创新推广视野下基于B–PDS的区域信息化教学推广模式研究》，《电化教育研究》2016年第4期。

赵可云、陈武成：《"研—训—行三维一体"教研室（员）对区域信息化教学发展的探索》，《中国电化教育》2017年第4期。

赵可云、陈武成、何克抗：《混合式教师专业发展学校（B–PDS）的思考与实践》，《电化教育研究》2014年第5期。

赵可云、黄雪娇、杨鑫：《信息化背景下教师专业发展学校（PDS）的新趋向与实现路径》，《现代远距离教育》2016年第6期。

赵可云、亓建芸、陈武成:《基于 B-PDS 的中小学教师信息化教学能力培养模式研究》,《电化教育研究》2015 年第 5 期。

赵可云、杨鑫:《教研员区域信息化教学引领力模型研究》,《电化教育研究》2017 年第 3 期。

第八章

研究总结与展望

> 我们希望我们的孩子得到好的引导——即能理解一些重要的、有用的、美好的和强有力的思想;我们还希望他们有兴趣并有能力去分析问题和批判性思考,推测、想象并能看到思想之间的联系,能运用他们已获得的知识改善他们自己的生活并为他们的文化做出贡献。
>
> ——埃利奥特·W. 艾斯纳（Elliot W. Eisner）[①]

农村留守儿童的学习社会化发展,终究需要以教育为根本。相信上述的教育愿景,是每位教育者所共同期许的。在该教育愿景之下,折射出的是对"为了培养全面发展、适应社会发展的学生,什么样的内外影响因素才是有利的、适切的?"这一问题的思考。而农村留守儿童作为我国城乡二元体制下产生的特殊群体,其社会化发展过程必然会受到多重因素的影响。随着信息技术在教育领域中的深入发展和知识经济时代对人才培养的诉求,探寻农村留守儿童学习社会化发展路径及新媒体的干预机制已成为培养人才、促进教育公平的重要途径。因而,思考与探索农村留守儿童学习社会化影响因素及新媒体干预机制问题具有重要价值意义。

第一节 研究结论

学习社会化是个体参与学习活动,逐渐适应社会过程的基础性条件。

[①] [美]艾伦·C. 奥恩斯坦、费朗西斯·P. 汉金斯:《课程:基础、原理和问题》(第三版),柯森主译,江苏教育出版社2002年版,第167页。

对于处于弱势地位的农村留守儿童，其学习社会化的发展无论是对自身思维能力的提升，还是对推动教育质量的发展均具有重要作用，因而回答农村留守儿童学习社会化的影响因素有哪些、影响效果是否显著、如何进行有效干预、干预效果如何等一系列问题，对农村留守儿童的发展和教育的发展均至关重要。为此，首先，基于社会化相关概念，清晰地界定了学习社会化的内涵、价值；其次，综合相关理论以及已有文献内容，探索并建构了农村留守儿童学习社会化影响因素假设模型；再次，通过实地调研，参考文献材料和已有成熟量表，结合农村留守儿童的特有属性，编制、修订、完善了农村留守儿童学习社会化影响因素调查问卷，并实施调查；复次，运用结构方程法验证并确定农村留守儿童学习社会化影响因素假设模型的合理性，明确农村留守儿童学习社会化发展路径；最后，以上述结果为逻辑起点，从家庭、学校、社会三个方面探讨新媒体干预农村留守儿童学习社会化的具体策略。在新媒体干预农村留守儿童学习社会化的具体实践中，确定从保障机制、区域统筹、教师实践三个维度自上而下落实策略，验证了新媒体干预农村留守儿童学习社会化的可行性与价值。具体得出以下研究结论：

第一，提出了学习社会化具有三维内涵结构：文化、个体发展和社会结构。

对学习社会化概念的正确认识是科学研究的起点和重要基础。学习社会化是顺应个体适应社会、参与社会活动诉求以及综合家庭环境、学校环境、社会环境、大众媒介等多维环境下形成的概念。学习社会化基于社会化的定义，是指个体在社会生产、生活、学习过程中，通过与群体、社会的接触与互动，逐渐形成学习风格，内化学习方式、学习伦理、学习规范，发展学习能力，表现出社会化学习行为，逐渐适应社会环境的过程。其具有发展性、长期性、主动建构性的基本特征。学习社会化包括文化、个体发展和社会结构三个层面。其中，文化是指农村留守儿童自觉接受知识、传递知识和进行知识创新的能力；个体与发展是指农村留守儿童学习习惯的养成、对自我发展的判断和期望等；社会结构是指农村留守儿童作为社会学习者的合作能力、人际关系等。学习社会化基本概念研究，可以深入地了解学习社会化在农村留守儿童整个发展中的价值导向和引导作用，从而可以探索具体的影响因素并进行新媒体教学干预活动。

第二，形成了农村留守儿童学习社会化影响因素及其发展路径。

依据逻辑推理—文献分析路径系统构建了农村留守儿童学习社会化影响因素假设模型，影响农村留守儿童学习社会化的因素分为两部分：外在因素和内在因素。外在影响因素包括家庭环境、学校环境、社会环境、大众媒介，内在影响因素包括学习动机、学习态度、学习能力、学习风格。

基于对学习社会化相关理论分析，以及对已有文献分析和成熟量表的参考，并结合农村留守儿童特有属性进行了问卷设计，重点包含和体现了家庭环境、学校环境、社会环境、大众媒介、学习动机、学习态度、学习能力、学习风格、学习社会化九个变量的具体内容。之后通过问卷发放对"农村留守儿童影响因素应包含哪些内容，每个影响因素应包含哪些维度"这一问题进行了深入探索，通过预调研和正式调研，基于信效度分析数据得出农村留守儿童影响因素包含八项：家庭环境、学校环境、社会环境、大众媒介、学习动机、学习态度、学习能力、学习风格。其中，家庭环境包含家庭背景、教养观、家风三个方面；学校环境包含教学资源、校园人文、教师效能三个方面；社会环境包含政策机制、社会风气两个方面；大众媒介包含媒介接触行为、媒介接触偏好、媒介素养三个方面；学习动机包含认知的内驱力、自我提高的内驱力、附属的内驱力三个方面，学习能力包含基础知识的学习能力、促进其高阶思维发展的学习能力两个方面，学习态度包含对学习重要性的认识、学习的兴趣、学习表现的积极性三个方面，学习风格由镶嵌图形测验方法检测儿童的学习风格所得分转化而成；学习社会化包含文化（自觉性）、个性发展、社会结构（合作性）三个方面。

运用结构方程模型法对假设模型进行验证、修正，明确了农村留守儿童学习社会化影响因素之间的相互作用关系。以家庭环境维度而言，家庭文化资本（家风、教养观）能有效促进农村留守儿童学习社会化的发展，反而家庭背景对农村留守儿童学习社会化发展起反向作用；以学校环境维度而言，校园人文、教学资源、教师效能均能有效促进农村留守儿童学习社会化的发展；以社会环境维度而言，社会风气能有效促进农村留守儿童学习社会化的发展，而政策机制对农村守儿童学习社会化无影响；以大众媒介维度而言，媒介素养和媒介偏好均能有效促进农村留守儿童学习社会化的发展，反而媒介接触行为会在一定程度上抑制农村留守儿童学习社会化的发展。为此，基于模型形成了学校、家庭、社会、大众媒介系统化的发展路径。

第三，形成并完善了新媒体干预运行机制。

基于对新媒体基本概念、在教育领域的应用方式、可行性分析的探讨，从家庭、学校、社会三方面提出了新媒体干预的具体可行的策略。并自上而下地从保障机制、区域统筹、教师实践三个维度展开了相应的实践探索。具体包括构建基于 B-PDS 农村留守儿童干预机制、以县域教育主管机构与校域学校管理层为统筹，以学校为实施核心，从县域、校长、教师和家校互动以及大学和小学合作等方面构建干预机制、最终以家庭、学校为落地点，从构建家校共同体、变革教学方式方面实施具体的新媒体干预策略。

在前期研究基础上，以语文、英语两门学科为例，开展新媒体干预的个案研究。采用对照实验模式，比较新媒体干预导向下的农村留守儿童学习社会化发展效果与无新媒体干预导向下的农村留守儿童学习社会化发展效果的差异，以及分析了新媒体干预导向下的农村留守儿童学习能力发展效果与无新媒体干预导向下的农村留守儿童学习能力发展效果的差异。通过两个实验研究，实验数据表明，新媒体干预策略的应用具有显著的提升作用，具体体现在提高了农村留守儿童学习社会化水平、提高了农村留守儿童的学习成绩、激发了农村留守儿童的学习兴趣。由此验证了新媒体干预策略的有效性，彰显了本研究提出的新媒体干预策略的可操作性、可适用性。

第二节　研究价值

本研究立足于促进农村留守儿童的全面和自由发展，研究理念契合于"培养人"的教育目的，强调教育资源应用对农村留守儿童的关注。研究通过对农村留守儿童学习社会化影响因素的量化分析，构建具有切合性和针对性的新媒体干预机制。其所构建的机制在当地学校取得了不错的成效，并且在持续推进。思考研究目的、过程及结果，本研究的意义主要集中在以下几个方面。

一 促进农村留守儿童学习社会化的达成

（一）构建农村留守儿童学习社会化的有力保障

父母不仅是孩子的第一任教师，还是孩子永远的模仿对象，家庭环境对孩子的影响是润物细无声的滋养。本研究通过学校活动补充家庭活动的缺失。本研究确立的研究进程、研究方法均以促进农村留守儿童学习社会化最大化为目的。所进行的学习社会化调查、构建的新媒体干预机制均符合农村留守儿童的发展期望；进行的电影、成语故事等体验活动有利于学生社会结构的发展；新媒体环境下学习方法的运用有利于学生了解和接受新媒体文化；其情境中所提供的学习机会促进学生个性化发展。学生的文化、个体发展、社会结构作为其学习社会化的表征，它们的发展表示学生学习社会化发展程度。本次研究对农村留守儿童以上三个方面的影响体现在以下几个方面：

1. 在文化方面，促进农村留守儿童文化的建构

本研究中的学生社会化文化主要是指学生学习社会化的自觉性程度。即自觉地从他人、媒介、社会环境中汲取知识，获得技能、内化道德情感的程度。研究者在研究过程中强调学生通过一系列的活动来进行自我知识的构建，形成系统化的知识；通过教育、探讨、活动等形式促进学生思想的形成。自觉性的形成不止在于学生对学习任务的完成，还在于学生能够对自己知识的构建有一定的认知，主动地对自己思维进行改造和补充。本研究针对此，在学生的学习中对其学习自觉性进行训练。通过构建学习情境让学生明确所学内容的必要性，让农村留守儿童有心向自觉搜索和整理相应的内容。根据不同知识的性质，研究者进行了区分：对于情境中涉及的众多知识，其中存在的基础性的知识是儿童必须掌握的；而其他知识是根据儿童兴趣及学习自觉性去掌握的，这些知识是农村留守儿童个性化思维形成的主要因素，研究者针对这一方面进行了学生自主性的培养。在长期的培养中农村留守儿童能够对自己的知识体系进行相应的有目的的构建，识别自己的知识水平，评价自己的认知优缺点。

2. 在学生个体发展方面，帮助农村留守儿童发展学习思维

学生个性化发展的目的不是个性化和与众不同，而在于符合学生自身状况的发展。研究者根据儿童思维的特点及农村留守儿童的心理等因素，

对影响其思维发展的条件进行简要了区分：儿童所习得的知识、技能（比如语文中学习的文化常识、数学中定理如何运用等）部分内化为思维，在解决问题中发挥作用，而其他部分（比如数学中的解题公式、化学中具体的反应条件等）被遗忘，但是其思想在简单复习后即可记起。这一分类指明了要以发展农村留守儿童的思维为重点。因此在开展的相应的儿童学习中，研究者帮助教师创设情境，设计教学，让教师用最适合的方式教，学生能发挥主体作用的方式学。学生通过自主参与学习决策、评价、展示、练习、改正等活动来自主地构建知识。相对于学生原本通过一致途径获得的方式，良好的设计教学使学生以更容易的方式进行知识同化和顺应，从而发展思维，尤其是发展创新思维。

3. 在社会结构方面，帮助学生理解自己和他人

学习社会化强调学生与他人合作，以及在合作中发挥积极有效的作用。这一方面不仅强调学生的能力，更加重视学生如何看待他人的作用，从而找到自己在团体中的定位，发挥团体的积极作用。分组协作式学习能够有效、快速、稳定地提升整体学生的能力，提升整体学生对于知识的掌握情况，对于减轻教师负担，和谐化师生以及生生关系有实际的效果。[①] 本研究为学生交流、发展提供有利的物理空间环境和方便的网络媒体环境；培训教师的引导能力以促进学生有效协作；为学生更好地认知和改造对他人的影响提供评价和及时的反馈等。一系列的活动使得农村留守儿童对他人影响从开始的了解发展到之后的理解与积极反应，从而促进学生的学习社会化发展，进而对农村留守儿童之后的社会化学习产生积极影响。

（二）帮助农村留守儿童在现代化学习环境中建构知识

教育信息化成为当前教育发展的必然趋势，新型技术手段的应用使得教学不仅限于教师讲授。学生的思维结构发展更多的是创造性设计的结果，更加强调学生对整体知识结构的把握和对既在思想的批判。但是农村留守儿童的学习却仍然局限于较低水平的传统教学方式，因此本研究中教师成为学生知识建构的推进者和启发者，教师在教学设计中对相应的教学环节有着更加精细化的设计，以期通过教学本身的生成性促进学生知识及

---

① 肖绪荣：《分组协作式学习在中职计算机教学中的应用》，《中国校外教育》2016 年第 9 期，第 162—163 页。

能力的生成。现代化学习环境成为教学设计和实施的有力保障：基于"主导—主体"教学结构，构建基于新媒体的教学空间，让学生有更多的机会自己建构知识结构，并且要求学生展示自己的思维过程，促进学生元认知能力的发展；基于个性化学习理念，利用互联网和社会化媒体促进实现学生个体知识诉求、能力发展诉求和情感态度期待，以用社会化的方式发展学生的学习社会化；基于农村留守儿童的特殊性，利用社交媒介和协作化共同体，提高整体社会对儿童的关注度和保护力，让农村留守儿童走出留守的桎梏，获得较为自由的成长机会。

（三）促进农村留守儿童良好道德的养成

学生是否乐于学习取决于学生能否在学习中获得满足感，换句话说，学生前期学习能不能获得较好成绩是后期学习积极性的基础，自然，其前期成绩的获得来源于自身知识内容和结构的建构成果。在显性化的学习成绩上是如此，在其基础性的道德养成、思想形成方面更是如此。道德情感在留守儿童道德认知的生成过程中确实发挥着至关重要的动力功能，不仅使他们的道德认知充满活力，而且还进一步推动其能动性和创造性的发挥。[1] 但是由于长期缺少父母在身边所直接给予的道德知识和行为影响，农村留守儿童容易在道德概念的形成、道德思维能力的发展上产生一定的欠缺。[2] 由此，学校教育成为农村留守儿童道德教育的基本途径。本研究根据学生年龄特点及学科特点进行学生道德的培养，通过专门的思想道德活动课程和在其他学科学习中通过基于情境的道德、情感、价值观的培养两种途径来进行。本研究的特点之一就是在建立的媒体干预机制中突出细节化的激励与测评方法。通过这些方法，补充学生在家庭环境中缺失的道德体验、道德意识和道德信念，能够在道德游戏等情境下实际体验道德规范的重要性。更重要的是，学生由此获得自身良好道德行为所带来的满足感，这种感觉可以激励学生在之后的生活中更好地践行道德行为。

---

[1] 张学浪:《农村留守儿童道德情感生成的理论价值》，《社会科学研究》2016 年第 1 期，第 135—140 页。

[2] 杨晓璐:《加强农村留守儿童思想道德教育的思考》，《前沿》2014 年第 8 期，第 161—162 页。

二 优化农村留守儿童学习社会化发展环境

(一) 提高教师对农村留守儿童的关注力

教师在行为上的关心能够提升农村留守儿童的自信心,教学过程中能使农村留守儿童更多关注自身的学习目标。本研究要求教师的密切配合,研究过程中要求教师对农村留守儿童进行积极、适度的关注和关心,这在一定程度上弥补了家庭对农村留守儿童教育的缺失。

本研究在所贯彻的新媒体技术教育应用的理念与实践中尤其突出教师的重要性,使教师认识到自身的发展与农村留守儿童的发展有着密切的联系,从而让教师对自身职业树立坚定信心,使教师有更大的心向发展自己。在教学层面研究者为教师教学提供了细致的指导,如制订教学设计方案,联系当地教育部门提供教育资源,对教师教学效果进行评价和反馈等。这一系列措施使得教师这一关键教学要素得到有力的支持,提升了教师对农村留守儿童的关注力。

(二) 促进良好家校沟通机制的建立

21世纪是要求学生不断与外界进行信息交流的时代,耗散结构理论说明了终身学习的必要性,终身学习的基础是具有信息获得的长期通道,农村留守儿童创建这一通道的前提就是其获得感、幸福感和成就感随着成长经历的不断发展。在青少年社会化过程中,家庭和学校是两个主要的因素,加强家庭与学校之间的沟通以至合作应重新引起我们的重视,这不但是使孩子享受更优质教育的保证,也是父母、教师及社会对学生个体生命健康成长的义务和责任。[①] 本研究的目的是探究如何提高农村留守儿童学习社会化水平。在学校和家长在无法扩大自身能力的情况下,其相互理解与联合是非常重要的。本研究通过教师与家长、教师与学生、家长与学生交流平台的构建,让家长更多理解学生在学校中的表现情况以及建设与之相对应的引起学生的思想变化所对应的环境条件,让家长和学生明确学校给予的支持,以更加全面的态度理解学校,为学校建设提出自己的建议。

在实际沟通方面,研究者以视频家长会、信息化沟通交流等方式为基

---

① 张勇:《从沟通走向合作——形成家校教育合力的必然途径》,《教育科学研究》2011年第3期,第61—64页。

础形成家长与学生、家长与教师、家长与学校管理人员及外出家长与家内监护人员等全方位、有序、灵活、深度的沟通系统。以沟通和理解代替疏远，促进影响农村留守儿童学习社会化的因素形成积极系统，就会使其在学习圈中与其他因素结合形成学习合力，发现和激励成长动力。并促进系统与外界的"物质交换"，使得家校这一系统由旧的有序走向新的有序。学生学习社会化的发展也是由无序系统向有序系统发展变化的过程，家庭和学校的共同作用积极与否对儿童成长的影响是不可忽视的，本研究的沟通机制为其他地区儿童家校形成协调环境提供了参考。

（三）提升教研（室）员对区域信息化的引领能力

信息化教学、信息化改革是当前进行教育改革的重要方案，对于农村留守儿童来说，在其接受教育的初始阶段就是以区域公平为前提的，而不只是在其某一发展阶段进行补足，这是农村留守儿童学习社会化水平提升的源头，是当前强调教育公平的一个重要方面，因此进行农村留守儿童所在地区的区域信息化提升是研究的一个重要方面。而要施行区域信息化，仅仅对几个教师或是某所学校进行关注不具有实践性和推广代表性，因此我们将目光转向教育理论和教学实践的转化者、区域教研的领导者和计划者——教研（室）员。因此，研究者在研究过程中对教研（室）员进行了特定关注，针对当地教研室（员）的困境，依据其在农村留守儿童学习社会化提升中特定的领导力和规划力及其在区域信息化中的作用，提出了"研—训—行三维一体"提升机制。研—训—行，即"研究、培训、实践"三维一体，面向教研员群体与一线教师实践群体，三者均独立作为区域信息化教学推广的载体，又互为载体；在这三维中，教研员既是组织者、引领者，更是作为参与者、实践者而存在；教师则既是接受者、行动者，更是作为行动主体的发展者。[①] 并建立了"研—训—行三维一体"提升机制下的一贯实践路径：从教师个体到区域整体，从信息化教学到信息化教研与管理。在提升机制及实践路径的指导下，研究者经历了长达五年的实践过程：在个体培育阶段形成了以小学语文、英语等学科教师为代表的示范者；在群体发展阶段形成了以学校为中心的信息化教学改革实践

---

① 赵可云、陈武成：《"研—训—行三维一体"教研室（员）对区域信息化教学发展的探索》，《中国电化教育》2017年第4期，第41—47页。

群体;在整体发展阶段,形成了区域性的信息化教学推动机制。从实践结果上来看,教研(室)员的区域信息化发展能力逐步形成并有序提升,区域信息化教师具备了自我提升和整体化发展的动力和能力,为农村留守儿童学习社会化发展奠定了基础,提供了初始性保障。

三 整合农村留守儿童发展所需的社会支持渠道

(一) 促进社会各界对农村留守儿童的关注

儿童的成长对一个家庭、一个社会、一个国家的发展都有着重大的意义。研究发现由于家庭这一初始教育环节的不足或缺失,在其学习社会化发展过程中,社会对农村留守儿童的影响负面多于正面。一些主体容易把注意力聚焦于农村留守儿童恶性事件,留守儿童恶性事件是留守儿童问题的一个极端反映,恶性事件只是我们可见的留守儿童问题的冰山一角,我们还要对留守儿童的生存状态与身心发展给予全面关注,并且要关注这些层面间的关系。[①] 研究者根据行为学习理论中对社会环境的重视及建构主义中情境性的要求以及长时间的观察与调查等确立社会环境是影响农村留守儿童成长的必然要素。而在整个社会强调学生创新能力发展的时代,研究者发现社会整体默认学生都能够通过教育部门或家庭的努力享有相应的条件,一定程度上忽略了农村留守儿童这一群体得到相应的学习条件的困难程度。本研究研究学生学习社会化发展,将农村留守儿童作为唯一研究对象,首先就向大众说明了农村留守儿童这一群体的存在,说明其成长过程中可能存在的问题,表明其学习问题及优点,引起社会大众的关注。通过构建农村留守儿童学习社会化影响因素的结构方程模型,以调查数据及分析为社会行动提出了可靠建议,帮助社会各界以正确有效的方式帮助农村留守儿童构建促进其社会化的良好环境。

(二) 促进社会对农村留守儿童认识的转变

如前所述,社会对农村留守儿童的认可度不高且对其存在偏见。社会对农村留守儿童的看法及关注点集中于其家庭教养缺乏,家庭关爱缺失的片面性理解上。在研究的过程中,我们发现,农村留守儿童在很多方面不

---

① 秦玉友、曾文婧:《留守儿童关爱教育:全面还是聚焦?》,《人民教育》2018年第7期,第13—18页。

亚于非留守儿童和非农村留守儿童。因为家庭关爱的缺失他们更加珍惜来自长辈（如教师）和伙伴的关心，并将其作为努力学习的动力；他们更愿意对外界表达自己的善意；他们对（外）祖父母更有孝心等，这些都是社会成长中的重要品质。社会大众通过这一研究可以以更加全面的视角看待农村留守儿童，并且可适当地表达自己的善意。

（三）促进以政府为主导的贯彻策略的形成

政府的主导作用反映其权威性和导向性。只有政府主体真正将农村留守儿童的教育事业当作地区发展的必要性因素，才能促进影响地区发展的社会各因素的功能得到最大发挥。然而研究地区政府往往将自身的功能集中于各类资源的提供上，难以将农村留守儿童的发展当作关键因素。本研究实施地区为经济较为困难的地区，外出务工的人数较多，农村留守儿童的数量相对较多。本研究不强调先进技术的应用，不以资源倾斜为前提，只要求充分利用其现有资源，将影响学生学习社会化的各因素的积极作用充分发挥出来，学生学习成绩也得到了显著的提高。本研究进行过程中得到了当地教育部门和政府的关注和积极配合，为研究提供了保障。研究也为教育部门与政府关注和提升农村留守儿童教育质量提供了另外的视角，促进以政府为主导的农村留守儿童发展体系的形成。

四 扩展新媒体、媒介的社会化育人功能

本研究中使用的媒体是在中小学已经普遍使用的现代媒体。前人已经对媒体在学生学习中的作用进行了研究和证明，本研究进一步表明了现代技术和大众媒介在农村留守儿童学习社会化发展过程中的独特优势，并发现和扩展了媒体的使用范围和使用策略：①自上而下发挥作用：将学习社会化当作是一个过程，当地教研部门配合研究者通过社会交流工具评价和监测学习进度；研究者帮助校方协调学校媒体分配；以良好的教学设计和媒体设计指导教师选择和使用教学媒体。②全方面发挥作用：将影响农村留守儿童学习社会化的各个因素作为一个系统。在学校通过电影播放、成语视频播放、广播播报、信息化心理"咨询室"等扩展学校教育功能；利用视频家长会、信息化沟通交流等形式尽力发挥家庭中的积极因素；利用微信推送、手机推送等形式将社会中的正能量播撒进留守儿童心中的沃土。

研究强调使用新媒体和新媒介是因为它们都是深入农村留守儿童生活的事物，也因为其本身对信息表达的个性化和形象性，因此研究进行的过程不仅仅是教师重新考量媒体作用的过程，也是儿童在平常生活中发现新和美的过程。在与新媒体和新媒介"相处"的过程中农村留守儿童表现出更大的积极性和情感适应性，其成绩也有了相应的提高。但因本研究使用的技术是普遍化的技术，最新发展的教学技术相较而言更可靠也更能提供精准化服务。因此本研究为考虑将新技术和教学理念结合优先应用到农村留守儿童的学习中的可能性评析提供了一定的依据，对资源建设、设施建设不均衡情况下农村留守儿童现代化发展的路径提供了指导。

第三节 研究不足与展望

一 研究不足

第一，研究在宏观上完成了农村留守儿童学习社会化量表的制订，并对其相关影响因素进行了分析，形成了相应的实践干预循环机制。研究基于大规模的调查数据进行了两轮实验研究，但在实践过程中只选取了某贫困县的两所学校进行实验活动，实践所涉及的范围较窄、样本量较小。

第二，受制于研究体系庞大、儿童学习社会化复杂等因素，研究虽然从宏观上完成了构架，但对于不同班级、不同年龄留守儿童的微观深入探索则比较缺乏，且随着大数据、人工智能等新技术的发展，新的媒体形态对于儿童成长的影响呈现出不同的特征，对于微观领域的媒体影响学习的机理需要深入探索。

二 研究展望

我们需要负起引导的责任来拥抱教育发展的可能性，并欣然探究可以达到这种可能性的更多的路径。[1] 而未来的教育模式应该是个性化、平等的教学方式，关注学生的个性化发展，实现学生深度学习。旨在培养学生创新思维能力的 STEAM 教育引起了国内外学者的广泛关注。2016 年 6

---

[1] ［美］埃利奥特·W. 艾斯纳：《教育想象：学校课程设计与评价》，李雁冰主译，教育科学出版社 2008 年版。

月,教育部颁布的《教育信息化"十三五"规划》文件也明确指出"积极探索信息技术在众创空间、跨学科学习(STEAM 教育)、创客教育等新的教育模式中的应用,着力提升学生的信息素养、创新意识和创新能力"①。由此可见,STEAM 教学为农村留守儿童学习社会化的发展提供了有效途径。

实现"个性化教育",除了变革教育观念之外,还需转变教育教学方式、课程设置、数字化学习资源设计与开发等,而新媒体将扮演至关重要的角色。新媒体需要实现以下功能:根据学习者的个性化学习需求提供适合的学习内容、记录并保存每位学习者的学习过程、支持并参与教师引导的各种新型教学模式或教学方法、根据学习者的学习情况给予其适应性的反馈和评价等。

教育大数据能够帮助教师和学生准确地、清晰地了解学习情况,而学习分析技术具有对数据总体性描述和分析,推动个性化学习的潜能。② 因此,学习分析技术和教育大数据两者的结合,可有效评估、预测、干预、改进农村留守儿童学习社会化发展进程。

为此,在今后的工作中,将在前期的基础上,积极开展面向农村留守儿童的 STEAM 教育实践活动、基于教育大数据和学习分析技术解决农村留守儿童教育教学问题。具体如下:

(一)基于教育大数据的农村留守儿童学业预警系统设计和应用

教育大数据的规模性、多样性、实时性的特性及描述、预测等基本功能,使得基于教育大数据的学业预警系统的个性化定制、优质化反馈及精准化预测功能,为留守儿童的学习过程存在无人监管、自制力不足、缺乏特别关注的问题的解决创造了天然的条件。如何基于学习数据进行评价和学业预警,成为当前学习评价急需解决的关键问题。传统经验性、宏观性的学业预警方式已无法满足留守儿童这一特殊群体的教学需求。在大量实证调查和行动研究基础之上,关注农村留守儿童学业预警系统设计的研

---

① 教育部:《教育信息化"十三五"规划》,http://www.moe.gov.cn/srcsite/A16/s3342/201606/t20160622_269367.html,2016 年 6 月 7 日。
② 何克抗:《"学习分析技术在我国的新发展"》,《电化教育研究》2016 年第 7 期,第 5—13 页。

究,并在具体学科教学中开展应用,从而对农村留守儿童的学习过程和学习结果进行准确诊断、教学策略优化以及精准教学提供参考,是未来解决留守儿童学习与教育问题的新方向。研究已经基于教育大数据提出了农村留守儿童学业预警系统,期待在一线的实践应用。

(二)基于学习分析的精准教学模式的构建研究

新媒体的丰富性对学习环境产生的影响会促进农村留守儿童学习社会化的发展,但这所有的一切都离不开教学模式的设计与开发。精准教学旨在通过检测关注学生的各种学习表现(学习过程、学习动机、学习成绩等),使学习者获得更优质的、个性化的学习服务,从而达成科学高效的教学目标的教学模式。为此,本研究将在前期教学干预实验基础上,继续深入实践课堂,探究基于学习分析的精准教学模式构建问题,并扩大实验范围,通过以点带面的方式开展应用示范活动,为留守儿童学习社会化的提升开拓新的思路。

(三)STEAM教师信息化教学能力的提升及培养

STEAM教育是以问题/项目为途径,以跨学科为核心,以新兴技术为支撑,以培养探究合作能力为目的的新型教育模式,能够有效实现学科世界与生活世界的有效融合,该教育模式对于农村留守儿童学习社会化的培养具有重要的参考和借鉴,教师是影响STEAM教学质量的关键要素,而教师效能是促进农村留守儿童学习社会化发展的重要因素。STEAM教育对教师的培养体系也提出了新要求。因此,需要重新明晰STEAM教师的定位,以实践为导向,构建基于STEAM理念的教师教学能力培养模式;建立STEAM教学能力课程标准,提升教师专业化。尝试利用STEAM新型的教育模式提升农村留守儿童学习社会化的水平,是一个全新的思路。

参考文献

[美]埃利奥特·W.艾斯纳:《教育想象:学校课程设计与评价》,李雁冰主译,教育科学出版社2008年版。

[美]艾伦·C.奥恩斯坦、费朗西斯·P.汉金斯:《课程:基础、原理和问题》(第三版),柯森主译,江苏教育出版社2002年版,第167页。

何克抗:《"学习分析技术在我国的新发展"》,《电化教育研究》2016

年第 7 期。

教育部:《教育信息化"十三五"规划》,http://www.moe.gov.cn/srcsite/A16/s3342/201606/t20160622_269367.html,2016 年 6 月 7 日。

秦玉友、曾文婧:《留守儿童关爱教育:全面还是聚焦?》,《人民教育》2018 年第 7 期。

肖绪荣:《分组协作式学习在中职计算机教学中的应用》,《中国校外教育》2016 年第 9 期。

杨晓璐:《加强农村留守儿童思想道德教育的思考》,《前沿》2014 年第 8 期。

张学浪:《农村留守儿童道德情感生成的理论价值》,《社会科学研究》2016 年第 1 期。

张勇:《从沟通走向合作——形成家校教育合力的必然途径》,《教育科学研究》2011 年第 3 期。

赵可云、陈武成:《"研—训—行三维一体"教研室(员)对区域信息化教学发展的探索》,《中国电化教育》2017 年第 4 期。

附录 1

研究阶段性成果

基于本课题，共发表论文 30 篇，其中 CSSCI 论文 18 篇，CSSCI 扩展版论文 4 篇，北大核心 1 篇，其他期刊论文 7 篇。如下：

1	基于结构方程模型的农村留守儿童学习社会化影响因素研究	中国电化教育（CSSCI），2018 年第 8 期
2	家庭环境对农村留守儿童学习社会化的影响：学习适应性的中介作用	中国特殊教育（CSSCI），2018 年第 3 期
3	大众媒介对农村留守儿童学习社会化影响的实证研究	现代远距离教育（CSSCI），2018 年第 3 期
4	影响农村留守儿童学习能力发展的学校因素研究——基于结构方程模型的实证分析	终身教育研究（SCD），2018 年第 5 期
5	区域农村小学课堂教学信息化的设计研究——基于甘肃省宕昌县小学英语课堂教学信息化的实践	现代远距离教育（CSSCI），2015 年第 4 期
6	"研—训—行三维一体"教研室（员）对区域信息化教学发展的探索	中国电化教育（CSSCI），2017 年第 4 期
7	教研员区域信息化教学引领力模型研究	电化教育研究（CSSCI），2017 年第 3 期
8	创新推广视野下基于 B – PDS 的区域信息化教学推广模式研究	电化教育研究（CSSCI），2016 年第 4 期

续表

9	信息化背景下教师专业发展学校（PDS）的新趋向与实现路径	现代远距离教育（CSSCI），2016年第6期
10	教师信息化教学执行力模型研究	电化教育研究（CSSCI），2018年第11期
11	教育大数据应用于学业预警的设计研究——以农村留守儿童学业预警为例	教育发展研究（CSSCI），2018年第12期
12	基于大数据平台的留守儿童学校教育探究	现代教育技术（CSSCI），2018年第7期
13	大数据支持下的农村留守儿童学业成绩预警系统研究	终身教育研究（SCD），2017年第4期
14	我国留守儿童研究热点和前沿演进趋势——基于关键词知识图谱的可视化分析	基础教育研究，2016年第15期
15	大数据在教育领域的研究热点及发展趋势——基于共词分析的可视化研究	现代远距离教育（CSSCI），2016年第4期
16	校长信息化教学领导力模型构建及发展途径	现代远程教育研究（CSSCI），2018年第4期
17	校长信息化领导力对校长领导效能作用机制的实证研究——基于结构方程模型的调查分析	现代远距离教育（CSSCI），2016年第3期
18	我国翻转课堂研究现状述评：热点与趋势——基于CNKI文献关键词的可视化分析	现代远距离教育（CSSCI），2015年第6期
19	国内外技术支持教师专业发展研究的比较分析——基于2003—2018年CSSCI和WOS期刊论文的比较	数字教育，2019年第1期
20	大数据提高中小学教师信息素养培训有效性研究	数字教育，2017年第5期
21	美国农村教育成就项目：内容评析及启示	外国中小学教育（CSSCI扩展版），2016年第6期
22	信息技术对中学生科学自我效能的促进成效	开放教育研究（CSSCI），2017年第6期
23	大数据时代的教育技术发展取向	现代教育技术（CSSCI），2016年第2期

续表

24	全日制现代教育技术专业硕士生态化培养模式研究	研究生教育研究（CSSCI 扩展版），2016 年第 4 期
25	信息技术职前教师职业认同与 TPACK 结构的关系研究	现代远距离教育（CSSCI），2016 年第 1 期
26	论学科的三重意蕴	当代教育科学（CSSCI 扩展版），2016 年第 22 期
27	生态位视域下云教育系统探析	现代远距离教育（CSSCI），2016 年第 2 期
28	基于大数据的大学生网络行为分析研究	中国教育信息化，2017 年第 13 期
29	农村留守儿童学习状态的影响因素研究——基于学习环境视角的实证分析	教育科学研究（CSSCI 扩展版），2018 年第 10 期
30	大数据在农村留守儿童学校教育中的应用路径研究	中国教育信息化，2019 年第 9 期

附录 2

学生调查问卷试测版

儿童学习社会化影响因素调查问卷

亲爱的同学：

您好！我们正在进行一项关于学习的相关调查研究，请您务必仔细认真地回答每一个问题，答案没有正误之分，您所填写的任何材料，我们都将为您保密，不会对您有任何影响，请您放心填写。

第一部分　儿童基本情况调查表

1. 您的年龄是：_____岁；您在_____年级
2. 您的性别是：男 [　]　女 [　]

第二部分　家庭环境调查

一　家庭背景调查

3. 监护人职业

您父亲的职业是_____，您母亲的职业是_____（请在横线处填选项）

　　A. 商业、服务类（个体商贩、保姆、清洁工、餐饮服务员等）
　　B. 专业技术人员（教师、医生、编辑、播音主持等）
　　C. 生产、运输设备操作人员及有关人员（电子厂工人、钢铁冶炼人员、机械制造人员等）

D. 农、林、牧、渔、水利业生产人员

E. 其他从业人员（直接支付工资的劳务工以及个体从业人员，如搬运工、建筑工等）

4. 父母不在时，照顾你的人是：_____

5. 家庭背景

（1）我的家庭月收入是（　　）

A. 5000 元及以上（家庭状况非常好）

B. 4000—5000 元（家庭状况比较好）

C. 3000—4000 元（家庭状况一般）

D. 2000—3000 元（家庭状况比较差）

E. 1000—2000 元（家庭状况很差）

（2）照顾我的人学历是（　　）

A. 本科及以上　　　　　　　B. 大专

C. 中专/高中　　　　　　　D. 义务教育（小学或者初中）

E. 文盲

（3）我父亲的学历是（　　）

A. 本科及以上　　　　　　　B. 大专

C. 中专/高中　　　　　　　D. 义务教育（小学或者初中）

E. 文盲

（4）我母亲的学历是（　　）

A. 本科及以上　　　　　　　B. 大专

C. 中专/高中　　　　　　　D. 义务教育（小学或者初中）

E. 文盲

（5）我的父母连续外出时间大约是（　　）

A. 三个月　　　　　　　　　B. 半年

C. 一年　　　　　　　　　　D. 两年

E. 两年及以上

二　教养观调查

6. 教养观

（1）我的父母询问我学习的频率大约是（　　）

A. 一周一次　　　　　　　　B. 半个月一次

C. 一个月一次　　　　　　　D. 三个月一次

E. 半年或半年以上一次

（2）我的父母希望我将来达到怎样的学历（　　）

A. 本科及以上　　　　　　　B. 大专

C. 中专　　　　　　　　　　D. 高中

E. 义务教育（小学或者初中）

（3）成绩不理想时，我的父母会怎样对我（　　）

A. 经常鼓励　　　　　　　　B. 偶尔鼓励

C. 不关心　　　　　　　　　D. 批评

E. 经常批评

（4）父母不在家，我做作业时，照顾我的人会（　　）陪我做作业

A. 每次　　　　　　　　　　B. 经常

C. 偶尔　　　　　　　　　　D. 极少

E. 从不

三　家风调查

7. 家风

（1）我的父母在生活中几乎没有分歧（　　）

A. 非常符合　　　　　　　　B. 比较符合

C. 一般　　　　　　　　　　D. 不符合

E. 很不符合

（2）我的家里人都认为读书非常有用（　　）

A. 非常符合　　　　　　　　B. 比较符合

C. 一般　　　　　　　　　　D. 不符合

E. 很不符合

（3）我认为我的父母对我非常关心、爱护（　　）

A. 非常符合　　　　　　　　B. 比较符合

C. 一般　　　　　　　　　　D. 不符合

E. 很不符合

第三部分　学校环境调查

儿童所在学校环境中的校园人文调查

8. 校园人文

（1）我就读的学校校风、学风很优良（　　）

 A. 非常符合　　　　　　　　B. 比较符合

 C. 一般　　　　　　　　　　D. 不符合

 E. 很不符合

（2）学校经常组织家校活动（　　）

 A. 非常符合　　　　　　　　B. 比较符合

 C. 一般　　　　　　　　　　D. 不符合

 E. 很不符合

（3）我与同学之间关系融洽（　　）

 A. 非常符合　　　　　　　　B. 比较符合

 C. 一般　　　　　　　　　　D. 不符合

 E. 很不符合

第四部分　儿童社会环境调查

儿童社会环境中的社会风气调查

9. 社会风气

（1）我周围的同龄人没有辍学的（　　）

 A. 非常符合　　　　　　　　B. 比较符合

 C. 一般　　　　　　　　　　D. 不符合

 E. 很不符合

（2）我的周围经常有文化活动（　　）

 A. 非常符合　　　　　　　　B. 比较符合

 C. 一般　　　　　　　　　　D. 不符合

 E. 很不符合

（3）我周围的同龄人学习都很刻苦（　　）

 A. 非常符合　　　　　　　　B. 比较符合

 C. 一般　　　　　　　　　　D. 不符合

E. 很不符合

第五部分　儿童大众媒介调查

一　儿童大众媒介中的接触行为调查

10. 接触行为

（1）关于课外书

我阅读课外书的频率是（　　）

A. 每天　　　　　　　　　　　B. 隔一天

C. 隔两天　　　　　　　　　　D. 隔三天

E. 不看

我大约每次阅读课外书的时间是（　　）

A. 2 小时以上　　　　　　　　B. 1—2 小时

C. 半小时到一小时　　　　　　D. 10—30 分钟

E. 10 分钟以下

我阅读课外书的内容与学习关系非常密切（　　）

A. 非常符合　　　　　　　　　B. 比较符合

C. 一般　　　　　　　　　　　D. 不符合

E. 很不符合

我最喜欢的课外书种类是（　　）

A. 学习辅导（词典、工具书、教材辅导等与考试及课堂教学相关的书籍等）

B. 休闲阅读（文学名著、传记、社会科学、管理等休闲书籍）

C. 娱乐消遣（仅用来娱乐的时尚杂志、悬疑/抒情小说、漫画、游戏攻略等）

（2）关于电视

我观看电视的频率是（　　）

A. 每天　　　　　　　　　　　B. 隔一天

C. 隔两天　　　　　　　　　　D. 隔三天

E. 不看

我大约每次观看电视的时间是（　　）

A. 2 小时以上　　　　　　　　B. 1—2 小时

C. 半小时到一小时　　　　　　　　D. 10—30 分钟

E. 10 分钟以下

我观看电视的内容与学习关系非常密切（　　）

A. 非常符合　　　　　　　　B. 比较符合

C. 一般　　　　　　　　　　D. 不符合

E. 很不符合

我最喜欢的电视节目种类是（　　）

A. 教育节目（学科教育、社会教育、少儿青年节目、国际教育类节目、大型教育节目等）

B. 生活节目（天气预报、导游播报、美食、家居生活、理财服务等）

C. 新闻节目（新闻消息节目、新闻专题类节目、新闻谈话节目）

D. 文艺娱乐节目（电视剧、电影类节目，动画动漫，综艺节目，音乐节目，戏剧节目等）

E. 体育节目（体育竞赛等）

F. 广告节目（电视销售等）

（3）关于手机

我使用手机的频率是（　　）

A. 每天　　　　　　　　　　B. 隔一天

C. 隔两天　　　　　　　　　D. 隔三天

E. 不用

我大约每次使用手机的时间是（　　）

A. 2 小时以上　　　　　　　B. 1—2 小时

C. 半小时到一小时　　　　　D. 10—30 分钟

E. 10 分钟以下

我使用手机获取的内容与学习关系非常密切（　　）

A. 非常符合　　　　　　　　B. 比较符合

C. 一般　　　　　　　　　　D. 不符合

E. 很不符合

我一般都用手机来做什么用（　　）

A. 获取知识（查资料等）　　B. 交流（与人聊天等）

C. 娱乐消遣（看小说、看娱乐新闻等）

（4）关于电脑

我使用电脑的频率是（　　）

 A. 每天   B. 隔一天

 C. 隔两天   D. 隔三天

 E. 不用

我大约每次使用电脑的时间是（　　）

 A. 2小时以上   B. 1—2小时

 C. 半小时到一小时   D. 10—30分钟

 E. 10分钟以下

我使用电脑获取的内容与学习关系非常密切（　　）

 A. 非常符合   B. 比较符合

 C. 一般   D. 不符合

 E. 很不符合

我一般都用电脑来做什么用（　　）

 A. 获取知识   B. 交流

 C. 娱乐消遣

（5）关于广播

我收听广播的频率是（　　）

 A. 每天   B. 隔一天

 C. 隔两天   D. 隔三天

 E. 不听

我大约每次收听广播的时间是（　　）

 A. 2小时以上   B. 1—2小时

 C. 半小时到一小时   D. 10—30分钟

 E. 10分钟以下

我收听广播的内容与学习关系非常密切（　　）

 A. 非常符合   B. 比较符合

 C. 一般   D. 不符合

 E. 很不符合

我最喜欢的广播种类是（　　）

A. 教育性频道（学科教育、社会教育、外语学习、国际教育类、大型教育等）

B. 文艺娱乐性频道（电视电影广播、动画动漫、音乐频道、戏剧话剧广播、娱乐谈话等）

C. 新闻性频道（新闻消息、新闻专题、新闻谈话、国际新闻、大型新闻、体育赛事等）

D. 服务广告性频道（心理访谈、天气预报、导游播报、美食、家居生活、产品销售等）

二　儿童大众媒介中的媒介素养调查

11. 媒介素养

（1）我常会想到利用媒介解决在学习中遇到的问题（　　）

A. 非常符合　　　　　　　　B. 比较符合

C. 一般　　　　　　　　　　D. 不符合

E. 很不符合

（2）在使用媒介过程中我能够自觉抵制不良信息（　　）

A. 非常符合　　　　　　　　B. 比较符合

C. 一般　　　　　　　　　　D. 不符合

E. 很不符合

（3）我能够熟练操作电脑（　　）

A. 非常符合　　　　　　　　B. 比较符合

C. 一般　　　　　　　　　　D. 不符合

E. 很不符合

（4）我能够熟练使用手机（　　）

A. 非常符合　　　　　　　　B. 比较符合

C. 一般　　　　　　　　　　D. 不符合

E. 很不符合

第六部分　儿童学习动机调查

12. 学习动机

（1）老师或者父母常鼓励我，我会更加努力地学习（　　）

A. 非常符合 B. 比较符合
C. 一般 D. 不符合
E. 很不符合

（2）如果没人督促我，我也会积极主动地学习（   ）
A. 非常符合 B. 比较符合
C. 一般 D. 不符合
E. 很不符合

（3）我努力学习主要是为了将来找个好工作（   ）
A. 非常符合 B. 比较符合
C. 一般 D. 不符合
E. 很不符合

（4）课本中有趣的学习内容能调动我的学习积极性（   ）
A. 非常符合 B. 比较符合
C. 一般 D. 不符合
E. 很不符合

第七部分　儿童学习态度调查

13. 学习态度
（1）我认为现在的学习对将来很重要（   ）
A. 非常符合 B. 比较符合
C. 一般 D. 不符合
E. 很不符合

（2）如果因事缺课，我会非常担心我的功课落下（   ）
A. 非常符合 B. 比较符合
C. 一般 D. 不符合
E. 很不符合

（3）我从不会忽视学习中遇到的困难（   ）
A. 非常符合 B. 比较符合
C. 一般 D. 不符合
E. 很不符合

（4）我认为现阶段的主要任务是完成学业（   ）

A. 非常符合 B. 比较符合
C. 一般 D. 不符合
E. 很不符合

第八部分　儿童学习能力调查

14. 学习能力

（1）我能够消化当堂课所学的内容（　　）

A. 非常符合 B. 比较符合
C. 一般 D. 不符合
E. 很不符合

（2）学习新知识时，我会将其与原有知识联系起来（　　）

A. 非常符合 B. 比较符合
C. 一般 D. 不符合
E. 很不符合

（3）生活中遇到的实际问题能我能想到用所学知识去解决（　　）

A. 非常符合 B. 比较符合
C. 一般 D. 不符合
E. 很不符合

（4）遇到新的问题时，我能够自己先思考，实在没有办法时再去请教教师或同学（　　）

A. 非常符合 B. 比较符合
C. 一般 D. 不符合
E. 很不符合

（5）我能够将自己的学习方法与同学传递交流（　　）

A. 非常符合 B. 比较符合
C. 一般 D. 不符合
E. 很不符合

（6）我能够利用手机、电脑等新媒体解决学习中遇到的疑惑（　　）

A. 非常符合 B. 比较符合
C. 一般 D. 不符合
E. 很不符合

第九部分　儿童学习风格调查（详见镶嵌图形测试问卷）

第十部分　儿童学习社会化调查

一　儿童学习社会化中的文化调查

15. 文化

（1）我很乐意接受新知识（　　）

A. 非常符合　　　　　　　　B. 比较符合

C. 一般　　　　　　　　　　D. 不符合

E. 很不符合

（2）我认为必须不断地学习，不断地掌握新知识（　　）

A. 非常符合　　　　　　　　B. 比较符合

C. 一般　　　　　　　　　　D. 不符合

E. 很不符合

（3）我在学习过程中，常会对学习内容有新的想法（　　）

A. 非常符合　　　　　　　　B. 比较符合

C. 一般　　　　　　　　　　D. 不符合

E. 很不符合

二　儿童学习社会化中的个性发展调查

16. 个性发展

（1）我已经形成自己独特的学习习惯，可以帮助我的学习（　　）

A. 非常符合　　　　　　　　B. 比较符合

C. 一般　　　　　　　　　　D. 不符合

E. 很不符合

（2）我非常了解自己的兴趣爱好并能在课外时间刻苦钻研（　　）

A. 非常符合　　　　　　　　B. 比较符合

C. 一般　　　　　　　　　　D. 不符合

E. 很不符合

（3）我有成为某一领域专家的强烈愿望（　　）

A. 非常符合　　　　　　　　B. 比较符合

C. 一般 D. 不符合

E. 很不符合

(4) 在完成一项任务后，我会思考是否还有更好的策略和方法（　　）

A. 非常符合 B. 比较符合

C. 一般 D. 不符合

E. 很不符合

三　儿童学习社会化中的社会结构调查

17. 社会结构

(1) 我能与同学组成学习团体，并与其他团体成员良好合作（　　）

A. 非常符合 B. 比较符合

C. 一般 D. 不符合

E. 很不符合

(2) 我在学习团体中能认识到自己所扮演的角色并完成自己的任务（　　）

A. 非常符合 B. 比较符合

C. 一般 D. 不符合

E. 很不符合

(3) 我认为现阶段的主要任务是完成学业（　　）

A. 非常符合 B. 比较符合

C. 一般 D. 不符合

E. 很不符合

(4) 我可以自觉约束自己，全身心地投入到学习中（　　）

A. 非常符合 B. 比较符合

C. 一般 D. 不符合

E. 很不符合

Cognitive Style Figure Test
镶嵌图形测试

说明：

这是一个简单的测验，它测量您从复杂图形中发现某种简单图形的能力。例如，下面左图是一个叫做x的简单图形，中图是一个复杂图形，其中隐藏着图形x。请您在这个复杂图形中找到x，并用笔把它描出来。（答案见右图）

x　　　　　　　复杂图形　　　　　　（答案）

注意复杂图形中左上方的三角形，它虽然与x相似，但指向相反，因而是不正确的，复杂图形下部右侧的小三角形虽然与x相似，方向也相同，但大小与x不同，因而也是不正确的。

在下面的测验题目中，每一道题目都是一个复杂图形，其中包含一种简单图形，要求你尽快把这个简单图形找出来，并用笔描出（最好用铅笔，以便改正），如上例。在每一个图形的下边都标有您要找的简单图形的号码，您应该到封底去查看这些图形。

注意：
1.根据您的需要可随时查阅简单图形。
2.每一道题中您可能看到不止一个简单图形，但只要求您描绘它们中间的一个。
3.您描绘的简单图形在大小、比例和指向上都应该与封底简单图形列表相同。
4.请擦掉所有描绘错误的地方。

简单图形（共九个）

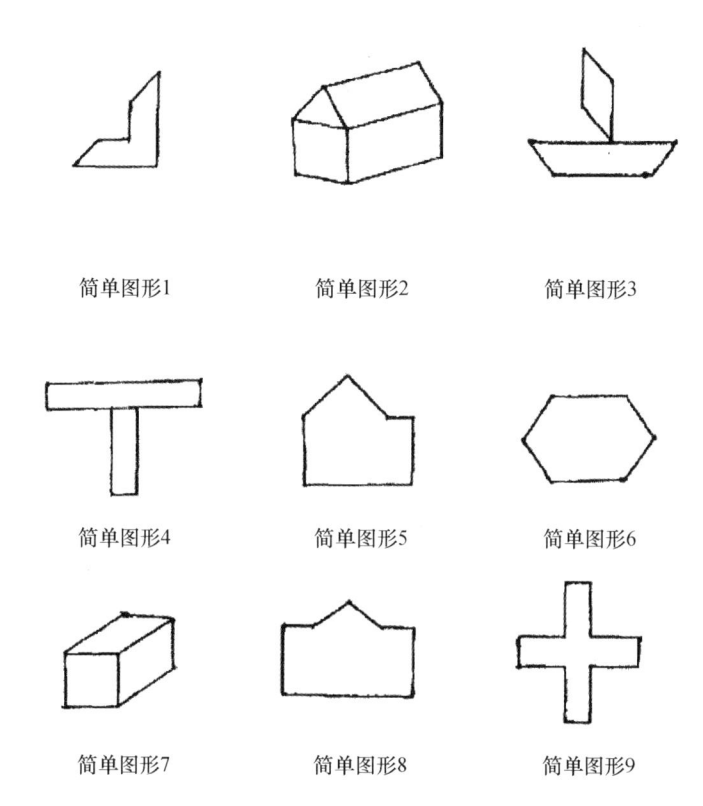

简单图形1　　　　　简单图形2　　　　　简单图形3

简单图形4　　　　　简单图形5　　　　　简单图形6

简单图形7　　　　　简单图形8　　　　　简单图形9

第一部分

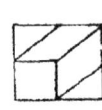

(1) 找出简单图形7　　(2) 找出简单图形1　　(3) 找出简单图形4

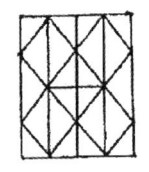

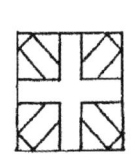

(4) 找出简单图形5　　(5) 找出简单图形6　　(6) 找出简单图形9

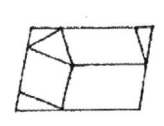

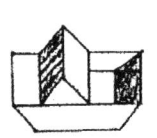

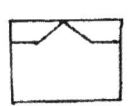

(7) 找出简单图形2　　(8) 找出简单图形3　　(9) 找出简单图形8

第二部分

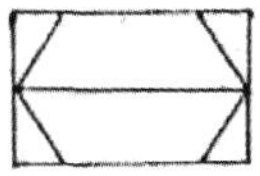

(1) 找出简单图形6 　　(2) 找出简单图形 5 　　(3) 找出简单图形 9

(4) 找出简单图形6 　　(5) 找出简单图形 2 　　(6) 找出简单图形 3

(7) 找出简单图形 8 　(8) 找出简单图形 4 　(9) 找出简单图形 1 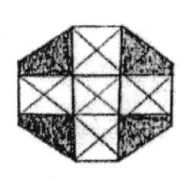　(10) 找出简单图形 7

学生调查问卷正式版

儿童学习社会化影响因素调查问卷

亲爱的同学：

您好！我们正在进行一项关于学习的相关调查研究，请您务必仔细认真地回答每一个问题，答案没有正误之分，您所填写的任何材料，我们都将为您保密，不会对您有任何影响，请您放心填写。

第一部分　儿童基本情况调查表

1. 您的年龄是：_____岁；您在_____年级
2. 您的性别是：男 [　]　　女 [　]

第二部分　家庭环境调查

一　家庭背景调查

3. 监护人职业

您父亲的职业是_____，您母亲的职业是_____（请在横线处填选项）

  A. 商业、服务类（个体商贩、保姆、清洁工、餐饮服务员等）

  B. 专业技术人员（教师、医生、编辑、播音主持等）

  C. 生产、运输设备操作人员及有关人员（电子厂工人、钢铁冶炼人员、机械制造人员等）

  D. 农、林、牧、渔、水利业生产人员

  E. 其他从业人员（直接支付工资的劳务工以及个体从业人员，如搬运工、建筑工等）

4. 父母不在时，照顾你的人是：_____

5. 家庭背景

（1）我的家庭月收入是（　　　）

  A. 5000元及以上（家庭状况非常好）

  B. 4000—5000元（家庭状况比较好）

  C. 3000—4000元（家庭状况一般）

D. 2000—3000 元（家庭状况比较差）

E. 1000—2000 元（家庭状况很差）

（2）照顾我的人学历是（　　）

A. 本科及以上　　　　　　　　B. 大专

C. 中专/高中　　　　　　　　D. 义务教育（小学或者初中）

E. 文盲

（3）我父亲的学历是（　　）

A. 本科及以上　　　　　　　　B. 大专

C. 中专/高中　　　　　　　　D. 义务教育（小学或者初中）

E. 文盲

（4）我母亲的学历是（　　）

A. 本科及以上　　　　　　　　B. 大专

C. 中专/高中　　　　　　　　D. 义务教育（小学或者初中）

E. 文盲

（5）我的父母连续外出时间大约是（　　）

A. 三个月　　　　　　　　　　B. 半年

C. 一年　　　　　　　　　　　D. 两年

E. 两年及以上

二　教养观调查

6. 教养观

（1）我的父母希望我将来达到怎样的学历（　　）

A. 本科及以上　　　　　　　　B. 大专

C. 中专　　　　　　　　　　　D. 高中

E. 义务教育（小学或者初中）

（2）成绩不理想时，我的父母会怎样对我（　　）

A. 经常鼓励　　　　　　　　　B. 偶尔鼓励

C. 不关心　　　　　　　　　　D. 批评

E. 经常批评

（3）父母不在家，我做作业时，照顾我的人会（　　）陪我做作业

A. 每次　　　　　　　　　　　B. 经常

C. 偶尔 D. 极少
E. 从不

三 家风调查

7. 家风

（1）我的父母在生活中几乎没有分歧（　　）

A. 非常符合 B. 比较符合
C. 一般 D. 不符合
E. 很不符合

（2）我的家里人都认为读书非常有用（　　）

A. 非常符合 B. 比较符合
C. 一般 D. 不符合
E. 很不符合

（3）我认为我的父母对我非常关心、爱护（　　）

A. 非常符合 B. 比较符合
C. 一般 D. 不符合
E. 很不符合

第三部分　学校环境调查

儿童所在学校环境中的校园人文调查

8. 校园人文

（1）我就读的学校校风、学风很优良（　　）

A. 非常符合 B. 比较符合
C. 一般 D. 不符合
E. 很不符合

（2）学校经常组织家校活动（　　）

A. 非常符合 B. 比较符合
C. 一般 D. 不符合
E. 很不符合

（3）我与同学之间关系融洽（　　）

A. 非常符合 B. 比较符合

C. 一般 D. 不符合

E. 很不符合

第四部分　儿童社会环境调查

儿童社会环境中的社会风气调查

9. 社会风气

（1）我周围的同龄人没有辍学的（　　）

A. 非常符合 B. 比较符合

C. 一般 D. 不符合

E. 很不符合

（2）我的周围经常有文化活动（　　）

A. 非常符合 B. 比较符合

C. 一般 D. 不符合

E. 很不符合

（3）我周围的同龄人学习都很刻苦（　　）

A. 非常符合 B. 比较符合

C. 一般 D. 不符合

E. 很不符合

第五部分　儿童大众媒介调查

一　儿童大众媒介中的接触行为调查

10. 接触行为

（1）关于课外书

我阅读课外书的频率是（　　）

A. 每天 B. 隔一天

C. 隔两天 D. 隔三天

E. 不看

我大约每次阅读课外书的时间是（　　）

A. 2 小时以上 B. 1—2 小时

C. 半小时到一小时 D. 10—30 分钟

E. 10 分钟以下

我阅读课外书的内容与学习关系非常密切（　　）

A. 非常符合　　　　　　　　　B. 比较符合

C. 一般　　　　　　　　　　　D. 不符合

E. 很不符合

我最喜欢的课外书种类是（　　）

A. 学习辅导（词典、工具书、教材辅导等与考试及课堂教学相关的书籍等）

B. 休闲阅读（文学名著、传记、社会科学、管理等休闲书籍）

C. 娱乐消遣（仅用来娱乐的时尚杂志、悬疑/抒情小说、漫画、游戏攻略等）

（2）关于电视

我观看电视的频率是（　　）

A. 每天　　　　　　　　　　　B. 隔一天

C. 隔两天　　　　　　　　　　D. 隔三天

E. 不看

我大约每次观看电视的时间是（　　）

A. 2小时以上　　　　　　　　B. 1—2小时

C. 半小时到一小时　　　　　　D. 10—30分钟

E. 10分钟以下

我观看电视的内容与学习关系非常密切（　　）

A. 非常符合　　　　　　　　　B. 比较符合

C. 一般　　　　　　　　　　　D. 不符合

E. 很不符合

我最喜欢的电视节目种类是（　　）

A. 教育节目（学科教育、社会教育、少儿青年节目、国际教育类节目、大型教育节目等）

B. 生活节目（天气预报、导游播报、美食、家居生活、理财服务等）

C. 新闻节目（新闻消息节目、新闻专题类节目、新闻谈话节目）

D. 文艺娱乐节目（电视剧、电影类节目，动画动漫，综艺节目，音乐节目，戏剧节目等）

E. 体育节目（体育竞赛等）

F. 广告节目（电视销售等）

(3) 关于手机

我使用手机的频率是（   ）

A. 每天　　　　　　　　　　B. 隔一天

C. 隔两天　　　　　　　　　D. 隔三天

E. 不用

我大约每次使用手机的时间是（   ）

A. 2 小时以上　　　　　　　B. 1—2 小时

C. 半小时到一小时　　　　　D. 10—30 分钟

E. 10 分钟以下

我使用手机获取的内容与学习关系非常密切（   ）

A. 非常符合　　　　　　　　B. 比较符合

C. 一般　　　　　　　　　　D. 不符合

E. 很不符合

我一般都用手机来做什么用（   ）

A. 获取知识（查资料等）　　B. 交流（与人聊天等）

C. 娱乐消遣（看小说、看娱乐新闻等）

(4) 关于电脑

我使用电脑的频率是（   ）

A. 每天　　　　　　　　　　B. 隔一天

C. 隔两天　　　　　　　　　D. 隔三天

E. 不用

我大约每次使用电脑的时间是（   ）

A. 2 小时以上　　　　　　　B. 1—2 小时

C. 半小时到一小时　　　　　D. 10—30 分钟

E. 10 分钟以下

我使用电脑获取的内容与学习关系非常密切（   ）

A. 非常符合　　　　　　　　B. 比较符合

C. 一般　　　　　　　　　　D. 不符合

E. 很不符合

我一般都用电脑来做什么用（　　）

A. 获取知识　　　　　　　　　B. 交流

C. 娱乐消遣

（5）关于广播

我收听广播的频率是（　　）

A. 每天　　　　　　　　　　　B. 隔一天

C. 隔两天　　　　　　　　　　D. 隔三天

E. 不听

我大约每次收听广播的时间是（　　）

A. 2 小时以上　　　　　　　　B. 1—2 小时

C. 半小时到一小时　　　　　　D. 10—30 分钟

E. 10 分钟以下

我收听广播的内容与学习关系非常密切（　　）

A. 非常符合　　　　　　　　　B. 比较符合

C. 一般　　　　　　　　　　　D. 不符合

E. 很不符合

我最喜欢的广播种类是（　　）

A. 教育性频道（学科教育、社会教育、外语学习、国际教育类、大型教育等）

B. 文艺娱乐性频道（电视电影广播、动画动漫、音乐频道、戏剧话剧广播、娱乐谈话等）

C. 新闻性频道（新闻消息、新闻专题、新闻谈话、国际新闻、大型新闻、体育赛事等）

D. 服务广告性频道（心理访谈、天气预报、导游播报、美食、家居生活、产品销售等）

二　儿童大众媒介中的媒介素养调查

11. 媒介素养

（1）在使用媒介过程中我能够自觉抵制不良信息（　　）

A. 非常符合　　　　　　　　　B. 比较符合

C. 一般　　　　　　　　　　　D. 不符合

E. 很不符合

(2) 我能够熟练操作电脑(　　)

A. 非常符合　　　　　　　　B. 比较符合

C. 一般　　　　　　　　　　D. 不符合

E. 很不符合

(3) 我能够熟练使用手机(　　)

A. 非常符合　　　　　　　　B. 比较符合

C. 一般　　　　　　　　　　D. 不符合

E. 很不符合

(4) 我能够利用手机、电脑等新媒体解决学习中遇到的疑惑(　　)

A. 非常符合　　　　　　　　B. 比较符合

C. 一般　　　　　　　　　　D. 不符合

E. 很不符合

第六部分　儿童学习动机调查

12. 学习动机

(1) 老师或者父母常鼓励我,我会更加努力地学习(　　)

A. 非常符合　　　　　　　　B. 比较符合

C. 一般　　　　　　　　　　D. 不符合

E. 很不符合

(2) 如果没人督促我,我也会积极主动地学习(　　)

A. 非常符合　　　　　　　　B. 比较符合

C. 一般　　　　　　　　　　D. 不符合

E. 很不符合

(3) 我努力学习主要是为了将来找个好工作(　　)

A. 非常符合　　　　　　　　B. 比较符合

C. 一般　　　　　　　　　　D. 不符合

E. 很不符合

(4) 课本中有趣的学习内容能调动我学习积极性(　　)

A. 非常符合　　　　　　　　B. 比较符合

C. 一般　　　　　　　　　　D. 不符合

E. 很不符合

第七部分　儿童学习态度调查

13. 学习态度

(1) 我认为现在的学习对将来很重要（　　）

　　A. 非常符合　　　　　　　　B. 比较符合

　　C. 一般　　　　　　　　　　D. 不符合

　　E. 很不符合

(2) 如果因事缺课，我会非常担心我的功课落下（　　）

　　A. 非常符合　　　　　　　　B. 比较符合

　　C. 一般　　　　　　　　　　D. 不符合

　　E. 很不符合

(3) 我从不会忽视学习中遇到的困难（　　）

　　A. 非常符合　　　　　　　　B. 比较符合

　　C. 一般　　　　　　　　　　D. 不符合

　　E. 很不符合

(4) 我认为现阶段的主要任务是完成学业（　　）

　　A. 非常符合　　　　　　　　B. 比较符合

　　C. 一般　　　　　　　　　　D. 不符合

　　E. 很不符合

第八部分　儿童学习能力调查

14. 学习能力

(1) 我能够消化当堂课所学的内容（　　）

　　A. 非常符合　　　　　　　　B. 比较符合

　　C. 一般　　　　　　　　　　D. 不符合

　　E. 很不符合

(2) 学习新知识时，我会将其与原有知识联系起来（　　）

　　A. 非常符合　　　　　　　　B. 比较符合

　　C. 一般　　　　　　　　　　D. 不符合

　　E. 很不符合

（3）生活中遇到的实际问题能我能想到用所学知识去解决（　　）

　　A. 非常符合　　　　　　　　B. 比较符合

　　C. 一般　　　　　　　　　　D. 不符合

　　E. 很不符合

（4）遇到新的问题时，我能够自己先思考，实在没有办法时再去请教教师或同学（　　）

　　A. 非常符合　　　　　　　　B. 比较符合

　　C. 一般　　　　　　　　　　D. 不符合

　　E. 很不符合

（5）我能够将自己的学习方法与同学传递交流（　　）

　　A. 非常符合　　　　　　　　B. 比较符合

　　C. 一般　　　　　　　　　　D. 不符合

　　E. 很不符合

第九部分　儿童学习风格调查（详细见镶嵌图形测试问卷）

第十部分　儿童学习社会化调查

儿童学习社会化中的文化调查

15. 文化

（1）我很乐意接受新知识（　　）

　　A. 非常符合　　　　　　　　B. 比较符合

　　C. 一般　　　　　　　　　　D. 不符合

　　E. 很不符合

（2）我认为必须不断地学习，不断地掌握新知识（　　）

　　A. 非常符合　　　　　　　　B. 比较符合

　　C. 一般　　　　　　　　　　D. 不符合

　　E. 很不符合

（3）我在学习过程中，常会对学习内容有新的想法（　　）

　　A. 非常符合　　　　　　　　B. 比较符合

　　C. 一般　　　　　　　　　　D. 不符合

　　E. 很不符合

儿童学习社会化中的个性发展调查

16. 个性发展

（1）我已经形成自己独特的学习习惯，可以帮助我的学习（　　）

  A. 非常符合   B. 比较符合

  C. 一般   D. 不符合

  E. 很不符合

（2）我非常了解自己的兴趣爱好并能在课外时间刻苦钻研（　　）

  A. 非常符合   B. 比较符合

  C. 一般   D. 不符合

  E. 很不符合

（3）我有成为某一领域专家的强烈愿望（　　）

  A. 非常符合   B. 比较符合

  C. 一般   D. 不符合

  E. 很不符合

（4）在完成一项任务后，我会思考是否还有更好的策略和方法（　　）

  A. 非常符合   B. 比较符合

  C. 一般   D. 不符合

  E. 很不符合

儿童学习社会化中的社会结构调查

17. 社会结构

（1）我能与同学组成学习团体，并与其他团体成员良好合作（　　）

  A. 非常符合   B. 比较符合

  C. 一般   D. 不符合

  E. 很不符合

（2）我在学习团体中能认识到自己所扮演的角色并完成自己的任务（　　）

  A. 非常符合   B. 比较符合

  C. 一般   D. 不符合

  E. 很不符合

(3) 我认为现阶段的主要任务是完成学业（　　）

A. 非常符合　　　　　　　　B. 比较符合

C. 一般　　　　　　　　　　D. 不符合

E. 很不符合

(4) 我可以自觉约束自己，全身心地投入到学习中（　　）

A. 非常符合　　　　　　　　B. 比较符合

C. 一般　　　　　　　　　　D. 不符合

E. 很不符合

Cognitive Style Figure Test
镶嵌图形测试

说明：

这是一个简单的测验，它测量您从复杂图形中发现某种简单图形的能力。例如，下面左图是一个叫做x的简单图形，中图是一个复杂图形，其中隐藏着图形x。请您在这个复杂图形中找到x，并用笔把它描出来。（答案见右图）

x　　　　　　　　复杂图形　　　　　　　　（答案）

注意复杂图形中左上方的三角形，它虽然与x相似，但指向相反，因而是不正确的，复杂图形下部右侧的小三角形虽然与x相似，方向也相同，但大小与x不同，因而也是不正确的。

在下面的测验题目中，每一道题目都是一个复杂图形，其中包含一种简单图形，要求你尽快把这个简单图形找出来，并用笔描出（最好用铅笔，以便改正），如上例。在每一个图形的下边都标有您要找的简单图形的号码，您应该到封底去查看这些图形。

注意：

1. 根据您的需要可随时查阅简单图形。
2. 每一道题中您可能看到不止一个简单图形，但只要求您描绘它们中间的一个。
3. 您描绘的简单图形在大小、比例和指向上都应该与封底简单图形列表相同。
4. 请擦掉所有描绘错误的地方。

附录2 / 347

简单图形（共九个）

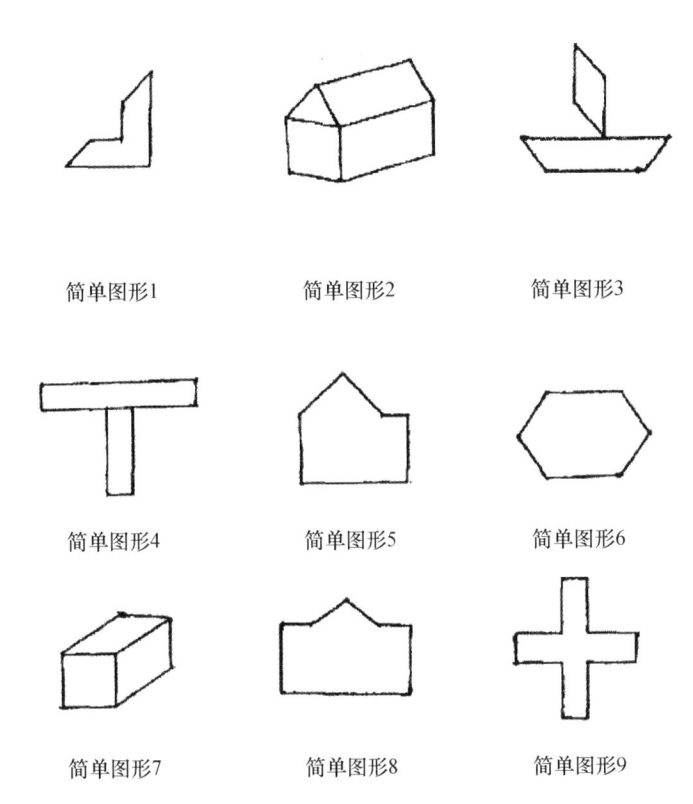

简单图形1

简单图形2

简单图形3

简单图形4

简单图形5

简单图形6

简单图形7

简单图形8

简单图形9

第一部分

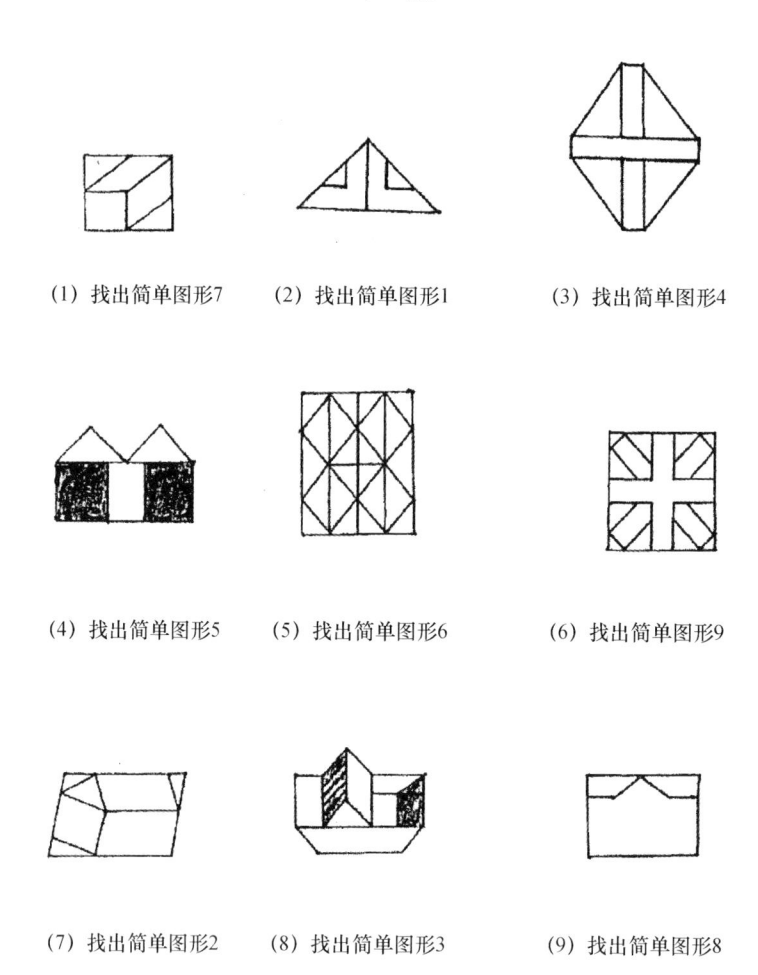

(1) 找出简单图形7　　(2) 找出简单图形1　　(3) 找出简单图形4

(4) 找出简单图形5　　(5) 找出简单图形6　　(6) 找出简单图形9

(7) 找出简单图形2　　(8) 找出简单图形3　　(9) 找出简单图形8

第二部分

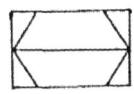

（1）找出简单图形 6　　（2）找出简单图形 5　　（3）找出简单图形 9

（4）找出简单图形 6　　（5）找出简单图形 2　　（6）找出简单图形 3

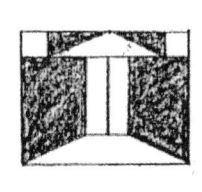

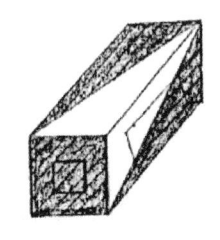

（7）找出简单图形 8　（8）找出简单图形 4　（9）找出简单图形 1　（10）找出简单图形 7

教师问卷试测版

农村留守儿童学习社会化影响因素调查问卷

亲爱的老师：

　　您好！

　　为了更好地探寻培养留守儿童社会化的有效途径，我们正在进行一项有关留守儿童社会化影响因素的调查。请您仔细认真、无保留地回答每一个问题，答案没有正误之分，您所填写的任何材料，我们都将为您保密，并且不会影响您的生活与工作，不会对您有任何负面影响，请您放心填写。

一　留守儿童所在学校环境中教学资源调查

1. 教学资源

（1）我任教的学校软硬件设施非常完备（　　）

　A. 非常符合　　　　　　　　B. 比较符合

　C. 一般　　　　　　　　　　D. 不符合

　E. 很不符合

（2）我任教的学校教学资金很雄厚（　　）

　A. 非常符合　　　　　　　　B. 比较符合

　C. 一般　　　　　　　　　　D. 不符合

　E. 很不符合

（3）学校能很及时地更新图书馆、阅览室的资料（　　）

　A. 非常符合　　　　　　　　B. 比较符合

　C. 一般　　　　　　　　　　D. 不符合

　E. 很不符合

（4）学校所有学科都有专任教师（　　）

　A. 非常符合　　　　　　　　B. 比较符合

　C. 一般　　　　　　　　　　D. 不符合

　E. 很不符合

二 留守儿童所在学校环境中的教师效能调查

2. 学科知识

（1）我有足够的本学科知识，对学科内容很熟悉（　　）

　　A. 非常符合　　　　　　　　B. 比较符合

　　C. 一般　　　　　　　　　　D. 不符合

　　E. 很不符合

（2）我熟悉本学科特殊的思维方式（　　）

　　A. 非常符合　　　　　　　　B. 比较符合

　　C. 一般　　　　　　　　　　D. 不符合

　　E. 很不符合

（3）我有能力制订学科的课程实施计划（如：学期、单元、课时）（　　）

　　A. 非常符合　　　　　　　　B. 比较符合

　　C. 一般　　　　　　　　　　D. 不符合

　　E. 很不符合

3. 一般教学法知识

（1）我总是通过一些挑战性的任务来发展学生的思维（　　）

　　A. 非常符合　　　　　　　　B. 比较符合

　　C. 一般　　　　　　　　　　D. 不符合

　　E. 很不符合

（2）我会引导学生采用适当的学习策略来进行学习（　　）

　　A. 非常符合　　　　　　　　B. 比较符合

　　C. 一般　　　　　　　　　　D. 不符合

　　E. 很不符合

（3）我能够根据学生的反馈来调整自己的教学（　　）

　　A. 非常符合　　　　　　　　B. 比较符合

　　C. 一般　　　　　　　　　　D. 不符合

　　E. 很不符合

（4）我会采用多种评价方式来评价学生的学习（　　）

　　A. 非常符合　　　　　　　　B. 比较符合

C. 一般　　　　　　　　　　D. 不符合

E. 很不符合

（5）我熟悉大多数学生的能力和常见错误（　　）

A. 非常符合　　　　　　　　B. 比较符合

C. 一般　　　　　　　　　　D. 不符合

E. 很不符合

4. 学科教学法知识

（1）我知道如何运用合适的方法，引导学生的思考和学习（　　）

A. 非常符合　　　　　　　　B. 比较符合

C. 一般　　　　　　　　　　D. 不符合

E. 很不符合

（2）我知道不同的内容和章节要采用不同的教学方法（　　）

A. 非常符合　　　　　　　　B. 比较符合

C. 一般　　　　　　　　　　D. 不符合

E. 很不符合

（3）我熟悉学生在学习之前已经形成的错误概念（　　）

A. 非常符合　　　　　　　　B. 比较符合

C. 一般　　　　　　　　　　D. 不符合

E. 很不符合

（4）我能够为所教学科内容选择恰当和有效的教学策略（　　）

A. 非常符合　　　　　　　　B. 比较符合

C. 一般　　　　　　　　　　D. 不符合

E. 很不符合

（5）我能够引导学生针对学科教学内容进行有意义的讨论（　　）

A. 非常符合　　　　　　　　B. 比较符合

C. 一般　　　　　　　　　　D. 不符合

E. 很不符合

5. 教师信念

（1）我认为教师在社会上的地位很高（　　）

A. 非常符合　　　　　　　　B. 比较符合

C. 一般　　　　　　　　　　D. 不符合

E. 很不符合

（2）我认为从教是一种乐趣（　　）

A. 非常符合　　　　　　　　　B. 比较符合

C. 一般　　　　　　　　　　　D. 不符合

E. 很不符合

（3）我认为从事教师职业能够实现我的人生价值（　　）

A. 非常符合　　　　　　　　　B. 比较符合

C. 一般　　　　　　　　　　　D. 不符合

E. 很不符合

6. 教师自我效能感

（1）我认为通过学习能够成为一名优秀的学科教师（　　）

A. 非常符合　　　　　　　　　B. 比较符合

C. 一般　　　　　　　　　　　D. 不符合

E. 很不符合

（2）面对教学难题时，我通常能找到多个解决方法（　　）

A. 非常符合　　　　　　　　　B. 比较符合

C. 一般　　　　　　　　　　　D. 不符合

E. 很不符合

（3）我自信能有效地应对教学中的突发事件（　　）

A. 非常符合　　　　　　　　　B. 比较符合

C. 一般　　　　　　　　　　　D. 不符合

E. 很不符合

三　留守儿童社会环境中的政策、机制调查

7. 政策、机制

（1）当地政府机构会出台相关留守儿童的政策并能很好地落实（　　）

A. 非常符合　　　　　　　　　B. 比较符合

C. 一般　　　　　　　　　　　D. 不符合

E. 很不符合

（2）社会团体及个人经常会给予留守儿童福利支持（　　）

A. 非常符合　　　　　　　　　B. 比较符合

C. 一般 　　　　　　　　　　D. 不符合

E. 很不符合

（3）学校出台了有关留守儿童的政策并能很好地落实（　　）

A. 非常符合 　　　　　　　　B. 比较符合

C. 一般 　　　　　　　　　　D. 不符合

E. 很不符合

教师调查问卷正式版

农村留守儿童学习社会化影响因素调查问卷

亲爱的老师：

您好！

为了更好地探寻培养留守儿童社会化的有效途径，我们正在进行一项有关留守儿童社会化影响因素的调查。请您仔细认真、无保留地回答每一个问题，答案没有正误之分，您所填写的任何材料，我们都将为您保密，并且不会影响您的生活与工作，不会对您有任何负面影响，请您放心填写。

一 留守儿童所在学校环境中教学资源调查

1. 教学资源

（1）我任教的学校软硬件设施非常完备（　　）

　A. 非常符合　　　　　　　　B. 比较符合

　C. 一般　　　　　　　　　　D. 不符合

　E. 很不符合

（2）学校能很及时地更新图书馆、阅览室的资料（　　）

　A. 非常符合　　　　　　　　B. 比较符合

　C. 一般　　　　　　　　　　D. 不符合

　E. 很不符合

（3）学校所有学科都有专任教师（　　）

　A. 非常符合　　　　　　　　B. 比较符合

　C. 一般　　　　　　　　　　D. 不符合

　E. 很不符合

二 留守儿童所在学校环境中的教师效能调查

2. 学科知识

（1）我有足够的本学科知识，对学科内容很熟悉（　　）

　A. 非常符合　　　　　　　　B. 比较符合

　C. 一般　　　　　　　　　　D. 不符合

E. 很不符合

（2）我熟悉本学科特殊的思维方式（　　）

A. 非常符合　　　　　　　　B. 比较符合

C. 一般　　　　　　　　　　D. 不符合

E. 很不符合

（3）我有能力制订学科的课程实施计划（如：学期、单元、课时）（　　）

A. 非常符合　　　　　　　　B. 比较符合

C. 一般　　　　　　　　　　D. 不符合

E. 很不符合

3. 一般教学法知识

（1）我总是通过一些具有挑战性的任务来发展学生的思维（　　）

A. 非常符合　　　　　　　　B. 比较符合

C. 一般　　　　　　　　　　D. 不符合

E. 很不符合

（2）我会引导学生采用适当的学习策略来进行学习（　　）

A. 非常符合　　　　　　　　B. 比较符合

C. 一般　　　　　　　　　　D. 不符合

E. 很不符合

（3）我能够根据学生的反馈来调整自己的教学（　　）

A. 非常符合　　　　　　　　B. 比较符合

C. 一般　　　　　　　　　　D. 不符合

E. 很不符合

（4）我会采用多种评价方式来评价学生的学习（　　）

A. 非常符合　　　　　　　　B. 比较符合

C. 一般　　　　　　　　　　D. 不符合

E. 很不符合

（5）我熟悉大多数学生的能力和常见错误（　　）

A. 非常符合　　　　　　　　B. 比较符合

C. 一般　　　　　　　　　　D. 不符合

E. 很不符合

4. 学科教学法知识

（1）我知道如何运用合适的方法，引导学生的思考和学习（　　）

　　A. 非常符合　　　　　　　　B. 比较符合

　　C. 一般　　　　　　　　　　D. 不符合

　　E. 很不符合

（2）我知道不同的内容和章节要采用不同的教学方法（　　）

　　A. 非常符合　　　　　　　　B. 比较符合

　　C. 一般　　　　　　　　　　D. 不符合

　　E. 很不符合

（3）我熟悉学生在学习之前已经形成的错误概念（　　）

　　A. 非常符合　　　　　　　　B. 比较符合

　　C. 一般　　　　　　　　　　D. 不符合

　　E. 很不符合

（4）我能够为所教学科内容选择恰当和有效的教学策略（　　）

　　A. 非常符合　　　　　　　　B. 比较符合

　　C. 一般　　　　　　　　　　D. 不符合

　　E. 很不符合

（5）我能够引导学生针对学科教学内容进行有意义的讨论（　　）

　　A. 非常符合　　　　　　　　B. 比较符合

　　C. 一般　　　　　　　　　　D. 不符合

　　E. 很不符合

5. 教师信念

（1）我认为教师在社会上的地位很高（　　）

　　A. 非常符合　　　　　　　　B. 比较符合

　　C. 一般　　　　　　　　　　D. 不符合

　　E. 很不符合

（2）我认为从教是一种乐趣（　　）

　　A. 非常符合　　　　　　　　B. 比较符合

　　C. 一般　　　　　　　　　　D. 不符合

　　E. 很不符合

（3）我认为从事教师职业能够实现我的人生价值（　　）

A. 非常符合 B. 比较符合
C. 一般 D. 不符合
E. 很不符合

6. 教师自我效能感

（1）我认为通过学习能够成为一名优秀的学科教师（　　）

A. 非常符合 B. 比较符合
C. 一般 D. 不符合
E. 很不符合

（2）面对教学难题时，我通常能找到多个解决方法（　　）

A. 非常符合 B. 比较符合
C. 一般 D. 不符合
E. 很不符合

（3）我自信能有效地应对教学中的突发事件（　　）

A. 非常符合 B. 比较符合
C. 一般 D. 不符合
E. 很不符合

三　留守儿童社会环境中的政策、机制调查

7. 政策、机制

（1）当地政府机构会出台相关留守儿童的政策并能很好地落实（　　）

A. 非常符合 B. 比较符合
C. 一般 D. 不符合
E. 很不符合

（2）社会团体及个人经常会给予留守儿童福利支持（　　）

A. 非常符合 B. 比较符合
C. 一般 D. 不符合
E. 很不符合

（3）学校出台了有关留守儿童的政策并能很好地落实（　　）

A. 非常符合 B. 比较符合
C. 一般 D. 不符合
E. 很不符合